市场营销研究中常用的66个理论

杜建刚　任星耀　编著

清華大学出版社
北　京

图书在版编目（CIP）数据

市场营销研究中常用的66个理论/杜建刚，任星耀编著. —北京：清华大学出版社，2024.2
（新时代学术进阶丛书）
ISBN 978-7-302-65402-5

Ⅰ. ①市… Ⅱ. ①杜… ②任… Ⅲ. ①市场营销学－研究 Ⅳ. ①F713.50

中国国家版本馆CIP数据核字(2024)第043354号

责任编辑：朱晓瑞
封面设计：汉风唐韵
责任校对：宋玉莲
责任印制：曹婉颖
出版发行：清华大学出版社
网　　址：https://www.tup.com.cn，https://www.wqxuetang.com
地　　址：北京清华大学学研大厦A座　　邮　　编：100084
社 总 机：010-83470000　　邮　　购：010-62786544
投稿与读者服务：010-62776969，c-service@tup.tsinghua.edu.cn
质 量 反 馈：010-62772015，zhiliang@tup.tsinghua.edu.cn
课 件 下 载：https://www.tup.com.cn，010-83470332
印 装 者：三河市铭诚印务有限公司
经　　销：全国新华书店
开　　本：170mm×230mm　　印张：31　　字　　数：538千字
版　　次：2024年4月第1版　　印　　次：2024年4月第1次印刷
定　　价：138.00元

产品编号：099624-01

随着数智时代的到来，丰富的数据为市场营销研究奠定了坚实的基础。如何将数据转化为好研究，理论与方法缺一不可，理论是“魂”，方法是术，“有魂无术”或“有术无魂”均不能称为真正的好研究。近年来，市场营销方法呈现多样化，除了“术”的与时俱进，我们认为，有力量的研究更需要扎根于丰厚的理论土壤，注重具有思想性和理论性的创新。

布雷（Bray）和韦格约（Wegner）曾把论文写作比喻为钢琴家的演奏，有力量的研究不是堆砌文字，而且将它们谱成音乐，向我们的思想和心灵诉说着人类经历的伟大。他们指出目前投稿的论文绝大多数都可视为具有合法性的音乐（legitimate music），较少见到引人入胜的音乐（compelling music）。科利（Corley）和乔娅（Gioia）也曾指出：“理论是学术界的流通货币，每一家顶级管理类期刊在考虑发表稿件之前都要求有其理论贡献。”真正有力量的研究一定要拥有强大的理论新意，并尝试在文章中探索自我的本质，解开真爱的奥秘，找到邪恶的种子，或者唤醒人性的光芒。

1987年我国正式设立市场营销学，经过30多年的发展，无论在学位制度的建设还是学科平台的完善上，我国市场营销学科都取得了巨大进展，相关研究范式也趋向成熟。随着市场营销学科体系的不断深化和创新，我国市场营销学的研究成果逐年攀升，学术会议交流增多，国际学术话语权和影响力已初步形成。

营销研究成果增长的同时，研究成果的思想性越来越被关注。系统了解和恰当运用理论，对于构建具有思想性的研究成果无疑是至关重要的。尤其是，市场营销作为一门交叉性较强的学科，研究中能够运用的理论涉及多个领域，如社会学（如社会交换理论）、心理学（如解释水平理论）、经济学（如交易成本理论）、人类学（如功能论）、哲学（如本体论、认识论等），还包括物理学（如混沌理论）、数学（如图式理论）、计算机（如人机交互理论）等，研究人员往往不易掌握所需的理论。特别是，对于许多接触学术研究不久的本科生、硕士研究生、博士研究生，往往对理论缺乏系统的了解，常常难以在研究中恰当地选取最契合自己研究问题的理论。

目前，管理与组织领域已经有相关的理论工具书出版，但市场营销领域尚未有一本系统的、权威的理论工具书。本书通过梳理市场营销领域中的重要理论，可使研究者对市场营销的重要理论形成系统的认识和理解，提升理论的敏锐性和洞察力。随着中国市场研究群体的增长，一本在市场营销领域中具有引领性、启发性的理论工具书，对整个市场营销学科的发展具有重大意义。

本书以市场营销领域公认的六大国际权威期刊——*Journal of Marketing Research*（JMR）、*Journal of Marketing*（JM）、*Journal of Consumer Research*（JCR）、*Marketing Science*（MS）、*Journal of Consumer Psychology*（JCP）、*Journal of the Academy of Marketing Science*（JAMS）2010—2020年发表的期刊论文的为样本，依据在六大期刊出现的频率，同时结合近年来的市场营销研究热点，选取出了66个重要理论。

我们特别邀请了国内知名高校的教授和中青年学者，针对各自擅长的理论进行撰写（每个理论的讲解包括理论概述与发展、理论的核心内容与在营销研究主题中的运用、理论运用中的研究方法、对该理论的评价、对营销实践的启示这五大部分）。因此，我们希望提供一本能够了解市场营销重要理论内容及其应用的工具书，成为开展研究的得力助手，帮助研究者从理论视角去观察市场营销现象，进而发展新概念、新思想和新理论。

衷心感谢在百忙之中接受邀请参与本书撰写的老师们（见表1）。

表1　参与本书撰写的老师

心理所有权理论	曹花蕊(天津师范大学)
制度理论	曾伏娥(武汉大学)
社会网络理论	陈怀超(太原理工大学)
心流理论	陈洁(上海交通大学)
具身认知理论	陈瑞(厦门大学)
信息可提取与可诊断模型	陈增祥(中山大学)
目标设定理论	谌飞龙(江西财经大学)
资源基础理论	崔登峰(石河子大学)

自我知觉理论	董晓松(上海工程技术大学)
解释水平理论	杜建刚(南开大学)
认知失调理论	费显政(中南财经政法大学)
印象管理理论	冯永春(天津财经大学)
利益相关者理论	付晓蓉(西南财经大学)
保护动机理论	郭锐(中国地质大学)
框架效应理论	郝辽钢(西南交通大学)
心理逆反理论	贺远琼(华中科技大学)
消费者文化理论	黄海洋(华东师范大学)
自我肯定理论	黄静(武汉大学)
图示一致理论	黄韫慧(南京大学)
最优区分理论	简予繁(深圳大学)
刻板印象内容模型	江红艳(中国矿业大学)
社会冲击理论	蒋玉石(西南交通大学)
社会传染理论	焦媛媛(南开大学)
代理理论	李纯青(西安工业大学)
内隐理论	李丹惠(江苏科技大学)
信号理论	李小玲(重庆大学)
社会交换理论	李瑶(天津理工大学)
概念隐喻理论	刘红艳(暨南大学)
恐惧管理理论	刘建新(西南大学)
情感信息理论	刘新燕(中南财经政法大学)
自我控制理论	刘园园(西安交通大学)
补偿性控制理论	柳武妹(兰州大学)
锚定理论	卢长宝(福州大学)
社会认知理论	孟朝月(中国海洋大学)
集合理论	牛永革(四川大学)
自我验证理论	庞隽(中国人民大学)
交易成本理论	钱丽萍(重庆大学)

常人理论	冉雅璇(中南财经政法大学)
调节定向理论	任星耀(南开大学)
社会资本理论	寿志钢(武汉大学)
禀赋效应理论	王峰(湖南大学)
心理账户	王丽丽(浙江大学)
动态能力理论	王锐(北京大学)
同化对比理论	王新刚(中南财经政法大学)
自我展示理论	王雪华(华东师范大学)
自我分类理论	魏华飞(安徽大学)
自我决定理论	武瑞娟(天津理工大学)
意义维持模型	肖皓文(海南大学)
归因理论	谢菊兰(中南大学)
前景理论	熊冠星(华南师范大学)
情绪传染理论	胥兴安(海南大学)
叙事传输理论	徐岚(武汉大学)
自我差异理论	杨德锋(暨南大学)
自我建构理论	杨强(天津理工大学)
加工流畅性理论	姚琦(重庆交通大学)
自我提升理论	姚卿(北京科技大学)
享乐适应理论	姚唐(北京航空航天大学)
媒介丰富性理论	张初兵(天津财经大学)
社会学习理论	张昊(东北大学)
评估趋势理论	张敏(天津大学)
适应水平理论	张燚(西南政法大学)
公平理论	张宇(天津理工大学)
自我效能	郑秋莹(北京中医药大学)
社会比较理论	郑晓莹(中山大学)
社会身份认同理论	周志民(深圳大学)
双加工理论	朱丽娅(宁夏大学)

此外，我们特别感谢为本书进行资料收集和文献阅读的学生，他们是来自南开大学、天津理工大学、河北科技大学等市场营销专业的本科生、硕士研究生、博士研究生。他们对3535篇文献逐一认真阅读，进行了反复核对确认，为筛选出最终的66个理论作出了重要贡献。他们分别是：

朱丽雅、韩欣颖、李丹惠、孟朝月、王晓琴、吴章建、杨梦雅、初宏伟、王振、李明芳、闫怡然、彭欢、张荣、江定杭、何禹宸、胡谨然、陈雨霁、黄河清、彭沁缘、赵欢、苏九如、吴琦、周无恙、陈思思、刘珊珊、张妹、张思懿、许宸铭、韩寒、张真荣、陈飞燕、吴锋、肖加强、周瀚一、朱淇、宋彬彬、徐环宇、张晓东、邢飞飞、胡纪雯、陈子淇、吴琦、刘倩倩。

杜建刚　任星耀

2024年2月

第三部分　个体与自我

第四部分　目标与动机

第五部分　组织与战略

第六部分　社 会 互 动

66个理论的选取标准与整体特点分析

（一）理论选取标准

1. 期刊与时间范围的选择

为了解营销领域常用的理论近十年的应用现状和研究热点，我们以营销领域公认的六大国际顶级期刊发表的学术论文为样本开展研究。学术期刊是研究者发表和交流科研成果的主要平台，而顶级学术期刊对所接收的稿件具有严格的审核流程和评价标准。因此，顶级学术期刊上所采用的理论对营销领域未来的研究问题起着导向和引领作用。在确定期刊范围后，以2010—2020年（截至2020年12月31日）为时间窗口作为遴选文献样本的范围，将Web of Science的SSCI数据库中的*Journal of Marketing Research*（JMR）、*Journal of Marketing*（JM）、*Journal of Consumer Research*（JCR）、*Marketing Science*（MS）、*Journal of Consumer Psychology*（JCP）、*Journal of the Academy of Marketing Science*（JAMS）期刊作为来源，剔除书评、会议通知、征稿通知、消息、公示等非学术类文章及少数介绍实践的文章后，共检索出10年发表的文献3535篇（如表1所示）。

表1　文献数据详情表

	MS	JMR	JM	JCR	JCP	JAMS	合计
Web of Science收录的文献数/篇	589	676	502	743	530	495	3535
涉及66个核心理论的文献数/篇	126	335	279	553	386	359	2038

2. 论文样本的选取与评估程序

我们重在厘清六大营销期刊中的重要理论，课题组成员针对每篇文献所涉及的研究主题、理论名称、理论运用、研究方法等内容进行梳理。在课题组四十名同学的共同努力下，我们对发表在营销领域顶级期刊文献所含理论进行整理，考虑理论重要性程度和书籍篇幅限制，按照一定筛选标准，共选出66个营销领域重要的理论。具体的选样与评估程序如下：

（1）数据库检索。按期刊名称在web of science数据库的高级检索式下，以“JM”“JMR”“JCR”“JCP”“MS”“JAMS”作为索引，剔除非学术论文后共检索出于2010—2020年发表的共3535篇符合条件的论文。

（2）人工筛选。论文筛选小组逐一阅读上述3535篇论文。以理论在六大顶级刊物上出现的频率、热度以及理论的经典程度，最终选取出66个核心理论。

我们借助Python对3535篇文献进行数据预处理，再利用可视化软件Vosviewer和Pajek对涉及66个核心理论的2038篇文献进行可视化分析，得到66个理论组成的共现矩阵。此外，我们还单独对营销学研究的三类主题（消费者心理与行为、营销战略与策略、营销研究方法）的理论进行了共现分析。由于每个研究主题下的文献数量和所涉及理论数量的差异，为了清晰地展示知识图谱，我们在绘制过程中分别设置了不同的阈值。通过绘制热点理论词知识图谱，以期直观形象地呈现理论间的共现关系和理论运用的时间脉络，帮助国内研究者和实践者厘清以六大营销期刊为代表的营销领域的重要理论和实践发展趋势。

（二）基于66个理论的研究热点分析

1. 研究内容

我们对66个理论所涉及文献的研究内容进行了归纳。通过逐一阅读，主要关注论文中所提出的理论、研究假设或理论命题，以确定这些论文所属的研究主题和子主题，并将涉及不同主题的文献归类，其中有明确指向的主要包括三大类，即消费者心理与行为、企业营销战略与策略、营销研究方法，将研究主题不明确并且数量较少的研究成果归到“其他”类。从具体数据来看，在涉及66个核心理论的2038篇文章中，涉及消费者心理与行为的有1256篇，涉及企业营销战略与策略的有590篇，涉及营销研究方法有56篇，不能归属于三大主题的“其他”类有96篇，各研究主题与子主题及其涉及的研究论文数量，如图1所示。

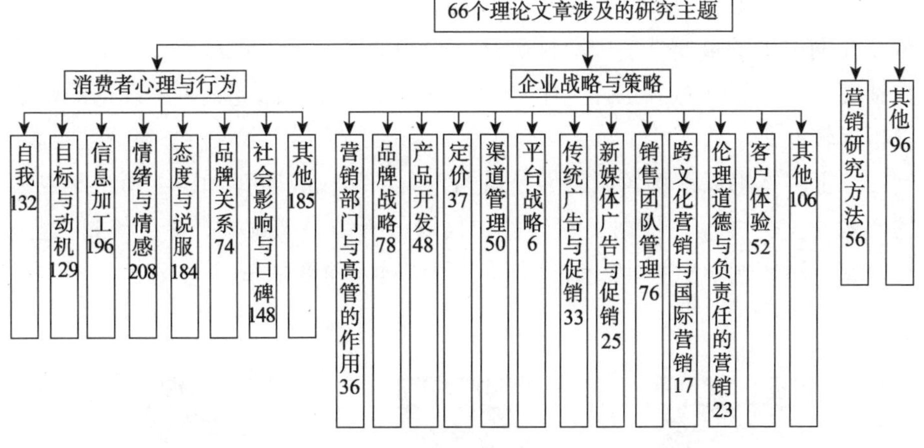

图1　核心理论在营销研究主题中的运用

2. 理论热点分析

本节以理论共现图谱展示营销领域六大期刊的热点理论，借助Vosviewer和Pajek软件对2038篇文献进行知识图谱分析。经过一系列数据预处理，我们将节点类型（node types）设置为关键词（keywords），可以得到理论共现网络图谱。在各理论共现网络图谱中，理论名称的字号越大，表明该理论在数据中出现的频率越高，节点之间的连线代表理论之间的联系，由此可以看出理论之间的联系。在66个理论共现网络图谱中，为了同时展现理论的时间维度信息，我们将时间叠加到理论的聚类网络中。其中，不同的颜色对应着理论出现的年份，颜色越蓝表示理论出现的时间越早，越黄说明出现的时间越晚。由于每个理论会在不同的年份重复出现，所以节点颜色是由每个理论所处年份的平均时间确定的。通过三类研究主题的理论共现网络图谱，我们发现：不同的研究主题在主要引用的理论上存在差异。例如，在消费者心理与行为主题中，解释水平理论、调节定向理论、社会比较理论、社会身份认同理论和自我效能等理论的节点最大，出现频次最高；在营销战略与策略中，交易成本理论、资源基础理论、社会网络和社会资本等理论在网络中位置较突出；在营销研究方法主题中，调节定向理论、前景理论和双加工理论等在网络中位置较突出。在66个理论共现网络图谱中，每一列代表一个理论群，即它们在同一篇文章中共同出现的频次较高。在消费者心理与行为、营销战略和策略、营销研究方法三类研究主题的理论共现网络图谱中，不同颜色代表不同的理论群。

另外，中心性（betweeness）测量网络中节点位置的重要程度，反映该节点在网络中的重要性，中心性越高，表明节点在该领域愈重要。由于大多数情况下，一篇文献只选择一个理论作为理论基础，因此，每个理论的中心度指标较低。

综上，本书以市场营销领域公认的六大国际权威期刊2010—2020年发表的学术论文为样本，根据文献计量的数据分析结果（频率、热度等），通过与专家、清华大学出版社编辑的沟通，最终确定重要的66个理论。

66个理论共现网络图谱

消费者心理与行为主题理论共现网络图谱

营销战略与策略主题理论共现网络图谱

营销研究方法主题理论共现网络图谱

各理论中介中心度

第一部分

信息加工

01 加工流畅性理论

姚　琦①

（一）理论概述与在营销研究中的发展

自20世纪90年代以来，随着元认知研究的兴起，加工流畅性理论（processing fluency theory）受到各个领域研究的广泛关注，尤其是在心理学领域中。加工流畅性理论的提出主要源于社会心理学对刺激认知加工过程的观察[1]，对个人的认知加工体验有重要影响。加工流畅性理论的研究，最初重点在于挖掘加工流畅性的理论模型和作用机制，从理论角度探究加工流畅性的理论内涵。近十年来，越来越多的学者们关注该理论在营销研究与实践中的应用。

在营销领域中，该理论被广泛运用于消费者心理与行为、企业营销策略制定的相关研究中。我们分展示了该理论在营销领域六大顶级期刊和年度的频率分布趋势（图1-1、图1-2），可以看出该理论在*Journal of Consumer Research*、*Journal of Consumer Psychology*两大期刊中运用最多。

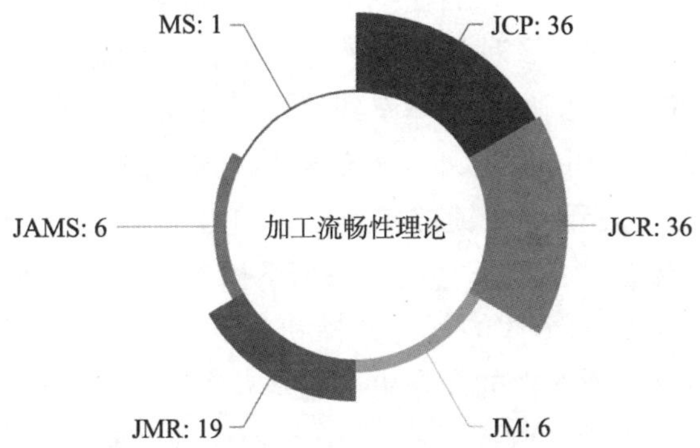

图1-1　六大期刊中加工流畅性理论频次分布

① 姚琦，重庆交通大学经济与管理学院教授、博士生导师，主要研究领域为消费者行为。基金项目：国家自然科学基金面上项目（72172021;71772021）。

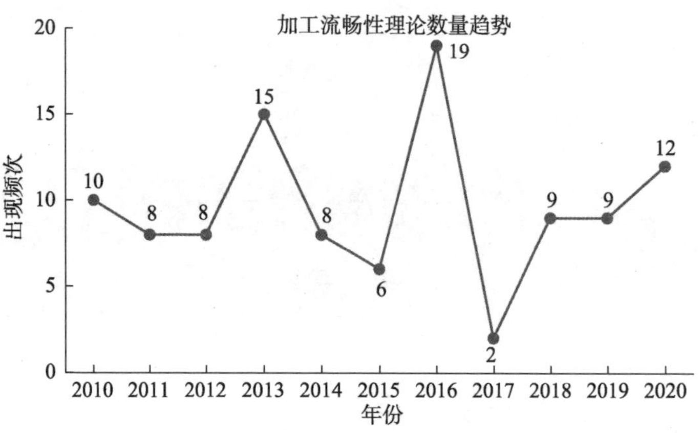

图1-2　六大期刊中加工流畅性理论的年度频次分布

（二）理论的核心内容与在营销研究主题中的运用

1. 理论的核心内容

加工流畅性基于个体的元认知体验。从主观方面看，加工流畅性是指个体对加工信息难易程度或处理新信息的流畅程度的一种主观体验。[2]从客观方面看，加工流畅性是指人脑内部信息加工过程动力特征的一种表现，例如加工速度和准确性。[3]加工流畅性主要分为：知觉流畅性（perceptual fluency）、概念流畅性（conceptual fluency）和提取流畅性（retrieval fluency）。知觉流畅性是个体对知觉对象进行识别加工的难易程度，例如使用简单或复杂字体的书面文本、更大或更小的字体。概念流畅性是个体处理信息的意义与理解语义结构的难易程度。例如，当产品在一个具有预测性的环境中呈现，或者当它被一个相关事物启动时，这种流畅性就会产生。提取流畅性是个体从记忆中提取信息的难易程度。例如，个体看到某个事物或经历某个事件时，回想自己是否有过类似的经历。[4]另外，人们对信息加工处理的流畅程度有高有低，例如，向他人展示一张锁的图片，高加工流畅性条件下会匹配单词“锁”，而低加工流畅性条件下会展示一个不相关的单词（如“雪”）[5]。加工流畅性的高低会影响个体的行为选择和判断，如真实性判断和熟悉度感知。人们认为高加工流畅性的命题更可能是真实的，因为在人们的实际经验中真实的命题重复出现的频率更高。[6]在没有先前经验的情况下，如果个体对信息的加工是流畅的，可以引起个体对信息熟悉的错觉。[7]

那么，什么因素能够影响个体的加工流畅性呢？研究证实，加工流畅性可以由多种易操作的变量触发，比如重复消费或重复暴露[8]、匹配效应[9,10]、典型性[11]等都会引起加工流畅性。例如，重访博物馆之所以令人愉快，就是因为人们第二次参观时，比第一次参观更流畅。值得注意的是，匹配效应是加工流畅性产生的重要前置因素之一。[8]对东西方消费者进行的一系列大规模的实地和实验研究表明，相同信息，以独立的（按属性）方式提供给西方消费者，以整体（替代）的方式提供给东方消费者，可以提高流畅性并增加消费者对配置产品的满意度、购买可能性和支付金额。[9]消费者从朋友（家人）的可及性和以促进（预防）为重点的购买目标之间匹配对加工流畅性有积极影响。[10]又如，无论是普通汽车，还是高端汽车，汽车的典型性会导致销量增加，这是由于典型性提高加工流畅性，增加信息加工效率，唤起本能的情感反应（gut-level affective reaction）。[11]

此外，现有研究主要支持两个理论模型解释加工流畅性效应产生的作用机制：流畅性–归因模型和流畅性–情绪联结模型。伯恩斯坦（Bornstein）和达戈斯蒂诺（D’Agostino）于1994年提出流畅性–归因模型，该模型认为加工流畅性是一种主观体验，在情感上是中性的，个体可以根据背景线索或经验基础对其进行归因，不同的归因方式导致不同的判断。[12]正如前文所提到的，研究发现相较于低加工流畅性的命题，个体更倾向于将高流畅性的命题判断为真。根据该模型可以解释这一效应：在实际经验中，个体认为真命题更可能重复出现，因此具有更高的加工流畅性，因此个体更容易将高加工流畅性的命题判断为真实的。[6]但是流畅性–归因模型并不能解释情绪性任务中加工流畅性的效应，因此，学者们进一步提出基于情绪的解释机制，即加工流畅性–情绪联结模型，又被称为“加工流畅性的快乐标记”（hedonic marking of processing fluency）。学者们通过面部肌肉仪器测量加工流畅性的情感反应，具体来说，积极的情感反应增加了颧大肌区域的活动，而消极情感反应增加皱眉肌区域的活动。该模型认为加工流畅性是一种内在的积极体验，当加工流畅性高时，流畅信号会被“快乐”标记，这种正向情绪会促使个体对认知加工对象做出更为有利的决策。[5]

2. 理论在营销研究主题中的运用

加工流畅性理论广泛应用于营销研究中。一方面，个体在进行信息处理时，会根据信息内容的不同传递到个体内部的其他系统，如认知系统。[2]这意味着加工流畅性对消费者认知（如消费者判断、品牌偏好、产品偏好、行为决策等）会产生影响。另一方面，该理论也可以指导企业与品牌的营销策略（如广告效果、定价策略等）。通过对前文提到的营销六大顶级期刊上近年文献的梳理，重点筛选了以下几个方面介绍加工流畅性理论在营销研究中的运用。

（1）加工流畅性理论与消费者判断

加工流畅性反映了人们对于任务难易程度的判断，会对消费者的各项判断产生影响。有研究表明高加工流畅性会增加信息的真实性。例如，雷伯（Reber）和施瓦兹（Schwarz）认为高知觉流畅性的命题比低直觉流畅性的命题更可能被判断为真，因为在人们的实际经验中，真实的命题比假命题更可能重复出现，从而具有更高的知觉流畅性。[6]在品牌声明（brand claim）中，学者们综合心理物理学以及数字和自然语言符号表征的见解，证明了当品牌声明的结构与符号的自然序列（如“A导致B”而不是“B导致A”）一致时，人们会体会到更高的流畅感，进而认为其更加真实。[13]另外，已有研究表明，消费者在处理数字信息时存在着整数效应，即消费者在处理整数信息时，其认知过程会比处理非整数信息时更加流畅，债务偿还速度更快。[14]加工流畅性被证明会影响消费者对产品价格的判断。对认知需求高的消费者来说，不流畅字体的价格展示会增加价值感知。[15]

（2）加工流畅性理论与品牌偏好

消费者在处理不同品牌信息时感受到加工流畅性的差异性，会影响消费者对品牌的偏好。以商标为例，消费者在处理包含更多描述性信息的商标时会相对容易，加工流畅性更高，因此也更容易认为此类品牌更加可靠，产生更加积极的品牌评价与购买意愿。[16]消费者对品牌的偏好更多体现在匹配效应或信息的一致性对加工流畅性的积极影响。一方面，加工流畅性表现在视觉外观设计上与品牌的一致性，例如，当代理动画（静态）标志与动态（稳定）品牌所传达的个性更一致时，消费者会对该品牌产生更好的态度。[17]拥有高相关地位（relevant stature）和能量差异（energized differentiation）的品牌产品外观设计如果与其品牌典型性（brand typicality）相符，会产生更高的加工流畅性水平，激发消费者的需求。[18]另一方面，加工流畅性的影响在长期视角下同样可以发挥作用。已有研究表明，消费者在购买后对于品牌的态度受到时间导向和品牌独特化的交互影响，当两者概念吻合时，产生的一致性有利于消费者进行相关处理，使消费者产生更高的品牌忠诚。[19]

（3）加工流畅性理论与产品偏好

加工流畅性可作为反映消费者偏好的函数。研究表明，典型但复杂的汽车设计产生加工流畅，这种加工流畅性会唤起积极的本能反应，并对汽车产品销售产生积极影响。[11]另外，与品牌偏好类似，消费者对产品的偏好也会受到匹配效应的影响。例如，大规模定制化界面（MC interface）可以通过两种方式进行：通过属性方式（attribute）和替代（alternative）方式，将界面与消费者特定文化的处理风格相匹配，可以提高大规模定制的有效性。具体来说，相同信息，以独立的（按属性）方式提供给西方消费者，以整体（替代）的方式提供给东方消费者，会增加信息加工流畅性，进而提高消费者对配置产品的满意度、购买可能性[9]。朋友（vs.家人）的可及性（accessibility）更有可能激活促进导向，从而导致消费者对促进焦点的产品做出更有利的反应，而家人（vs.朋友）的可及性更有可能激活预防焦点，从而导致消费者对预防焦点的产品做出更积极的反应。[10]

（4）加工流畅性理论与广告效果

学者们认为高加工流畅性有助于提升广告的传播和说服效果。赞恩（Zane）等人基于加工流畅性理论，建立了对"注意力分散的"的新的元认知推断，认为分散注意力意味着兴趣，从而进行元认知推断，即他们对广告品牌感兴趣。[20]罗斯（Roose）等人认为由视觉广告元素和语言广告元素结合的广告，引起的解释水平的契合，提高了消费者对广告的加工流畅性，优化了对广告的态度和参与产品相关行为的意图。[21]另外，加工流畅性也与消费者感觉的形成有关。研究表明，与其他信息相比，消费者在观看创意广告时所产生的激励感和愉悦感等积极情感在消费者的加工过程中更加简单流畅，因此消费者也会更容易将这种积极的情感渗透到广告和品牌上，对其产生积极的评价。[22]

（三）理论运用中的研究方法

在营销研究中，关于加工流畅性理论的文献主要运用实验法，一般采用两种方法进行研究，分别是情境操控和量表测量。

在情境操控中，首先，可以通过语义关系操控客观加工流畅性。例如，温克尔曼（Winkielman）等人在研究中向参与者展示了常见物体的清晰图片，在高流畅性条件下，图片（如锁）前面有一个匹配的单词（"锁"）；在中等流畅性条件下有一个关联的单词（如"钥匙"）；在低流畅性条件下有一个不相关的单词（如"雪"）。[5]其次，加工流畅性还可通过视觉效果和复杂程度操控。例如，由于Helvetica字体已经使用了50多年，并且无处不在，而且它的设计明确地提供了清晰度；当纽约大都会运输管理局选择在所有的标志上使用这种字体时，他们解释说，这种字体"可以让乘客快速阅读和容易理解"，因此，莫蒂卡（Motyka）等人在实验中将Helvetica字体作为流畅字体的范例，Bradley字体作为不流畅字体。[15]金（King）和贾尼泽夫斯基（Janiszewski）通过数字复杂程度操控加工流畅性，具体来说，如果一个数字出现在加法表（1+1到10+10；示例包括3、6、13、18等）或乘法表（2×2到10×10；示例包含4、28、35、56等）上，则该数字被编码为流畅；所有其他数字都被编码为不流畅（例如，29、34、38、46）。[23]

量表测量中，现有研究通常采用单项目或多项目量表直接询问文本阅读容易或困难以衡量主观加工流畅性。加工流畅性量表开发前，学者们通常借鉴李（Lee）和阿克（Aaker）的做法，通过易处理性和可理解性测量加工流畅性。[24]随后，格拉夫（Graf）等人开发了更复杂的多项目量表衡量加工流畅性：从困难到容易、不清楚到清楚、不流畅到流畅、费力到不费力、难以理解到可以理解。[25]

（四）对该理论的评价

加工流畅性理论是个体对接收到的刺激信息进行理解与判断的重要依据，[4]在社会心理学中十分重要。由于加工流畅性可以解释信息对个体行为和认知的影响，在消费者行为领域得到了广泛的应用，为探索消费者判断、消费者选择、消费者偏好和态度等方面提供了理论基础。

近三十年来，虽然加工流畅性理论已经发展得比较成熟，理论的解释力很高，如对真实性判断、[6]熟悉度[7]等的解释，但是该理论的发展仍存在一些局限性。目前，该理论提供了基本上一致的结论，即高加工流畅性有助于消费者判断、选择和态度等，但是还需要去寻找和探索其他可能的结果。也就是说，加工流畅性产生的效应可能存在其他边界条件，例如，未来研究可以结合其他理论探讨加工不流畅时是否会吸引更多的注意力，或者在特殊情境下加工流畅性低的产品可能更有创新性。[26]另外，现有加工流畅性研究更多采用实验法，未来可以结合田野实验或大数据的方式，通过客观真实的数据解释加工流畅性。

（五）对营销实践的启示

加工流畅性理论能够有效地推断消费者行为、认知和情感，并且企业可以基于相关结论指导实践。根据加工流畅性理论，信息的匹配会影响消费者的偏好。产品信息与消费者之间的匹配，如高认知需求的消费者偏好不流畅的产品信息，低认知水平消费者（如老年人）偏好流畅的产品信息。[15]再如，在大规模定制化界面时，需要根据地区分别设计，以适应消费者思维方式的变化，具体来说，以独立的（按属性）方式提供给西方消费者，以整体

（替代）的方式提供给东方消费者。[9]产品信息与品牌之间的匹配，如代理动画更适合动态公司而不是稳定公司，通过概念流畅性与品牌口号或标志协同结合，影响消费者的品牌选择。[17]总而言之，基于加工流畅性理论的相关研究，能够为企业识别消费者特征、制定恰当的营销策略提供实践指导。

参考文献

02 双加工理论

朱丽娅　马　睿[①]

（一）理论概述与在营销研究中的发展

双加工理论（dual-process theory）的观点最早起源于威廉·詹姆斯（William James），他提出人有两种不同的思考模式：联想思维与逻辑思维。后来演化为西摩·爱泼斯坦（Seymour Epstein）的自我认知经验理论（cognitive experiential self theory）。该理论认为人类有两套独立的信息处理系统：体验系统和理性系统。体验系统是快速的且由情感驱动的，理性系统是慢速的并且是逻辑驱动的。经过长期发展，学者们从不同的心理学分支领域出发，提出了多种双加工模型，如启发和系统模型（heuristic-systematic model）、精细加工可能性模型（elaboration likelihood model）、反思加工系统与冲动加工系统，以及系统1和系统2、快系统与慢系统等。

在营销领域中，该理论被广泛运用于消费者心理与行为、企业营销策略制定的相关研究中。我们分别展示了该理论在营销领域六大顶级期刊和年度的频率分布趋势（图2-1、图2-2），可以看出该理论在*Journal of Consumer Psychology*、*Journal of Consumer Research*、*Journal of Marketing Research*三大期刊中运用最多。

（二）理论的核心内容与在营销研究主题中的运用

1. 理论的核心内容

双加工理论认为，人类的信息加工过程包括两个独立运作的系统，即直觉的启发式系统（heuristic system）和理性的分析加工系统（analytic system）。分析加工系统通过仔细地注意、深入地思考和密集地推理来处理信

---

① 朱丽娅，宁夏大学经济管理学院教授，主要研究领域为网络营销、数字广告、消费者行为等。马睿，宁夏大学经济管理学院硕士研究生，研究领域为网络营销与消费者行为。基金项目：国家自然科学基金项目（72062026，71562027）。

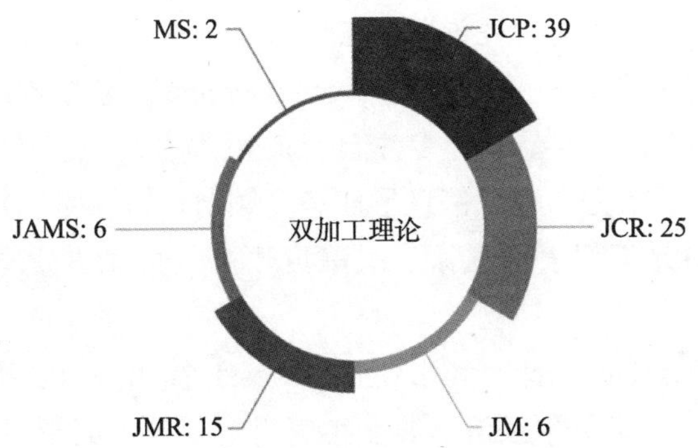

图 2-1 六大期刊中双加工理论频次分布

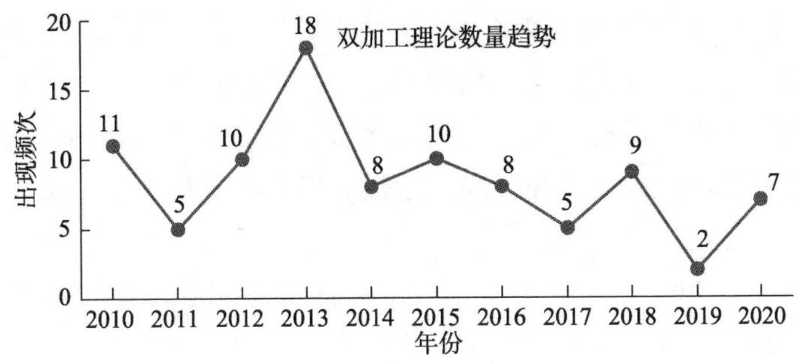

图 2-2 六大期刊中双加工理论的年度频次分布

息，而启发式系统关注突出的、容易理解的线索，这些线索激活了熟悉的判断路径。启发式系统是一种相对自动的、轻松的、高效率处理模式，但通常有很少的判断过程。分析加工系统能带来更多的思考，是一个审慎的、需要付出努力的、低效率的系统。

举个例子，丹尼尔·卡尼曼（Daniel Kahneman）和合作者在实验中询问参与者，“一个球拍和一个球花费1.1美元，球拍比球贵1美元，请问球多少美元?”结果发现，大多数人在快速反应时答案都是“0.1美元”。而且，很多聪明的人也给出了这个答案，普林斯顿大学51%（47/93）的被试者回答是0.1美元，而密西根大学高达56%（164/293）的同学得到了同样的答案。从这一简单的实验可以发现，在大多数人的判断中，如果不加以仔细思考，不启动分析加工系统，那么启发式系统占到优势，做出非理性判断的可能性是很高的。

在心理学分支领域，研究者们用不同的名称命名决策中的双系统，比如佩蒂（Petty）和卡乔波（Cacippo）在1984年提出了精细加工可能性模型（ELM）。这个模型被广泛应用于社会心理学、消费行为学等领域的说服、态度改变的研究。他们认为，在说服与态度改变的过程中，人们的信息处理过程可以分为两条路径——中心路径（central route）与边缘路径（peripheral route）。中心路径加工需要人们专注自身的注意力，深度地加工决策信息，基于逻辑形成判断依据，整合信息形成态度倾向；边缘路径判断并不需要人们深度思考，只是根据表面联系、关联度不高的信息，直觉地形成态度倾向，影响判断。[1]

斯坦诺维奇（Stanovich）和韦斯特（West）提出了双加工模型的通用术语系统1与系统2。诺贝尔经济学奖获得者丹尼尔·卡尼曼在其著作《思考：快与慢》中将这两个系统形象地称为快系统和慢系统。系统1的加工是无意识并且快速的，不怎么费脑力，完全处于自主控制状态，也无法有意识地关闭；系统2需要注意力与认知努力（如复杂运算）、专注思考、逻辑思维等，决策判断质量更高，而且能够有效地整合多方面的信息材料。在面对决策问题时，系统1会快速启动，并且处理绝大多数任务；如果系统1没有办法解决，那么系统2就会接手处理问题，通过运算式的分析加工，给出更加复杂的决策判断。[2]

斯特拉克（Strack）和多伊奇（Deutsch）基于社会心理学理论提出了另一个双系统模型。在该模型中，人的大脑存在两个独立的系统——反思加工系统（reflective system）与冲动加工系统（impulsive system）。反思加工系统通过处理信息、综合运用自身知识来形成决策；相比之下，冲动加工系统运用头脑中现有的固定图式（schema）处理问题，几乎不需要思考，基本是按照惯例、已有习惯来形成决策。[3]

那么，这两种加工处理系统究竟哪一个会占据主导地位进而影响人们的态度和行为呢？研究发现，这取决于个体因素、刺激信息以及情境因素。

首先，个体的年龄及生理发育程度决定着特定系统的主导地位。一般而言，直觉的启发式系统形成较早，分析加工系统形成较晚。在个体生理发育早期，启发式系统占主导地位，而分析加工系统很大程度上属于未开发的状态。随着年龄的增长，个体将逐步由启发式系统主导转换为分析加工系统主导。在生物解剖学视角，也存在相关的证据。大脑中的杏仁核的主要功能在于处理启发式系统行为，如奖赏性学习和回应，在出生时这一功能就已形成。而大脑中的海马体和大脑额叶组织属于认知系统，在人出生以后才能逐步发育成熟。[4]

其次，刺激物/信息也影响着特定系统占据主导地位。在接收到不同的刺激物/信息时，人们将启动不同系统的信息处理模式。营销领域的研究表明，修辞化的广告信息将导致人们产生更多的分析加工处理，而富于情感的语言信息将导致人们产生更多的启发式处理。当面对较为复杂的信息时，人们倾向于分配更多的认知资源进行分析和处理，信息越为复杂，人们会投入更多的认知努力进行思考和理解，并启动分析加工处理模式。[5]

最后，对决策事项的卷入程度、个人与决策事项的关联性，以及环境压力等情境因素也会影响人们的信息加工方式。研究发现，当决策事项较为重要或对个人关联性较高时，人们更倾向于通过中心路径深度加工处理信息，反之亦然。[1]另外，当环境中有压力时，人们的启发式系统会得到强化提升到较高水平，分析加工系统在开始时也得到强化。然而，随着压力不断增加，分析加工系统的作用越来越弱，启发式系统的作用越来越强，并占据主导地位，从而影响着人们的判断和决策。

2. 理论在营销研究主题中的运用

（1）双加工理论与消费者选择偏好

双加工模型很好地解释了消费者在选择中的偏好构建，消费者的选择可能是系统1处理产生直觉反应的结果，也可能是系统2激活深思处理而产生的结果，又或者是两者相互作用的结果。具体来说，消费者的某些选择可以归因于快速的、无意的和直觉的处理，某些选择则来自慢速的、有意的和系统的处理。对于吸引力强的产品，人们更容易启动系统1进行处理，即快速地、自发地做出选择。而对于吸引力相同的产品（如价位相同、质量也相同的两款笔记本电脑），消费者更倾向于推迟选择，启动系统2对信息进行思考处理后再做出选择。[6]一般来说，除非是接到任务指令或者被要求进行比较，否则消费者往往没有动力付出更多的努力运用系统2进行权衡。具体在营销领域，当消费者在直觉上被某产品吸引并形成偏好时，这种吸引效应会减少消费者对系统2的运用，但如果通过系统1没有产生选择偏好，那么消费者则可能不动用系统2进一步的分析思考，在这种情况下，消费者的选择更加随机，例如根据品牌或价格做出选择。[7]

（2）双加工理论与消费者认知偏差

双加工模型反映了消费者的信息处理方式，可能导致其对产品的认知偏差。当消费者有意识地用分析思维处理和解释信息时，投入较大的认知努力会引发其采用系统加工路径；相比之下，当消费者更依赖于容易处理和获取的信息时，比如先验经验，就会引发启发式处理。因此，系统式处理的特点是对可用信息进行更详细的处理，而启发式处理的特点是强调简单的认知“捷径”。[8]双加工模型假设消费者是受“最少努力”原则指导的，也就是习惯采用启发式系统处理信息。例如，消费者可能仅仅因为某种产品标签上写着“有机”就认为它是健康的，这种层面的简单认知导致了健康光环，进而产生对产品的认知偏差。这种启发式处理可以是有利的（不具有认知偏差），也可以是不利的（具有认知偏差）。此外，双加工模型中启发式处理和系统处理也可以同时发生，如果消费者系统地处理与预期不符的产品信息，那么启发式处理所导致的认知偏差可能会减弱。例如，如果消费者预期某块牛肉（如西冷牛排）是相对不健康的，但随后对客观信息的系统处理无法支持这一预期，则启发式引起的认知偏差将减弱。[9]

（3）双加工理论与消费者决策

不同的信息处理过程可导致消费者做出不同的决策。双加工理论表明，冲动和满意度指标反映了决策过程的不同方面。结合斯特拉克（Strack）等学者的研究，启发式系统与冲动消费相对应，其特征是基于对外界刺激而自动自发做出的决定。分析加工系统则与满意度相对应。[10]有研究表明，广告创造了与品牌的积极联系，当消费者看到购买机会时，启发式系统就会自动激活这些联系，从而可能促使冲动消费。通过了解消费者满意与冲动购买的决策过程，营销人员就可以更好地了解消费者行为。此外，双加工理论还解释了消费者对不同类型产品的处理过程。例如，有研究发现，对于与情感有关的享乐型产品（如看电影），消费者通常采用启发式系统进行评价处理，而对于与明确目标导向相关的功能性产品，消费者一般采用分析加工系统进行评价处理。[11]还有研究表明，消费者在做出食品决策时更有可能进行启发式加工，利用现有的认知结构（经验与观察），作出吃什么的决策。但是当食品包装上健康信息缺失时，消费者就可能运用系统处理过程从价格信息推断其健康程度，进而影响到其对健康食品的购买决策。[12]

（4）双加工理论与广告传播

精细加工可能性模型（ELM）解释了信息加工和态度转变发生的两种途径。在不同的路径下，针对不同的产品类型，消费者进行信息分享的意愿也有不同。研究表明，像脸书（Facebook）这种以娱乐为导向的平台，用户更喜欢在平台上分享传播娱乐型产品（如游戏）信息，他们处理此类信息时投入更少的认知资源，并主要依靠启发式、简单的推理和社交线索等边缘路径来进行评价。而对于功能型产品，平台用户进行信息分享的意愿较低。[13]还有研究表明，消费者在处理广告文本和图片信息时也运用了双加工模型。具体来说，视觉图像更有助于调动系统1，从而激发消费者的自发评价性反应。文本信息更容易调动系统2，使消费者投入认知资源系统处理。

与系统2相比，系统1更容易激活消费者的态度。有研究发现，当企业产品出现问题需要召回时，通过发布文本信息而不是图片信息能够减少消费者对产品负面信息的加工，进而减小其负面影响。但如果政府想要呼吁民众重视某一现象时，就需要运用图像信息激活受众的态度，从而达到强调效果。[14]

（三）理论运用中的研究方法

在营销领域的研究中，采用双加工理论的论文主要使用实验法，一般采用两种方法进行研究，分别是情景操控和量表测量。

在情境的操控中，学者们主要从理性主义/感性主义这一维度进行操控。实验者通过让参与者写一段赞同理性主义/感性主义的话来启动参与者的信息处理模式，还可以用两组反映理性或感性的词语，如“理性的”“客观的”“有用的”或“感性的”“主观的”“享受的”使参与者呈现出某种特定的信息处理模式。

量表的测量中，一般通过认知需求（need for cognition scale）测量双加工理论中的分析加工处理模式，包含18个题项。[15]认知需求较高的个体更倾向于使用分析加工系统对信息进行仔细地、审慎地加工。测量启发式处理模式时，一般通过直觉信心（faith in intuition），即人们依赖和相信这种自动化的、体验式的信息处理模式的程度进行衡量，该量表包含20个题项。[16]此外，还有学者从认知反射（cognitive reflection test）（3个题项）[17]以及世俗理性主义量表（lay rationalism scale）（6个题项）对双加工信息处理模式进行测量。[18]

（四）对该理论的评价

双加工理论对个体如何进行信息处理和反应具有强大的解释力，是具有广泛应用领域的理论代表，在社会心理学中占据十分突出的地位。由于双加工理论能够有效地解释个体信息处理的差异，在消费者心理与行为领域应用非常广泛，为理解消费者态度形成、消费者选择与行为决策等方面提供了综合的分析框架。

尽管双系统理论经过长期的发展已相对成熟，然而该理论仍然存在一些争议性和局限性。关于在人们头脑中是否真正存在双系统，一些学者对此提出了不同观点。学者莫什曼（Moshman）在2000年指出，直觉启发式的决策通道有无意识、内隐性质的，也有外显性质的；分析加工的决策通道有外显性质的，也有无意识、内隐性质的。决策过程应分为四个系统才能够更加准确地描述决策者的信息加工。还有学者提出，人们决策过程中对规则的依赖程度就可以解释双系统模型，用单系统就能够描述人们的决策加工过程。因此，双加工系统的运作机制和原理是未来需要进一步研究的方向。关于该理论与更多个体认知的理论，如调节定向理论、解释水平理论、前景理论等的区别与联系，未来还应进行更深入的探究。在研究方法上，可以结合脑电技术，通过客观数据捕捉来揭示消费者的信息处理模式。

（五）对营销实践的启示

双加工理论能够很好地解释消费者行为的心理决策过程，在营销领域中，营销人员应当准确地认识到消费者决策过程如何受到双系统的影响。根据双加工理论，消费者头脑中的启发式和分析加工系统影响其选择和偏好。在营销实践中，可以通过不同的营销沟通策略，启动消费者相应的信息处理系统，影响消费者的偏好和选择。例如，生动的广告能激发消费者更强烈的情感反应，通过激发消费者的启发式系统，进而影响其购买行为。[19]另外，价格促销也是激发消费者积极情绪的一种方式，通过减少消费者的付款痛苦，促进情感处理过程，从而积极影响其消费体验。[20]总之，借助双加工理论的相关研究，能对消费者判断决策的心理机制有更清晰的洞察，同时为企业制定营销策略提供参考。

参考文献

03 信息可提取与可诊断模型

陈增祥①

（一）理论概述与在营销研究中的发展

苹果手机是创新型产品吗？苹果公司的所有产品都是有创意的吗？在上面两个问题中，对第一个问题的回答是否会影响第二个问题的答案呢？反过来，如果先问“苹果公司的所有产品都是有创意的吗？”然后再问“苹果手机是一个创新型产品吗？”结果又会如何呢？对这些问题的思考就涉及人们在信息加工过程中，先前的信息加工结果如何影响后续决策任务的问题。

信息可提取与可诊断模型（accessibility-diagnosticity model）最早由费尔德曼（Feldman）和林奇（Lynch）于20世纪80年代提出，它是信息加工领域中关于某个信息输入（Input）是否会作用于后续决策任务（如判定与选择）的理论。[1]它主要关注的是某个特定的，与客体相关的信息在什么情况下会被采纳或者不被采纳。比如，该手机是出自企业家雷军之手，该信息是否会影响你随后的购买行为呢？在上述简单例子中，手机出自雷军之手是作为购买决策（B）的信息输入（A）。该模型基本观点有：任何信息输入（A）是否作用于随后的决策（B），取决于信息输入（A）本身的可提取性和可诊断性，以及它相对于其他信息的可诊断性。后面我们将详细论述该理论的要点。

在营销领域中，该理论被广泛运用于消费者心理与行为、企业营销策略制定的相关研究中。我们分别展示了该理论在营销领域六大顶级期刊和年度的频率分布趋势（图3-1、图3-2），可以看出该理论在*Journal of Marketing*中运用最多。

（二）理论的核心内容与应用示例

1. 可提取性

可提取性是指有可能被用于后续决策任务的信息从记忆中被提取出来的

---

① 陈增祥，中山大学国际金融学院副教授、博士生导师，主要研究领域为品牌管理与消费行为。基金项目：教育部人文社科项目（21YJC630013），国家自然科学基金项目（72172162）。

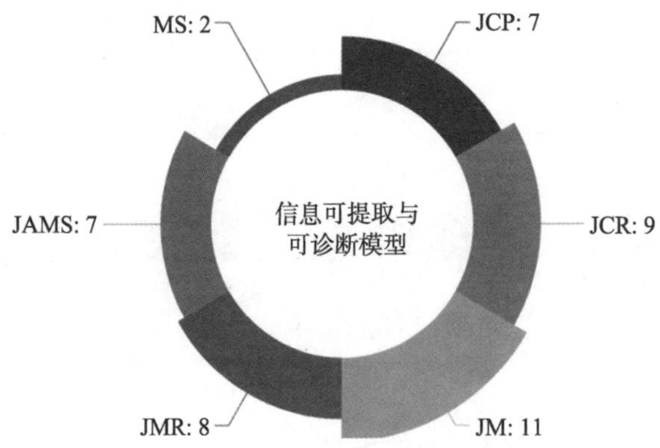

图3-1　六大期刊中信息可提取与可诊断模型频次分布

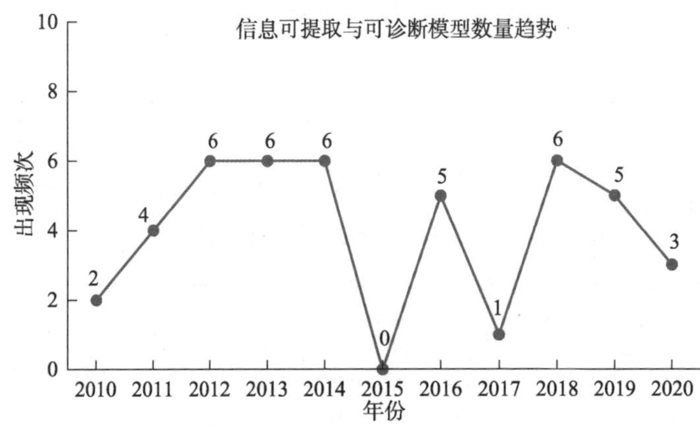

图3-2　六大期刊中信息可提取与可诊断模型的年度频次分布

难易程度。信息只有具备可提取性才可能被用于决策。例如，很多企业会从事社会责任活动，但这些信息在消费者购买产品时可能会处于低可提取状态，因为人们很少会在购物时主动回忆有关品牌从事社会责任活动的信息。为了提升品牌从事社会责任信息的可提取性，企业就会加大此类信息的曝光率，如直接在产品包装上呈现相关社会责任信息等。接下来，我们将探讨影响信息可提取性的因素。

（1）时间间隔

信息输入（A）与决策任务（B）之间间隔的时间越短，信息输入（A）作用于后续决策任务的可能性就越高。[2]比如在问卷调查中，如果在回答完婚姻幸福感问题后立即回答整体生活幸福感，由于二者间隔时间太短，前者的答案就会成为后者决策的信息输入，比如圆满（糟糕）的婚姻幸福感会提升（降低）整体幸福感。但如果加大两道问题之间的间隔，比如将它们分别置于问卷的开头与末尾，那么人们在回答整体生活幸福感时，婚姻幸福感的答案就处于低可提取状态，就不会影响人们对整体生活幸福感的客观判断。

（2）干扰信息

信息输入（A）的可提取性还会受到其他信息的干扰，特别是那些来自相同领域的干扰信息的影响。[3]内容相似的干扰信息越多，目标信息的可提取性越低。比如在考察李宁运动鞋的属性信息（如透气性、弹性等）对消费者产品评价的影响过程中，如果中间穿插其他品牌运动鞋（如安踏运动鞋等）的属性评价任务，由于信息输入（A）与干扰任务属同一领域的内容，该信息输入在记忆提取过程中就会被抑制，从而无法影响后续的（李宁）产品评价任务。

（3）信息的精细加工程度

有研究表明，对信息进行精细加工可提高该信息在后续决策任务中的可提取性。[4]这是因为经过精细加工的信息在记忆中被牢记的程度越高，日后该信息越容易从记忆中提取出来。因此，企业会努力促使消费者对相关信息进行精细加工。比如，一则耐人寻味的广告可引发消费者对广告中的品牌信息进行精细化的加工，促进对品牌的理解，达到品牌信息的高可提取目标。

（4）信息特征

随着时间的流逝，不同信息具有不同程度的遗忘率。那些被精细加工过的信息更不容易被遗忘；越生动形象（vividness）的信息也越不容易被遗忘。[5]态度研究还表明，人们更容易记住事物的整体评价（global evaluation），而非那些形成整体评价的细节信息。[6]比如，消费者基于运动鞋的属性信息而形成对运动鞋的整体评价，在该整体评价形成后，消费者就更容易记住该评价，而非形成该评价的原具体（属性）信息。

（5）竞争信息的可提取性

消费者是认知吝啬鬼。正如怀尔（Wyer）和斯鲁（Srull）论述的："如果当前信息已足够形成对客体的评判时，人们将不会再从记忆中提取更多的其他信息，因此当这个最低的信息量要求达到时，信息搜索过程将停止。"[1]换言之，其他信息的高可提取性会抑制住目标信息的可提取性，二者呈负相关的关系。[7]

2. 可诊断性

信息可诊断性是指人们利用某个特定信息做出相关决策的可能性。该信息越可能被使用，则它对该决策就越具有可诊断性。首先，某个信息是否具有可诊断性取决于决策的特征与其要达成的目标。比如，产品广告对消费者评价产品具有可诊断性，但消费者不一定就会依据广告做出购买决策，因此对于购买这个决策任务，广告的可诊断性就比较低。

其次，假如有两个决策任务A和B，A对B的可诊断性与B对A的可诊断性可能是不对等的。[1]比如，“政治人物都是诚实的吗?”这个问题的答案对“罗纳德·里根是诚实的吗”这个问题的回答具有可诊断性，因为里根属于政治人物中的一个特例。反之，“罗纳德·里根是诚实的吗”这个问题的答案就对“政治人物都是诚实的吗?”这个问题的回答不具有可诊断性。

最后，由于人们具有“认知惰性”的特征，消费者只会利用能够解决问题的足够信息，而不会再去考虑所有具有可提取性的诊断性信息。所以，在多个信息都具有可提取性的情况下，消费者往往只会选择最具有诊断性的信息。[1]这表明了不同信息即使具有同样的可提取性，最终胜出的还是那些最具有可诊断性的信息。比如，在决定是否购买产品这个问题上，产品属性信息就比企业社会责任信息更具有可诊断性；[8]即使这两类都处于高可提取状态，消费者在加工完产品属性信息后就不会继续深入加工企业社会责任信息，因为前者已经足够帮助消费者做出产品购买的决策。

3. 理论在营销研究中的运用示例

自从费尔德曼和林奇提出信息可提取与可诊断模型以来，该理论已经得到众多实证研究的支持。由于该理论主要是用来解释多个信息如何在相互竞争中胜出，进而影响后续决策任务，所以运用该理论的研究范式基本相同。下面，我们将通过两个研究来具体说明。

在口碑研究中，赫尔（Herr）与其合作者利用信息可提取与可诊断模型考察了口碑与产品属性信息对产品评价的影响。[9]结果发现，正面的口碑信息比正面的产品属性信息更具有可诊断性，对产品评价的影响更大。但当消费者记忆里存在先前的品牌印象时，口碑信息的积极效应弱化；原因是消费者在产品评价时除了有口碑信息，还从记忆中提取了品牌印象，所以已有的品牌印象同样作为一个可诊断信息弱化了口碑的作用。进一步，如果比较正面的口碑信息与负面的产品属性信息，结果发现在极端负面的产品属性信息条件下，负面的产品属性信息比正面的口碑信息更具有可诊断性。因为负面的产品属性信息可以轻易地将产品归纳为“低质量产品”，正面口碑却难以明确地将产品归纳为“高质量产品”。这些结果表明，哪种信息更有助于消费者完成相关决策任务，那么该信息就更有可诊断性；不同信息之间会争夺消费者的认知资源，最终胜出的会是更具有可诊断性的信息。

在品牌延伸研究中，阿卢瓦利亚（Ahluwalia）与合作者利用信息可提取-可诊断模型探讨了成功或者失败的延伸信息如何与延伸距离的远近共同影响母品牌评价，以及延伸信息的可提取性对上述过程的调节作用[10]。所谓延伸信息的可提取性是指消费者首先接触到有关品牌延伸成功或者失败的信息，而后在进行母品牌评价时上述延伸信息是否还会被记起来。如果消费者在阅读完延伸信息后立即评价母品牌，那么延伸信息就处于高可提取状态；如果延伸信息与母品牌评价之间还存有其他干扰任务，那么延伸信息就处于低可提取状态。在延伸信息高可提取状态下，无论延伸距离的远近，正面（负面）的延伸信息都会提升（降低）对母品牌的评价，即在高可提取状态下，延伸信息对母品牌评价任务具有可诊断性；如果延伸信息处于低可提取状态，那么延伸信息对母品牌的评价会受到延伸距离的影响。具体而言，负面的延伸信息只在近延伸情况下才会弱化对母品牌的评价，正面的延伸信息只在远延伸情况下才会提升对母品牌的评价。换言之，在信息低可提取状态下，延伸信息对母品牌评价是否具有可诊断性受到延伸信息本身的效价以及延伸距离的影响。

从上面两个研究示例可以看出，学者们可以比较容易地操纵信息的可提取性，且一般都是研究在不同情境中信息的相对可诊断性。接下来，我们将具体说明如何操纵信息的可提取性。

（三）理论运用中的研究方法

正如我们在前面提及，不同信息之间会互相争夺认知资源，这就导致其他可提取性信息的出现会抑制住目标信息的可提取性。依据该原理，操纵目标信息的可提取状态（高可提取低可提取）就可以通过在目标信息与后续决策任务之间添加干扰任务的方法来实现。我们还是以前面提及的阿卢瓦利亚（Ahluwalia）与合作者在研究品牌延伸中操纵延伸信息的可提取性为例进行具体说明。[10]

研究的基本目的是考察延伸产品成功或失败的信息如何影响人们对母品牌的评价，以及上述过程如何受到延伸（成功或失败的）信息的可提取性的调节。比如以论文中提及的夏普（母品牌）推出真空吸尘器（延伸品）为例，延伸成功（失败）的信息是指夏普吸尘器的品质优于（劣于）市场上的其他品牌。为了操纵延伸信息的可提取状态，在高可提取状态下，实验参与者看完延伸信息后直接回答对母品牌的评价；在低可提取状态下，参与者看完延伸信息后，需要继续回答含有44道题目的两个人格特质量表，这使得目标信息与决策任务之间的间隔时间加大，从而清除了参与者对目标信息的短期记忆。之后，参与者继续回答与母品牌同属于一个品类的其他品牌的评价任务（比如回答对其他吸尘器品牌的评价）。通过对同属一个领域的竞争性信息的加工可进一步降低先前目标信息的可提取性。[3]为了确认上述信息可提取性操纵的有效性，所有参与者在完成对母品牌评价的任务前都需要回答如下问题：此时此刻，你脑海中有关夏普这个品牌的想法都有哪些？研究人员将实验参与者写下的想法按照两个维度（数量维度与显著维度）进行编码，分别是所有想法中有多少涉及延伸品（夏普吸尘器）信息，以及在前两个想法中又有多少个是跟延伸品相关。如果统计结果显示这两个指标在不同可提取状态下有显著差异，那就可以说明对信息可提取的操纵是成功的。

（四）对该理论的评价

信息可提取与可诊断模型的关键论点是认为在记忆中的信息输入（A）——比如是先前存在的已有态度，关于产品的信念或者已经回答的问题——是否会被运用于相关的决策任务与该信息输入自身的可提取性和可诊断性正相关，而与其他信息的可提取性和可诊断性负相关。信息可提取与可诊断模型能够回答信息为何能够从记忆中被激活（源于该信息更具有可提取性）以及被运用起来（源于该信息更具有可诊断性），但它并不涉及人们的初始态度是如何形成的问题。[11]

信息可提取与可诊断模型对哪些因素影响信息的可提取性有较为详细的论述，但对于什么因素决定信息的可诊断性却并没有统一的答案。信息可诊断性与具体的任务特征相关。在推断任务中，可诊断性就被操作化定义为可见线索与推断任务之间的感知相关性。[12]在态度研究中，可诊断性就被操作化定义为相关性与重要性，[13]或者定义为对一个客体进行归类的准确性。[9]可诊断性概念本身的“模糊性”也给研究者基于自身研究情境对其进行操作化定义带来了挑战。

信息可提取与可诊断模型在提出阶段并没有深入考虑信息可提取与可诊断之间的相互影响的情况。随着研究进展，学者们发现二者在某些情况下是相关关联的，比如消费者往往会认为价格是产品质量的有效指标，形成“一分钱一分货”的常识信念。[14]消费者如果是为了尽快完成购买任务，他们会首先提取价格信息，因此先前形成的价格线索具有高可诊断性的预期促使人们从脑海中首先提取了产品的价格信息，而非其他诸如颜色、包装等信息。所以，预期的信息可诊断性影响信息的可提取性。

信息的可提取性也会影响信息的可诊断性。如果消费者在回忆先前信息时感受到不流畅（fluency），那么他们可能就不会使用该信息。[15]反之，当信息具有自动高可提取状态时，人们会不自觉、无意识、不费力地将这些自动高可提取信息用于后续判断任务。[16]因此感知到的信息可提取性就会影响其可诊断性。

（五）对营销实践的启示

在信息爆炸时代，消费者往往面临着信息过载的决策困境。可提取–可诊断模型为某个特定信息如何影响人们的决策提供了一个基本框架。在营销实践中，企业可针对目标消费者，通过各种手段提升品牌信息的可提取性。比如，很多广告的作用就是为了让品牌在消费者心智中处于激活状态，使得消费者在购买时因更容易想起品牌而产生购买行为。这种因为品牌信息处于高可提取状态而导致购买的现象更容易发生于低介入度产品，以及消费者不愿意花费认知努力的购买场景。又比如，有些品牌将产品受到权威第三方认证或者入选权威榜单的信息印制在产品包装上，这些举措都是为了提升目标信息可提取性的做法。

为提高品牌信息的可诊断性，企业需要借鉴顾客旅程（customer journey）的思想，了解顾客处于决策旅程的什么阶段，比如，处于需求产生阶段，还是竞品选择阶段，企业要针对性地提供能够满足不同阶段的信息需求，提高信息与消费者决策任务之间的相关性，从而让品牌信息具有可诊断性。关于这方面的论述可参看拉杰夫（Rajeev）和凯勒（Keller）的详细论述。[17]

参考文献

04

同化对比理论

王新刚①

（一）理论概述与在营销研究中的发展

同化对比理论（assimilation-contrast theory，ACT）是穆扎弗·谢里夫（Muzafer Sherif）、丹尼尔·托布（Daniel Taub）和卡尔·霍夫兰（Carl I·Hovland）于1958年提出的。[1]总体来看，该理论的研究主要集中于社会知觉和判断方面，包括个体对自我的评价和对外在信息的判断等。作为社会学和心理学领域的重要理论之一，它逐渐被应用于营销领域的相关研究中（如广告价格促销、在品牌延伸评估、在连续服务体验、品牌丑闻溢出等），主要用以探讨和解释消费者的行为与反应。随着学者们研究的不断深入，该理论日渐丰富和完善，这也为营销领域不同方向的学术研究与实践应用提供了较为成熟的研究框架与理论支撑。

在营销领域中，该理论被广泛运用于消费者心理与行为、企业营销策略制定的相关研究中。我们分别展示了该理论在营销领域六大顶级期刊和年度的频率分布趋势（图4-1、图4-2），可以看出该理论在*Journal of Consumer*

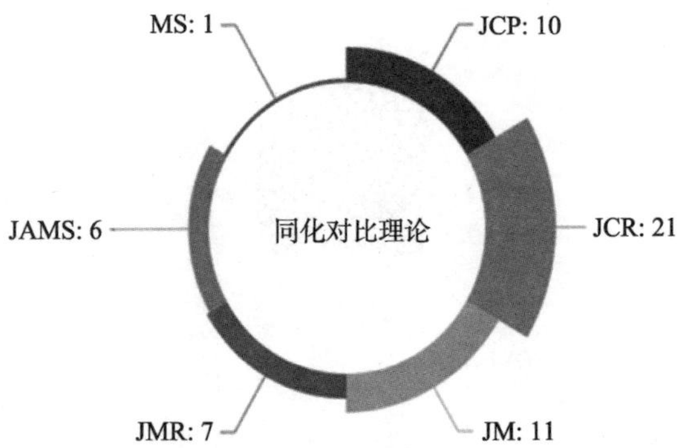

图4-1　六大期刊中同化对比理论频次分布

① 王新刚，中南财经政法大学工商管理学院副教授，主要研究领域为品牌管理。基金项目：社交媒体环境下被伤害品牌的自我救赎逻辑研究：群体极化理论视角（72272150）。感谢刘芝彤和李梦圆两位同学在资料翻译和整理方面所做的工作。

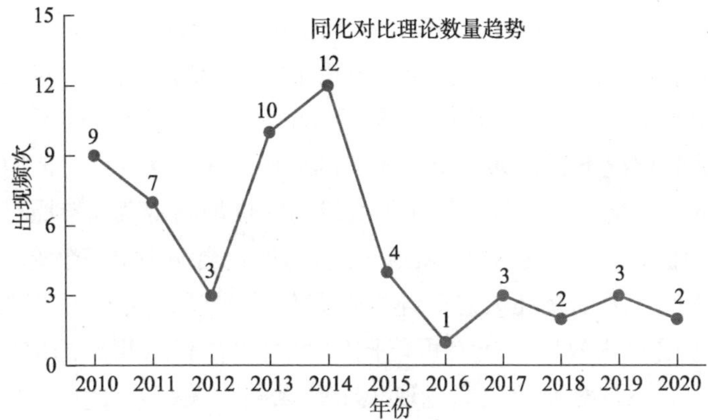

图4-2 六大期刊中同化对比理论的年度频次分布

*Research*中运用最多。

(二) 理论的核心内容与在营销研究主题中的运用

1. 理论的核心内容

顾名思义，同化对比理论包括同化效应（assimilation effect）和对比效应(contrast effect)，它们的定义在不同研究情境下，措辞表达存在一定的差异，但两种效应的本质意思及其发生的根本机制基本上是一样的。它们都发生在“比较”的情境下，一个是人与人的比较，一个是物与物的比较，均是以信息处理为基础。

人与人的比较，可被视为社会比较（social comparison），它是指人们潜意识中存在一种自发的评价自我观点和能力的驱动力，这种评价的结果是在与他人比较的过程中产生的，包括认知、情感和行为等不同成分。[2]当个体面对比较目标信息时，其自我评价水平朝向（displace toward）比较目标，也就是说个体面对向上/向下比较信息时提升/降低了自我评价水平的现象，即同化效应。[3]例如：与优/差等生相比，觉得自己变得更好/差了。

同化对比效应也发生在人们对两个及以上目标物的评价上。谢瑞夫（Sherif）等人[1]的实验表明：对目标物的属性评判而言，当参照点在该属性测量单位的范围内或两端时，人们对目标物该属性的评判会朝着接近参照点的方向发生位移，即同化效应。但是当参照点距离该属性测量单位范围比较远的情况下，人们对目标物该属性的评判会朝着背离参照点的方向发生位移，即对比效应。例如，对一组重量分别为40克、60克、80克、100克、120克的砝码来说，在被试者不知道它们重量的情况下，用带有滑轮的绳子拉一拉，然后告诉被试者其中一个砝码的重量（如120克），再让他们来评价其他砝码的重量，结果发现对其他砝码重量的评价均朝着参照点的方向发生位移（同化效应）。然而，当被试者最后拉的砝码重量在距离40～120克这个范围非常远的情况下，比如知道参照点的砝码是350克，再让他们来评价其他砝码的重量，结果发现对其他砝码重量的评价均朝着背离参照点的方向发生位移（对比效应），并且对其他砝码重量的评判会缩小至一个更窄的范围。

由此可见，无论是在人之间还是在目标物之间，人们的评判都可能产生同化效应或对比效应，还有可能同时产生两种完全相反的效应。那么，产生同化效应还是对比效应究竟取决于什么呢？关键在于参照点数值和目标物比较数值间的距离远近，以及人们个体内外特征的差异。此外，学者们还对同化对比效应产生的影响因素，或者说是内部机制进行了考察与探讨。其中，比较具有代表性的研究结论是穆斯维勒（Mussweiler）从信息和整合视角（informational and integrative）出发，提出了选择通达模型（select the accessibility model，简称“SA”模型）。[4]该模型认为，同化对比效应的产生依赖于人们在判断过程中所激活的目标知识或信息的运用。一般研究中信息比较的效应就是相似或相异两个假设检验的结果，在相似/相异性检验过程中，人们会选择性地注意目标物之间一致性/不一致性的信息，即产生同化/对比效应。由此可见，这两种效应产生的机制包含两个寻求和激活不同自我知识的过程。[4]因此，不同的信息会让人们对目标物或自我的评价产生两种相反的结果。

2. 理论在营销研究主题中的运用

多年来，在不同营销主题的研究中，同化对比理论得到了广泛的运用。一方面，该理论能够用于解释消费者特定的认知和判断（如社会比较、消费者期望、自我评价等）；另一方面，该理论能够用于指导企业的营销策略（如品牌延伸、产品展示、价格促销等）。通过对前文提到的营销六大顶级期刊上近十年的文献梳理，重点筛选了以下四个方面介绍同化对比理论在营销研究主题中的运用。

（1）同化对比理论与消费者自我评估

消费者经常对自己的特质和能力做出评估和判断，从而进行各种各样的选择决策，比如加入一个适合自己的组织，或者是选择一个商品。魏丝（Weiss）等人的研究表明：这些自我评估的结果取决于消费者使用的标准，它们有时是来自环境的不同方面，比如产品这种物质对象；他们是把评估过程中的“自我”与该标准进行吸收同化，还是把“自我”与该标准进行对比形成反差。[5]结果发现：消费者会把他们所拥有的产品归为“自我”，把他们所不拥有的产品归为“非自我”。因此，消费者通过自己所拥有的产品特征进行同化来判断自己的身体和个人特征（如身高、真诚的程度等）；同时，简单地佩戴产品可以唤起短暂的所有权感，从而导致消费者吸收或承担产品的特征。[5]除此之外，消费者在做购买决策时经常会通过与其他消费者的比较进行自我评估，例如，一个消费者会估计他的摄影技巧，发现他的技术处于众多消费者的中部，在同化效应的作用下他会选择中档选项的相机。

（2）同化对比理论与消费者期望

从产品质量的实际感知和先验期望之间的差距来看，如果两者的差距在消费者可接受的范围内，他们对产品的满意度评分和先验期望相似，则表现出同化效应。[6]在这种情况下，先验期望越高，用户的满意度也越高。如果两者的差距过大，在消费者可接受的范围之外，他们将会放大这个差异，从而表现出对比效应。[7]在这种情况下，如果消费者的先验期望低/高于产品质量，那么他们对产品的满意度反而更高/低。在此基础上，严（Yan）等人从包装大小对质量感知期望影响的视角展开研究，结果发现：较小的包装通常会让消费者产生更高的质量期望，这些期望会影响他们在消费后对产品的判断。而影响究竟是同化效应还是对比效应，由消费者体验后的好感度所决定。[8]鉴于在大多数发达国家，带有包装的产品质量控制水平相对较高，一个合理的、积极的消费体验不会与最初的质量期望有太大差异，从而允许这些期望发挥了同化效应。然而，如果产品质量的实际感知明显低于最初的期望，那么，最初的期望将被作为比较的标准，从而导致对比效应。[8]

（3）同化对比理论与品牌延伸

消费者对一个延伸品牌的接受程度取决于它与母品牌间的契合程度。同时，这种接受程度也取决于消费者头脑中延伸品牌和母品牌之间产生的心理联系。研究表明：当可访问的信息（如母品牌）包含在某个对象（如延伸品牌）的心理表征中时，对母品牌的评价就会被吸收到对延伸品牌的评价当中。因此，如果一个积极/消极的母品牌成为其延伸品牌所代表的一部分，那么消费者对延伸品牌的评估将变得更有利/不利，即发生同化效应。母品牌与其延伸品牌之间的匹配性越强，同化的可能性就越大。[9]霍伦（Horen）等人的研究表明：在一些企业模仿领导品牌的过程中，模仿者得到更多的正面评价还是负面评价，取决于模仿的相似程度和消费者的评价方式

（如联合评价和单独评价），也就是说这两者决定了同化或对比的发生。[10]结果发现，在单独评价中（领导品牌不出现）会产生同化效应，即与中等相似和低相似的模仿者相比，高相似的模仿者会获得更加积极的评价；而在联合评价中（领导品牌出现）会产生对比效应，与低相似和高相似的模仿者相比，中等相似的模仿者会获得更加积极的评价。[10]

（4）同化对比理论与价格促销

在价格促销中，广告参考价格（如原价“119.99元”）和实际报价（如促销价格“39.99元”）对消费者的决策会产生重要的影响，而且它们经常以配对的方式同时出现，从而使实际报价看起来更加优惠。毕斯沃斯（Biswas）等人回顾文献时总结得出，根据同化对比理论，与原价相比，较小的折扣在消费者可接受价格的范围内会被吸收同化。[11]因此，在消费者对折扣的评价中影响就会很小（同化效应）；而较大的折扣会让折扣价与原价形成显著的对比，从而在折扣评价中会启动较大的影响（对比效应）。在此基础上，克里斯蒂娜（Christina）等人增加了消费者内部价格，研究表明：广告参考价格（原价）和实际报价（折价）都可以激发消费者信息联想，当两者所激发的信息联想重合度越高/低时，越倾向于增加广告参考价格所激发的信息联想对消费者内部参考价格的同化/对比影响，从而让消费者认为实际报价（折扣价）更有吸引力。[12]因此，在营销实践中，营销人员通过给消费者提供一个外部的广告参考价格（原价）来同化并影响消费者的内部参考价格，进而影响消费者对实际报价（折扣价）的反应。

（三）理论运用中的研究方法

在营销领域的研究中，一般采用情境操控促使同化对比效应的发生，再采用评价量表的方法测量其结果。对情景操控而言，以往学者基本上是抓住同化对比效应的本质，结合自己的研究话题来设计情景材料的。例如，在沈（Shen）等人的研究中，通过实验证明了当被试者读到他们可以边看电影边享受爆米花（相关情况）时，他们会把爆米花和电影归类为同一体验的一部分。[13]因此，在这种情况下，随着影评字体的阅读难度增加，被试者对爆米花的评价变得更加消极了（同化效应）。相比之下，当爆米花和电影之间的关系不被强调时（不相关的情况），被试者对爆米花的评价随着影评字体的阅读难度增加而变得积极了（对比效应）。[13]

对评价量表而言，主要体现在人际领域的研究中，通常采用一份形容词的词表，要求被试者据此分别对过去、现在和未来的自我进行评分，计算三者评分间的差异。若差异显著，则说明相应的时间自我之间发生了对比效应，反之则说明发生了同化效应。[14]或者采用两个圆的重合程度进行测量，分别代表现在/未来的自我，被试者选择重合程度越高的分值，意味着发生了同化效应，反之则说明发生了对比效应。[15]

（四）对该理论的评价

在认知心理学、社会心理学以及营销领域的研究中，同化对比理论在解释个体社会知觉和判断，以及对营销策略的反应方面发挥着重要作用。尤其是在社会心理学的理论中占据了十分突出的地位。在社会比较的相关研究中，同化对比理论能够有效地解释个体对特定参考信息或线索的反应。因此，被广泛地应用在消费者心理与行为的研究中，为理解他们的信息处理、营销策略评价和选择决策等方面，提供了扎实的理论基础和分析框架。

尽管营销领域的学者已经运用同化对比理论，展开研究并取得了丰富的成果，但结合市场环境的不断变化，该理论在营销领域的运用依然存在较大的空间。以往研究主要体现在人际之间和目标物之间，而对当下普遍存在的人机交互情境是否会产生同化对比效应涉及较少。因此，随着人机交互及虚拟现实等科技的发展，该理论在营销实践的发展还存在着很大的机遇和挑战。此外，以往文献对同化对比效应的研究基本上都是给予“非黑即白”的解释，即在某种情况下，发生同化效应，在另一种情况下发生对比效应。然而，前人的研究也表明：同化对比效应可以同时发生。因此，在这种情况下，学者们该如何从理论上给予清晰合理的解释，以及在营销实践中如何找到合适的情境进行匹配，难度还是很大的。

（五）对营销实践的启示

同化对比理论能够较好地解释消费者对特定营销线索的反应情况。因此，在营销领域中，针对消费者的评价选择，企业十分关注该如何使用同化对比效应实现趋利避害的效果。例如，在延伸品牌中增加母品牌的积极信息，将提高消费者对延伸品牌的评价[9]；当消费者对产品或服务的实际感知适当超过最初期望时，会在对比效应的作用下提高消费者的满意度[7]；在模仿领导品牌的过程中，消费者单独/联合评估时，对模仿品牌来说，尽可能/适当暴露与领导品牌间的相似性[10]；在品牌丑闻溢出效应研究中，无论是在品牌系统内、品牌联合间还是整个行业中，对受讯品牌来说，都应该减少与发讯品牌间的相似性，以此来减少因丑闻同化效应而带来的伤害；同时，增加与发讯品牌间存在竞争差异的信息，或许能够借此获得一定的收益[16]。除此之外，同化对比理论还可以解释消费者对价格促销和产品包装等视觉线索的影响，甚至是一些根据听觉和触觉等感官做出的判断和评价。总之，借助同化对比理论的相关研究，营销人员可以从中得到有助于企业趋利避害的各种营销策略方面的理论指导。

参考文献

05

情感信息理论

刘新燕①

（一）理论概述与在营销研究中的发展

情感信息理论（feelings-as-information theory，FAIT）是由施瓦茨（Schwarz）和克罗尔（Clore）在其1983年研究快乐和悲伤的心境如何影响人们对于幸福和生活满意度评价的论文基础上，经过二十年的研究逐渐发展起来的，一个全面描述情境因素引发的主观感受如何影响个体判断的理论框架。[1]

在营销领域中，该理论被广泛运用于消费者心理与行为、企业营销策略制定的相关研究中。我们分别展示了该理论在营销领域六大顶级期刊和年度的频率分布趋势（图5-1、图5-2），可以看出该理论在*Journal of Consumer Research*、*Journal of Consumer Psychology*两大期刊中运用较多。

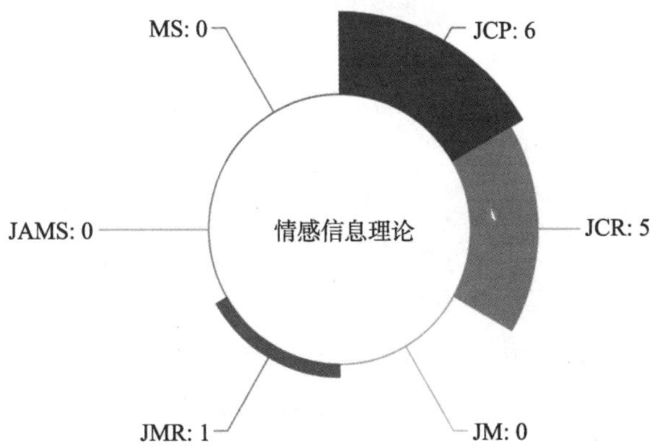

图5-1　六大期刊中情感信息理论频次分布

① 刘新燕，中南财经政法大学工商管理学院副教授，主要研究领域为在线公益、移动环境中的消费者行为变迁。

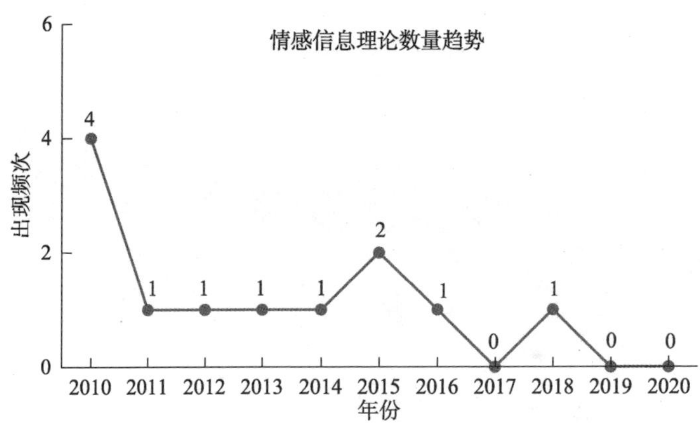

图5-2 六大期刊中情感信息理论的年度频次分布

（二）理论的核心内容与在营销研究主题中的运用

1. 理论的核心内容

情感信息理论的源起是因为两位研究者想厘清，心境（moods）影响个体评价的机制究竟是因为不同的心境会使得相应的记忆更为显性，从而使得个体的决策有偏，还是因为心境本身也可以作为信息来源，从而影响人们的判断。施瓦茨和克罗尔设计了心境（快乐或悲伤）×归因（正确归因、错误归因或无归因）的两个组间实验来进行验证。在实验1中，他们让被试者进入一个看上去有点怪怪的隔音房间，然后告诉被试者这个房间有可能使人产生“紧张压抑”或“兴高采烈”的感觉，或者不做任何提示，通过这种方式来操控被试者对于心境来源的归因；此后要求被试者生动描述一件让其感到快乐或者悲伤的事情来诱发相应的心境，实验将生活满意度的评价作为因变量。结果表明相较于悲伤的被试者，处于快乐心境的被试者对生活满意度的评价更高；但是悲伤的被试者在得知有可能是房间导致他们产生这种心境时，心境对生活满意度评价的负面影响就消除了。实验2中他们利用晴朗或者阴雨的天气作为心境的诱因，采用访谈员电话提及天气及其与心境之间的关联程度来操控心境的归因，实验2采用生活满意度和幸福感同时作为因变量。实验结果显示，被试者在阳光明媚时比阴雨报告了更高的生活满意度和幸福感，但是，当实验员明确问起天气时（让被试者意识到心境有可能是由于天气诱发的），阴雨天气的负面影响就消失了。两个实验的结果验证了心境对于个体决策的影响其实是因为人们将偶然的心境当作当前评价的信息来源，但是，如果心境能够被明确归因为某种和当前评价不相关的原因时，负面心境的影响就会消除。[1]

两位研究者将这一结论命名为心境信息理论（mood-as-information theory）。[1]在此基础上，学者们逐步从早期聚焦于心境（moods）和情绪（emotions）等情感如何影响人们的决策，进一步扩展到将和焦点任务不相关的元认知体验（metacognitive experiences）和身体感受（bodily sensations）都纳入进来，探讨人们的各种主观感受如何影响其后续的认知和决策过程，从而扩展成为人们现在所熟知的情感信息理论。[2-4]它主要包括如下一些核心观点：

第一，人们会将当下暂时的感受也作为一种信息来源，不同的感受提供不同的信息，这些信息会和其他信息一起共同影响个体后续的判断。主观感受的这种“信息功能”不仅体现在心境和情绪的影响上，也包括非情感的元认知体验和身体感受在内。[4]其中，心境（如快乐和悲伤）通常没有明确指向，有可能逐渐形成且持续较长时间，并且强度较低。但情绪（如高兴和愤怒）通常来自人们对当前环境的一种潜在的评估，且通常有明确的指向（如人们通常会对某件明确的事件或对象感到愤怒），两者有细微的差别，但在情感信息理论中两者提供信息的来源都是通过其效价，即正性还是负性这一属性来达成的。元认知体验（如惊讶、厌倦或者熟悉的感觉）提供个体对于相关知识的评判等信息。如果某种元认知体验能够增加个体的信息处理流畅性，则会带来正性的情感体验，从而提升后续评价。身体感知如饥饿、疼痛或心理上的兴奋感，会传递个体对于身体机能的信息，从而影响其后续判断。

第二，某种主观感受对当前决策的影响取决于它的感知信息价值。由评判对象所引发的感受确实能为个体如何对该对象做出回应提供有效的信息（比如，我看见苏珊心生欢喜，这个信息可以有效帮助我形成对苏珊的评价）。[5]但人们的这种主观感受也有可能是由于某种偶然的情境因素所触发的，跟目标对象无关（比如，我心生欢喜是因为今天阳光灿烂）。不幸的是，人们很多时候对自己的主观感受比这种感受究竟源自何处更为敏感，因此有可能会误认为这种感受是来自评价对象，此时，主观感受就有可能误导人们的判断。但是当人们可以将这种主观感受进行有效的归因之后，如果没有其他信息来源进行补充，它甚至有可能导致人们矫枉过正，造成新的误导。例如，人们可能会想：“我对我的生活状态不满意，但是这种不好的感觉有可能是来自于这个房间，所以我对生活满意度的现有评价需要调整。”[1]但在个体能获得其它信息来源的时候，主观感受的影响就有可能被正确地消除。

第三，主观感受对于某个问题的影响究竟如何，取决于所提出的认知问题本身是什么，不能一概而论。马丁（Martin）等学者让处于不同心境的被试者清点鸟的数量。当问被试者是否对所完成的工作满意时，快乐的被试者会推论他们对已经完成的任务很满意从而选择终止，但是悲伤的被试者会推断他们不满意已经完成的任务因而选择继续。但是当问被试者是否会喜欢正在从事的任务时，结果会反转，即快乐的被试者会将这种愉快的感觉误认为是当前任务带来的，因而会愿意继续；但是悲伤的被试者会误认为是当前任务导致他们的悲伤因而会终止任务。在上述两种情况下，被试者的判断都和他们的心境效价是一致的，但是这种影响被导向了不同的问题（对已经完成的任务vs.当前正在进行的任务），因而带来了完全不同的行为后果。[6]

第四，当主观感受被当做信息来源时，它遵循所有其他任何信息相同的使用规则。具体而言：首先，只有当主观感受的信息价值不被质疑的时候，它才能作为信息来源。[1]其次，主观感受和当前评价的感知相关度越高，影响就越大。例如，相对于他人决策，心境对人们自身相关决策的影响更大，因为人们觉得他人的感受和自身的感受也许不同[7]。再次，主观感受对决策的影响随着其他决策相关信息的增加而降低。例如，当身边有专家可以咨询时，人们依赖自身主观感受做出决策的可能性就降低[8]。最后，当人们缺乏动机去寻找其他信息或者信息处理能力不足时，主观感受对决策的影响就会加剧[4,9]。总而言之，主观感受的可诊断性和相关性，以及其他备选决策相关信息的可得性综合决定了主观感受对后续决策的影响程度。

2. 理论在营销研究主题中的运用

情感信息理论在营销研究中得到了广泛的运用，以下重点介绍两方面运用。

（1）情感信息理论与消费者产品评价

这一理论在营销领域应用最广的是在消费者产品评价方面。从情绪的角度，科姆（Kim）等人证实兴奋的被试者比平静的被试者对冒险类型的度假产品评价更高，平静的被试者则对宁静的度假产品评价更高。这是因为当被试者的偶发性情感和产品预期应该带来的情感体验相一致时，能给消费者带来更高的产品信息处理流畅度，继而提升消费者的产品评价。[10]也有研究表明，略微超过某一个边界类别整数的数字（比如1001）会激发消费者的情绪唤醒（arousal），但是消费者会将这种情绪唤醒的提升误认为是焦点产品所带来的，因而会提升消费者对产品的欲望。[11]重复的歌词能够增加听众的信息处理流畅度，因而会使该歌曲得到更广泛的传播，这也再次证实了元认知体验对于消费者产品评价的影响。[12]在身体感受方面，有研究证实身处温暖的环境会激活消费者情感上的温暖感，继而提升消费者对产品的评价[13]。类似的，列维（Levy）等学者证实当消费者距离产品中等距离时，柔软地面（vs.坚硬地面）所带来的舒适感会让被消费者将其作为产品评价的信息之一，从而提升产品评价；但是当消费者距离产品距离很近，可以获得足够多的产品信息时，柔软地面带来的舒适感反而成为产品体验的一个体验参照标准，这时站在柔软地面（vs.坚硬地面）上的消费者对产品的评价反而更低；如果消费者处在离产品特别远的距离，以至于消费者非常清楚地知道地面的感受不能作为产品评价的信息来使用时，不同地面带来的主观感受对产品评价的影响就消除掉了。[14]甚至胳膊的运动姿势（伸展vs.弯曲）也会影响人们的消费决策。通常状况下，人们消费某种产品时需要将该产品运送到更靠近身体的地方，在认知体验上跟弯曲胳膊姿势更相匹配，所以胳膊弯曲的姿势会促进消费。但是当消费场景是将产品运送到远离身体的时候（例如，在线选购时点击产品项目放入远处的购物车），胳膊伸展的姿势更能促进消费。因此，胳膊的运动姿势（伸展vs.弯曲）对于消费决策的影响取决于消费者脑海中该产品消费行为的认知意向是否和胳膊的运动姿势相匹配。[15]

（2）情感信息理论与广告说服

情感信息理论认为情绪会影响人们的信息处理方式，这是因为情绪中都包含个体对外部环境的状态评估信息。个体大多数时候都处于中性或者较为正性的心境和情绪中，因此当出现负性情绪时（愤怒恐惧等），个体会感知周遭环境出现了某种非常态的状况，因此需要个体更为审慎地处理信息[2-4]。因此负性情绪会导致个体在处理信息时采用中心路径和更为系统化的思维方式，正性情绪会导致个体在处理信息时采用边缘路径，因而更依赖于主观感受来作出决策。[2-4]基于此，消费者的主观感受也会影响广告宣传策略的说服力。例如，研究证实熟悉他人的建议更容易被消费者所采纳，是因为个体在考虑他人的建议时，需要在脑海中模拟想象他人的思维过程以理解其建议，熟悉的他人会让消费者产生一种确定感（certainty），这种元认知体验会被消费者纳入是否采纳建议的决策中，因而提升建议的采纳可能性。[16]类似地，古德（Goode）等学者证实，将产品使用类比为人们所熟悉但截然不同的一种体验（例如，开这款车就像第一次接吻的感觉）的说服效果完全取决于消费者对该体验的既有感受，如果消费者对该体验的原有主观感受是积极正面的，广告的说服效果就会很好，反之差。[17]

（三）理论运用中的研究方法

在营销领域的研究中，采用情感信息理论的论文主要使用实验法。在情感信息理论的源起论文中，两位学者分别用回忆并描述某一个快乐或悲伤的生活片段以及阳光或者阴雨天气来操控被试的心境。[1]关于心境和情绪，尤其是情绪，后续的学者主要采用图片（视觉材料）、音乐（听觉材料）、视频（多通道材料）和自主回忆（情境诱发）等方式来进行操控。[18]目前有许多数据库可以采用，例如，图片方式中有奈梅亨面孔数据库（The Radboud Faces Database，RaFD）、卡罗林斯卡定向情绪面孔数据库（The Karolinska Directed Emotional Faces，KDEF）、中国人情感面孔表情图片系统（Chinese Affective Face Picture System，CAFPS）等代表性的面部表情数据库可以采用；还有国际情绪图片库（International Affective Picture System，IAPS）等代表性的场景图片数据库可以采用。音乐方面有国际情绪数字化音频数据库 The International Affective Digitized Sounds（IADS）可以采用。视频方式有情绪影像数据库（FilmStim）和中国情绪影像材料库（Chinese Affective Video System，CAVS）可以采用。[19]诱发的情绪可以简单区分为正向情绪和负向情绪，也可以进一步具体化为快乐、恐惧、愤怒、悲伤等基本情绪或者敬畏等复合情绪。

在情绪的测量中，最广泛使用的是沃特森（Watson）等人1988年创编的正性负性情绪自评量表（Positive and Negative Affect Scales, PANAS），这个量表当中包含10个测量正性情绪的题项和10个测量负性情绪的题项。[20-21]也有学者采用安德鲁（Andrew）等人1999年改编的短版的PANAS量表，把题项缩减为5个测量正性情绪的题项和5个测量负性情绪的题项。[22]

（四）对该理论的评价

情感信息理论对于个体的情感及主观感受和认知之间的相互作用进行了全面系统的探讨，对很多现象具有强大的解释力，因而在心理学、组织行为以及营销领域都有广泛的影响。因而，营销学者在从事消费者行为相关的研究时，凡是涉及消费者的认知决策，都要格外注意过程中可能引发的被试者主观感受所造成的各种潜在影响。目前在营销领域也非常重视的一些理论和情感信息理论之间既有承接，也有所发展。例如，情感信息理论中虽然指出情绪具有信息的作用，但是对其影响的探讨更多停留在正性还是负性这种大的类别上。情绪作为社会信息理论（emotion-as-socialinformation）则进一步探讨某种特定情绪中所包含的具体信息（例如，愤怒是表示个体对结果不满且认为这种不好的结果是他人所造成的）对于个体决策的影响。情感信息理论中的元认知体验更多的是从信息处理的可得性和流畅度来进行解释，近年来营销领域非常重视的常人理论（lay theory）则会深入探讨某一种元认知在消费者心目中的具体含义及其对消费者决策的影响。此外，情感信息理论在讨论身体感受的时候，更多侧重于这种身体感受的效价以及与当前评判对象或者事件感受之间的匹配程度，具身认知（Embodied cognition）理论则进一步探讨生理体验与心理状态之间的相互联系。

（五）对营销实践的启示

在营销领域中，企业一直试图通过各种营销策略来影响消费者的决策。情感信息理论提示企业，可以采取的途径之一，是通过营销策略来激发消费者更为正性的情绪和身体感受，在营销方案的设计中采用让消费者更为熟悉或者更容易理解的内容，都有助于营销目标的实现。此外，除了关注营销方案本身所应该激发的各种消费者反应之外，要格外重视消费者周遭的环境有可能触发的甚至是不相关的情绪、元认知体验或者身体感受。因为这些主观感受也会被消费者纳入最终的认知决策，和营销方案所提供的信息一起，共同决定最终的营销效果。

参考文献

06

评估趋势理论

张　敏　秦　芳　李怡纬　孙雨璇　郑　璐[①]

（一）理论概述与在营销研究中的发展

评估趋势理论（appraisal-tendency framework，ATF）也被称为评价倾向框架，由勒纳（Lerner）和凯特勒（Keltner）于2000年提出，是心理学领域中的重要理论。评估趋势理论自提出的二十多年来，作为预测消费者具体情绪、判断和决策的最基础、最具影响力的理论之一，在社会心理学和消费者行为学等领域得到了广泛运用。评估趋势理论的研究最初聚焦于对不同情绪的认知评价方法的挖掘，随着其理论内涵的不断丰富，学者们越来越关注不同领域中个体情绪类型对其判断和决策的影响研究。

在营销领域中，该理论被广泛运用于消费者心理与行为、企业营销策略制定的相关研究中。我们分别展示了该理论在营销领域六大顶级期刊和年度的频率分布趋势（图6-1、图6-2），可以看出该理论在*Journal of Consumer Research*中运用最多。

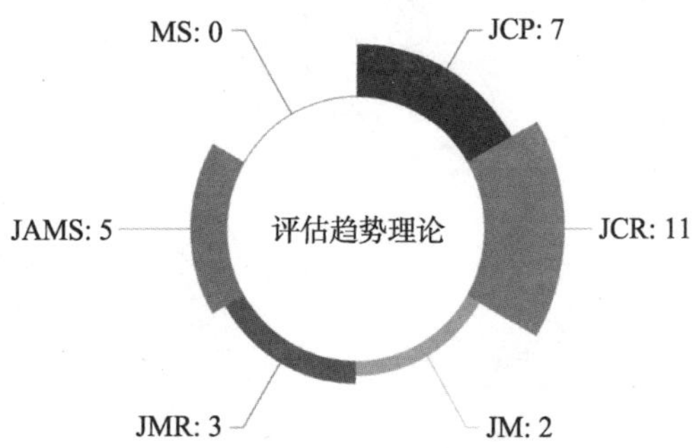

图6-1　六大期刊中评估趋势理论频次分布

① 张敏，天津大学管理与经济学部教授，主要研究领域为服务营销。基金项目：国家自然科学基金面上项目，顾客需求驱动的耐用消费品制造企业服务质量提升研究（72171166）。秦芳，中国计量大学经济与管理学院讲师。主要研究领域为服务营销。基金项目：浙江省自然科学基金探索项目，电商直播背景下零售企业服务质量测评与改进研究（LQ21G020006）。李怡纬，天津大学管理与经济学部博士生。主要研究领域为服务营销。孙雨璇，天津大学管理与经济学部博士生。主要研究领域为服务营销。郑璐，福建江夏学院经济贸易学院讲师。主要研究领域为服务质量。

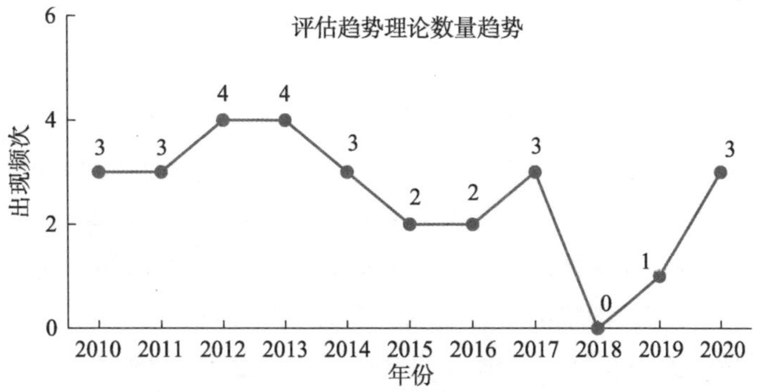

图6-2 六大期刊中评估趋势理论的年度频次分布

（二）理论的核心内容与在营销研究主题中的运用

1. 理论的核心内容

评估趋势理论是阐述情绪作用于个体决策模式的理论框架，用于解释或预测个体的特定情绪状态对其判断和选择的影响。[1-2]该理论认为，情绪对于决策产生不同影响，是由决策者对该情绪的评估趋势来决定的。具体的情绪由不同的认知评价维度（cognitive-appraisal dimensions）构成，个体以一种与情绪的原始认知评价维度相一致的方式来感知事件和对象。每种情绪由对情绪起主导作用的评价维度，即核心评价主题（core appraisal theme）来定义。根据评估趋势理论，带有动机属性的情绪会激发个体对未来事件的内隐认知倾向，即个体根据表征情绪的中心评价模式或评价主题来评价未来事件。这一过程被总结为情绪激发个体对决策任务产生评价倾向（appraisal tendency），进而通过影响信息加工的内容和深度影响判断与决策（见图6-3）。[3]

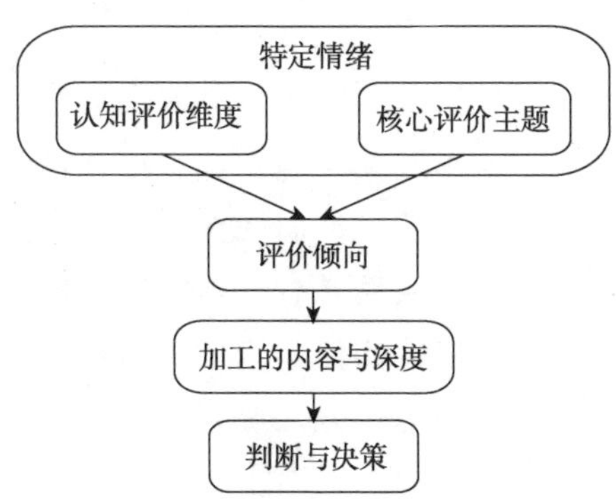

图6-3 评估趋势理论的核心构念与理论模型[3]

评估趋势理论中的认知评价维度以认知评价理论（cognitive appraisal theory）为依据进行情绪分类。[4]人们的情绪与他们对所处环境的认知评价密切相关，基于史密斯（Smith）和埃尔斯沃思（Ellsworth）的研究，情绪具有6个认知评价维度（详见表6-1）：愉悦性（pleasantness）、确定性（certainty）、预期努力（anticipated effort）、注意活动（attentional activity）、控制性（control）和责任感（responsibility）[5]。每一种情绪都包含一组核心评价主题，也被称为情绪的中心维度。核心评价主题表征了情绪的核心意义，[6]决定了情绪的类型及其对具体行动过程可能的影响。[3]例如，焦虑的特征是对面临不确定的威胁的评估，因此焦虑往往伴随着减少不确定性的行动倾向；悲伤则包含失去和无助感的核心主题，以情境控制感（相对于个体控制感）的增强为特征，因此个体行为带有对个体控制感的寻求的补偿倾向。[7]评估趋势理论还强调情绪对决策影响的匹配限制，指出情绪的影响仅限于与情绪评价相关的判断范围。[3]具体而言，情绪对与评价主题相关的判断和选择领域具有强烈的影响，当判断与决策任务突出的属性与情绪的核心评价主题不匹配时，情绪的影响可能不会发生。[8]

表6-1 认知评价维度及其内涵

认知评价维度	定义
愉悦性	情绪诱发事件的效价
确定性	事件是否可以预测和理解的程度
预期努力	个体主观上需要在情绪诱发情境中付出努力的程度
注意活动	个体把注意力投入到情绪诱发事件上的程度
控制性	个体感觉事件被自己或他人或情境控制的程度
责任感	对事件该由他人或自己负责的评价

勒纳和凯尔纳针对典型的负面情绪如愤怒、恐惧、骄傲、惊讶等，进行了一系列的风险决策实验。结果发现，拥有愤怒情绪的个体通常具有高确定性、高预期努力、高控制性及低愉快性，说明带有愤怒的个体更为乐观地估计了风险评估的结果，从而具有更高的冒险性。拥有恐惧情绪的个体通常具有低确定性、低愉快性和低控制性，而在注意活动、他人责任感和预期努力的认知上具有较高的得分，说明带有愤怒情绪的个体对未来风险事件通常持有负面态度，从而更倾向于采取风险规避的决策。拥有骄傲情绪的个体通常具有高确定性、高愉快性、高控制性，但在预期努力和他

人责任感上的认知得分较低，说明骄傲情绪个体认为未来风险事件通常是由自己导致的，而风险事件中的有利事件是由自身努力导致的。拥有惊讶情绪的个体通常具有低确定性、低预期努力和中等控制性，在愉快性和他人责任感方面的认知得分较高，说明惊讶情绪的个体会将风险事件中的有利事件归因于他人的努力，并且对风险事件持有积极看法。[1]

评估趋势理论预测，每种情绪激活的评价倾向促使个体在评估未来事件或做出反应时，与触发情绪的中心评价维度一致。也就是说，情绪使个人倾向于以特定的方式评价环境。评价倾向会持续存在于引发情绪的情境之外，并影响人们的思维。[3]有研究将评价倾向对判断和决策的影响分为两类：内容效应（content effects）和深度加工效应（depth-of-processing effects）。在思维内容方面，以悲伤和愤怒对指责判断的影响为例：悲伤会引发感知情境控制的评价倾向，而愤怒引发感知个体控制力的评价倾向。相应地，悲伤的人会把责任归咎于情境因素，而愤怒的人会把责任归咎于环境中的其他人。在情绪对思维深度的影响方面，蒂登斯（Tiedens）和林顿（Linton）认为，与确定性评价相关的附带情绪（如愤怒和快乐）将导致启发式处理，而与不确定性评价相关的情绪（如恐惧和希望）将引发系统处理。[9]

2. 理论在营销研究主题中的运用

评估趋势理论在营销研究中常被作为探究特定情绪对消费者判断与选择影响的理论基础，阐明认知与情绪之间的联系。一方面，评估框架支持从情绪到选择的关系，研究者基于认知评价维度调查决策环境和受情绪影响的潜在心理过程；另一方面，该理论也用于环境、决策和行动如何影响情绪。重点从以下三个方面介绍评估趋势理论在营销研究主题中的运用。

（1）评估趋势理论与风险感知

根据评估趋势理论，负面情绪尤其是恐惧会影响风险感知。约翰逊（Johnson）和特维尔斯基（Tversky）研究发现，人们阅读有关创伤事件的报纸文章（如白血病和火灾）后会对各种负面事件给出更高的可能性估计，因此，对报纸的负面情绪反应将影响人们对总体风险的估计。[10]后续研究证实，当人们面对不确定或无法控制的威胁时同样会产生恐惧，[5]更易于采取认知和行为行动来减少不确定性和恐惧，例如，人们愿意选择更安全的赌注和在恐怖主义威胁中采取更多的预防行动。同样，带有恐惧情绪的人倾向于更细致地处理信息来减少不确定性。例如，投资者的风险感知决定了股票交易决策，具有恐惧情绪的投资者会因为更高的风险感知而选择在早期抛售股票；而如果投资者认为他们的风险态度在市场上是普遍现象，即使具有恐惧情绪，他们也不会过早抛售股票。[11]

（2）评估趋势理论与消费决策

早期评估趋势理论相关研究突出消极情绪对风险评估和消费决策行为的影响。勒纳和凯尔纳通过开展以亚洲疾病问题、赌博游戏为实验情景的风险决策实验，发现带有愤怒情绪的个体更倾向于采取风险性的决策，带有恐惧情绪的个体更倾向于采取风险规避行为，带有悲伤情绪的个体则更偏好高风险高获益的赌博游戏，具有不同焦虑情绪的个体则表现出差异化的消费决策行为。[1]加尔格（Garg）和勒纳依据评估倾向框架探究了通过“购物疗法”缓解悲伤情绪的有效性。在食物消费情境下的实证研究表明，悲伤会增加无助感和对享乐食品的消费，而通过选择权诱导控制感可以削弱这种“悲伤-消费”效应。[12]萨雷诺（Salerno）等发现，悲伤会增强一个人对放纵消费的潜在有害后果的敏感性，当享乐的饮食目标突出时，这种敏感性会减少放纵。由于悲伤通常与失去联系在一起，这种保护功能是为了防止未来失去。[13]科尔曼（Coleman）等将消费者偶然经历的恐惧感与其他情绪（厌恶、悲伤、希望、骄傲、愤怒）和不确定性进行了对比，认为经历偶然恐惧会使消费者产生“隧道效应”，提升对当前选择与焦点信息的关注、减少对外围信息的关注，从而促进消费者更快速地做出选择、减少延迟。[14]韩（Han）等对比了同为负面情感的内疚感和羞耻感对消费者行为的影响，认为内疚感（羞耻感）会激发消费者的局部（整体）评价倾向，并做出低（高）解释水平为主导的选择。[3]伽洛尼（Galoni）等以新冠疫情传播为背景，验证了传染病线索存在的威胁会增加消费者的厌恶感和恐惧感，从而增加消费者对熟悉产品的偏好与选择。[15]

（3）评估趋势理论与个体行为倾向

情绪依据评估维度进行描述，不同的情绪会导致个体不同的行为倾向。例如，在感到后悔的情况下，个体会表现出对基于努力任务的偏好，在感到自豪的情况下，个体会表现出对基于技能任务的偏好。[16]这与个体的自我效能感有关，当任务被描述为努力密集型时，后悔情绪会产生更高的自我效能感，被描述为技能密集型时，骄傲情绪则会产生更高的自我效能感，进而引发更高的行为意愿。[16]萨雷诺等检验了骄傲情绪对个体自我调节行为的影响：当自我调节目前存在时，个人代理的评价信息（例如，“这是我的成就，不是别人的成就”）会促进调节行为；当自我调节目标不存在时，控制点的评价信息（例如，“我的努力促成了这一成就，而不是凭借运气”）会促进调节行为。[17]通过对偶然的、整合的、基于认知的情感（悲观、乐观）操纵，有学者认为消费者对“积极-消极”存在反应延迟的不对称，即积极情感引发更高效的判断，而消极情感会使判断更低效、更费力。[18]在社交媒体环境下，负面情绪容易引发用户通过社交平台发布负面信息，从而使潜在客户对当前品牌的负面印象。[3]

（三）理论运用中的研究方法

营销领域的研究中评估趋势理论的相关研究主要采用实验法，包括实验室实验和现场试验，消费者情绪通常采用情景操控和量表测量两种方法进行研究。

情景操纵中，情绪大多通过模拟真实环境、阅读任务、回溯记忆或想象任务的方式诱导。波拉特（Porath）等通过邀请消费者进入模拟的实验环境，目睹不文明行为以激发其愤怒情感，检验愤怒情绪是否会对公司认知产生负面影响。[19]有研究者通过向参与者展示文字材料或其他形式的刺激物，以激发参与者的情感。例如，瑞克（Rick）等通过向参与者展示视频材料——电影《舐犊情深》（*The Champ*）中描述男孩父亲死亡的三分钟片段，刺激参与者产生悲伤情感，进而验证在悲伤时购物能否缓解悲伤情绪。[20]回忆任务通常请参与者回忆并描述或想象某件事情（如“请回忆一件因为做了而感到内疚的事情”[21]）；想象任务则请参与者想象某件将要或可能发生的事情（如“请想象必须在参加聚会和在家备考之间做出选择”[22]）来诱发个体情绪。萨雷诺在探索骄傲对个体行为决策的影响时，要求参与者想象自己会在表征不同自律水平的行为（如“对于剩下的半份美味晚餐，你会留着明天吃还是现在吃”）或产品（如胡萝卜和奥利奥）中做出怎样的选择。[17]李（Lee）和安德拉德（Andrade）在测量参与者的风险决策实验中，参与者被要求完成一项包含25轮的“套现游戏”，参与者可以选择在任何一轮出售股票并获得相应的收益，以其在任务中停留的回合数作为决策变量，对决策过程中遇到的潜在问题进行开放式采访。[11]

量表测量中，一般采取情绪词表或与情绪有关的题项捕捉被试情绪。例如，有研究向参与者展示了按照字母顺序排列的19种情绪词表（生气、轻蔑、失望、苦恼、厌恶、兴奋、沮丧、感激、内疚、希望、快乐、骄傲、遗憾、宽慰、悲伤、满足、羞耻、悲伤、懊恼），要求参与者对每种情绪的体验程度进行打分。[22]波拉特等询问对于当前感知到的愤怒感和不安感程度以衡量参与者的愤怒情绪。[19]此外，也有研究通过对参与者所描述的相关事件中表示情绪的特定词汇统计，计算相应的情绪。例如，加尔格等在实验中要求参与者描述三四个感受到悲伤的事件，通过计算描述中出现的代表“失去、剥夺、缺乏”等词汇的频率，衡量参与者的失落感。[12]李和安德拉德通过组织参与者分别观看纪录片和电影的恐怖片段，通过向参与者提问关于视频剪辑的问题来捕捉恐惧和焦虑水平。[11]在认知评价维度的测度上，大部分研究采取李克特量表打分法，例如，在测度“控制感”时，伽洛尼等使用了三个题项（“我总是能控制坏事情是否发生在我身上”“当坏事情发生时，我总是能让事情以我想要的方式发展”和“无论发生什么事，我总是能控制我所处的情况”），询问参与者的感知可控。[15]

（四）对该理论的评价

评估趋势理论探讨情绪与决策的关系，是研究具体情感与决策领域具有广泛影响力的基础理论之一。该理论主张每一个具体的离散情感对行为决策都可能产生不同的影响，关注离散情感之间的细微异同，提出了超越效价的思想。它系统地描述了比单纯的效价更具体的情感差异，成为研究情绪对影响消费者判断和决策的有用工具。[3]同时，该理论提出评价倾向作为中介的认知过程，指出情绪影响决策的内在机制是情绪与任务之间的匹配，将传统决策领域中理性决策的背景拓展到了情绪影响下的决策研究。总的来说，评估趋势理论为发展一系列关于情感、判断和决策的可测试假设提供了一个灵活而具体的框架。[1]

评估趋势理论已经得到了广泛应用，但仍需在未来研究中不断拓展完善。首先，在未来的研究中有必要进一步拓展情绪研究的范围，对情绪影响决策的调节变量（如决策环境）进行研究。[8]其次，可以通过检验两个或多个评价维度之间的相互作用来更好地预测复杂决策的结果。最后，未来研究可以识别新的情绪评价维度，研究情绪可能影响决策的多种心理过程，为情绪研究提供更多维度的可能性。

（五）对营销实践的启示

评估趋势理论能够很好地解释消费者情绪并预测情绪对最终决策的影响。在营销实践中，企业应充分重视消费者个体情绪对购买决策的干扰。根据评估趋势理论，具有不同情绪的个体体现出差异化的消费决策倾向，其中带有恐惧情绪的消费者更倾向于规避风险，带有悲伤情绪的消费者则更倾向于做出高风险高获益的决策行为。在营销实践中，可以通过评估并改变不同类型的个体情绪，影响消费者的判断和消费决策。例如，通过提升消费者的骄傲、偶然恐惧、后悔等基于认知的情感，提高其判断和决策效率。总之，借助评估趋势理论的相关研究，能为消费者情绪识别、负面行为分析、消费决策评估方面提供参考。

参考文献

07

叙事传输理论

徐　岚　徐辛夷[①]

（一）理论概述与在营销研究中的发展

叙事传输理论（transportation theory）由格林（Green）和布洛克（Brock）于2000年提出，揭示了叙事说服效应的机制。叙事传输理论跳出以“认知加工”为核心的传统认知说服理论框架，提出了基于“叙事加工”的说服机制[1]。自提出以来，叙事传输理论的研究主要有两个方向：一是聚焦于理论的完善，探讨叙事传输的前因和结果；二是将该理论应用于解释与叙事相关的诸多现象。

在营销领域中，该理论被广泛运用于消费者心理与行为、企业营销策略制定的相关研究中。我们分别展示了该理论在营销领域六大顶级期刊和年度的频率分布趋势（图7-1、图7-2），可以看出该理论在*Journal of Marketing*中运用最多。

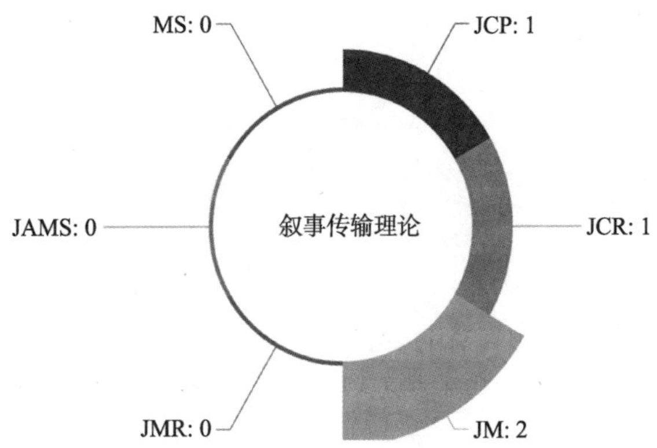

图7-1　六大期刊中叙事传输理论频次分布

① 徐岚，武汉大学经济与管理学院教授，主要研究领域为消费者行为。徐辛夷，武汉大学经济与管理学院硕士研究生。基金项目：国家自然科学基金项目（72072135）。

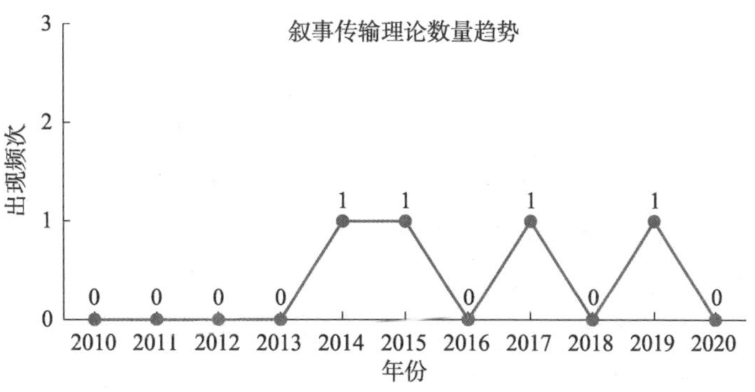

图 7-2 六大期刊中叙事传输理论的年度频次分布

（二）理论的核心内容与在营销研究主题中的运用

1. 理论的核心内容

叙事传输理论解释了故事说服人们的机制。该理论提出，当人们被“传输”（transport）到一个故事中时，他们的认知、态度或意图就会根据故事发生改变[2]。这里的“传输”，简单来说，就是沉浸在一个故事中。它是一个综合的心理过程，在这个过程中，包括注意、感受和想象在内的所有心理系统都聚焦在故事中的事件上。叙事传输会给个体带来三种体验。第一，脱离部分现实世界。被传输的个体进入故事的世界，因而无法触及真实世界的部分信息。这种“断触（loss of access）”既反映在物理层面（例如，被传输的读者很难注意到有人进入房间），更反映在心理层面（即当人们沉浸在故事中时，不容易意识到故事和现实的矛盾之处）。第二，除了感觉到现实世界变得遥远，被传输的个体还会产生强烈的情绪和动机。尽管知道故事中发生的事情是不真实的，个体还是会充分与主人公共情，积极地思考故事未来的发展结果。例如，我们会忍不住想象，如果林黛玉没有死，那么《红楼梦》的剧情会怎么样？第三，被传输的个体还会产生“心理意象”，即在脑海中生成有关故事情节的生动图像，仿佛自己就在经历故事中的事件。经过故事传输的人们回到现实情境中，会保留自己在故事中形成的信念和态度。[1]例如，“哈利·波特”系列的很多读者都热切地相信魔法世界的存在。

那么，哪些因素促使人们被传输进故事中呢？从故事讲述者的角度来看，故事本身的一些要素能够使人们沉浸其中。根据叙事学的研究，故事主要有两个要素：内容和话语。就故事内容而言，人物和情节是最重要的因素。首先，让人有认同感的人物会增强叙事传输，因为读者更容易与人物共情，从人物的视角解读故事，从而沉浸在故事中。[3]其次，可想象的情节通过引发心理意象来促进叙事传输。[4]故事对空间的描述越具体，对事件发生的时间顺序和因果关系描述越清楚，情节的可想象性就越高。[5]就故事话语而言，故事的体裁和戏剧性会影响叙事传输。体裁指的是基于一组有限的基本情节所构成的独特的故事形态，它起源于特定时间、特定社会中高度共享的文化习俗。[6]例如，渐进式体裁，反映了事件随着故事时间线不断改善的形态特征，后退式体裁则反之。范拉尔（Van Laer）等人[5]的研究发现，与情感变化单一的体裁（如渐进式和后退式）相比，具有波动性情感变化的体裁（如悲剧和喜剧）会带来更强的叙事传输。戏剧性是指故事中的奇特或转折之处，故事的戏剧性越强，就会带来越强的叙事传输。[5]

从故事阅读者的角度来看，也有一些因素会影响叙事传输的效果。首先，故事阅读者的个体差异，包括个人特质（如可传输性）和人口统计特征，会影响叙事传输的效果。可传输性是指个体能够被传输的稳定特质，可传输性强的个体，有更强的共情和想象能力，因而更容易感觉到叙事传输[7]。以达尔·辛（Dal Cin）等人的研究[8]为例，作者首先测试了被试者的可传输性，几周后，让被试者阅读不同质量的故事，测量他们的叙事传输程度。测量可传输性的量表项目有“我能轻易地想象自己处于故事所讲述的事件中”“在阅读时，我发现自己能与人物感同身受”等；而测量叙事传输的量表项目与可传输性量表相同，仅将时态改为现在时，用具体的人物姓名、故事名替代“人物”“故事”等泛指词。最终的研究结果表明，在阅读同一个故事时，可传输性高的被试者比可传输性低的被试者有更高的叙事传输得分。由此可见，叙事传输是个体在特定时间对特定叙事的“沉浸”程度，可传输性则是个体超脱具体故事而普遍拥有的一种“沉浸”能力。此外，对于年轻的、女性、受教育水平高的故事阅读者，叙事传输可能更明显。[1-2]其次，故事阅读者阅读时的状态也会影响叙事传输的效果。阅读者对故事越熟悉、注意力越集中、感到故事主人公与自己越相似、认知负荷越低时，叙事传输越强。[1, 2, 9, 10]而阅读者越怀疑叙事的说服目的，就越不容易被传输到故事中。[11]最后，情境因素也会影响叙事传输的效果。比如，处于无聊或压力情境中的人可能渴望去其他地方，因此可能更有动机将自己传输到叙事中。[1]

2. 理论在营销研究主题中的运用

根据叙事在营销实践中的主要存在形式，叙事传输理论在营销研究中的应用可以分为三类。首先，叙事是品牌与消费者、消费者之间沟通的一种方式（如品牌广告、品牌传记、用户生成内容等）。因此，叙事传输理论能够用于解释品牌叙事的有效性，指导企业的沟通策略。其次，叙事本身能够被消费（如电影、小说等）。因此，叙事传输理论能指导叙事产品的设计。最后，广告传播经常依托于叙事消费（如广告植入）。因此，该理论还可以指导广告的投放。接下来，介绍叙事传输理论在上述三个营销研究主题中的运用。

（1）叙事传输理论与消费者沟通

品牌通过叙事与消费者进行沟通，叙事性广告在其中最具代表性。在叙事性广告中，叙事传输通过“将产品或品牌作为叙事的一部分进行体验”，在品牌和消费者之间建立联系，使消费者对产品或品牌产生积极的态度，如更强的偏好、更高的评价和购买意愿。[11-12]叙事传输理论不仅能从整体上解释叙事性广告的有效性，也可以解释特定叙事要素对广告有效性的影响。比如，在平面广告中，当模特的视线回避观看者（vs.直视观看者）时，观看者会产生一种故事中的人看不到自己的错觉，从而更容易沉浸其中，进而对广告有更积极的态度。[13]

除了叙事性广告，品牌传记也是品牌与消费者沟通的重要方式。品牌传记讲述品牌的起源和发展轨迹，通过叙事传输使消费者对品牌产生认同感，产生积极的态度。[14]更进一步地，当品牌传记中所展现的品牌定位与消费者的自我定位一致（比如都是弱势者）时，消费者更容易被传输到故事中，从而对品牌有更好的态度。[15]

叙事传输还可以解释消费者之间沟通的有效性。很多消费者口碑是叙事性的，而非观点性的。[16]以消费者在线评论为例，讲述消费经历的叙事性评论或含有叙事元素（如情节和人物）的评论能够增强阅读者的叙事传输，从而具有更强的说服力。这种说服力具体表现为阅读者对评论的点赞、转发和更高的购买意图。[5]

（2）叙事传输理论与叙事产品设计

叙事产品（如电影、小说、戏剧）作为重要的娱乐产品，一直受到营销研究的关注。叙事产品能否获得消费者的喜爱取决于它们将观众带入叙事的能力，即叙事传输的强度。叙事传输能够增强人们的享受程度，而后者是人们进行娱乐消费的重要动机。以电影为例，鲜明的人物、大量的对话和明显的节奏变化都能够增强其意象性和情感展现，让观看者被传输到故事中，进而带来好的票房表现。[17]

叙事传输理论还可以解释涉及叙事元素的体验消费的流行。比如，奥拉齐（Orazi）和范拉尔（van Laer）[18]提出，人们结束非凡的体验（如朝圣）

后，难以重新适应普通的生活，他们在体验中养成的习惯可能渗透到日常行为中。这种现象可能是因为非凡的体验为消费者提供了一种叙事框架，将消费者传输到其中（此时，消费者进行角色扮演，从事特定的活动）。

（3）叙事传输理论与广告投放

在消费者进行叙事消费的间隙投放广告是常用的营销手段。[19]品牌似乎默认消费者在叙事消费中投入了大量的注意力，并且会将这些注意力分给广告。[20]但是，根据叙事传输理论，叙事产品所带来的叙事传输会影响侵入其中的广告的效果。已有研究表明，外部环境所启动的情感和认知能够转移到广告中。[21]因此，叙事传输作为一种包含情感和认知维度的体验，也是可以转移的。具体来说，若广告在叙事的结尾出现，那么消费者的叙事传输体验会传导到广告中，增加消费者对广告的叙事传输，从而带来积极的品牌态度；反之，若广告曝光打断了消费者的叙事传输体验，就会导致不利的产品或品牌态度。[19]此外，入侵了叙事的广告如果需要繁重的加工，那么它就会更强烈地将消费者从叙事传输中拉扯出来；而没有入侵叙事的广告如果与叙事有一致的主题，那么广告的积极效果会增强。[19-20]

（三）理论运用中的研究方法

在营销领域的研究中，采用叙事传输理论的论文主要使用实验法。在实验中，叙事传输既可以用量表测量，也可以直接操控。

对于叙事传输的测量，最常用的量表是格林和布洛克所开发的叙事传输量表（transportation scale）。该量表是七级里克特量表，由15个项目组成，分别反映叙事传输的三个维度，即认知、情绪和意象性。反映认知维度的项目，如“当我阅读该故事时，我可以轻易地描绘其中发生的事件”，反映情绪维度的项目，如“这个故事在情感上触动了我”，反映意象性的项目，与具体的故事内容相关，如“在阅读该故事时，我生动地看到了主人公/其他人物/事物”。对每个项目，被试回答其同意程度（1 = 非常不同意；7 = 非常同意）。[1]

对于叙事传输的操控，一方面，可以通过直接引导被试来实现。比如，在格林和布洛克最初的研究（实验2）中，他们对被试做出阅读故事的相关指令以操控叙事传输：要求被试在阅读时“像扮演角色的演员一样沉浸在文本中”作为高叙事传输操控，只要求被试“集中注意力”作为基准组操控，而要求被试在阅读时“注意识别四年级学生/非母语者在阅读中不理解的单词”作为低叙事传输操控。[1]之后的研究也多用此法进行操控。[5]另一方面，可以通过故事设计启动不同的叙事传输水平，比如王（Wang）和考德尔

（Calder）的研究（实验3）[20]就通过改变故事的时间顺序来操控叙事传输。在高叙事传输的条件下，被试阅读的故事时间线过渡平滑；而在低叙事传输的条件下，故事的时间线则过度生硬。

近年来，已有论文开始利用二手数据来研究叙事传输的相关问题。比如，通过对猫途鹰（旅游评论网站）上自2000年开始十五年的、关于“在拉斯维加斯要做的事”的英文评论进行文本分析，范拉尔等[5]综合探索了消费者评论的叙事性，包括人物的情感性和认知性表达、事件的时空嵌入程度、叙事的体裁和戏剧性、对叙事传输和叙事说服的影响。类似地，鲍里奇（Paulich）和库马尔（Kumar）[17]使用情感分析研究了电影剧本的娱乐性如何通过增强叙事传输带来更高的电影票房。研究结果发现，在一定程度上增加角色和对话数量，增强场景节奏感、情感强度和情感积极性，能够提高电影的票房。

（四）对该理论的评价

长期以来，主流的说服理论一直未能解释叙事说服奏效的原因。叙事传输理论阐明了叙事说服的机制，填补了这一研究空白。[1]叙事具有天然的吸引力和强大的说服力，既能作为重要的消费对象，又能作为营销沟通的关键手段。因此，叙事传输理论被广泛地应用于解释与叙事相关的营销现象。

尽管叙事传输理论已经发展得比较成熟，但该理论仍然存在一定的局限性。第一，叙事传输理论可能存在边界条件。一个具有高叙事传输的故事虽然能改变读者的信念和态度，但叙事的媒介、应用场景和外部环境使这一效应产生了不确定性。首先，叙事的媒介多样（文字、图像、音频、视频等），不同形式的叙事可能对故事接收者注意力资源的占用不同，从而使得叙事传输的效果不同。[2]其次，当叙事用于广告场景中时，广告的说服意图可能会引发消费者的抗拒，从而使叙事传输失效。[22]即使广告故事再使人沉迷，对于其中的产品或品牌，消费者可能还是不为所动。最后，对于叙事产品，跨媒体环境增加了消费者重构叙事的机会。他们不再被动地接受故事，陷入故事，而是主动地控制故事节奏（比如对电视剧进行跳跃播放）、解读故事内容（比如与其他消费者讨论故事情节，对故事进行二次创作）。[23]在这样的环境下，叙事传输似乎不足以解释某些叙事产品的成功了。

第二，“叙事传输”的内涵也有进一步探讨的空间。故事接收者有可能被“过度传输”，说服的效果就会削弱。[11]以叙事性广告为例，如果品牌在故事中的嵌入方式比较隐晦，过度传输的消费者可能注意不到品牌的存在。对于叙事产品，过度传输的消费者如何回归现实生活也是值得探讨的问题。叙事传输的对象或许不止故事接收者。[16]故事讲述者在讲述故事的过程中也可能体验到叙事传输，进而产生自我说服。他们所创作的故事会因更有感染力而增加读者的叙事传输，还是因艺术加工的失控而削弱故事的可读性，从而抑制读者的叙事传输体验？[24]这些问题对未来研究消费者之间的叙事沟通具有启发性。

第三，关于叙事传输理论的论文在研究方法上仍然局限于实验法，对特定的叙事元素进行操控，启发或测量不同水平的叙事传输，检验其对叙事说服的影响。但是，实验法的外部效度有限，现实的叙事传输效果是多种叙事元素组合的结果。[5]因此，未来的研究可以更多地利用文本分析等方法，从真实叙事中发掘增强叙事传输和叙事说服的因素。

（五）对营销实践的启示

在营销领域，叙事的应用场景广泛。企业关心如何利用叙事与消费者沟通，以及消费者的叙事如何影响企业口碑；创作者则关心如何利用叙事使相关产品赢得消费者的青睐。根据叙事传输理论，叙事传输体验是叙事实现说服和获得喜爱的关键机制。据此，企业可以通过增加广告的叙事传输，增强广告的说服力。比如，通过增加图像广告的动感增强叙事传输。[25]叙事创造者可以将叙事元素嵌入体验消费，增强体验的沉浸感，比如在游乐园项目中嵌入主题故事。

参考文献

08 适应水平理论

张　燚　赵雅荻①

（一）理论概述与在营销研究中的发展

适应水平理论（adaptation-level theory，ALT）起源于格式塔理论，最初是由美国心理学家哈里·赫尔森（Harry Helson，1898—1977）于1947年发表在*American Journal of Psychology*的一篇文章中提出。适应水平理论是心理学领域中应用范围较广的重要理论，已成为一种广泛的行为研究方法。1964年，赫尔森出版了该理论的完整版本，这本书阐明了许多作者在不同子领域数十年的研究。[1]适应水平理论提出七十多年来，在国内外不同研究领域得到了广泛运用，是目前发展较为成熟且实际应用能力较强的理论。适应水平理论最初主要应用于心理物理学领域（如人对轻重、大小、高低、声光强度判读的方式），在发展成为参考框架的定量理论后，逐步引用到消费者行为、学习、认知过程、动机、情感、个性、智力测验和社会心理学等众多学科或研究领域。[1]

在营销领域中，该理论则广泛运用于消费者心理与行为、企业营销策略制定等相关研究中。我们分别展示了该理论在营销领域六大顶级期刊和年度的频率分布趋势（图8-1、图8-2），可以刊出该理论在*Journal of Consumer Research*、*Journal of Marketing*两大期刊中的运用较多。

（二）理论的核心内容与在营销研究主题中的运用

1. 理论的核心内容

适应水平理论起源于赫尔森对视觉感知的研究，后来在他一系列的心理物理学实验之后逐渐发展起来。起初，赫尔森用心理物理学的数据说明人对轻重、大小、高低、声光强度判断的方式，随后他将格式塔研究从心理物理

---

① 张燚，西南政法大学新闻传播学院教授、博士生导师。赵雅荻，西南政法大学商学院硕士研究生。主要研究领域为品牌传播、数字营销传播、消费者行为。基金项目：重庆市自然科学基金项目（CSTB2022NSCQ-MSX0306）、教育部人文社会科学研究项目（19YJCZH103、20XJAZH013）。

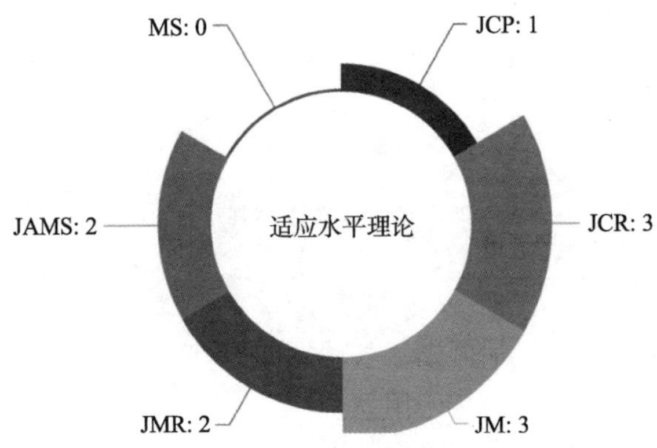

图8-1　六大期刊中适应水平理论频次分布

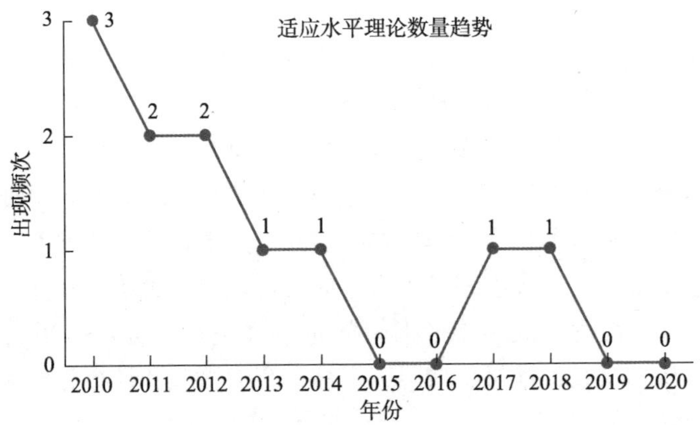

图8-2　六大期刊中适应水平理论的年度频次分布

学应用到参照系对感知的作用，以及人类判断的相对性等。赫尔森的格式塔方法导致了适应水平理论的产生。根据该理论，行为是适应性的（即由过去的结果解释），而不是目的性的（即由未来的前景解释）。[1]

对于赫尔森来说，适应水平理论是完全相对论性的，因为它考虑了对“定义刺激的量”和“指定有机体状态”或适应水平的研究。他认为，一个人的态度、价值观、构建经验的方式，以及对物理、美学和象征性物体的判断、智力和情感行为、学习及人际关系都代表了适应环境和有机体力量的模式，这是适应水平理论的前提。这些力量不会从外部随意地作用于有机体，也不会从内部自发地爆发。刺激作用于已经适应了过去的有机体，内部状态依赖于先前存在的内部条件和外部刺激因素。[1]先前存在的内部条件即机体的适应水平，是先前个人已经适应了的刺激的短时系列，或先前形成的印象，并构成个体的内部参考框架；外部刺激因素即刺激物体的特性，包括刺激的强度、多样性和刺激模式等。[2]比如，我们衡量一个物体的重量，不仅是根据它的实际重量，还会将它与我们衡量过的类似物体做比较。如果先提一些超过10公斤重的物体，后提2公斤重的物体就会觉得很轻。再如某一歌手在一次大奖赛时使我们失望，并不是因为他没有发挥真实水平，而是在他前面的歌手唱得更好。这个短时的刺激系列形成了我们知觉的参考框架，从而影响我们对自己熟识歌手的重新评价。

引发机体某种反应或使机体产生中性反应的刺激值称为适应水平，是个体通过“集中”或“平均”经历过的类似刺激而确立起来的作为判断标准的主观水平。例如，当一个人受到外界刺激之后，会激发与该刺激相关的适应水平，通过将外界刺激与适应水平进行对比，便会产生正/负性的机体反应。适应水平以下的刺激值不能激发反应或只能激发负反应，适应水平以上的刺激值能激发机体的正反应。例如，要判断他人的合群性，我们就会从已知人们的合群程度的印象中得出平均水平，即适应水平。一个和蔼、令人愉快、开朗的人，处于适应水平之上，他就被我们判断为是个很合群的人；相反，一个人的行为留给我们愁闷、冷漠、孤独的印象，降到适应水平之下，他就会被判断为不合群者。[3]刺激引起的心理效应强度可以用它与适应水平间的差距来度量，这个差距越大，刺激引起的心理效应也越大。[3]

由于适应水平理论是从整体上研究人的知觉，强调知觉中的背景作用，对解释具有主观能动性的个体的知觉较为合适。因此，根据该理论，主观判断必然是相对于现行规范或适应水平而言的，如4盎司的笔很重，但棒球棒的重量必须超过40盎司才能被判定为重。此外，我们也不可忽视人们在变化的环境中引起的适应水平的动态变化。适应水平理论认为，人们可以通过某些机能来调节自身以适应环境。[4]一个人感知的刺激只是相对于一个适应的标准，刺激的变化可能会产生影响，但新的经验会融入适应水平，从而成为新的参考框架。[5]比如，当一个人进入一个新的环境中，会引发其高于适应水平的刺激，可能会带来愉悦感；但随着长时间对新环境的适应后，机体的新的适应水平将会提升至当前状态，达到一个较高的阈值，此时若在回到旧的环境中，由于旧环境低于新适应水平，会带来负面的刺激感，如心情不快等。

2. 理论在营销研究主题中的运用

适应水平理论自提出以来，被应用于多个研究领域，其中在营销领域的应用最广泛。一方面，该理论被用于研究消费者认知（如环境感知、价格对比、味觉感知、加工流畅性等）与情感等方面；另一方面，该理论用于指导企业与品牌的营销策略（如促销方式、参考价格等）。通过对前文提到的六大营销顶级期刊近十年的文献梳理，发现适应水平理论在以下主题上得到了重点运用。

（1）适应水平理论与参考价格制定

适应水平理论假设一个内部参考价格（internal reference prices，IRP）是先前产品价格的加权平均值。内部参考价格可以从大脑内存中检索到，并且使用检索到的和当前可用的信息进行构建。[6]一方面，对分布中的价格感知取决于它与该分布的平均值的关系。[7]消费者一般通过比较一个特定价格与他们之前购物时形成的平均价格来判断其吸引力。这种比较影响了消费者的决策，因为他们认为价格低于参考价格有利，而价格高于参考价格不利。例如，有研究在对比了消费者面对不同优惠券时的价格参考方式后发现，在不考虑品牌忠诚度情况下，当消费者面对不同品牌不同折扣的优惠券时，其选择更高折扣优惠券的可能性比选择低折扣优惠券可能性高出40%，这是因为他们先前的购物经验形成了个体对价格的适应水平，越低于适应水平的价格能带来越高的购物满意度。[8]另一方面，适应水平会随着机体适应环境的变化而不断变化，可能会升至一个新的更高的适应水平，也可能会降低至一个更低的适应水平。例如，坎（Kan）等人探讨了在设定商品价格时，实际售价和广告参考价格的位置效应对消费者购买决策的影响。具体来说，商家提供的建议零售价格一般较高，这个“原价”抬高了消费者的内部参考价格，使消费者形成较高的价格适应水平，此时在“原价”右边标注实际售价（即折扣价格），会形成显著的价格对比；由于该价格低于消费者的内部参考价格，因此消费者更能接受这个价格，并产生更高的购买意愿。[6]

（2）适应水平理论与价格序列效应

价格判断会受到过去价格排序的影响[9]。消费者的偏好依赖于参照，参照标准是评估替代品的标准。因此，参考点对消费者的选择有重要影响。例如，光昊（Kwanho）等人在研究中指出，价格降序组的消费者相对于价格升序组的消费者而言，认为价格均值更低（价格降序组为10、9、8…，价格升序组为4、5、6…）。这是因为，先接触到高价格的消费者，其价格适应水平高于先接触到低价格的消费者。在面对价格均值时，当价格均值低于消费者的高价格适应水平时，这类消费者更能接受该价格，并很容易做出决定；相反，当价格均值高于消费者的低价格适应水平时，这类消费者会认为该价格较高而难以接受。可见，当不考虑价格–质量感知作用的情况下，在呈现不同价格的产品时，若价格以降序呈现时，消费者更倾向于选择价格更高的选项；若价格以升序呈现时，消费者倾向于选择价格较低的选项。[10]

除此之外，在促销方面，结束促销时的价格恢复机制也会用到适应水平理论。一般而言，在促销产品恢复到原始价格之前，会采用两种价格恢复策略：稳步递减贴现（SDD）和高低定价策略。采用SDD的商家可以提供一个或多个比先前折扣更小的额外折扣；采用高低定价策略的商家每天设定相对较高的价格，但提供频繁且大幅的价格促销。例如，采用SDD策略的营销人员可能定期以499美元销售一种产品，并以349美元进行第一次大规模销售，然后以399美元和449美元进行两次小规模销售，然后将价格恢复到原来的水平。与使用高低定价相比，这些额外的销售导致更长时间的价格上涨趋势，使消费者逐步提高对未来价格的预期。与SDD策略相关的每一次额外销售都起到了价格锚的作用，导致价格预期的向上转移和一个新的、更高的适应水平。与SDD策略相关的这种更高的适应水平会使当前价格看起来更有吸引力，因此SDD策略所导致购买可能性要大于高低定价策略。例如，当一个正常定价为499美元的产品打折到349美元，然后提高到399美元时，我们预计从349美元到399美元的上升趋势（因为它没有达到正常价格499美元）将导致更高的适应水平，从而导致更高的未来价格预期。

（3）适应水平理论与消费者味觉感知对比

味觉感知中的对比效应同样可以用适应水平理论加以解释。对于实际的味觉感知，对比效应的产生是因为负责味觉处理的神经回路在处理情境（即先前）食物刺激的过程中适应了一定程度的激活，后来的味觉感知将根据这种适应的激活水平来做出判断。例如，吃了一块披萨会激活其神经回路，这些神经回路负责处理后来模拟的布朗尼味道。在神经层面上，大脑中的激活对于感知模拟和味觉的感知序列都非常相似。[11]因此，与实际味觉体验之间的对比效应相似，实际味觉感知很可能会对随后的味觉模拟产生对比效应。出于同样的原因，对咸味食物的心理模拟会激活控制实际味觉感知处理的相同神经区域，从而增加稍后品尝的不同甜味食物的感知甜味。在适应水平理论的框架下，特定模态区域的神经再现使实际（模拟）味觉成为适应水平的后续模拟（实际）味觉的成分。[11]

（4）适应水平理论与消费者信息加工流畅性

消费者信息加工的流畅性也可用适应水平理论加以解释。[12]先前研究表明，如果消费者流畅地阅读产品信息，信息处理的主观容易性可能会引发对产品的积极情感反应；相反，如果人们遇到难以阅读的信息，他们会对所描述的产品形成不利的评价。那么，先前的阅读流畅性会如何影响后面的任务评价呢？

根据适应水平理论，人们先前的阅读经历会形成一个初始的适应水平，在随后阅读其他信息时，就会与该适应级别进行对比，产生更加负面或正面的评价。也就是说，第一个任务的难度可以作为一个比较标准来判断第二个任务的难度。[12]因此，当消费者在阅读产品信息之前，先阅读一些低加工流畅性的材料，形成较低的适应水平，此时高加工流畅性的产品信息会带给消费者更愉快的主观感受。

同时，人们也会通过这种对比来适应过去的刺激水平，并根据适应水平来判断新的刺激。因此，当消费者先阅读一段处理困难的信息时，他们可能会适应这种难度，并且在后来阅读容易理解的产品信息时，会发现阅读它的主观体验比平时更容易、更愉快，这可能会增加他们对后续信息中描述的产品的喜欢。[12]

（三）理论运用中的研究方法

在营销领域的研究中，采用适应水平理论的论文主要使用实证法和实验法，关于适应水平一般采用数学模型和情境操控两种方法进行研究。

赫尔森在发现适应水平理论后，提出了适应水平的公式，他将作用于有机体的所有刺激分为三个不同的类别：第一类仅包括被判断的刺激，即焦点（X）；第二类是先前经历的所有刺激，即在时间上与被判断的刺激分开，即剩余刺激（R）；第三类是除了被判断的刺激之外，所有被呈现的刺激，即背景刺激（B）。在消费者“行为适应水平”中，赫尔森给出了相关的数学公式，这是三类刺激的综合效应，这个水平被正式描述为所有这些刺激的加权乘积（$p+q+r=1$）：$A=X^pB^qR^r$；其对数的形式为：$\log A=p\log\bar{X}+q\log B+r\log R$。[1]

在情境操控的实验中，可以用不同的材料操控被试者的适应水平。以价格呈现为例，将被试者分到背景价格的三个分布组中，包括正偏低均值、负偏低均值和负偏高均值分布。其中，正偏低均值和负偏高均值分布的两端点相同（144－240美元），但高于负偏低均值分布的两端点（96－192美元）。负偏低均值和正偏低均值分布的平均价格相同（168美元），但低于负偏高均值分布的平均价格（216美元）。三种分布的范围、等级和平均价格的变化使我们能够测试它们对目标价格的影响。对感知到的最低、最高和平均价格进行操纵检查后发现，负偏低均值条件的感知最低价格显著低于正偏低均值和负偏高均值，同样，负偏低均值的感知最高价格显著低于正偏低均值和负偏高均值条件（见图8-3）[13]。

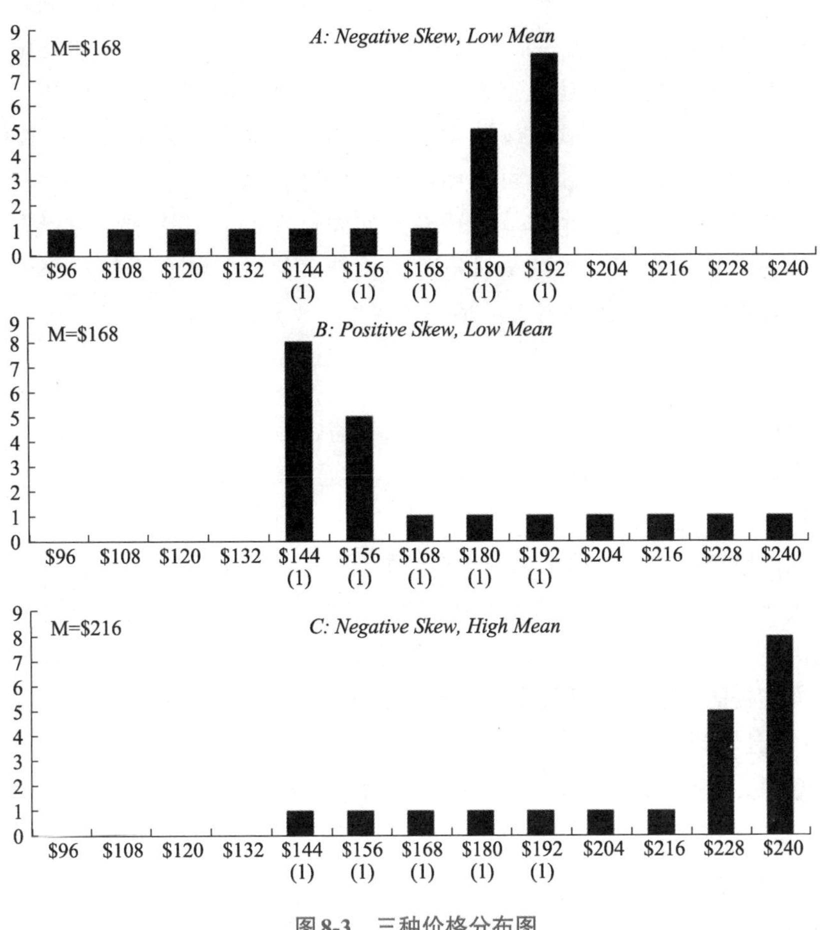

图8-3　三种价格分布图

（四）对该理论的评价

适应水平理论起源于赫尔森的“色觉”实验，这些实验被扩展到对新形式刺激的分析，然后进一步发展到对人类判断的研究。在20世纪五六十年代产生了主要影响，其研究涉及情感、动机和行为等。[1]该理论深层解析了个体对事物的判断方式，是认知心理学领域较为常见的理论。由于适应水平理论能够有效地透析个体对事物判断方式的心理机制，解释个体决策的过程，在消费者心理与行为领域的应用较为广泛，为理解消费者的知觉、态度、评价、选择等方面提供了综合的分析框架。

目前，适应水平理论被应用到了众多学科领域，但搜索近十年来六大期刊的文献发现，应用该理论的相关成果并不十分丰富，其应用潜力尚未被充分认识。具体表现在：其一，该理论的应用主要集中于消费者价格判断（参考价格）领域，在消费者生活的其他领域涉足较少。而国内应用该理论开展消费者行为研究的文献还是空白。其二，适应水平的测量方式存在一定局限。其中，直接测量方式除了数学公式套用外，更多的是通过实验操纵和建立数理模型去测量，缺乏可以使用的信效度较高的量表。其三，未来研究可以将该理论与其他个体认知理论（如同化理论、对比理论等）进行区别或联系，同时在研究方法上进行更多创新。比如，结合大数据分析，通过客观数据的方式捕捉消费者的适应水平等。

（五）对营销实践的启示

适应水平理论能够很好地解释及预测消费者心理与行为。在营销领域中，企业一直十分关注如何通过各类营销沟通活动来影响消费者。根据适应水平理论，人们是按照个人经验中主观的天平去衡量和知觉事物并做出反应的。在营销实践中，可以采用稳步递减贴现[9]、设置较高参考价格[6]、改变价格呈现顺序[10]以及根据折扣力度调整售价呈现位置[14]等方式，调节消费者对价格的适应水平，利用消费者的价格敏感度促进愉快消费；也可以通过改善购物环境提高消费者的环境适应水平，使消费者更青睐购物情境具有特点的品牌；[5]还可以在呈现广告信息前先提高消费者的信息加工适应水平，简化广告信息，使消费者信息加工流畅性更高[12]，从而产生较高的产品满意度。总之，适应水平理论可以为消费者的判断决策、企业营销策略（如营销沟通、产品定价）等提供参考。

参考文献

09 禀赋效应理论

王 峰 谌 怡 郑 宇①

(一）理论概述与在营销研究中的发展

禀赋效应（endowment effect）这一概念由塞勒（Thaler）于1980年首次提出，是指个体在拥有某物品时对该物品的估价高于没有拥有该物品时的估价的现象。[1]具体而言，关于消费者对公共商品估价的研究发现，消费者对某一公共商品愿意接受的最低价格（willingness to accept，WTA）高于愿意支付的最高价格（willingness to pay，WTP）。塞勒由此提出了禀赋效应，并将其定义为：与得到某物品所愿意支付的金钱相比，个体出让该物品所要求得到的金钱通常更多。[2]自禀赋效应被提出以来，作为一种被证实是相对稳定的个体决策偏好，[3]大量学者对其进行了深入探讨。相关研究最初的研究重点在于理论深度的挖掘，例如对禀赋效应心理机制的探究。近年来，研究者们越来越重视对禀赋效应理论广度的延展，侧重于探索禀赋效应在各类消费者决策场景中的应用。

在营销领域中，该理论被广泛运用于消费者心理与行为、企业营销策略制定的相关研究中。我们分别展示了该理论在营销领域六大顶级期刊和年度的频率分布趋势（图9-1、图9-2），可以看出该理论在*Journal of Consumer Psychology*中运用最多。

(二）理论的核心内容与在营销研究主题中的运用

1. 理论的核心内容

禀赋效应认为，交易过程中买卖双方对物品价值的感知存在明显差异，即卖方愿意接受的最低价格显著高于买方愿意支付的最高价格[1]。换言之，禀赋效应表明人们对于他们自己拥有的物品会有更高的价值评估。一个经典

① 王峰，湖南大学工商管理学院教授，主要研究领域为数字社会与数字化营销、营销战略与创新管理、营销模型等。谌怡，湖南大学工商管理学院博士研究生。郑宇，中南财经政法大学工商管理学院讲师。

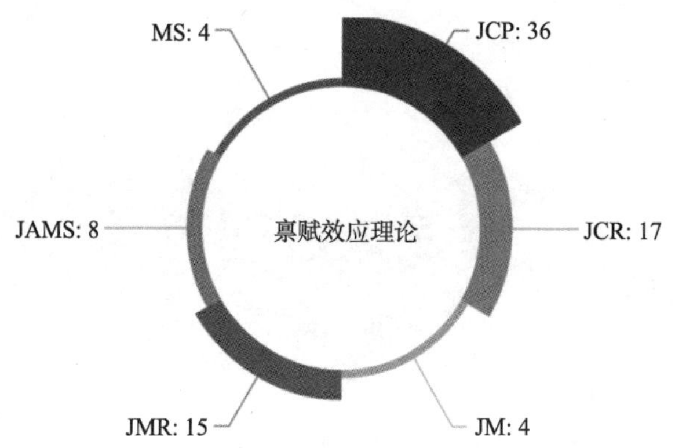

图 9-1　六大期刊中禀赋效应理论频次分布

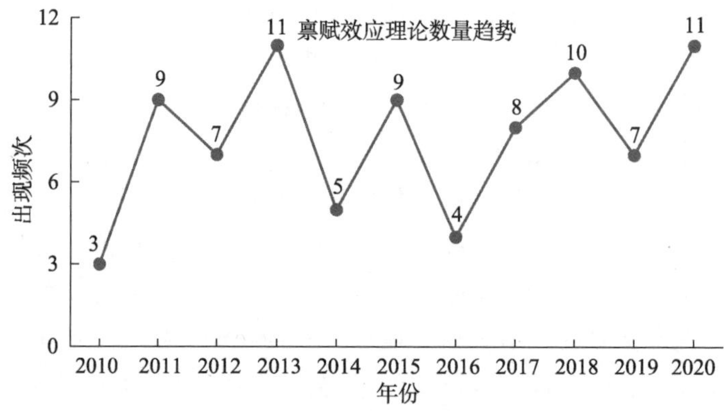

图 9-2　六大期刊中禀赋效应理论的年度频次分布

的禀赋效应研究案例中，被试者面对如下两种情境[1]：一种是假设一周内你有0.001的概率感染一种疾病，如果感染的话，你会很快无痛苦地死去，那么你最多愿意花多少钱来治疗这种疾病；另一种是假设你参与某项研究有0.001的概率感染一种疾病，如果感染的话，你会很快无痛苦地死去，那么你会要求这项研究的组织者最少付给你多少钱。研究结果表明，被试者在两种情境中给出的金额存在明显差异，第一种情境中被试者给出的金额平均为200美元，第二种情境中则为1000美元。显然，在第二种情境中，被试者将自己所拥有的健康视为一种禀赋，诱发禀赋效应，从而对其产生了更高的价值评估。[2]

大量研究结论证实，禀赋效应是一种相对稳定的个体决策偏好，具有普遍性与稳定性等特征，不会随个体、物品或情境的变化而改变。[3]具体而言，从禀赋效应产生的主体来看，个体的年龄和经验不会改变禀赋效应的强度，儿童和成人都会表现出禀赋效应[4]，甚至其他灵长类动物（如黑猩猩）对食物也会表现出禀赋效应。[5]从诱发禀赋效应的物品来看，无论是咖啡杯[6]、体育纪念品[7]等私有商品，还是空气、[8]课程辅导服务[9]等公共商品，都会促使个体表现出禀赋效应。此外，禀赋效应也不会随情境的变化而改变，研究者们分别在实验室情境[6]与现场研究情境[10]中证明了禀赋效应的存在。

自禀赋效应被发现以来，许多研究者对这一效应产生的心理机制进行了深入探究，主要提出了损失厌恶、心理所有权、查询理论等观点。损失厌恶的观点认为，一定量的损失给个体带来的效用的降低，多过相同量的收益给个体带来的效用的增加。[6]也就是说，当卖方将失去物品看作损失，将得到金钱看作收益，而买方将失去金钱视为损失，将得到物品视为收益时，由于损失厌恶特性的存在，买卖双方为了避免损失带来的效用的降低，卖方倾向于提高卖价，而买方倾向于降低买价，从而产生禀赋效应。[1]心理所有权的观点认为，个体一旦对某一物品确立了心理所有权，即对物品产生一种“我的”或“我们的”的心理状态，[11]就会将该物品融入自我概念中，并将个体对自我的积极评价的倾向拓展到该物品上，从而增加个体对该物品的感知价值评价，产生禀赋效应。[12-13]查询理论的观点则认为，买卖双方对物品的估价取决于买卖双方对物品的记忆的提取过程。[14]换言之，卖方和买方分别会通过一系列不同顺序的问题来建构物品的价值，由于记忆存在输出干扰，卖方和卖方会关注物品不同方面的属性，导致买卖双方对同一物品产生不同的估价，诱发禀赋效应。

那么，什么因素可以影响禀赋效应呢？尽管禀赋效应具有普遍性与稳定性等特征，但研究者们发现，个体的动机、认知、情绪，乃至物品特征等因素都会影响到禀赋效应。具体而言，从个体的动机来看，促进定向的动机将促使个体采用渴望-接近的策略，进而更加愿意进行交易，抑制禀赋效应的产生。[15]从个体对交易物品的认知而言，买卖双方对交易物品的不同知觉方式会显著影响禀赋效应。也就是说，当卖方感知更多与交易物品相联系的积极特征，而非消极特征时，禀赋效应将会被增强。[16]从个体的情绪来看，积极情绪会促进禀赋效应的产生，消极情绪则会抑制甚至消除禀赋效应。例如，当个体处于厌恶情绪状态时，买方出价和卖方要价都会显著降低，禀赋效应不再出现；当个体处于悲伤情绪状态时，买方出价增加，卖方要价降低，禀赋效应甚至会被反转。[17]从交易物品的特征而言，个体对不同类型的物品表现出的禀赋效应的敏感度并不相同。例如，个体对私人商品的禀赋效应的敏感度要低于对公共商品或非市场化物品的禀赋效应的敏感度。[18]

2. 理论在营销研究主题中的运用

禀赋效应在营销研究中得到了广泛的运用。具体而言，禀赋效应一是可以用于分析消费者的心理与行为，包括消费者的产品认知与购买决策；二是能够指导企业的营销策略，例如销售人员的激励策略、捆绑销售策略、新产品开发策略等；三是有助于政府的公共治理策略制定，例如环境保护策略、公益捐赠策略等。通过对前文提到的营销六大顶级期刊上近十年的文献梳理，重点筛选了以下几个方面介绍禀赋效应在营销研究主题中的运用。

（1）禀赋效应与消费者认知

禀赋效应不仅会影响消费者对物品价值的认知，还会影响消费者对物品大小、数量等属性的认知，以及消费者对他人价值认知的推测。研究表明，一方面，禀赋效应可以显著影响到消费者对物品的需求状态与其对物品大小、数量等属性认知的关系。[19]具体而言，消费者对物品的需求状态会影响消费者对物品大小、数量等属性的认知。例如，饥饿的人会觉得一碗饭的重量更小，口渴的人则会觉得一杯水的体积更小。禀赋效应则可以将这种影响彻底反转。换言之，当消费者拥有目标物品时，“饥饿的人会觉得一碗饭的重量更小”这种效应就会呈现；但是，当消费者不拥有目标物品时，“饥饿的人会觉得一碗饭的重量更小”这种效应就会被彻底反转，即饥饿的人会觉得一碗饭的重量更大。另一方面，禀赋效应也会影响消费者对其他消费者对物品价值认知的推测。[20-21]例如，哪怕同为卖方，消费者会系统性地低估其它消费者提供的卖价；即使同为买方，消费者会系统性地高估其它消费者提供的买价。这种系统性的消费者推测偏差的比例甚至可以超过20%。

（2）禀赋效应与企业营销策略

禀赋效应可以显著增加消费者对物品的价值评价，这为企业的销售人员激励策略、新产品开发策略、产品陈列策略、捆绑销售策略、服务营销策略等提供了重要指导。具体而言，从销售人员激励策略来看，研究表明，由于损失厌恶特性的存在，当销售人员薪酬是无条件给予时，采用互惠的形式才能有效提高销售人员绩效；当销售人员薪酬是有条件给予时，采用未达成目标扣罚薪资的形式才能显著提升销售人员绩效。[22]针对新产品开发策略而言，研究发现，企业将上市新产品的选择权赋予消费者后，哪怕新产品的质量相同，消费者对新产品的主观评价也相同，消费者还是会对他们选择上市的新产品产生心理所有权，进而对其表现出更强的购买意愿。[23]从产品陈列策略来看，研究表明，消费者会对陈列在惯用手一侧的产品产生心理所有权，进而表现出更强的购买意愿。同时，这种效应还能从位于惯用手一侧的触觉线索转移至无形产品或服务，进而提升消费者的产品或服务评价。[24]针对捆绑销售策略而言，研究发现，相比于单独购买某个产品，禀赋效应会导致消费者对捆绑销售的产品组合中减少一个产品要求更多的金额补偿，对捆绑销售的产品组合中增加一个产品展现出更少的支付金额。[25]从服务营销策略来看，研究表明，在消费者对产品延展服务购买决策中，损失厌恶发挥的作用比概率权重发挥的作用重要得多。[26]同时，当一次交易既涉及新产品的购买决策，又包括旧产品的折价决策时（如“以旧换新”服务），即消费者同时扮演了买方与卖方的双重角色时，消费者的注意力会更加聚焦于新产品的购买价格，而不是旧产品的折价价格。[27]

（3）禀赋效应与公共治理策略

禀赋效应可以提升个体的自尊感，促使人们对公共物品产生责任感，进而激发个体的利他主义倾向，使人们展现出更多的公共管理行为，这为政府制定公共治理策略提供了决策参考。研究表明，一方面，心理所有权可以增加人们对公共物品的感知责任，例如对公园、湖泊、步行道等公共设施的感知环境保护责任，进而激发人们的公共物品管理行为如从公园、湖泊中捡走垃圾，以及人们的公共慈善行为如为环境保护捐款。[28]另一方面，不相关物品的心理所有权可以显著提升个体的自尊感，进而激发人们的利他主义倾向，促使人们更无私，并展现出更多的亲社会行为，如环境保护、捐款等。[29]此外，研究还发现，心理所有权会导致人们认为同样多的钱，如果是属于自己的，而不是属于别人的，可以买到更多的东西。不仅如此，心理所有权还会导致人们认为他们的慈善捐款或纳税，比其他人同样金额的慈善捐款或纳税，更能帮助慈善机构和政府部门。[30]

（三）理论运用中的研究方法

在营销领域的研究中，禀赋效应相关的论文主要采用实验法，即利用情境操控与量表测量的研究方法对禀赋效应进行研究。

贝克尔（Becker）、德格鲁特（DeGroot）和马沙克（Marschak）于1964年提出了禀赋效应相关研究的经典情境操控范式，即BDM范式。[31]在BDM情境操控范式中，研究者将被试者随机分配为物品交易过程中卖方与买方两个角色组别，并分别给予不同的实验处理。首先，针对卖方角色，研究者给予被试者某一物品；针对买方角色，研究者给予被试者一定数额的金钱。其次，研究者会要求卖方被试者被试给出其出售物品愿意接受的最低交易价格，要求买方被试者被试给出其购买物品愿意支付的最高交易价格。最后，在实验过程中，为了刺激买卖双方被试者都给出其真实且合理的交易价格，研究者会告知被试者物品真正的交易价格，而这个交易价格是从某一特定的价格区间中随机抽取的。如果随机抽取的物品真正交易价格高于卖方被试者出售物品愿意接受的最低交易价格，或者小于买方被试者购买物品愿意支付的最高交易价格，物品交易就会达成，否则物品交易就会失败。

随着禀赋效应相关研究的不断深化，实验的情境操控方式也从对被试者的物品实际所有权的操控，发展到对被试者的物品心理所有权的操控。现有研究主要是通过帮助被试者深入了解实验物品，引导被试者与实验物品建立自我联系，以及刺激被试者对实验物品产生控制感等方式完成实验的情境操控。[28]例如，乔安（Joann）、科琳（Colleen）和安德利亚（Andrea）等人在实验中，采用邀请被试者为公园、湖泊等公共设施取名，在实验物品上写上被试者姓名，引导被试者为实验物品设计方案等方式对被试者的物品心理所有权进行情境操控。

禀赋效应相关研究的测量量表一般包含6个问项，并采用5分李克特量表或7分李克特量表进行测度。例如，“尽管实际上我尚未拥有这个物品，但我感觉它是我的”；“这个物品已经成了我的一部分”；“我觉得这个物品是属于我的”等。[23, 32]

（四）对该理论的评价

传统经济学理论认为，交易中买卖双方的角色不会影响他们对商品的估价，但禀赋效应突破了这一观点，为行为经济学和社会心理学的发展作出了突出理论贡献[2]。随着禀赋效应相关研究的不断深化，研究者们发现，禀赋效应不仅在物品实际所有权状态下存在，还在物品心理所有权状态下表现稳定，这为深入理解消费者认知、消费者态度与评价、消费者决策等提供了一个综合性理论分析框架。

尽管禀赋效应已经发展得非常成熟，并且兼具理论深度与应用广度，该理论的发展仍然存在一些局限。一方面，禀赋效应的产生机制仍不明确，需要未来研究进一步深入探索。具体而言，目前研究者们对禀赋效应的产生机制主要有经济学与心理学两种解释，但这两种解释都存在一定缺陷。[2]例如，损失厌恶本就是一个描述性概念，其本质与特性并不明确，将其作为禀赋效应的解释机制并不恰当。同时，研究也发现，禀赋效应的产生机制可能并不是损失厌恶，而是“吃亏厌恶”（seeking a good deal）。另一方面，禀赋效应的研究方法仍有待进一步改进。虽然现有禀赋效应相关研究的实验情境操控范式较为完善，也论证了禀赋效应的稳定性与普遍性，但是，当研究者们采用口头报告法、计算机模拟技术等方法改进实验范式之后，发现了与以往研究不一样的结论。

（五）对营销实践的启示

禀赋效应可以很好地解释及预测消费者的产品认知与购买决策，不仅能为企业的新产品开发策略、销售人员激励策略、产品陈列策略、捆绑销售策略等提供重要指导，还可以为政府制定公共治理策略提供决策参考。例如，根据禀赋效应，一旦消费者产生心理所有权，他们对产品或服务的评价就会显著提升，进而表现出更强的购买意愿。在营销实践中，企业可以利用这一特性，将上市新产品的选择权赋予消费者，将高利润产品陈列在消费者惯用手一侧等，从而提升产品销售绩效。同时，根据禀赋效应，一旦人们对公共物品产生心理所有权，人们的责任感就会显著提升，进而表现出更多的公共管理行为。政府可以利用这一特性，邀请公众参与公园、湖泊、步行道等公共设施的设计，进而激发公众的环境保护行为。

参考文献

10 锚定效应理论

卢长宝　卢翠眉　王啊婷①

（一）理论概述与在营销研究中的发展

1974年，卡尼曼（Kahneman）和特沃斯基（Tversky）提出了锚定效应（anchoring effect）的概念。作为一种特殊的认知现象，“锚定”反映了人们会受到各种初始值影响的现象，而由此导致的估算及调整结果就是“锚定或调整不足效应”。在卡尼曼和特沃斯基的论文中，他们借助“幸运轮”心理学实验证明了该效应的存在。[1]

2002年，卡尼曼以决策双系统（知觉与直觉、理性推理系统）理论为基础，将锚定与调整不足启发式与代表性启示式、可及性启发式、情感启发式等综合在一起，作为揭示各类偏误发生的认知原因。总体来看，锚定作为一种特殊的启发式，反映了“人们在许多定量估测的情形下，会从初始值开始进行估算，然后再经过调整得出最终答案”的现象，是个体习惯用一种相对简单的计算来替代更费力、更复杂甚至是不可能开展计算的结果，印证了行为人的有限理性与认知吝啬。[2]在决策过程中，锚定启发式虽可让个体快速生成一个接近正确答案的响应，但这种响应会带来认知偏误，需要调整才能得到正确的值。

在营销领域中，该理论被广泛运用于消费者心理与行为、企业营销策略制定的相关研究中。我们分别展示了该理论在营销领域六大顶级期刊和年度的频率分布趋势（图10-1、图10-2），可以看出该理论在*Journal of Consumer Research*、*Journal of Consumer Psychology*中运用较多。

---

① 卢长宝，博士，福州大学经济与管理学院教授，博士生导师，主要从事促销及情绪-认知交互作用研究。卢翠眉，福州大学经济与管理学院硕士研究生，主要从事促销决策研究。王啊婷，福州大学经济与管理学院硕士研究生，主要从事促销决策研究。基金项目：国家社会科学基金项目重点项目“大型网络聚集促销决策中前瞻性情绪发生的心理语言机制研究”（21AGL017）。

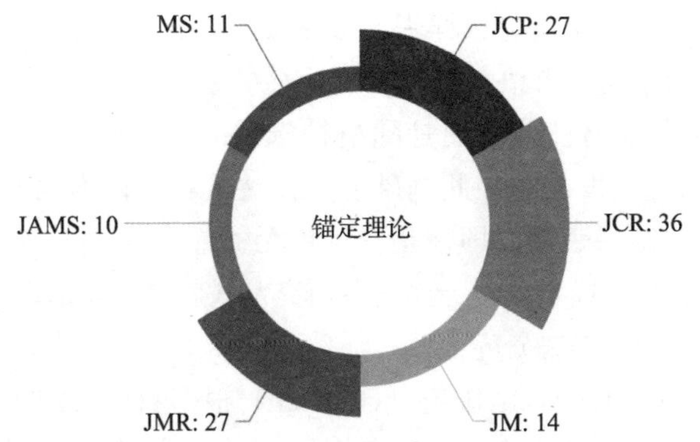

图 10-1 六大期刊中锚定效应频次分布

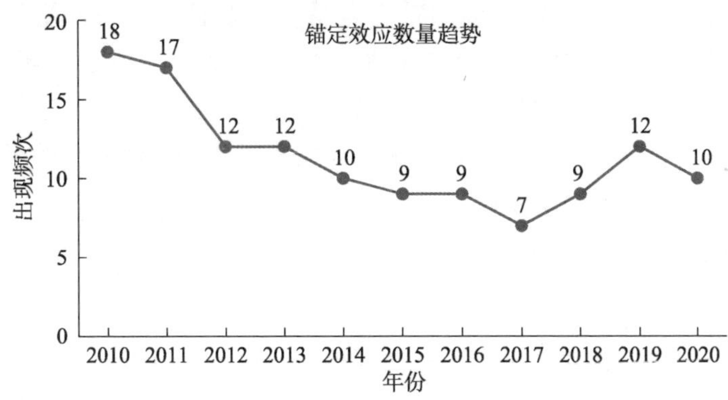

图 10-2 六大期刊中锚定效应的年度频次分布

（二）理论的核心内容与在营销研究主题中的运用

1. 研究范式

（1）语意启动范式

卡尼曼和特沃斯基采用的经典研究范式又称为“两步式实验范式”。在实验时，首先问被试者一个判断性问题——某事物的特定属性是高于还是低于某值，例如，密西西比河是长于还是短于5000米；其次，让被试者回答一个绝对问题——给出估计数值，例如，密西西比河的长度是多少。[1]两步式实验范式是以问题的背景内容为起点呈现给被试者的，提问中的判断性问题和绝对问题在内容上都有相关性。研究者认为，这种锚定效应可能是一种语意启动导致的偏差，因此人们将其界定为语意启动范式。[4]

（2）数值启动范式

如不要求被试者将锚定值与目标值进行比较，而是与无关的单独呈现的数字进行比较，那结果会怎么样呢？威尔逊（Wilson）等的研究发现，即使只是单纯提供数字而没有语意启动，同样会导致锚定偏差。实验中，被试者被发放一个身份号码且被告知是随机抽选的（实际控制在1928到1935之间），而控制组则不发放。在此基础上，让被试者估计本地电话簿中内科医生的人数。实验结果表明，即使是只呈现无关锚定值，仍会导致锚定效应。这也就是所谓的基本锚定效应，而这种研究范式就是数值启动范式。[3]

（3）外部锚和内部锚研究范式

埃普利（Epley）和吉洛维奇（Gilovich）根据数值来源将锚分为外部锚和内部锚。其中，外部锚是指环境信息中直接给予的数值。例如，人体安全电压是高于还是低于40伏，此时40就是外部锚。内部锚是指个体依据经验通过推理而产生的。例如，问酒精沸点是多少度时，人们可能并不知道答案，但是可以通过水的沸点是100度进行推测，此时100就是内部锚。[5]文献回顾显示，在无法找到直接参照值的情况下，外部锚更易成为决策的主要提示值，会激活启发式加工与直觉决策；而内部锚依赖个体原有的经验和逻辑推理能力，因此更易导致精致加工和理性思考。

2. 锚定效应的理论模型

（1）调整启发式模型

卡尼曼和特沃斯基首次用不充分调整理论模型来解释锚定效应产生的心理机制。他们认为，在进行判断决策的过程中，锚值会作为调整的起始点，并经过不断调整直至得到一个满意的数值为止，但是受制于有限理性，这个调整往往是不充分的[1]。埃普利和吉洛维奇的研究发现，在不确定条件下，某些判断既存在锚定，也存在调整，但被试者的调整程度都是不充分的，因而产生的决策结果通常都存在非理性偏差。[5]

（2）选择通达模型

斯特拉克（Strack）和穆斯魏勒（Mussweiler）对调整启发式提出质疑并构建了选择通达模型。调整启发式模型认为，只有给定锚定值在可接受范围之外时，个体才会以锚定值为基点并做出进一步调整；否则，个体很难进行调整。[6]为了验证上述假定是错误的，他们开展了新的研究并发现，即使给定的锚定值在可接受范围内，锚定效应仍然会发生。在此基础上，他们在信息的情境效应等社会认知研究成果上，提出了选择通达模型，并通过标准锚定范式下的实验验证了该模型对锚定效应心理机制解释的合理性。[7]

（3）双重加工（决策双系统）模型

总体来看，选择通达模型只适用于外部锚研究。埃普利和吉洛维奇指出，锚定效应是由双重认知加工机制导致的。其中，一个加工过程受努力思考系统的影响，另一个过程受非努力思考系统的影响。总体来看，该模型不仅整合了调整不充分模型和选择通达模型，而且发现内部锚更易受金钱激励和预先警告的影响，并由此提高了个体努力思考的程度，降低了内部锚导致的锚定效应。但是这种思考对外部锚则没有影响。[8]

（4）认知神经模型

杰斯帕（Jasper）和克里斯特曼（Christman）探讨了锚定效应发生的神经心理学机制。他们的研究发现，在没有信息资源支持的条件下，与混合利手个体相比，强利手个体产生的锚定偏差更高；而在有支持的条件下，没有显著差异（强利手是指惯用左手或右手，混合利手是指灵活使用左右手）。究其原因，主要是因为混合利手个体的大脑胼胝体更大，左右半球互动更强。当左脑负责保持现有信念时，右脑则扮演了反角——努力搜寻、鉴别与现状不同的信息，并在必要时强制进行左半球表征升级，最终促成现有信念的改变。[9]

3. 理论在营销研究主题中的运用

（1）锚定效应与产品宣传

购买决策包含需求识别、购前活动、购买决策和购后四个阶段。在了解产品阶段，广告的影响最大。例如，在包装设计上，外包装呈现的单位数量对实际数量的想象具有锚定作用。总体来看，呈现的数量越多，消费者对实际数量的估算也越多[10]，购买意愿更强烈。此外，相较于精确数，消费者对整数信息表达拥有更高的信任度，更能将其与产品性能的持久性感知关联起来。例如，100毫克（相对于102毫克）的咖啡因饮料会被认为能够提供更持久的能量。[11]在购买阶段，消费者不仅会用优质替代品的价格（如平装书）作为锚定点来评估免费替代品（电子书）的价值，而且会将二者的价差作为获得免费替代品的收益。而在引入更高质量、更高价格的优质替代品（精装书）后，这种效应更明显。[12]购后阶段，由于自我生产行为会导致联想性的自我锚定，因此消费者在最终产品创造中的作用会影响他们的判断。例如，消费者在价值创造过程（准备一顿饭）中的积极参与，会导致他们对结果（菜肴）和投入产品（烹饪工具）产生积极的评价。[13]

（2）锚定效应与价格感知

价格是信息搜索中最重要的内容。价格的数字化表达容易导致锚定效应。一方面，鉴于消费者会以产品宣传价格为锚，并以此为依据来调整内部参考价格，因此将原价与促销价格同时标注会有助于提高交易效用，进而影响购买态度[14]。事实上，在促销中构建消费者预算范围内的高价锚并影响其价格感知已是一种惯用的销售手段。另一方面，在其他条件不变的情况下，提高零售价格或缩小包装尺寸是提高产品单价的两种基本手段。研究表明，如果现价高于锚点，受内部参考价格的影响，消费者更倾向于将价格上涨归因于零售利润的增加，进而产生不公平感并进行讨价还价[15]。基于上述发现，在涨价时，商家更倾向于通过不明显的包装缩小来实现其涨价意图，从而避免低价锚导致顾客流失。随着研究的深入，研究者将涨价手段扩展为产品价格和规格两种要素的变动组合，商家可通过控制价格和规格的同向变动来实现价格的提升。[16]这样的定价方式无疑会加大消费者对价格涨跌的估算难度，此时产品零售价和单价标识将成为重要的锚定标准。

（3）锚定效应与促销设计

锚定效应在促销设计上主要是通过调整关注焦点来影响决策的。从时间要素来看，企业可使用不同时间刻度给消费者带来不同的压力感知。例如，1天、24小时在内涵上是相同的，但人们通常会将较小的数字与时间短关联在一起，因此相较于24小时，人们在1天的表达形式下产生的紧迫感更大。从折扣要素来看，关于优惠力度的词义表达也会引起锚定效应。例如，全场6折起容易让消费者将优惠力度定位为六折。[17]从折扣呈现方式来看，折扣组合顺序也会影响判断。例如，一件售价90美元的夹克提供两种折扣：按原价打18%后再打12%（先12%后18%）。当折扣呈现为前者时，消费者会更关注18%，导致更有利的整体评价。反之，则会导致较为不利的评价。[18]当然，并非所有人都会陷入这种陷阱，实际的锚定程度与个体知识水平、解释能力及卷入程度有关。韦格纳（Wegener）等基于态度改变理论，做出了高/低精细加工锚定效应的划分。[19]当决策者具有较高动机和认知余力时，对锚值进行高度精细加工的可能性更大。这种深度思考方式下的锚定效应最终会内化为经验，对后续判断产生长期影响。[20]例如，当人们将品牌与促销产品质量联系在一起会导致品牌阻隔现象。[21]消费者会认为，大品牌的促销品质量总是好的，进而忽略了品牌实力并不能决定产品质量的事实。

（4）锚定效应与购买评价

网络信息已突破官方信息、第三方评估与口碑宣传的局限。由于锚定效应的产生与距离感知、匹配有直接联系，因此即便评论者是未表明身份的，且不同在线评论的参考价值也不尽相同，但都不妨碍人们从推荐信息的来源上找到该信息的有用性。[22]总体来看，人们会根据自身特征与爱好等对他人的个性、偏好或观点做出相似性判断。[23]具体而言，就是锚定效应与匹配

（一致性）有关系。当外部刺激与消费者内在思维相匹配时，外在刺激的说服力最大。例如，在线评论信息源带来的社会距离远近与产品接收者的社会距离远近相一致，则距离匹配会增强相应在线评论的说服力。[24]当评论者的身份信息是模糊的，此时消费者会使用基于可及性的自我中心锚进行推断，不仅会认为模糊评论者与自身偏好更相似，而且更易被模糊评论者的评论所说服。[25]此外，当消费者为亲密的人购买产品时，自我锚定效应会发生作用，消费者会判定模糊评论者的偏好与自己相似；而为关系较远的人购买产品，此时的评判标准则变为他人，自我锚定效应消失。[24]

（三）理论运用中的研究方法

营销领域的锚定效应主要是采取心理学实验并通过情景操纵加以展开研究的。第一，高低锚设计。例如，低锚为小米售价为1799元的VR一体机；高锚为华为CV10的5888元入门VR眼镜。[26]在研究时，对锚值高低的操纵一般会以问题形式展开。例如，成年长颈鹿的体重是大于2100磅还是小于2100磅？成年长颈鹿的体重是大于800磅还是小于800磅？[27]当然，上述数值设计是经过检验的。第二，操纵内部和外部锚。例如，甘地寿命长于还是短于79岁？此时，79岁作为外部锚。再如，货架上一瓶纯牛奶价格为4.00元，你会想到之前的价格是3.8元。此时，3.8元作为参考价格——内部锚影响了购买决策。

（四）对该理论的评价

与其他直觉启发式不同的是，锚定效应关注的对象大多是与数值有关的判断。从趋势来看，现有研究已慢慢从估值转向到非数值锚定之上。例如，上文提到的品牌阻隔效应。未来还可以结合营销实践中的品牌形状、名称（汉字、英文或译名）甚至是气味、员工、设施形象等内容，开展锚定效应研究。此外还应看到，随着营销实践的数字化与网络化程度不断加深，消费者决策越来越依赖由平台及企业提供的信息。在虚拟环境下，消费决策依据是否发生了变化，值得加以探索。鉴于锚定效应与认知环境、认知水平、思维习惯、个体特质等有关，因此需要从多种角度对锚定效应发生的边界条件进行探索。值得强调的是，现有营销领域的研究虽对企业利用锚定效应促进销售大有帮助，但也明显利用了消费者认知缺陷，带有一定的欺骗性质。考虑到企业和电商平台的数据具有严重的不对称性，因此需要对能够诱发锚定效应的各种标识开展管理，并通过法律的完善严格保障消费者权益。

（五）对营销实践的启示

锚定效应为企业了解由数值等第一印象对消费者决策的影响夯实了基础。鉴于消费者容易为外部锚和内部锚所锚定，因此如何借助具体的锚来影响消费者判断、选择与决策，就有了商业价值。但是也应看到，营销刺激物还要与消费者经历、体验紧密联系起来，从而在他们内心中形成有关价格、服务、品牌等的美好记忆，并使其内化成为内部锚，这样既可以促进品牌忠诚，又有助于构建良好的客户关系。总之，合理利用锚定效应是为了借助消费者的认知特点，缩短企业与消费者的距离，提高消费者对评估营销策略善意的领会能力。

参考文献

11

框架效应理论

郝辽钢　霍佳乐　江燕伶　彭宇泓①

（一）理论概述与在营销研究中的发展

框架效应（framing effect）在人类判断和决策研究中十分重要，它证实了信息呈现的方式会对个体决策产生重要影响。了解框架效应不仅能够帮助我们理解个体决策中的非理性因素，还可以帮助我们优化信息传递方式从而更好地说服他人。该效应最初由阿莫斯·特维斯基（Amos Tversky）和丹尼尔·卡尼曼（Daniel Kahneman）于1981年在一项名为“亚洲疾病问题”的研究中提出并证实。[1]这项研究中，参与者被告知有600人的生命受到病毒的威胁，而他们被要求在两种方案中进行选择，其中A治疗方案能够挽救200条生命，B治疗方案有1/3的概率能够拯救所有人、但有2/3的概率没有人能够获救。尽管这两种选择的期望相同，但研究结果显示，有72%的参与者选择了方案A。然而，在另一个情景中，当A治疗方案被表述为失去400条生命而非拯救200人时，其支持率则显著下降至22%，此时绝大多数参与者选择了方案B。这两种表述的差异在于，一种采用了积极的框架（有多少人会活下来），另一种采用了消极的框架（有多少人会死亡），尽管两种情况具有完全相同的事实，但参与者却做出了截然不同的选择。这种由于表征形式的不同导致具有相同经济后果的决策方案的决策结果产生偏差就是框架效应。[1]

框架效应理论自被提出后一直是国内外行为决策研究的热点，取得了丰硕的研究成果。在市场营销研究中，不同的信息框架会对消费者的行为决策产生不同的影响，选择合适的框架对产品或服务进行营销推广可以达到更好的消费行为引导效果。比如，以千焦而不是千卡表示零食的能量含量可以增

① 郝辽钢，西南交通大学经济管理学院副教授，博士生导师，教育部“新世纪优秀人才支持计划”入选者，“四川省学术与技术带头人后备人选”入选者，担任《营销科学学报》《西南交通大学学报（社会科学版）》编委会委员。霍佳乐，女，南京农业大学经济管理学院讲师。江燕伶，女，西南交通大学经济管理学院硕士研究生。彭宇泓，女，西南交通大学经济管理学院博士研究生。

加消费者健康零食的选择；[2]忽略指定信息的单位可能会导致消费者更喜欢24个月的保修期产品而不是2年的保修期产品[2]；对于一辆价值20万元的汽车，享受1万元的优惠将比享受5%的折扣更有吸引力，对于高价产品消费者认为价格优惠高于等值折扣，因为价格优惠的绝对数值更高[3]；对项目多且项目单价难以计算的打包商品，与价格在先（如“29元70个”）的产品标价相比，使用项目数在先（如“70个29元”）的产品标价，可以达到凸显数量信息的目的，进而影响消费者对商品的成本感知。[4]

在营销领域中，该理论被广泛运用于消费者心理与行为、企业营销策略制定的相关研究中。我们分别展示了该理论在营销领域六大顶级期刊和年度的频率分布趋势（图11-1、图11-2），可以看出该理论在*Journal of Marketing Research*中运用较多。

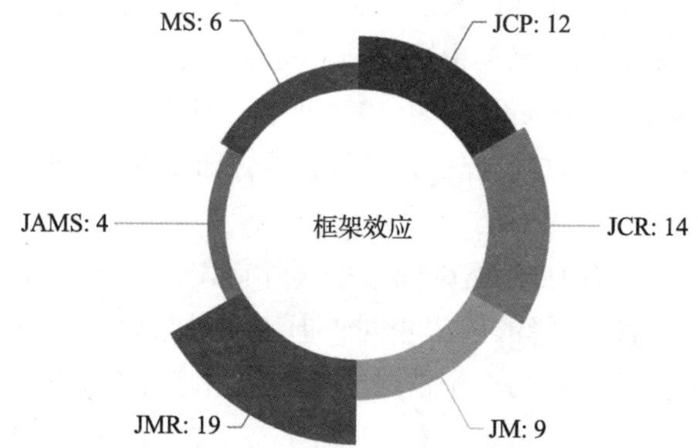

图11-1　六大期刊中框架效应频次分布

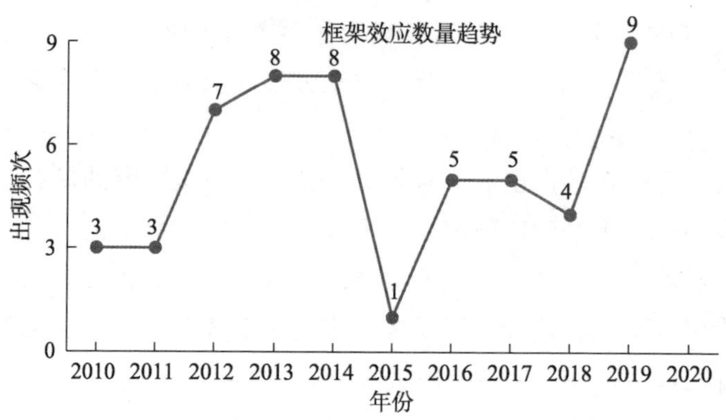

图11-2　六大期刊中框架效应的年度频次分布

（二）理论的核心内容与在营销研究主题中的运用

1. 理论的核心内容

框架效应本质上属于认知的偏差，是指对同一个问题采用两种在逻辑意义上相似的说法进行描述却出现不同决策判断的现象。这意味着个人的选择决策会受到信息呈现方式的影响。框架效应主要可以分为风险选择框架效应（risky choice framing effect）、特征框架效应（attribute framing effect）和目标框架效应（goal framing effect）三类[5]。其中，风险选择框架效应关注当对某种风险信息使用不同的框架进行描述时，个体承担风险的意愿会如何变化，如上文提到的“亚洲疾病问题”。特征框架效应关注将某事物的某种特性以不同框架进行描述时，个体对该事物的偏好会如何变化。比如在日常生活中，虽然标签为“75%瘦肉”的牛肉与标签为“25%脂肪”的牛肉本质是一样的，但两者相比较而言，消费者通常更喜欢第一种[6]。目标框架效应关注当目标以不同的框架进行描述时，个体对实施该行为的意愿会如何变化。例如，乳腺投影检查可以描述为“如果进行乳腺投影检查，那么你将获得及早发现乳腺癌的最佳机会”或者“如果不进行乳腺投影检查，那么你将失去及早发现乳腺癌的最佳机会”。不难发现框架的改变可能会使个体对同一问题的备择方案产生偏好转变，这是一种典型的非理性决策情形。

关于框架效应理论的内在作用机理，心理学家丹尼尔·卡尼曼（Daniel Kahneman）和阿莫斯·特维斯基（Amos Tversky）提出的用于描述人们的实际决策行为的前景理论（prospect theory）可以很好地对框架效应进行解释。根据前景理论，同样的损失与收益相比，损失的沮丧要远大于获益的兴奋，而确定的收益优先于可能的收益，可能的损失优先于确定的损失，即面对“损失”时人们倾向于风险追求，而面对“收益”时却倾向于风险规避。决策事项的构成方式会影响人们对其收益或损失的确定性的评估，因而当某一选项的积极特征而不是消极的特征被突出显示时，人们认为其更有吸引力。此外，由于处理和评估信息需要耗费时间和精力，我们的大脑经常使用启发法使这个过程更高效。可得性启发和情感启发有助于框架效应的实现。可得性启发是指人们对事件已有的信息（包括记忆的难易程度或记忆中的多寡）来进行某事件发生概率的评估，其表明人们倾向于使用快速而容易地出现在脑海中的信息。正是由于人们更喜欢容易理解和回忆的信息，因此以这种方式构建的选项更受青睐。情感启发是指人们以个人情感、情绪、好恶为基础做出判断与决定，其表明个体的决策过程严重依赖于其自身的情绪状态，而不是花费时间对决策的长期后果进行思考。这可能就是为什么人们更倾向于选择那些能够激发即时情绪反应的信息和选项。

2. 理论在营销研究主题中的运用

框架效应理论在营销研究中得到了广泛的运用。一方面，该理论能够用于了解消费者心理与行为，涉及消费者的认知方面（如目标动机、信息加工等）与消费者情感方面等；另一方面，该理论能用于指导企业品牌营销策略（如促销方式、广告说服、产品定价等）。

（1）框架效应理论与促销

为了刺激并引导消费者消费行为，品牌常常会采用不同的促销信息对相似或完全相同的促销活动进行描述，使消费者感觉自己的消费行为是有利可图的。框架效应对促销的效果具有显著影响，研究者们对此给予了充分的关注。不同框架所导致的框架效应能够使消费者产生不一样的“得”“失”感，影响消费者感知价值。价格促销框架可能会对消费者对感知节省、交易价值和购买决策的看法产生积极影响，如消费者对于昂贵产品偏好价格折扣，对廉价产品则偏好附加赠送，可能是由于消费者认为在较小的规模情境下增量收益优先于损失的减少，对于相对较大的规模损失的减少则优先于增量收益。[7]其次，既有不同视角的促销框架研究也基于不同的边界条件（如产品类型、时间压力、消费者感知新颖性、消费者认知需要、折扣计算难度等）。既有研究发现，在促销时间限制紧迫下，减少损失型促销比获得收益型促销带来更高感知价值和预期后悔，而在促销时间限制宽松下，这两种促销框架的影响差异消失[8]；价格折扣促销框架采用金额基础的折扣还是百分比基础的折扣更优，取决于哪种促销框架下消费者产生更高的感知新颖性[9]、面临更高的认知需要[10]和更低的价格折扣计算难度[11]。

（2）框架效应理论与产品定价

价格的不同呈现方式导致消费者偏好与行为变化的现象被称为价格框架效应。目前，关于价格框架对消费者购买意愿影响的研究主要包括金额和比率、整合价和分离价、货币效率和货币单位、以旧换新交易活动中新产品价格与旧产品价格的分割等几种类型。在顾客购买决策过程中，顾客感知价值是重要影响因素之一，而顾客感知价值又由顾客感知利得和顾客感知利失所决定。比如，线上购物中常常采取的“包邮”策略就属于整合价格框架，它是指将一项产品的基本价和附加价加起来以单一价格的形式呈现，而分离价是指一项产品需要支付基本价格和附加价格两部分，两部分必须同时支付才能享受完整的产品服务，比如线上购物中的商品价格和物流费用。一般而言，分离价格为消费者提供了更大的灵活性，然而大量的研究证据和实践经验表明，一些消费者更喜欢捆绑框架，而不是分离产品，即使捆绑价格高于单独的组件价格的总和。[12]当商家包邮时，消费者会产生成本节省的“利得”心理，其感知价值较高有利于提升其购买意愿，反之，消费者会认为邮费是一种额外付出成本，会产生“利失”心理，其感知价值降低，购买意愿降低。同时，有研究表明整合定价具有暗示产品受欢迎程度或吸引力的信息。[13]再比如，研究表明与向消费者提供对比选择（例如，酒店预订中标准房259元或豪华房339元）相比，使用差异价格框架提供溢价选项（例如，豪华房贵80元）通常会增加消费者选择溢价选项的可能性。这也是由于消费者倾向关注单位成本，而不是总成本或价格差异，因此会对消费者在决策过程中的感知价格产生影响，从而增加溢价价格的选择概率。[14]既有不同视角的促销框架研究也基于不同的边界条件（如消费者产品熟悉度、认知需要等）展开。

（3）框架效应理论与消费者情绪

情感与理智是人类行为的两大原动力，人并非完全理性的动物，将情感情绪等因素纳入决策框架有助于更准确地刻画人类行为，使消费者决策研究产生丰富、有趣的研究结论。个体的情感情绪状态会影响其对事情的看法和对风险的偏好，而不同的框架对消费者的情绪（感知欺骗、内疚、罪恶感、自尊等）会产生一定的影响，进而影响其决策行为。研究表明，在等量的消费中控制食物的份量进而控制每份食物的热量，会影响预期的消费负罪感、购买意愿和选择行为[15]，以及通过框架效应减少与购买相关的罪恶感，可以增强对享乐物品的购买。由于享乐项目与更大的罪恶感有关，需要更有力的购买理由，因此在同时包含享乐性和实用性物品的捆绑销售产品中，将折扣作为享乐性物品的节省费用将使它更容易证明购买此套餐是合理的[16]。在服务失败后的服务补救工作中，服务提供者向消费者表示感激（说声谢谢）通常是一种更有效的使消费者恢复满意的方式，因为在服务提供者和消费者互动中，从强调服务提供者的错误和责任（道歉）到强调消费者的优点和贡献（赞赏）这一焦点转移行为，可以增加消费者的自尊，导致服务失败后满意度的恢复[17]。同时，框架效应与情绪之间存在交互效应，一些学者发现处于消极情绪的人对损失框架的反应更敏感，而那些处于积极情绪的人对增益框架的反应更敏感；[18]另一些学者则认为，积极情绪的人更容易被损失框架所说服，而消极情绪的人更容易被增益框架所说服。[19]

（4）框架效应理论与说服

信息框架是指对相同客观信息的不同组织和表述，尽管其所包含信息内容是等同的。例如，损失框架信息对提倡检测行为更有说服力，当信息强调不参加乳腺自查将很难提前发现肿瘤并失去更好的治疗比强调经常参加乳腺自查得到更好的治疗机会更能说服女性参加这种检查[20]；而获得框架信息对预防行为更有说服力，如锻炼，因为受访者认为执行行为将防止不愉快的结果（如健康问题）[21]。此外，相同客观信息以积极或消极框架呈现对个体具有不同的说服效应，即对事件的关键特征分别以积极或消极框架进行描述也具有不同的说服效果。当说服性信息权威性较低时积极框架信息比消极框架信息更能引起个体态度的改变。[22]不同信息框架的说服效果可能差异很大，而何种信息框架更具说服力尚无一致结论。现有研究表明，信息框架效应的说服能力受情境因素影响，如个体事件卷入度[23]、个体调节定向[24]、性别[25]等。

（三）理论运用中的研究方法

在营销领域的研究中，采用框架效应的论文主要使用实验法，其中大都基于情景实验的方法展开，部分研究将情景实验与现场实验相结合，在这个过程中一般采用情景操控对框架效应进行测量。其中，风险选择框架效应（risky choice framing effect）一般为被试呈现两个不同风险的选项，分别从收益或损失方面来描述某一风险信息。例如，收益框架描述为“您的支持将帮助眼病患者的治愈率提至75%”，损失框架描述为“您的支持将帮助眼病患者的治愈失败率降至25%”[26]；特征框架效应（attribute framing effect）一般分别从积极或消极方面描述某一事物或事件的关键特征。例如，积极框架描述为“经过灭菌处理杀死了将近93%的微生物”，消极框架描述为“经过灭菌处理仅有7%的微生物残留”[27]；目标框架效应（goal framing effect）一般分别从实施/不实施某行为方面描述其与目标实现间的关系。例如，接受框架中表述“如果每天喝一杯A果汁，就可以保持心血管健康”，放弃框架表述为“如果不能每天喝一杯A果汁，就无法保持心血管健康”。[28]

目前也有一些研究利用二手数据建立模型[13,29]进行实证分析，如研究信息框架在绿色新产品的引入对改变消费者品牌态度的影响中的调节作用时，将绿色声明为积极或消极框架作为衡量绿色声明效价的指标，并根据二手数据建立三阶段最小二乘模型进行实证研究[29]。还有一些学者试图使用眼动跟踪方法（eye-tracking-methodology）等进行框架效应的研究，如乐为等将眼动追踪技术运用到属性框架的研究中，发现了不同认知需求个体的注视差异。[27]

（四）对该理论的评价

由于框架效应的普遍性，其已经成为许多心理学分支学科的研究对象和研究主题，并且能够在人类行为的基础和模式等基础问题上与其他社会科学进行学科交叉。在应用研究方面，框架效应更是成了行为经济学、实验心理学、消费者行为学等跨学科研究的热门主题。进一步探究框架效应的影响机理和边界条件有助于我们更好地理解框架效应，并借助框架效应帮助我们在经济、管理、政治、心理等众多领域的决策。

未来的框架效应相关研究也面临着巨大的挑战。首先，从已有研究来看，研究者对于框架效应的产生原因进行了探讨并提出各自的解释，如前景理论、模糊痕迹理论、认知成本—收益权衡模型、动机理论等。但目前各种理论解释存在分歧，各有其说服力和局限性，在今后的实证研究中还有待进一步进行整合研究，提出更合理更全面的理论解释。其次，目前研究缺乏对框架效应影响因素的多维考察。随着研究的不断深入，关于框架效应的许多实验研究已经开始呈现出相当程度的复杂性和对立性，立足点和研究设计的差异往往导致结论大相径庭。最后，由于框架效应处理的是人在特定情境下的行为和决策，其发生很多时候依赖于其它情境因素，包括生理性的、心理性的、社会性的因素等，在未来的研究中研究者须在理论假设和研究设计阶段审慎地保持在真实效应和实验效应两者间的平衡。

（五）对营销实践的启示

在营销实践中，企业一直十分关注怎样通过各类营销信息更好地展示品牌产品以及影响消费者的决策判断。根据框架效应理论，可以通过对营销信息使用不同的框架，使消费者重点关注或者低估某些营销人员希望其关注或忽视的信息，影响消费者的偏好与选择。例如，在活动宣传中通过避免使用与风险高度相关的框架，如“彩票”等词语，可以有效提升消费者参与度[30]；将享乐性商品与实用性商品捆绑销售，并制定捆绑购买的折扣用于享乐性商品促销上，可以鼓励更多地购买享乐性商品[31]等。同时，框架效应对我们自身的工作和生活也会产生巨大的影响。了解人们受到框架的影响可以使我们专注于如何呈现希望他人接受和采取行动的信息。知道人们喜欢突出某些收益的框架可以帮助我们以这种方式展示我们的工作，使其更有效和更具有吸引力。在管理他人或与他人合作时，记住我们应该如何表达信息或立场十分重要，更有效的框架可以有助于更好地展示我们的观点。我们可以有效地利用框架效应的正面影响，同时也要注意规避框架效应的负面影响。比如当不良信息被积极框架表述所包装时，我们可能会选择有效框架表达出的糟糕选项，而忽视真正的有利选项。

总之，借助框架效应理论的相关研究，能够帮助决策者能够更好地理解消费者认知和情感，能够为决策者制定营销策略，如促销策略、产品定价等方面提供参考，同时了解框架效应可以帮助我们更好地发挥框架效应的正面效应、提升识别并降低框架效应负面影响的能力。

参考文献

12 媒介丰富性理论

张初兵　李天歌①

（一）理论概述与在营销研究中的发展

媒介丰富性理论（media richness theory，MRT），又称信息丰富性理论（information richness theory，IRT），是由达夫特（Daft）和伦格尔（Lengel）于1984年提出的理论。[1]媒介丰富性理论最初用于解释组织和企业的媒介选择，随着电子媒介的传播（如20世纪90年代的电子邮件）而变得非常流行。该理论指出，当媒介的丰富性和任务/信息的模糊性匹配时，沟通将达到最优效果。随着技术的发展，研究者们也越来越重视对该理论的探讨，如今已经逐渐应用到增强现实（augmented reality，AR）技术和人工智能（artificial intelligence，AI）领域。[2-3]

在营销领域中，该理论被广泛运用于消费者心理与行为、企业营销策略制定的相关研究中。我们分别展示了该理论在营销领域六大顶级期刊和年度的频率分布趋势（图12-1、图12-2），可以看出该理论主要在*Journal of Academy Marketing Science*和*Journal of Marketing Research*中运用。

（二）理论的核心内容与在营销研究主题中的运用

1. 理论的核心内容

媒介丰富性理论是对媒介如何影响沟通效果的解释。媒介丰富性是指媒介潜在的信息承载能力，高丰富性的媒介包含的信息丰富翔实且易阐述和理解，而低丰富性的媒介信息量少，接收方需要花费较长时间领会其内涵。丰富性具有以下特征：反馈及时性，即接收和反馈是否及时；多渠道沟通，即渠道的多元化；语言多样性，即被语言符号所传递内涵的范围；个人沉浸

---

① 张初兵，天津财经大学商学院教授，博士生导师，主要研究领域为消费者行为、全媒体运营与智能服务。李天歌，天津财经大学商学院博士研究生，主要研究领域为消费者行为与智能服务。
基金项目：国家社会科学基金后期资助项目（项目号21FGLB055）。

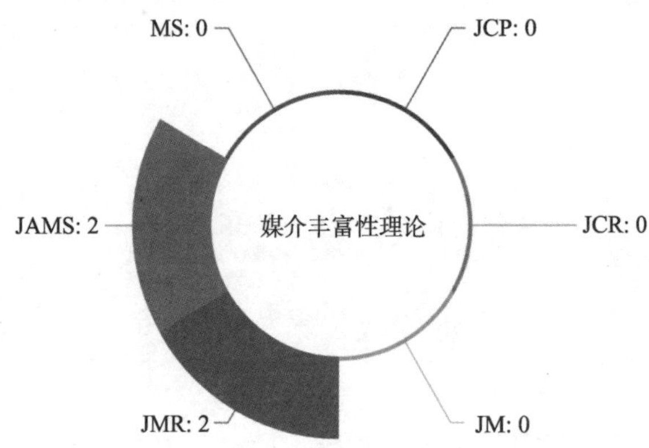

图12-1　六大期刊中媒介丰富性理论频次分布

图12-2　六大期刊中媒介丰富性理论的年度频次分布

度，即个人沉浸在沟通过程中的程度。[4-5]沟通媒介按照丰富性程度可划分为以下类别：面对面沟通、电话、个人书面文件（如备忘录、信件）、正式书面文件（如传单、公告）和数字文件（如电脑打印报表）。[4]面对面沟通被视为丰富度最高的媒介，是因为它具有多种直接反馈和线索，如肢体语言、点头示意、眼神接触等，这些能够高效准确地促进沟通。由于电话沟通缺少直观体验，所以丰富性偏低。个人书面文件线索有限且沟通迟缓，不如电话沟通丰富性高，但由于自然语言的使用，所以丰富性高于正式书面文件。数字文件信息呈现简单，缺乏信息线索，无法进行反馈，被认为是丰富性最低的沟通媒介。随着互联网和移动终端的普及，微博、微信等社交媒体逐渐成为沟通媒介，但是它们的丰富性十分复杂。

如何确定使用何种沟通媒介呢？媒介丰富性理论指出，信息的模糊性会影响沟通媒介的选择。[6-7]信息的模糊性是指信息的不确定性和歧义性。增加信息量可以减少信息的不确定性，提高信息质量能够降低信息的歧义性。只有当沟通媒介的丰富性和信息的模糊性匹配时，信息才能被传播得充分和完整，否则信息可能会被误解。[8-9]具体来说，使用丰富性高的媒介来传播模糊程度低的信息时，会分散接收者对消息本身的注意力，使决策过程变得复杂和冗长；使用丰富性低的媒介传播复杂而模糊的信息时，则会出现信息供给不足的问题，无法支持接收者做出决策。[1,6]因此，对于模糊性高的信息而言，使用丰富性高的沟通媒介能够达到有效传播的效果，而明确或清晰的信息使用丰富性较低的沟通媒介即可完成传播。此外，沟通媒介的选择还受到多种社会因素的影响，包括对特定媒介的态度、个人经历和来自他人的信息等。例如，企业主管认为电子邮件是最丰富的沟通媒介，这会影响员工对电子邮件的使用。[5]

2. 理论在营销研究主题中的运用

媒介丰富性理论广泛用于营销研究中，不仅能够解释消费者对广告和AI代理的感知，而且可以指导企业开展有效的营销活动。通过对前文提到的营销六大顶级期刊上十年的文献梳理以及其他期刊相关文献研读，重点筛选了以下几个方面介绍媒介丰富性理论在营销研究主题中的具体运用。

（1）媒介丰富性理论与广告效果

信息的模糊性和媒介的丰富性会显著影响广告效果。一方面，广告信息的不同表达形式会改变信息的模糊性，从而影响消费者对广告内容的感知。[10]减少信息的模糊性是实现有效信息传输的关键。[1]例如，广告信息表达分为简单、自然、易于理解且类似于白话形式的直接表达以及隐喻、有趣和激发消费者想象力的含蓄表达。[11]针对搜索品，简单明了的直接表达可以准确提供相关信息，激发消费者的理性思考，提高向消费者传达产品信息的效率和效果。[12]而对体验品而言，含蓄和有趣的广告表达可以使广告商与消费者建立联系，加深消费者对体验品的理解。[13]另一方面，受媒介的丰富性程度影响，消费者对广告的评价会存在不同。[14-15]例如，由于出境游服务的高参与性，消费者需要丰富的信息以做出决策，但服务的无形性使其难以描述。[16-17]此时，只有丰富性高的媒介才能满足消费者对信息量的需求。与报纸和杂志等媒介相比，电视广告可以向消费者提供多层次的信息，能够使消费者对出境游服务有全面的了解，从而提高出境游服务广告的劝服效果。[18]

（2）媒介丰富性理论与口碑传播

媒介丰富性理论被用于解释线上口碑传播与线下口碑传播存在的差异。先前研究指出，与线上口碑传播相比，线下口碑传播能够提供更准确详实的信息，在刺激消费者分享行为方面更具影响力。[19]不过，在新产品传播方面，线下口碑存在一定的局限。例如，企业在发布新产品时，消费者面临着信息不对称的难题，不好判断新产品的质量等。[20-21]此时，尽管线下口碑传播的丰富性高，但碍于空间距离的限制，无法确保信息能够准确传达给潜在消费者。所以，线下口碑传播并不完全适用于新产品传播，通常很难快速全面提供潜在消费者所需的高质量信息，而线上口碑传播能为潜在消费者提供丰富且具体的信息和线索。[22]此外，企业通过鼓励早期消费者在微博等新媒体上发布新产品体验评价，可以通过公开媒介减少关于新产品的信息不对称问题。[23]

（3）媒介丰富性理论与关系营销媒介选择

关系营销中沟通媒介的选择与服务类型和消费者个人特质有联系。关系营销人员需要综合评估可用的媒介，并根据服务类型了解消费者在信息处理和沟通方面的需求，以选择丰富性水平恰当的沟通媒介，从而维护好与消费者的关系。[24]例如，在提供产品使用说明方面，与仅包含文字的电子邮件相比，具有表现力的视频更加丰富，其语音和可视化的形式使信息更加容易理解。[25]再如，当告知消费者有关退货政策的内容时，视频媒介丰富性过高，可能花费消费者大量时间观看，信息处理成本较高，选择在网页上列表的方式反而会更加直观高效，一目了然。此外，有研究指出，沟通媒介的选择也与消费者个人特质有关。[25]具体来说，在关系发展过程中，可以根据消费者的具体喜好和动态需求，设计定制化的媒介沟通策略，以满足消费者的信息需求，减少模糊性和不确定性，进行精准化的关系管理。

（4）媒介丰富性理论与消费者购买行为

媒介的丰富性水平和信息类型会对消费者的购买行为产生影响。一方面，媒介丰富性水平越高，消费者的购买意愿就越强。例如，与2D媒介相比，3D媒介更丰富，存在感更强，能够提高消费者的产品体验、品牌态度和购买意愿。[26]此外，在AR技术中使用头像也会产生同样的效果。与文本信息相比，头像蕴含的信息线索更加丰富，能够产生高水平的社会存在感，可以通过影响消费者的情感（唤醒和愉悦）和认知（态度和信息质量），提高参与感、满意度和购买意愿。[2,27,28]另一方面，相同媒介传达的不同信息类型也会影响消费者的购买行为。例如，对于旅游目的地视频，与强调情绪和非认知相关的信息相比，具有认知指导的信息更能增加消费者购买行为，这表明视频中逻辑缜密的线索为消费者提供了与旅行相关的所需信息，改善了劝服效果，增强了行为意愿。[29]

（5）媒介丰富性理论与AI代理沟通体验

媒介丰富性理论能够用于解释AI代理的丰富性水平对消费者沟通体验的作用。例如，与简单的、个性化的卡通人物（如Yahoo头像）相比，复杂的、具象的类人头像丰富性更高，可以通过增加消费者在购物环境中的人际参与度，改善在线互动体验。[30]再比如，与使用机械语言的AI代理相比，使用类人语言的AI代理具有更高的丰富性，能够利用类似人类员工的语言方式为消费者提供更明确和丰富的信息，唤起消费者更多的自我披露，[31]促进社会参与并增强沟通体验。[32]然而，恐怖谷理论认为，拟人化程度高的AI代理会令人毛骨悚然，造成消费者反感。也就是说，丰富性过高的AI代理传播的沟通效果可能会适得其反。因此，AI代理的丰富性程度可能需要根据情境进行区别设计。例如，在电脑游戏中，丰富性较高的AI代理会降低消费者自主性感知，进而损害消费者体验，此时选择丰富性程度较低的AI代理更有可能改善消费者的体验。[33]

（三）理论运用中的研究方法

在营销领域的研究中，采用媒介丰富性理论的论文主要使用心理学实验法和问卷调查法。因此，媒介丰富性的测量涉及变量操纵与量表测量两种方式。

媒介的丰富性水平具体可以从以下三个方面进行操纵。首先，根据媒介的类型操纵丰富性水平。例如，向被试者展示文本、图片和视频三种形式的广告，其丰富性水平依次增加，视频的丰富性最高。[34]其次，丰富性水平的操纵也可以体现在媒介的数量上，高丰富性的媒介趋于多样化，低丰富性的媒介则倾向于单一化。[35]例如，向被试者展示具有相同产品信息但媒介数量不同的网站。具体而言，丰富性高的网站中，包括文本、图片、声音和视频剪辑四种媒介形式，而丰富性低的网站仅包含文本的媒介形式。最后，媒介的内容也可以启动不同的丰富性水平。例如，2D和3D的头像会让被试者感知到不同程度的丰富性水平。仅使用文本和2D图像代表较低的媒介丰富性，而将产品握在手里的3D头像（购物助理）代表着较高的媒介丰富性。[2]

量表测量存在两种形式。其一是有关媒介丰富性特征的多维测量，包含个人关注、即时反馈、语言多样性和多种线索4个维度，共14个项目。[36-37]个人关注维度包括“这些功能允许我注入个人感觉和情感”等三个项目；及时反馈维度包括“我可以快速发送/接收信息”等三个项目；语言多样性维度包括“我可以使用大量符号/表情符号来传达丰富的含义”等三个项目；多线索维度包括“我可以通过文本形式与他人沟通”等五个项目。其二是侧重于消费者决策便利性的单维测量，包括“我可以很容易做出决定”等四个项目。[2]量表均采用里克特（Likert）五点量表，得分越高，媒介的丰富性水平越高。

（四）对该理论的评价

媒介丰富性理论为研究企业—消费者沟通过程中的媒介选择和使用提供了良好的理论视角。媒介丰富性理论的核心观点是媒介的丰富性与信息的模糊性之间的匹配度影响沟通的效果。虽然这种观点在传统媒介使用中得到了支持，如面对面的沟通、信件和商业备忘录[6,38]，但是在电子邮件和计算机等新媒介上尚未得到证实。例如，作为丰富性水平较低的媒介，电子邮件被用于传播复杂而模糊的信息，这与媒介丰富性理论的观点存在矛盾。这可能是因为，随着用户使用电子邮件的经验积累，他们对其会感知到更高的丰富性。[39]同样，计算机使用的普及性可能会使其发展出类似于面对面沟通的丰富性特征。[40]因此，随着技术发展，有必要对媒介丰富性理论做进一步探讨，以使该理论能够与时俱进更加完善。

此外，在媒介丰富性理论的基础上，已经发展出了其他理论，如媒介同步性理论（media synchronicity theory）和媒介多重性理论（media multiplexity theory）。媒介丰富性理论指出了任务或信息对沟通的重要性，媒介同步性理论则是基于该理论提出沟通包括信息发散和信息收敛两个过程。媒介丰富性理论认为关系因素是选择特定媒介的因素之一，但并未解决传播者在媒介使用行为中的关系紧密性问题，媒介多重性理论则有助于理解关系强度与用于维持关系的媒介数量之间的联系。[41]未来研究可以将这些理论结合起来，为媒介的选择与使用提供更细致的指导。

（五）对营销实践的启示

在营销领域，企业一直关注选择何种媒介或何种信息呈现方式以改善沟通效果。借助媒介丰富性理论的相关研究，能对企业的营销活动设计等方面提供借鉴。首先，营销人员需要针对产品特点选择丰富性水平不同的媒介。

例如，制作广告时，对于体验品（vs.搜索品）或感知风险高（vs.低）的产品而言，采取丰富性高的媒介进行沟通，更能达到广告效果。[10,34]其次，对于丰富性水平相同的媒介，也可以设计内容不同的表达形式。例如，与表达情绪相关的视频广告相比，具有认知指导性的视频更能触发消费者的购买行为。[29]最后，适当提高AI代理的丰富性水平，能够有效提升消费者的互动体验。[35]总之，营销人员通过选择与信息相匹配的媒介，可以形成脍炙人口的口碑，[19]维护好与消费者之间的关系，[24]促进消费者的购买行为。[34]

参考文献

13 最优区分理论

简予繁①

（一）理论概述与在营销研究中的发展

最优区分理论（optimal distinctiveness theory，ODT）是由布鲁尔（Brewer）于1991年提出的社会心理学理论。最优区分理论填补了社会认同理论中关于认同动机的空缺，对于消费者行为具有较强的解释力，并为消费者行为产生的不同动因提供了理论基础。分别或同时激活消费者不同的行为动因，也能够更好地预测消费者行为决策。近年来，营销学领域也开始关注分化与同化动机如何共同影响消费行为策略，该理论从集体自我的角度，为这些研究提供了指导。

在营销领域中，该理论被广泛运用于消费者心理与行为、企业营销策略制定的相关研究中。我们分别展示了该理论在营销领域六大顶级期刊和年度的频率分布趋势（图13-1、图13-2），可以看出该理论在*Journal of Consumer Research*中运用最多。

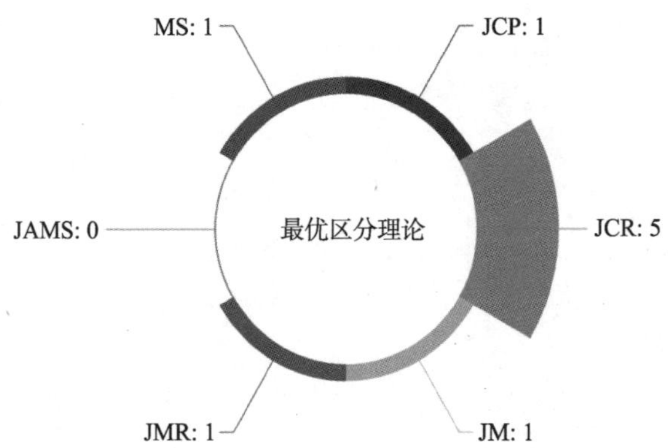

图13-1　六大期刊中最优区分理论频次分布

---

① 简予繁，深圳大学传播学院助理教授，主要研究领域为消费者行为。基金项目：国家自然科学基金项目（72002135）。

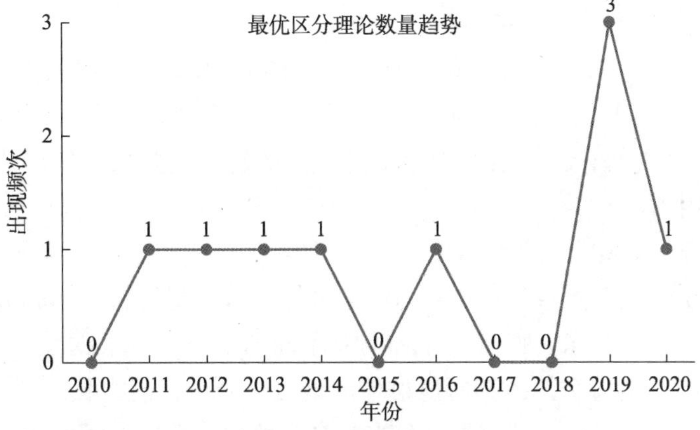

图13-2 六大期刊中最优区分理论的年度频次分布

（二）理论的核心内容与在营销研究主题中的运用

1. 理论的核心内容

人们有两种对立的需求：一方面，需要感觉到自身是一个独特的个体，即分化动机（a desire for distinctionfrom others，NFD）；另一方面，需要感觉到自身被纳入群体中，即同化动机（a desire for inclusion in social groups，NFA）。具体而言，分化动机是指个体有区别于他人，展现出自主性、卓越性和与众不同的需要，一般在群体间的比较中得到满足；同化动机则是指个体有归属于某个群体，并与某个群体相互依赖的需要，一般在群体内得到满足。[1-2]

人们通过与群体建立不同的关系，来满足这两种相互对立，却又同时存在的需要。在群体包容性高的情况下，个体能够获得强烈的归属感，并感知到自身与群体内成员的相似性，但需要与群体内的成员产生区分，从而彰显出自身的独特性；而在群体包容性低的情况下，个体感到与他人的区别，但需要在群体中感受到接纳与归属。根据最优区分理论，最佳的社会能够同时满足个体的同化和分化需求，加入具有特定属性的团体、团队或集体，例如，那些规模适中、既与其他群体存在差异却又不会受到过度排斥的群体，因为这些群体可以同时满足分化和同化这两种需要。[1,3~5]当个人加入某个小众冷门的兴趣圈，获得兴趣圈内的身份并与其他成员进行互动，会让他们感受到自己属于这个集体，产生归属感；但是，由于兴趣圈本身冷门和小众，个人在加入兴趣圈的同时仍会感受到自己是与众不同的、独特的。在与这个群体产生认同的过程中，个体分化和同化的需要都得到了满足。

2. 理论在营销研究主题中的运用

分化和同化两种动机，在激励群体认同方面起到相反的作用，能够驱使个体产生不同的行为；它们同时作用于个体心理，并影响个体的行为决策。[6]以下将对理论中的各个要素展开详细的解释，并探讨其在营销研究主题中的运用。

（1）分化动机

分化动机是个体希望将自身与特定群体、自身与所属群体成员或自身与主流相区隔开的需求，以塑造个体与众不同的形象。[7-8]根据社会支配理论，分化动机的产生与个体或其所属群体的地位、身份及能力状态紧密相关。[9]当个体或其所属群体在特定领域具有较高的地位、身份相对优越、能力比他人更强时，个体希望能保持自身或其所属群体在相关领域地位、身份和能力的差异性，维持优越感，从而产生显著的分化动机；反之，当个体或其所属群体在特定领域缺乏优势时，个体更期望缩小与他人或他群的距离，希望实现社会同质化。[10-11]在社会心理学中，分化动机分为多种类型，如个体与特定人群的区分、个体所属群体与其他群体的区分、个体独特性寻求、个体与主流的区分等。[11-13]需要指出的是，区分动机的不同类型具有不同的目的和意义，对个体行为决策也会产生不同的影响。例如，个体独特性寻求，是指个体对塑造自身独特性形象的需要；而个体与特定人群的区分，是个体期望与特殊群体产生差异和区隔。[11-12]

分化动机中的个体独特性寻求被广泛应用于营销学领域，解释消费者独特性寻求对消费决策和品牌认知、态度与行为的影响。部分研究将消费者独特性寻求作为购买决策的动机，研究其如何产生及影响消费者购买决策。例如，当消费者推测他人购买行为是为了表达独特性时，会激发消费者自我独特性寻求，从而购买与他人不同的产品。实验表明，消费者独特性寻求、消费者感知产品独特性的程度影响了其对不同种类和不同大小产品的购买决策；还有研究检验了消费者偶然的骄傲感能够激发独特性寻求，从而产生不同的购买决策。[9,14-15]部分研究将独特性寻求作为消费者个体特质，探讨消费者对独特性寻求的程度，如何影响其行为。例如，有研究者将消费者独特性寻求作为个体特质，验证了高度特性寻求的消费者更偏向于显著度低的品牌；也有研究者探讨了消费者独特性寻求对品牌显著的信息线索的影响。[16-17]此外，还有研究者将消费者独特性寻求与主流的区分动机区别开来，他们认为独特性寻求是一个比较宽泛的概念，既包括与特定人群的区分，又包括与所有人的区分；而消费者与主流的区分动机，仅指消费者与特定领域大部分个体的差异化需求，并检验了消费者对主流的区分动机，加强其对微妙信号产品的偏好。还有部分研究将独特性与品牌和产品相结合，探讨了品牌或产品的独特性对消费者品牌态度、认知和行为的显著影响。[13,18-19]

（2）同化动机

身份是社会分类的基础，确立特定身份有助于个体建立清晰的自我概念。[20]同化也称为社会认同动机，指个体对特定群体身份的认同，对特定群体具有归属需求、依赖于特定群体以及想要被特定群体所接纳的动机。[21-22]认同动机对个体在社会环境中各类行为具有至关重要的影响作用，例如从众行为、非理性行为、群体极化行为等。[23-25]相关研究表明，对特定群体有归属需求的个体，更可能选择该群体大部分成员所采取的行为，倾向于与群体成员行为策略的一致性。[26]想要归属于特定群体的个体，注重群体规范、更容易受到群体内他人行为的影响，更可能采取与群体一致的策略。[27]

同化动机（或称认同动机），在营销学领域应用广泛，大多集中于探讨群体身份认同对消费者品牌态度和购买行为的影响。例如，民族身份认同、国家身份认同、参照群体认同、身份信号理论。[28-34]受到社会认同动机的影响，消费者更可能选择与其想要归属的群体形象具有高度一致性的品牌，或是象征着群体身份的品牌，对消费者期望归属的群体所规避的个体或其他群体相关联的品牌，消费者会采取规避、排斥与反对等行为策略。[33,35,37-39]

（3）分化与同化的相互影响

先前的社会心理学研究表明，单独激发一种动机与同时激发同化和分化动机，个体会产生不同的行为表现。例如，当没有激活个体同化需求时，个体会展现出更冒险、更大胆和创新的行为策略。[40-41]

最优区分理论提出，分化与同化的需求不仅各自独立影响个体行为，还可能交互影响个体行为。[42-43]当个体同时被激活同化与分化动机时，个体需要平衡与他人相似和与他人产生区分这两种矛盾需求，因而部分研究者指出，个体可以通过归属于内群体、得到内群体认同满足归属需求，而内群体与外群体具有显著区分，满足区分需求，由此实现个体心理动机的平衡状态。[40]由此可见，分化和同化动机的单独激发与共同存在对个体行为将产生显著影响。

近年来，营销学领域开始关注分化与同化动机如何共同影响消费行为策略。有学者对分化与同化动机在消费者购买决策中的影响进行了研究，发现当单独激活消费者对渴望群体的归属需要时，消费者会选择与渴望群体身份关联的品牌；继而激活消费者高独特性需求时，消费者将基于平衡策略，在渴望群体身份关联的品牌产品中，选择比较小众的款式、颜色或型号。[44]还有研究者通过实验对消费者独特性需求和内群体归属如何影响其品牌选择进行了研究。研究发现，当单独激活消费者独特性需求时，他们不会选择内群体身份关联的品牌，而是选择在内群体中较少成员选择的品牌；当同时激活消费者高独特性需求与群体归属需求时，消费者会折中选择在内群体部分成员消费的品牌[45]。另有研究者使用最优区分理论解释了消费者对多民族广告与单一民族广告的态度差异问题。研究发现，独特性需求高的消费者更偏好多民族广告；而独特性需求低，对所处地表现出较高的归属感的消费者，更偏好单一民族的广告。[46]还有研究者将最优区分理论应用于消费者价值观理论，将消费者民族中心主义作为同化动机，消费者全球意识作为分化动机，同时探讨了这两种价值观如何影响发展中国家的消费者对西方品牌的态度。[47]上述研究表明，无论消费者具有单一动机还是双重动机，都将对其对行为决策将产生显著影响。

（三）理论运用中的研究方法

在营销领域的研究中，采用最优区分理论的论文主要使用实验法，通过情景操控和量表测量两种方式进行研究。

采用情境操控的方式，主要是来激活被试的其中一种动机，然后测试其决策偏好是否会转向某类特定群体。[48-49]例如，可以通过对内群体和外群体的想象和回忆，来分别激活与该群体能够满足的相反的动机。当需要激活分化动机时，可以让被试者回忆一个自己所归属于的、关联紧密的某个具体社会团体，这些想象包括但不限于运动队、学生会和兄弟会等，被试者非常希望别人将自己与这些群体联系起来；此时，被试者的同化需求已经在该群体中得到满足，而倾向于唤起分化动机。而当需要激活同化动机时，则可以让被试者回忆一个自己所不属于的、毫无关联的某个具体社会团体，被试者非常不希望与该群体产生联系；此时，被试者的分化需求已经在与该群体的对比中得到满足，而倾向于唤起同化动机。[44,50-51]

采用量表测量的方式，个体的分化动机，常通过独特性需求水平的测量来反映。在研究中可以使用西姆塞克（Simsek）等人于2010年开发的个人独特感量表（personal sense of uniqueness，PSU），该量表比较简短，共由5个项目组成，主要测量被试对于自我独特性的主观评价，例如，被试者是否认为自己在一些方面明显与众不同。[52]还可以使用田（Tian）等于2001年开发的独特性需求量表（consumers' need for uniqueness，CNFU），该量表内容全面，由31个项目组成，从创造性消费、反潮流消费、避免雷同的消费三个方面测量个体消费者的消费决策所反映出其对于独特性的需求程度，例如，被试是否会在购买商品时想方设法地与众不同，以及是否乐于向主流消费潮流发起挑战等。[53]

而个体的同化动机，可以采用李克特量表或直接让被试打分，来衡量其与某个群体产生联系的愿望。[44]还可以测量被试作为某个团体成员的认同感和契合度，例如是否认为自己适合该群体、是否希望在该群体中拥有更多朋友[50]，从而反映出对该群体的同化动机水平。

（四）该理论的评价

社会认同理论主要关注的是群体内的偏袒现象，即群体成员普遍表现出对自己群体内的成员比对群体外的成员更友善的倾向。[55-56]而最优区分理论提供了另一个关于群体内偏见和偏袒的动机的视角，提出处于不同包容性水平的群体成员会表现出这种群体间的歧视，但其原因是出于对独特感或归属感的追求。[57]最优区分理论对于消费者群体行为动机的探索，将其与社会认同理论区分开来。

最优区分理论指出，个体的独特性可以在群体层面得到满足，即个体可以通过对特定群体的认同和对其他群体的排斥，来满足自身的独特性和差异化需求。[58]最优区分理论从集体自我的视角，为个体动态变化的群体内行为和群际行为，提供了初步解释框架，可以加深市场营销领域对消费者群体内部成员识别和偏好、消费者社会认知变化、消费者群体间关系等诸多方面现象的认识。[59]同时，最优区分理论也使消费者独特性的相关研究在集体自我的层面得以拓展。[48]

但是，有关最优区分理论的边界条件探索还比较有限，尽管该理论得到了一些领域的研究检验，但其某些方面仍经常受到误解。例如，最优区分理论只认为在特定场景下存在“相对最优”而不存在“绝对最优”，其“最优”在具体情境中具有相对性，也会受到个体分化和同化动机变化的影响[5]。再如，在阅兵广场上，士兵群体既能够为身处其中的个人提供归属感，又能够与普通民众进行区分，足够与众不同；当场景发生变化，如转换到一支纪律严明的军队中，士兵群体尽管仍能为其中的个人提供归属和认同，但不能再满足个体独特性的需要。总之，应用最优区分理论的相关研究，应进一步厘清和探索其边界条件。

（五）对营销实践的启示

最优区分理论阐释了消费者两种不同动机及其相互作用，在消费者个体心理及其群体行为之间建立了更深刻的联系，能够为企业预测群体情境中的消费者行为提供指导。根据最优区分理论，消费者会倾向于对同时满足自身分化和同化需求的特定群体建立认同，在营销实践中，一方面，可以通过打造此类社群吸引消费者的偏好与选择；另一方面，也可以根据消费者不同需求的唤醒倾向，采取不同的营销策略。例如，在受到社会排斥的情况下，消费者的同化动机被唤起，希望在内群体中重新获得归属感，此时会对表达自身个性、品位的品牌更加青睐；而在受到社会包容的情况下，消费者的分化动机被唤起，希望向外群体表现差异性，此时会更倾向于彰显自己优越身份、优越地位的品牌。企业可以根据不同消费者的处境和动机水平，适时调整产品和品牌策略。[51]

参考文献

14 图示一致理论

黄韫慧　宋文静①

（一）理论概述与在营销研究中的发展

图示一致理论（schema congruity theory，SCT），是由曼德勒（Mandler）于1982年提出，并由迈耶斯-利维（Meyers-Levy）和塔伯特（Tybout）于1989年首次验证的理论，是一种认知心理学的理论[1]。图示一致理论自提出的四十年来，作为一种理解消费者信息处理与评价的重要理论，在营销领域中得到了广泛应用。起初，图示一致理论在营销领域的研究重点聚焦于现象展示和机制探讨方面的理论挖掘，如展示客体与消费者现有图示的一致性对客体评价存在倒"U"型影响，探讨存在适度不一致效应的内在原因等。[1]近年来，学者们逐渐将研究重点转移至对理论适用条件与应用范围的拓展，如发掘能够影响适度不一致效应的因素，讨论某客体的图示不一致对其他客体产生的扩展影响等。[3]

在营销领域中，该理论被广泛运用于消费者心理与行为、企业营销策略制定的相关研究中。我们分别展示了该理论在营销领域六大顶级期刊和年度的频率分布趋势（图14-1、图14-2），可以看出该理论在*Journal of Consumer Research*、*Journal of Consumer Psychology*中运用较多。

（二）理论的核心内容与在营销研究主题中的运用

1. 理论的核心内容

图示是一种认知知识的储存框架，代表了人们对特定主题、概念或刺激物的先前经验与信念。[9]人们会利用现有图式或开发新的图示来处理信息，例如，阅读理解就是读者头脑中的知识结构体系（现有图示）与文本材料提供的信息交互作用的过程。当读者头脑中的知识能够与文本信息联系起来

① 黄韫慧，南京大学商学院教授。主要研究领域为消费者行为。宋文静，南京大学商学院博士生。主要研究领域为消费者行为。基金项目：国家自然科学基金项目（72172059）。

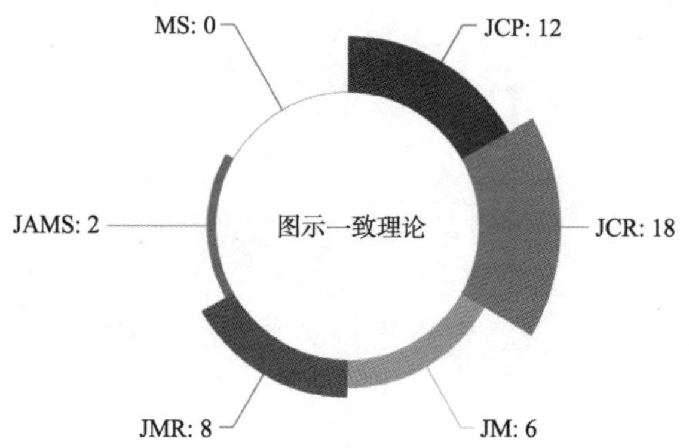

图 14-1　六大期刊中图示一致理论频次分布

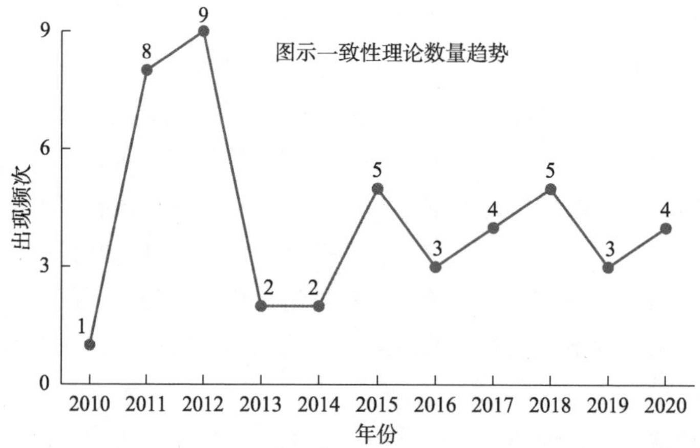

图 14-2　六大期刊中图示一致理论的年度频次分布

时，就能够理解文本内容。反之，若读者头脑中的知识不能对文本信息进行提取、验证、解码时，对文本内容的理解就会出现障碍。[10]图示一致性指一个客体（如一件产品）的特征与相关类别图示（如该产品类别的图示）的特征之间匹配的程度。曼德勒提出图示一致性可以分为一致（congruity）、适度不一致（moderate incongruity）和极端不一致（extreme incongruity）三个水平。[1]比如，奶香冰激凌、甜辣冰激凌、老干妈冰激凌就分别展示了不同口味与冰激凌图示（冰激凌都是含奶含糖的）一致、适度不一致和极端不一致的三种情况。

图示一致理论（SCT）认为一个客体与其相关类别图示之间的一致性会影响人们对该客体的信息处理过程，从而影响客体评价。[1]菲斯克（Fiske）

提出，不同类别的图示在人们记忆中是和特定的情感标签相关联的，当人们遇到图示一致的客体时，会用与被激活图示相关的情感来评价该客体。[11]然而，曼德勒则认为大多数图示并没有强烈的情感标签，所以通常情况下现有图示的情感不会被转移到客体上，是客体与现有图示之间的匹配过程产生了情感反应，从而影响了对该客体的评价[1]。该理论常预期图示一致性与客体评价之间存在倒“U”型的关系，即人们对适度不一致客体的评价高于一致或极端不一致客体，这被称为图示一致效应或适度不一致效应。[1]

具体而言，人们喜欢符合自己预期的客体，不过这类客体并不引人注意，因而也不会引起较多认知加工，所以人们对图示一致客体的评价通常是略显积极的。反之，不一致会刺激唤醒，并且人们会为了解决不一致而进行更多的认知加工。其中，适度不一致可以在不改变人们现有认知结构的情况下被成功理解，而解决该问题仅需花费较小努力即可得到类似顿悟的满足感，从而带来比一致更为积极的评价。例如，消费者了解到一款新的“纯天然”软饮料，而“纯天然”这一特征与软饮料的图示（软饮料中含防腐剂）不一致，消费者可以通过同化（如“哦，这真的只是另一种软饮料”）、分类（如“这是一种软饮料，不过是不含防腐剂的软饮料”）或激活另一种图示（如“这不是真正的软饮料，它更像一种果汁”）轻易解决这种不一致。相比之下，极端不一致是指无法理解的不一致，或只有在人们现有认知结构发生根本改变时才能被理解的不一致（如重新定义基本的软饮料图示）。因为极端不一致要求人们付出大量努力去发展一个新的图示或极大地改变现有图示，所以会引发挫败感，从而导致负面评价。[1]

2. 理论在营销研究主题中的运用

图示一致理论在营销研究中以适度不一致效应为核心，重点从产品特征、产品定位、消费者特征等多种角度讨论能够调节适度不一致效应的因素，在多种情境下挖掘影响倒“U”型关系拐点的条件，从而探讨如何提高消费者对新产品的评价和接受。另外，也有一些研究涉及营销领域非产品类别图示（如人类图示和品牌图示等）的存在与作用。这些研究有助于更好地理解消费者心理与行为，能够指导企业进行产品设计、品牌建设、广告设计等营销实践。以下从四个方面介绍图示一致理论在营销研究主题中的运用。

(1) 图示一致理论与产品特征

某些产品特征可以通过促进消费者对不一致的理解或容忍，从而减少极端不一致带来的不利影响。诺斯沃西（Noseworthy）等的研究表明，在产品设计中加入一个促成因素可以帮助消费者理解一个极端不一致的产品特征，从而提高对该产品的评价。例如，对于一家公司推出的一款含维生素的可乐而言，"含维生素"这一特征与可乐的图示是极端不一致的，但因为很多健康食品都是绿色同时富含维生素的，所以如果将可乐的颜色调成绿色，消费者便会很容易理解这种不一致，从而提升对该可乐的评价。[3]此外，美学方面的研究表明，当消费者购买的产品出现美学不一致（即该产品与它所处的环境之间存在不匹配，如将一个华丽的窗帘挂在一间充满破旧家具的书房内）的情况时，若该产品的设计显著性较高，即设计元素是该产品的中心特征，消费者会对它产生更多依恋，具有更强的保留意愿，且会为了容纳该产品而进行额外的购买以改变环境。反之，若该产品的设计显著性较低，消费者则会感到后悔并选择退货。[4]

（2）图示一致理论与产品定位

企业常常致力于产品的功能创新与形式创新，希望能够借此提高产品吸引力，但如果出现新产品与现有类别图示极端不一致的情况，可能被反噬。研究发现改变产品定位即可影响消费者对于创新产品的接受。一方面，对于功能创新而言，先前研究区分了真正的创新（really new innovations）和渐进式创新（incremental new innovations），真正的创新存在技术的不连续性（如数码相机和胶片相机）或市场的不连续性（利用现有技术建立新市场，如索尼随身听），与现有产品图示是极端不一致的。对于这种创新而言，马（Ma）等的研究表明，相比于将创新点和基本产品整合在一起（核心定位，如在游戏机中内置运动传感功能），将创新点作为可与基本产品分离的附件（外周定位，如需要用游戏机手柄接入运动传感功能）会导致更高的采用意愿。这是因为外周定位促进消费者理解新产品和现有类别图示之间的不一致，从而降低感知风险并提高对产品利益的理解。[5]与此相关，还有研究显示，当一个主导品牌通过改变产品类别的核心属性（如激光无墨、采用可重复使用纸张的打印机，与传统打印机的类别图示不一致）来进行真正的创新时，会导致消费者认为竞争品牌在该品类中的典型性下降，所以对竞争品牌的评价会降低。[6]另一方面，对于旨在增加产品享乐吸引力的形式创新而言，如果产品定位强调享乐，适度不一致（相比于一致）就会降低感知功能价值，从而降低产品评价。而如果产品定位强调功能，适度不一致（相比于一致）可以提高感知享乐价值，从而提高产品评价。[7]

(3) 图示一致理论与消费者特征

消费者自身的认知和情感状态也会影响图示一致性与产品评价之间的关系。在认知方面，有研究表明，认知灵活性能够帮助人们进行不同寻常的联想，在不同类别的事物之间建立联系，并在头脑中保持多种观点。因此，提高消费者的认知灵活性可以帮助他们在不同的图示之间建立新的联系，从而理解一个极端不一致产品能够带来的利益，进而提高对该产品的评价。而通过诱发积极情绪、启动未来框架（如思考关于未来的事情）、鼓励消费者从多角度考虑一个模糊情况的可能解释，均可以提高消费者的认知灵活性。[12]在情感方面，由于适度不一致效应源于消费者将解决不一致过程中的情感体验作为产品评价的基础，所以消费者的唤醒状态可以通过影响上述情感体验来调节适度不一致效应。相对于中等唤醒水平，低唤醒水平的消费者感知到的适度不一致带来的积极体验和极端不一致带来的消极体验均比较低，从而对适度不一致产品评价没那么高，对极端不一致产品评价没那么低。而高唤醒水平的消费者会同时降低对适度和极端不一致产品的评价，因为高唤醒水平往往伴随着更多的压力和情绪张力，导致了更消极的情感体验。[13]

(4) 图示一致理论与非产品类别图示

图示一致理论除了应用于解释针对产品类别图示所出现的适度不一致效应之外，还应用于探讨其他类型的图示（如人类图示、品牌图示等）对消费者行为的影响。不过，这类研究与上述讨论的适度不一致效应的研究不同，往往不关注适度不一致的情况，大多发现图示一致比图示不一致导致更加积极的营销结果。比如，产品拟人化相关的研究表明，将四瓶饮料描述为“产品家庭”（启动人类图示）而非“产品系列”（启动物体图示）时，消费者感知四个大小不一的瓶子（很像一个家庭中的四位成员）比四个大小一致的瓶子（很像产品系列中的不同选择）拟人化程度更高，且对前者的评价更高。[14]又如，消费者可能会建立品牌图示，而品牌图示化的个体差异影响了品牌延伸的评价。具体而言，高品牌图示化的消费者会基于品牌信息来处理任何与产品有关的内容，而低品牌图示化的消费者使用其他信息（如产品特征）来替代品牌信息。延伸产品与品牌图示不一致会降低其评价，且该效应在高品牌图示化消费者当中更加凸显。[15]

（三）理论运用中的研究方法

在营销领域的研究中，采用图示一致理论的论文主要使用实验法。在消费者评价过程中，为了完成产品理解，产品类别图示往往是自动激活的，而过程中也可以通过情景操控的方式激活其他图示，比如人类图示等。[14]针对应用某种图示的程度，如果存在个体差异，可以采用测量的方式进行实验。[15]而在以往研究中最核心的是如何操控图示一致性，这可以通过操控产品的特征加以实现，并采用感知典型性（perceived typicality）检验操控是否成功。感知典型性量表包含三个项目，分别为"这件产品是常见的""这件产品是合适的""这件产品是符合预期的"。参与者从1到7对三个项目进行打分，分数越高表示感知典型性越高。[16]

就具体操控而言，迈耶斯-利维和塔伯特认为图示是以分层的方式排列的，对产品的认知可以分为上层类别、基本类别和下层类别。一个产品属性能够在被激活的产品类别图示中得到体现即为图示一致则为图示不一致，人们会通过认知加工来解决不一致的问题。适度不一致可以在层次结构中的下一个层次解决，而极端不一致的解决需要通过多个层次。以饮料为例，健康无糖饮料为图示一致，因为无糖饮料的图示包含健康这一属性；健康饮料为适度不一致，因为饮料图示中没有健康属性，但是可以通过激活下一层次的替代图示（如无糖饮料）来解决；美白饮料为极端不一致，因为饮料图示中不包含美白属性，也无法通过激活下一层次的替代图示来解决[2]。除了上述的概念一致性（conceptual congruity）外，诺斯沃西还提出可以根据知觉输入（人们看到的客体）符合人们头脑中预期（人们预期会看到的客体）的程度来操控图像一致性（image congruity）。以数码相机的形状为例，人们头脑中预期的相机形状是长方形的，所以长方形相机为图示一致，正方形相机为适度不一致的，而不规则相机则为极端不一致。[17]

在此基础上，有研究提出可以利用建立关联的难易程度来操控图示一致性。图示一致产品往往拥有与现有类别图示直接关联的属性。例如，富含维生素的橙汁是一致的，因为橙汁与维生素存在直接关联。适度不一致产品拥有不属于现有类别图示的属性，但是当属性和类别图示之间预先存在共享关联，不一致便可以在该共享关联被激活时得以解决。例如，富含维生素的酸奶是适度不一致的，虽然维生素和酸奶没有关联，但是"健康"是二者共同存在的关联，激活该关联可以解决不一致。极端不一致产品拥有的属性既不与现有类别图示直接相关，也没有在属性和类别图示之间预先存在共享关联，必须建立一个新的关联才能解决不一致。例如，维生素和伏特加是极端不一致的，因为维生素与伏特加没有关联，也没有一个预先存在的共享关联能够使维生素与伏特加关联起来。[12]

（四）对该理论的评价

图示一致理论对于消费者进行客体评估的心理过程具有较强的解释力，是一个非常实用的理论，在认知心理学的理论当中具有一定地位。由于图示一致理论能够有效分析消费者面对不同的新信息时产生的心理反应，在消费者评估新产品方面应用最为广泛，为理解消费者的新产品采纳过程提供了基本理论框架。而且，该理论所预测和发现的促进理解极端不一致的因素还可以被借鉴到其他领域，用于提高感知一致性，提升消费者评价。[18]目前该理论的核心为适度不一致效应。[1]虽然该效应已经在营销领域的研究中得到了验证，却也会被多种情境因素所调节，如教条主义（dogmatism）、唤醒水平（arousal）、先验知识（prior knowledge）、感知风险（perceived risk）等。[2,3,16,19]从整体上来看，如此多的调节因素，在实践的角度很难界定何为“适度不一致”，尤其是在考虑到现实消费的复杂性时，适度不一致效应可能存在外部效度的问题。而过于单一的效应预期也使得该理论的应用比较局限，难以突破。

除此之外，很多领域的研究尽管也涉及消费者图示的应用过程，但是并没有明确采用图示一致理论进行解释，而是采用各自领域的概念和理论加以讨论。比如，有研究表明非典型产品长期而言可能比典型产品表现更佳，因为长期的产品露出，提高了消费者对非典型产品的接受度。[20]该研究的发现符合图示一致理论，但是并未据此进行解读。类似的，学术领域存在大量关于一致性导致积极营销后果的研究，其中有些一致性也涉及图示，但在理论演绎时，却往往只讨论一致性，而不提及图示一致理论。这导致了图示一致理论的应用外延不明确，需要将理论研究与相关实证研究进行整合，明确图示一致理论的应用范围，将有利于扩展该理论在营销中的应用。

（五）对营销实践的启示

图示一致理论对于指导企业和品牌的营销实践具有重要启示。根据图示一致理论，相对于一致和极端不一致客体，人们对适度不一致客体的评价较高。[1]因此，在营销实践中，企业和品牌可以通过改变产品的特征，如颜色、形状等，达成适度不一致以提高消费者评价。[2]如果新产品出现极端不一致，可以通过提高不一致属性的显著性、强调或建立不一致属性与产品类别图示中的共享关联、改变产品定位促进不一致的理解等来降低极端不一致所带来的负面效应。[4]另外，还可以将该理论应用于品牌建设和广告设计中。比如，在品牌延伸时可以通过降低消费者对品牌图示的应用来减少消费者对于和品牌概念很不一致的品牌延伸的评价。[15]在广告设计时可以通过改变广告背景或语言描述来操控广告与产品类别图示的一致性，从而提高广告态度和说服力。[17]总而言之，借助图示一致理论的相关研究，可以为产品设计、品牌建设、广告设计等企业营销实践提供实质参考。

参考文献

15

心理账户理论

王丽丽　张　璇①

（一）理论概述与在营销研究中的发展

心理账户理论（mental accounting theory，MAT）是由诺贝尔经济学奖获得者塞勒（Thaler）于1985年提出的，是行为经济学领域非常重要的理论[1]。心理账户理论作为一种综合的、具有解释力的理论，自提出以来，在不同领域得到了广泛应用。心理账户理论的研究，最初研究重点在于关注在消费者消费决策中的价值评估过程的分析，其理论内涵不断发展，在心理账户的概念趋近成熟之后，心理账户理论被广泛运用到不同研究领域。

在营销领域中，该理论被广泛运用于消费者心理与行为、企业营销策略制定的相关研究中。我们分别展示了该理论在营销领域六大顶级期刊和年度的频率分布趋势（图15-1、图15-2），可以看出该理论在*Journal of Consumer Research*、*Journal of Marketing Research*两大期刊中运用较多。

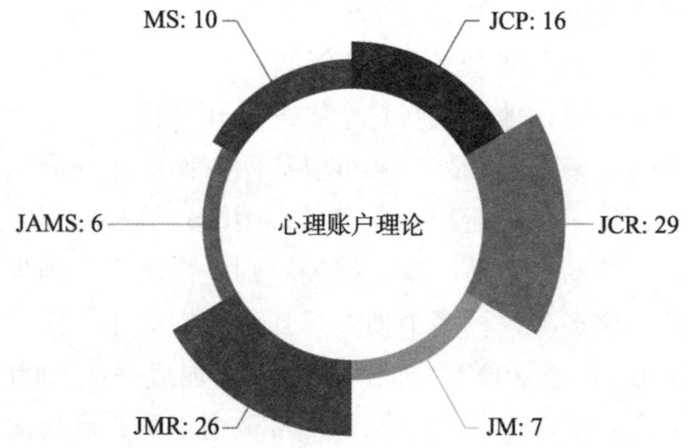

图15-1　六大期刊中心理账户理论频次分布

① 王丽丽，浙江大学管理学院教授，主要研究领域为消费者行为。张璇，浙江大学管理学院博士生，主要研究领域为心理所有权，体验产品与实物产品偏好，产品升级。基金项目：国家自然科学基金项目（72222018，71972169）。

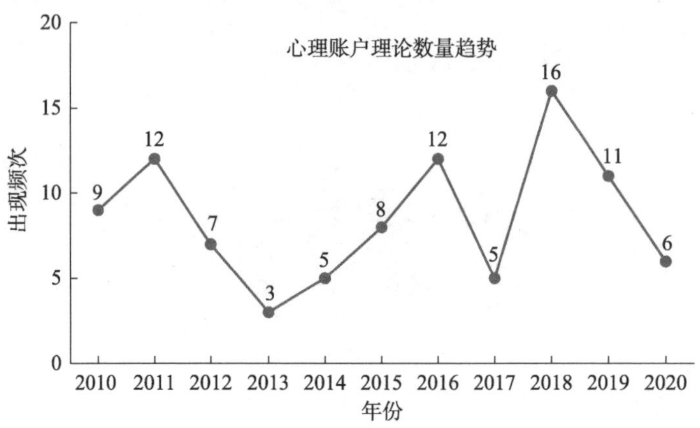

图15-2　六大期刊中心理账户理论的年度频次分布

（二）理论的核心内容与在营销研究主题中的运用

1. 理论的核心内容

心理账户理论是个人和家庭如何组织、评估和追踪他们的金钱的一种框架，人们通过心理账户对损失和收益进行评估，从而决定人们的预算、支出等财务管理活动。[1-5]该理论提出不同用处的资金带来的损失感不同。该理论包含了三个基本的原则：复利原则（compounding rule）、交易效用原则（transaction utility rule）和预算原则（budgetary rule）。[1]复利原则主要包括分割累积收益（segregate gains）和整合损失（integrate losses）。“分割累积收益”是指将收益进行拆分，然后将小的收益累积起来，感知到的价值比将收益看作一个整体感知到的价值更高[1]。例如，当一个销售员要售卖的东西具有多个维度的闪光点时，他应该将每个维度分开计价。最生动的例子是网络直播间里，如果购买多功能产品，就可以从两方面应用该原则：一方面，产品具有多个功能，每一个功能都被证实是有用的；另一方面，如果立即购买的话，还会有“额外的”赠品。整合损失原则是指将多个损失视作一个整体只进行一次计算，比多次计算多个损失感知到的损失小。例如，如果有两次损失，一次800元，一次200元，把两笔损失累加成一次1000元的损失，消费者感知的损失会相对较小。这个原则常常被用于购买高价值的商品的情景中。例如，购买房屋时附加的装修服务，购买汽车时附加的保险服务等，他们都在原先高价值商品的基础上附加一个较小的价格，使消费者感知整体的损失没那么大。效用分为获取效用和交易效用，获取效用指的是获得的商品的价值与支出的对比，而交易效用指的是人们对于这笔“交易”感知到的价值。[1]交易效用原则可以用来解释黄牛（scalping）现象。[1]交易效用原则是指消费者的实际支付价格减去参考价格（reference price），因此，通过黄牛，商家可以不改变参考价格，而获得最大效益。具体来说，对于供不应求的商品，例如世界杯总决赛的门票，会吸引黄牛提价销售。商家为什么不打击黄牛票，或是将平时票的价格提高呢？这是因为，一旦提高平时票的价格，日常赛事的上座率将大大降低，对于商家来说，平时票的销售额要远远超出一场总决赛的门票销售额。但是，平时票的价格是透明的，是总决赛门票的参考价格，总决赛的门票价格由官方卖家提高也是不合适的。总决赛时，主办方将会把一部分票销售给黄牛，以此获取更高的收益和保证自己的口碑。这就是黄牛现象无法杜绝的原因。预算原则意味着，不同类别的产品、不同的时间，同样的钱产生的心理感知是不同的。[1]预算原则的启示是，特殊的消费设置特殊的时间点进行宣传是有意义的。“米其林是为周末而设置的”就是典型的例子。人们并不会天天去吃米其林，但是在周末或是纪念日这样特殊的时间点，人们愿意为米其林买单。有趣的是，一些餐厅基于“米其林是为周末而设置的”，延伸出“在你的工作日中享受一点周末”这样的广告语，旨在引导消费者在周中也像周末一样留出更多的享乐预算，到高级餐厅消费，也通过改变人们的预算，取得了一些效果。

那么，有哪些因素影响了人们对不同心理账户的评估呢？心理账户受到资金来源、预期用途两方面的影响。[3, 5-6]付出劳动获得的工资收入、中奖获得的意外收入，属于不同的资金来源；购买不同的商品、进行储蓄属于不同的预期用途。购买生活必需品和购买高档耐用品，属于不同的消费类别；而消费者为了购买住宅存的钱或是为了购买汽车存的钱属于储蓄。不同心理账户的资金无法自由流通。基维茨（Kivets）1999年对心理账户的资金来源进行了分类并提出，不同来源的资金的重要性不同，消费者在将其存储到心理账户时，会根据不同的重要性进行划分。[6]例如，人们辛苦工作一天赚到的200元钱，和买彩票中奖获得的200元钱，消费者的感知是不同的。对于辛苦赚来的200元钱，消费者更可能将其储蓄起来，而对于意外获得的200元钱，消费者可能会将其消费掉。这说明，资金来源不同会影响人们对心理账户的评估。张（Zhang）和苏斯曼（Sussman）在2018年提出，人们会根据预期用途对资金进行划分[3]。当人们在考虑如何去花一个心理账户里的钱时，会受到预期用途的影响。例如，如果人们购买了一张价值1000元的演唱会门票，但是不小心把这张门票丢了，那么大部分人不太可能再花1000元去看这场演唱会。但是，如果人们丢失的是一件价值1000元的衣服，大部分人可能继续去看演唱会。这是因为演唱会的1000元来自"休闲娱乐"的心理账户，而购买衣服的1000元来自另一个心理账户，互相不可替代。

2. 理论在营销研究主题中的运用

心理账户理论在营销研究中得到了广泛的运用，一方面，该理论能够用于了解消费者心理与行为（如网上购物、过度消费等）等；另一方面，该理论也能用于指导企业的营销策略（如促销方式、产品定价等）。以下是心理账户理论在营销中的五类主要应用。

（1）心理账户理论与网上购物

之前的研究从价值最大化角度研究了消费者决策过程。[7-8]但是他们大多研究的是传统的线下消费情境，没有考虑风险和不确定性，而风险和不确定性是网上购物最突出的特征。[9]心理账户理论可以解释消费者在风险和不确定性下的决策，因此可以用心理账户理论来分析网购决策过程。[9]根据心理账户理论，在网上购物的背景下，消费者的购买决策进一步受到产品价值与价格的比较（即获取效用）以及交易中的感知价值和风险（即交易效用）的影响。心理账户理论中与产品获取效用和交易效用相关的属性可用来解释消费者决策。[10]消费者在评估网上购物的交易效用时，除了传统的货币价值以外，古普塔（Gupta）和吉姆（Kim）在2010年的研究证明，消费者的网购意愿还受到交易效用中的非货币价值，即感知到的便利度和乐趣的影响。[9]因此，网购商家可以从货币和非货币角度提高顾客感知到的网购交易的价值。从非货币角度而言，网购商家应该致力于提高便利性和愉悦性，并降低对风险的感知。为了提高便利性，网购商家可以提供快速的产品交付、便捷的支付方式、便利的退货信息和24小时的即时信息服务。为了降低风险，网购商家应该提高他们在顾客眼中的可信度，包括公开消费者的评价、部署可靠的产品交付系统、提供慷慨的产品退货政策、提供良好的售后服务等。

（2）心理账户理论与消费者心理预算

人们会为一个品类（如食物、休闲娱乐等）设定预算。因此，当购买某个东西超过心理预算时，会导致消费者在购买这个品类中的其他东西时降低预算。[8]例如，假设一个消费者一周的食物预算是500元，但是如果他有一天出去吃火锅花费了200元，那么在本周内，他会降低食物的支出。同时，根据心理账户理论，不同品类的预算具有不可替代性。[1]因此，尽管消费者食物超支之后会降低其他食物的预算，但其不会降其他品类的支出，如衣服、交通等。

（3）心理账户理论与消费者过度消费

心理账户常常被视为是消费者自我控制的工具和手段，以防止过度消费。[11-12]消费者会意识到他们的过度消费，并产生后悔的情绪，但是这种理性往往来得太迟了。心理账户理论可以从三个方面帮助消费者改善过度消费行为：金融心理账户、预估支出和设置储蓄目标。[13]通过金融心理账户，消费者可以对收入进行统筹，进行系统管理；通过预估支出，消费者会增加对支出的掌控；通过设定储蓄目标，消费者可以增加对超前消费的控制力。

（4）心理账户理论与促销

研究证明，当两个交易机会与同一个心理账户相关联时，两个交易机会就会相互影响。[14]消费者错过一个绝佳的促销机会之后，遇到同一个类别的新的促销机会，会将两个促销归到同一个心理账户中，将当前的促销视为损失，从而更不可能进行消费。例如，当消费者错过“双十一”之后，尽管随后的几天也会有其他促销活动，但是由于价格不如“双十一”优惠，消费者会将此时的促销视为损失，因此拒绝购买。因此，大促之后的促销意义并不大。

（5）心理账户理论与定价

心理账户理论论证了价格分割的重要性，将一个价格进行分割可以增加或减少人们对产品的偏好。[15]当进行整体定价时，人们往往会忽视次要属性。因此，当主要购买商品价格不菲时，销售公司可以进行搭配销售，例如房产与装修搭配、汽车与保险搭配，并进行整体定价，此时消费者对次要商品的感知价格更低，更愿意同时购买搭配销售的两个产品。[1]

（三）理论运用中的研究方法

在营销领域，一般采用两种方法对心理账户进行研究，分别是量表测量和情境操控。

第一个用量表测量心理账户的是索曼（Soman），他提出了一个包含8个语句的李克特量表，把心理账户分为时间账户和金钱账户。[16]然而，索曼的量表对消费者如何分配除了时间和金钱以外的心理账户缺乏探索。十年后，安托尼兹（Antonides）等人开发了另一个量表，由心理账户预算的四个维度组成，包括为不同的开支预留资金、坚持预定的预算、在大笔开支后节约其他开支、在当月开支超过正常水平后在下个月节约开支等。[17]

在情境操控中，参与者会被提供一个假设的费用清单，这些费用被要求标记并归类到一个自我构建的心理账户系统中。参与者设置的账户数量被视为反映个人心理账户的测量。[18]

（四）对该理论的评价

心理账户理论对个体如何认知和组织、评估、追踪金钱，如何评估损失、收益及进行后续的经济决策，具有强大的解释力，是具有综合能力和广泛应用领域的理论代表，在经济学和社会心理学的理论中占据十分突出的地位。[1-5]由于心理账户理论能够有效地解释个体行为差异，在消费者行为领域应用广泛，为理解消费者评价、消费者选择等方面提供了综合的分析框架。[1]除了金钱心理账户以外，个体还会用心理账户管理情绪[19]、道德行为[20]、社交信息分享[21]、进行节食的食物消耗管理[21]等。

尽管心理账户理论已经发展得如此成熟，同时兼具理论深度和应用广度，但该理论的发展仍然存在一些局限性。目前，心理账户理论已经为人们对不同账户的钱的运算规则进行了归纳总结，具体包括：价值函数是基于参考点进行运算的，人们会根据参考点进行主观的判断；“得”与“失”的敏感性都是递减的，同样的价格差，给人的感觉不同，例如10元与20元、和1000元与1010元的差异都是10元，但是10元与20元让人感觉差异更大；相同额度的损失和收益给人的感知不同，同样的额度，损失带来的痛苦比收益带来的快乐更强烈。[1]但是这些规则在解释时间等其他心理账户的时候可能存在偏差。[23]也就是说，心理账户理论存在一些边界条件，目前的研究还很少涉及。同时，未来的研究方向还可以更多地与自我控制理论、跨期定价、跨期决策等进行区别与联系，在研究方法上进行创新，对心理账户理论进行更深的解释与应用。

（五）对营销实践的启示

心理账户理论能够很好地解释及预测消费者的经济决策行为，在营销领域中，企业一直十分关注如何通过各类营销沟通活动等影响消费者。根据心理账户理论，参考点的变化、对收入与支出的感知会对消费者偏好产生影响，在营销实践中，可以通过借用和改变不同参考商品的价格，影响消费者的偏好与选择。例如，通过捆绑销售改变消费者对次要商品的价值认知[24]，通过改变参考点价格改变消费者的感知[25]等。

此外，在营销实践中，一个值得关注的话题是消费者欺诈。当消费者感知到支付的钱过多而试图获得该心理账户的平衡，却又无法获得时，就可能会做出欺诈行为。[26]例如，在金融保险领域，当消费者购买了保险，又想要从保险中获利，可能会做出欺诈行为，如骗保。为了减少消费者欺诈行为，商家应该在劝服阶段做努力，如宣传和教育、改变消费者观念、增加消费者对购买产品的积极预期[1]。此外，对于保险这种特殊商品，商家可以通过提高消费者参与来减少消费者欺诈。研究发现，高度参与的消费者会减少欺诈行为。商家通过在线客服实时沟通、审核材料、审查投资组合等行为，可使消费者的参与度得到提高。[27]

总之，心理账户理论的相关研究，能为企业的营销策略（如营销沟通、促销战略选择、产品定价）、消费者管理（管理消费者欺诈行为等）等方面提供参考。

参考文献

16

心理所有权理论

曹花蕊①

（一）理论概述与在营销研究中的发展

心理所有权（psychological ownership）概念在心理学领域应用广泛，在管理学领域最早应用于组织行为（orgarization behaviour OB）研究。皮尔斯（Pierce）、科斯托娃（Kostova）和德克斯（Dirks）为心理所有权在组织行为领域应用奠定了坚实基础。[1]随后，营销领域学者使用心理所有权解释消费者的禀赋效应，研究心理所有权与自我之间的关系，并相继研究了触摸、嗅觉等增加消费者心理所有权，进而提升其对产品的评价和购买意愿。近几年学者们在所有权实物占有和非所有权实物占有、母语与外语、个体与产品互动、消费借贷、价值共创、信息共享等情境下验证心理所有权引发禀赋效应。此外，学者们还探讨了心理所有权与消费者亲社会行为之间的关系，为消费领域的社会治理提供理论基础。当然，学者们也发现了心理所有权的领地属性可能为消费者带来领地受侵犯的威胁感知，从而产生负面影响。

我们分别展示了该理论在营销领域六大顶级期刊和年度的频率分布趋势（图16-1、图16-2），可以看出该理论在*Journal of Consumer Psychology*中运用最多。并且，最近几年研究心理所有权的论文逐渐增加，2020年达到8篇之多，这也说明心理所有权逐渐受到营销领域学者的关注。

（二）理论的核心内容与在营销研究主题中的运用

1. 心理所有权的概念与内涵

心理所有权是指“个体感觉包括物质或非物质的目标物或目标物的一部分属于自己的一种心理状态”[2]。皮尔斯等强调了这种状态的关键特征：

---

① 曹花蕊，天津师范大学管理学院副研究员，主要研究领域为市场营销、服务营销。基金项目：教育部人文社会科学研究一般项目（项目号21YJA630003）。

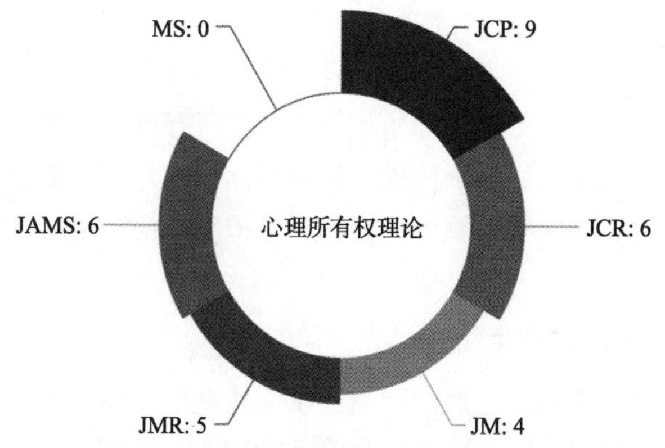

图16-1　六大期刊中心理所有权理论频次分布

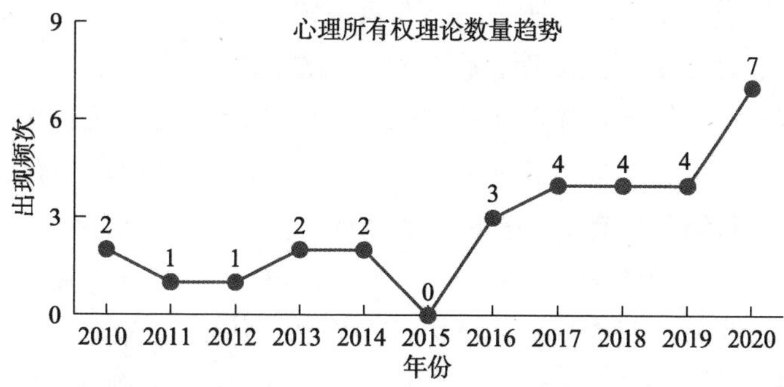

图16-2　六大期刊中心理所有权的年度频次分布

①占有感。心理所有权的概念核心是个体对一个物体的占有感，体现在主张“它是我的”。②认知和情感特征。心理所有权具有认知和情感特征，是与自我概念密切相关的概念，它反映了一个人对占有目标的意识、思想和信念，以及与个人相关的意义和情感。因此，所有权的最终意义是所有权的目标与自我的融合。③自我延伸的特征。心理所有权被定义为反映了个体和物体之间的关系，其中这个物体被体验为与自我概念密切联系，能够代表个体自身，是个体（以及个体情感）的组成部分。[1]

心理所有权主要由空间感、认同感与效能感构成。①个人需要一个空间来构建日常生活，这既是动物本能和生物秩序的结果，也是人类对家园领土和个人空间的需求。占有空间（例如“我的地方”）为我们提供了宣泄场所和/或精神上的安全感和安慰。因此，空间感就是给目标物安一个“家”，从而保证心理安全。②目标物构成了一个社会共享的符号系统，是身份的象征，它帮助我们回答了“我是谁”“我曾经是谁”和“我将成为谁”，以此帮助我们建立、维持、重建和改变自我身份。因此认同感是给目标物嵌入个人身份，使其成为定义、维持和表达自我概念的自我延伸。③当个人把所有权与控制联系在一起时，他们开始相信并期望所有权为其提供控制，从而达到对效率和能力的满足。当个体成功控制目标物，并开始体验控制感时，所有权感就会产生。效能感是赋予目标物以保护与责任，是对目标物的承诺和自我效能的证明。[3]

2. 心理所有权的产生机制

皮尔斯等进一步指出，通过增强控制、增进了解和增加投入等途径有助于形成和增强心理所有权，并且产生互补或叠加效应。[1,3]

（1）个体对目标物的潜在控制增加了目标物作为自我一部分的体验，这种自我延伸促进产生了心理所有权。在营销领域，富克斯（Fuchs）等对客户授权策略的心理影响研究发现，客户对产品概念的控制感导致了其对所选产品的占有感。当人们被允许积极参与决策，并意识到自己可能会影响结果时，最终的决定就会成为“自己的决定”。人们认为其对这些决定拥有心理上的所有权，因为其对结果负有部分责任，而这往往会引发积极的感觉。[4]已有研究发现触摸物体会导致更大的占有感。[5-6]佩克（Peck）、巴杰（Barger）和韦伯（Webb）甚至发现，即使是触摸意向都会增加个体的控制感，进而促进心理所有权的产生。

（2）当个体将自己与目标物联系起来并亲密地了解它们时，所有权的感觉就产生了。[1]个体深入了解目标物会促进自我和目标物（占有）的融合，甚至通过联想，个体也可以获得了目标物的相关信息，并开始密切地了解它们，这种了解自己心仪目标物及其意义的过程也是加深对自我了解的过程。[8]鲁泽维丘特（Ruzeviciute）、卡姆莱特纳（Kamleitner）和毕斯沃斯（Biswas）研究发现香味广告所产生的接近性，能够有效地促使消费者产生心理所有权，进而增加广告产品的吸引力。具体而言，接近度可以改变消费者的参考点，并提高目标物的感知可达性，从而有助于培养目标的心理所有权。[9]缺乏物理上的接近性和可访问性使得人们很难感受到物理上不易访问的商品的所有权，如数字商品或数据[10-11]，而通过触摸的极度物理接近性增加了心理上的所有权。

（3）哲学家和古典社会学家都认为个体投入能够产生所有权感知。米哈伊普（Mihalyi）和尤金（Eugene）提出，个体通过对目标物的投入发展出对目标物的所有权感，这种投入有多种形式：时间、思想和技能，以及身体、心理和智力上的能量。共同创造价值可以被视为消费者对产品和服务的一种自我投入。威赛克（Wiecek）、温策（Wentzel）和埃尔金（Erkin）发现自我打印产品通过增加感知所有权，对产品评估产生积极影响。[13]

3. 心理所有权在营销领域的应用

（1）心理所有权与营销管理

心理所有权在管理学领域首先并广泛应用于组织行为研究和人力资源管理之中。同样，心理所有权也对销售员工管理发挥着重要作用。吉莱斯皮（Gillespie）、诺布尔（Noble）和拉姆（Lam）针对多品牌销售人员的品牌努力管理研究发现：心理所有权在两个管理策略（特定品牌的配额强调、销售人员的品牌认同）对品牌绩效的影响中发挥中介作用，销售人员的品牌心理所有权促使销售人员为特定品牌而努力，进而增加了其销售绩效。冯贝格（Vomberg）、霍姆堡（Homburg）和格温内（Gwinner）研究借鉴组织设计理论和心理所有权理论，发现：容错文化对再获得绩效具有倒“U”型影响；重新获取政策与再获得绩效具有正线性关系。最终，客户再获取绩效与企业整体财务绩效呈正相关。

（2）心理所有权与自我

学者们关注了心理所有权与消费者自我之间的联系，心理所有权能够表达“我是谁”。韦斯（Weiss）和乔哈尔（Johar）发现消费者拥有产品，则认为产品特征（如男性气概）与自己的特征（同化）一致，但如果他们与产品互动但不拥有产品，则认为产品特征与自己的特征不一致（对比）。韦斯和乔哈尔采用实验方法证明，消费者将他们拥有的产品归为“自我”，进而将产品特征进行同化来判断自己的身体和个人特征（如身高、真诚）；将不拥有的产品归为“非自我”；其中，心理所有权发挥着重要作用，并且在实践方面，消费者简单地佩戴产品就可以唤起短暂的所有权感，导致消费者认为自己拥有与产品相似的特征。钟（Chung）和乔哈尔（Johar）研究表明，产品所有权的显著性不仅激活了与产品相关的自我，也使与产品无关的自我失效，导致在被激活的与自我无关的任务中表现受损。

（3）心理所有权影响消费者对产品的评价、估价和行为决策

心理所有权能够提升消费者对产品的评价、估价，也影响着消费者的各种购买决策和行为，因为心理所有权使消费者产生了禀赋效应。在传统的禀赋效应研究中，禀赋效应通常与法律所有权相联系；所有权显然是规避损失的一个重要方面，目标物被整合到个人的禀赋中，没有目标物的所有权就被视为一

种损失。法律所有权和心理所有权密切相关，但又可以彼此独立运作。[19]

在采用心理所有权合理解释消费者禀赋效应的同时，营销领域早期针对心理所有权的研究大多集中在消费者触摸及与触摸相关的情境中。消费者触摸引发其心理所有权这一经典效应早在21世纪初在营销领域得到了验证，布拉塞尔（Brasel）和吉普斯（Gips）将这种效应扩展到技术领域，使用多种触摸技术的实验室研究探索了触摸屏界面如何增加感知的心理所有权感，进而放大了禀赋效应。佩克、巴杰和韦伯将这种触摸效应扩展到触摸意象情境，研究证明了触觉意象可以导致对身体控制的感知，进而增加了所有权感，并且触觉意象越生动，控制感和所有权感就越强。[20]梅勒（Maille）、莫林（Morrin）和雷诺斯-麦克奈（Reynolds-McIlnay）则将这一触觉效应拓展到不可抓取的产品（产品没有把手或无法抓住，例如服务、挂在墙上的物体等）。研究表明，消费者对不可抓取的产品的反应更积极，这一结果是由感知所有权从线索到目标的创造和转移所驱动的。而鲁泽维丘特，卡姆莱特纳和毕斯沃斯将触觉与心理所有权之间的关系扩展到嗅觉与心理所有权的关系，研究心理所有权在香味广告提升产品吸引力中的作用。[9]

近几年，学者们在所有权实物占有和非所有权实物占有、母语与外语、个体与产品互动、消费借贷等情境下验证心理所有权引发禀赋效应，进而提高消费者对产品的评价和估价。具体而言，阿塔索伊（Atasoy）和莫尔韦奇（Morewedge）通过五项实验发现人们认为数字产品（包括纪念照片、书籍和电影）的价值不如实物产品的价值，心理所有权发挥了重要作用。[10]巴戈（Bagga）、本德尔（Bendle）和科特（Cotte）通过四个实验证明，租用物品的估价（即支付意愿）高于非占有或借用物品的估价，心理所有权作用于消费者对非所有权实体占有的估价。[22]卡拉塔什（Karataş）研究了母语与外语情境下的禀赋效应。结果表明，当卖家和买家用外语处理信息时，由于卖家对产品的估价降低，赋予效应（指卖家对给定产品的估价高于买家）会减弱。[23]夏尔马（Sharma），图利（Tully），克赖德（Cryder）引入了对借来的钱的心理所有权概念，研究发现在个人层面上，对借款的心理所有权不同于其他个人因素，如债务厌恶、金融素养、收入、中期贴现、物质主义、计划倾向、自我控制、闲置资金和挥霍无度的倾向，它预测了在这些因素之外的借贷意愿。在情境层面，不同债务类型之间心理所有权存在系统性差异。

随着消费者更多参与企业的价值共创，学者们也关注了心理所有权与消费者价值共创之间的关系。维切克（Wiecek）、温特泽尔（Wentzel）、埃尔金

（Erkin）在2020年将3D打印概念化为一种共同创造的形式，研究发现：自我打印产品通过增加感知所有权，对产品评估产生积极影响。[13]富克斯（Fuchs）、普兰代利（Prandelli）、施赖埃尔（Schreier）在2010年研究发现：有权选择要销售的产品的客户对基础产品的需求更强，尽心理所有权在其中发挥了重要作用。[4]哈梅林（Harmeling）等人在2017年使用案例研究和一个准现场实验论证并证明了客户基于任务的参与（例如，撰写评论、介绍客户、向其他客户提供支持）和客户基于体验的参与（例如共享的互动体验）能够增加心理所有权（基于任务）和自我转变（体验），从而提高客户的参与度。斯通纳（Stoner）、洛肯（Loken）和布兰克（Blank）在2018年研究发现当消费者命名产品时，名字的契合度和创造力以及随后的心理所有感推动了这一效应。

此外，最近学者们还重点探讨了心理所有权与信息分享的关系。消费者经常通过在社交媒体上发布有关产品的信息来表达自己，在社交媒体上发布产品可能是消费者实际上表明身份的一种方式。消费者在社交媒体发布产品信息是否会影响其后续购买呢？格雷瓦尔（Grewal）、史蒂芬（Stephen）和科尔曼（Coleman）通过五个实验发现，在社交媒体上发布被定义为与身份相关的产品可以减少消费者随后购买相同和类似产品的意图。德默斯（Demmers）、魏劳赫（Weihrauch）和汤普森（Thompson）探讨了消费者的社会价值取向如何影响其对他人数据的决策，结果发现，与亲社会人士相比，更加亲自我的个体不太可能与第三方分享他人的数据，因为他们对自己掌握的关于他人的数据缺乏所有权感。

（4）心理所有权影响亲社会行为

心理所有权在影响消费评价和消费行为的同时，也能够激发消费者更多的亲社区行为。贾米（Jami）、库察基（Kouchaki）和吉诺（Gino）通过七项研究发现心理所有权会提高自尊，从而鼓励个人更加利他。[29]佩克（Peck）等人通过四项研究证明，增加消费者的个人心理所有权有助于管理公共产品。这种效应之所以发生，是因为所有权的感觉增加了消费者的责任感，进而导致积极的行为去爱护产品。

（5）心理所有权的消极影响

虽然先前的研究侧重于心理所有权的积极方面，但是学者们也关注了它的消极方面。柯克（Kirk）、佩克（Peck）和斯维恩（Swain）通过五项实验发现：当消费者在心理上对一个目标拥有所有权时，感知到他人觊觎目标物很容易引发其产生被侵权的感觉和随后的属地反应。

（三）理论运用中的研究方法

在营销领域的研究中，学者主要采用问卷调查法，使用量表来对心理所有权理论进行运用。

学者一般使用三问项量表进行测量[19]，即：(a) 我觉得对×××具有非常高的个人所有权；(b) 我觉得这是我的×××；(c) 我觉得我拥有×××。第一条生成路径——控制，采用三项目衡量：(a) 我觉得我可以按我想要的方式处理×××；(b) 我觉得可以按我想的方式使用×××；(c) 我对×××的使用具有控制感；第二条生成路径——自我投入；由以下三项来衡量：(a) 我觉得我对×××有心理投入；(b) 我觉得我对×××有财务投入；(c) 我觉得我对×××有情感投入。第三条生成路径——接近熟悉，用三个项目来衡量：(a) 我觉得我可以评估×××的特征；(b) 我对×××的美学（杯子的外观和感觉）有足够了解，(c) 我觉得自己对×××的质量有足够了解。

（四）对该理论的评价

心理所有权理论对个体的自我概念和禀赋效应具有强大的解释力，是具有综合能力和广泛应用领域的理论代表，在一般社会心理学的理论中占据重要地位。由于心理所有权能够解释消费者拥有有形产品和无形产品时的心理状态，在消费者心理与行为领域也有较为广泛的应用，为理解消费者知觉、消费者态度及评价、消费者选择和行为等方面提供了解释框架。

尽管心理所有权理论已经发展得如此成熟，并且在营销领域应用广泛，兼具理论深度和应用广度，但是该理论的发展仍然存在一定局限性。第一，该理论是一个综合性理论，包括多个维度（空间感、认同感与效能感），并且由多个途径（增强控制、增进了解和熟悉和增加投入）引发，而且心理所有权采用三个所有感的问项测量，因此在具体研究和实践情景中，很难明确具体的生成路径，也较难掌握各个维度在程度方面的差异。第二，心理所有权的产生和程度受到诸多情景因素、个体因素、营销因素等的影响，心理所有权产生和发展的边界条件需要被更多地探讨。第三，已有研究虽然探讨了实体目标物的心理所有权和虚拟目标物的心理所有权，但是随着虚拟目标物的不断增加，以及AI人工智能的蓬勃发展，消费者对更多特性的虚拟目标物和AI人工智能的心理所有权效应也应当被研究。

（五）对营销实践的启示

心理所有权理论能够很好地解释消费者心理、预测消费者评价和决策行为。在营销领域中，企业一直十分关注如何通过产品、服务和内容设计、各类营销沟通活动等影响消费者。根据心理所有权理论，消费者所有权感的增加能够提升其评价、估价和购买意愿，并且是通过与消费者自我的联系，以及产品、服务和内容的所有感来实现。因此，企业要为消费者展示与其自我一致的产品、服务和内容特性，让消费者触摸、观察、聆听、品尝、闻香，甚至通过更为生动的文字、图片和视频调动消费者产生感官意向、感觉联想等，让消费者更多投入体力、情感、思想等，增加消费者对产品、服务和内容控制的感知等，从而让消费者更好的产生心理所有权感知。总之，心理所有权理论为企业揭示了所有感的重要性，并且指明了提升消费者心理所有权的路径。

参考文献

第二部分

判断与决策

17

解释水平理论

杜建刚　朱丽雅①

(一)理论概述与在营销研究中的发展

解释水平理论(construal level theory,CLT)是由特洛普(Trope)和利伯曼(Liberman)于1998年提出的纯认知理论,是心理学领域中十分重要的理论。解释水平理论自提出的二十多年来,作为一种全面的、具有整合解释力的理论,在不同的领域中得到了广泛运用。解释水平理论的研究,最初重点在于理论深度(如心理距离的不同维度对于解释水平变化的影响)的挖掘,其理论内涵不断在丰富,近几年来,研究者们也越来越重视该理论广度的探讨,即侧重讨论解释水平在各个研究领域的应用。[1]

在营销领域中,该理论被广泛运用于消费者心理与行为、企业营销策略制定的相关研究中。我们分别展示了该理论在营销领域六大顶级期刊和年度的频率分布趋势(图17-1、图17-2),可以看出该理论在*Journal of Consumer Research*、*Journal of Consumer Psychology*中运用较多。

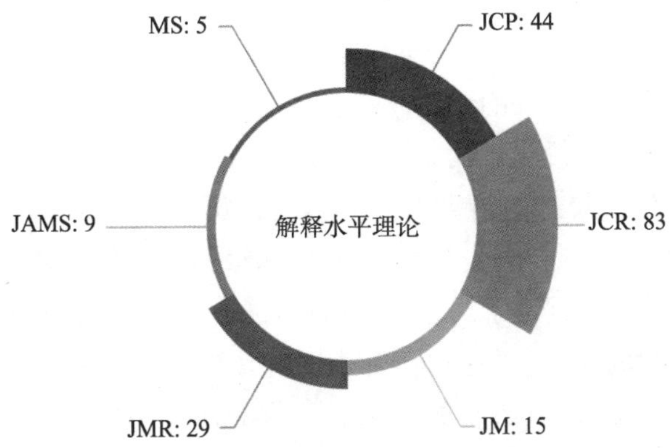

图17-1　六大期刊中解释水平理论的频次分布

---

① 杜建刚,南开大学商学院教授、博士生导师,主要研究领域为消费者心理与行为、服务营销。朱丽雅,南开大学商学院博士生,主要研究领域为消费者心理与行为。基金项目:国家自然科学基金面上项目(72372076)。

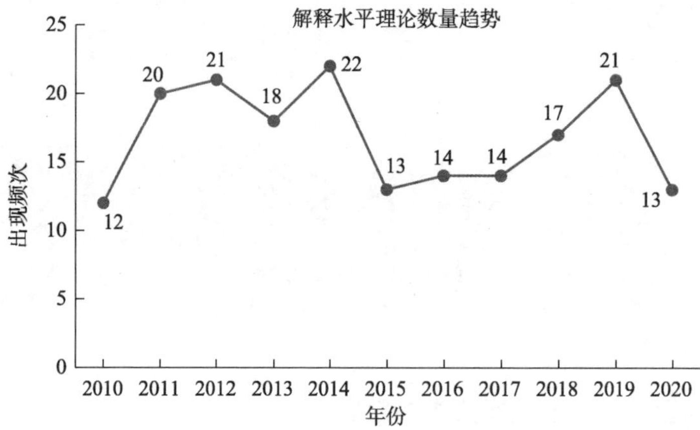

图 17-2　六大期刊中解释水平理论的年度频次分布

（二）理论的核心内容与在营销研究主题中的运用

1. 理论的核心内容

解释水平理论是对心理距离如何影响个体思维和行为的一种解释，该理论认为人们对事件的表征具有不同的抽象水平，抽象水平有高有低，抽象程度高即高解释水平，抽象程度低即低解释水平。高解释水平的特征是高级、抽象、连贯、非结构化、去背景化、与目标相关，低解释水平的特征是低级、具体和情境化、结构化、背景化、与目标无关。[2-3]例如，两个孩子在后院玩接球的活动，对这项活动的低层次的解释可能包括孩子的年龄、球的颜色和外面的温度等细节，相比之下，对这项活动的高层次的解释可能是“进行娱乐”。显然，高层次的解释即“进行娱乐”无视事件的具体特征，并隐含地决定哪些特征是事件的中心，哪些是次要的，对不重要的细节特征进行忽略，用一种更加一般化、抽象的表达对事件进行解释。对事件的解释水平不同，会对行为决策产生诸多不同的影响，例如，在决策的过程中导致对结果的可取性（desirability）与可行性（feasibility）的重视程度不同，对事件的更高层次的解释促进了对它们的可取性的关注，而低层次的解释促进了对它们的可行性的关注。[2]相关研究表明，让参与者在两种不同的识别选项中进行选择：一种是与活动的“为什么”（why）抽象方面相关的识别选项，一种与活动的“如何”（how）具体方面相关的识别选项。考虑遥远未来事件的参与者比考虑近期事件的参与者更有可能选择代表“为什么”的识别选项。[3]

那么，是什么因素影响了人们思维方式的解释水平呢？解释水平理论的基本前提是，一个事件在心理距离上越遥远，人们越倾向于采用高解释水平的思维方式进行事件认知。而一个事件在心理距离更远，原因可能是因为它发生在更遥远的未来、它发生在空间距离上更远的地方、它发生的可能性低、它发生在与自己更加无关的人身上。也就是说，在事件的时间、空间、假设和社会四个方面的距离越大，人们感知的心理距离就越远，就越会采取更加抽象的思维方式进行解释。举例来说，就时间距离而言，当学习这项活动属于遥远的未来活动时，更有可能以高级（例如，在学校表现良好）而不是低级（例如，阅读教科书）术语来识别。[3]此外，相关研究表明，心理距离的四个维度是彼此关联、相互影响的。[4]相关研究提出距离对距离的影响，即不同维度的心理距离可以影响对另一个维度的心理距离判断。[5]例如，预期社交互动的时间距离越远，会产生与社交目标对象更大的社交距离。[6]也有研究关注距离对距离的提升效果，例如，同时体验较远的空间距离（即撰写关于地理位置较远的餐厅而不是邻近餐厅的评论）和时间距离（即创作长时间延迟而不是立即进行的评论）会进一步放大消费者的高解释水平积极偏差效应（即对事物评价更加积极），从而比体验单一的距离更能提高评论的积极效价。[7]

此外，解释水平与心理距离具有双向关系。不仅心理距离会影响人们的解释水平，反过来，人们的解释水平也会影响心理距离。CLT的基本前提是心理距离与解释水平的层次相关联，心理距离越远的物体或事件会在更高的层次上被解释，而高层次的解释水平也会让人联想到心理距离更远的物体或者事件。两者之间相互影响的关系，就像在远处我们看到的是森林，当我们靠近时，我们看到的是树。同样，要看到森林而不是单棵树，我们需要退后一步。当真正退后一步的时候，以更高的解释水平来看待事物时，可能使人们忘记日常的麻烦，并从整体上考虑我们的生活，而考虑生活的一般方面而不是日常细节时，人们可能会发现自己的目光更长远。[8]

2. 理论在营销研究主题中的运用

解释水平理论在营销研究中得到了广泛的运用。一方面，该理论能够用于了解消费者心理与行为，涉及消费者的认知方面（如目标动机、信息加工、自我控制等）与消费者情感方面等；另一方面，该理论能用于指导企业与品牌的营销策略（如促销方式、广告说服、产品定价等）。以下重点介绍解释水平理论在营销研究主题中的四点运用。

（1）解释水平理论与消费者自我控制

解释水平反映了消费者思维方式特征，会对消费者的自我控制程度产生影响。本质上，自我控制冲突被视为满足高层次的需要（即高解释水平）和低层次的需要（即低解释水平）之间的冲突。[9]一方面，失去自我控制就意味着屈服于与低级特征相关的动机或行为，如果更多地考虑低解释水平想法，往往会带来自我控制的失败。例如，有研究发现，购买彩票往往会激活人们的物质主义的想法，而物质主义的想法往往倾向于低解释水平（例如，“我想拥有几个普拉达手袋”）而不是高解释水平（例如，“我会过上奢侈的生活”），进而导致自我控制失败，导致食用不健康的零食和无法延迟满足。[10]另一方面，消费者在高解释水平下具有更高的自我控制程度，会导致更多的良性选择。例如，拉朗（Laran）等人的研究说明了时间距离对自我控制的影响，当人们在当前面临放纵的信息高度活跃时（比如橱窗里诱人的烘焙食品），相比当下视角（今晚吃），以未来视角（一周以后吃）考虑更加倾向于抑制当前活跃的放纵的信息的影响，进行自我控制，从而选择更加健康的食品。[11]

（2）解释水平理论与消费者情绪

不同的情绪通过改变解释水平从而系统地影响判断和说服力。有研究表明，积极的情绪会提高消费者的解释水平，采取更具前瞻性、面向未来的决策方式，在实验中，当奖励差异适中时，处于积极情绪（相对于中性）的参与者的解释水平更高，并倾向于选择较大的邮寄返利，而不是较小的即时返利。[12]而消极情绪会提示近端解释，并增加即时、具体目标（如情绪管理）的显著性，导致人们更喜欢放纵的食物而不是健康的食物。[13]此外，也有研究关注特定的情绪对解释水平的影响。汉等人[14]的研究表明，由于内疚的情绪倾向对特定行为进行评价，激活局部评价倾向，引发消费者较低的解释水平，而羞愧的情绪倾向激活全局评价倾向，引发消费者更高的解释水平；在后续的决策过程中，内疚增加了对可行性而非可取性属性的偏好，以及增加对产品的次要特征而不是主要特征的偏好，羞愧的情绪则相反。另外，不同的解释水平下的消费情绪对决策评价产生的影响也不同。以时间距离为例，有研究表明，与以过去或现在作为时间焦点的情绪状态（即自豪、幸福）的参与者相比，经历着以未来为焦点的积极情绪（即希望）的参与者消费的不健康食物更少，对不健康零食的偏好也更低。[15]

（3）解释水平理论与广告说服

解释水平是人们解码信息的一种方式，在广告中以抽象或者具体的形式进行产品信息的呈现，对不同特质的消费者具有不同的效果。例如，研究表明，具有较高创造性思维方式的消费者，更喜欢与他们现有的心理解释（即目标对象在心理上被表示的抽象程度）距离更远并且看起来新颖的广告，而具有较低创造性思维方式的消费者，更喜欢与他们的心理解释更密切并且看起来熟悉的广告。[16]并且，对于具有不同解释水平下的消费者，广告中的信息对其产生的影响也不相同。例如，杨等人[17]研究了接触浪漫刺激（如观看浪漫广告、阅读浪漫笔记）如何影响消费者随后的甜食消费，研究发现广告中的浪漫刺激暴露增加了抽象思维的人的甜食摄入量，但却减少了具体思维的人的甜食摄入量。这是由于他们对浪漫与甜蜜之间隐喻联系的不同认知引起的，对于具体思维的人，更难将抽象的“爱”与食物的“甜”进行联想。

（4）解释水平理论与产品定价

消费者对价格的感知与解释水平具有联系。在消费者对产品质量进行推断可用的线索中，与具体的、可观察的特定的产品属性信息（如公寓的大小、计算机硬盘的容量大小）相比，价格是更抽象、更普遍的线索。研究表明，在心理距离上较远时，消费者倾向于用价格衡量产品质量高低，而在心理距离上较近时，消费者倾向于用特定的产品属性做出质量推断。因此，当为他人而不是自己购买产品时，消费者更加倾向于用价格而不是产品属性推断质量。[18]此外，产品的价格比较和营销传播时的解释水平之间匹配也更有利于提高产品态度。研究发现，对于绝对低成本和高成本的产品类别，由于价格诱发的心理距离与解释水平之间“匹配”的概念流畅性，相对昂贵（便宜）的产品在伴随高（低）解释信息时更受青睐。例如，相对昂贵的客观低价产品（如昂贵的巧克力松露）适合通过更抽象的口号来推广，而相对实惠的客观高价产品（如一个便宜的钻石吊坠）适合用更具体的口号来宣传。

（三）理论运用中的研究方法

在营销领域的研究中，采用解释水平理论的论文主要使用实验法，一般采用两种具体方法来研究解释水平，分别是情景操控和量表测量。

在情境的操控中，首先，可以用对事件的抽象和具体加工这两个维度来进行操控，让被试描述为什么（why）参加某一活动（如学业成功）的理由作为高解释水平操纵，如何完成（how）这一活动的方法作为低解释水平操纵。[11]其次，也有直接用心理距离的四个维度来启动不同的解释水平。以时间距离为例，让被试想象为自己的假期选择一家酒店，让其感觉需要尽快还是晚些时候做出决定。具体来说，在时间距离近的条件下，告知被试在2周之内就要做出决定；在时间距离远的条件下，告知被试2周后才要做出决定。[16]此外，也可以根据代表不同解释水平的决策选择特点（即可行性与可取性），让消费者来进行选择，从而判断解释水平的高低，即注重可取性（desirability）代表高解释水平，注重可行性（feasibility）代表低解释水平。例如，参与者被要求在两个展览之间进行选择，第一个方案在可取性（即展览中的艺术品是否吸引他们）上具有优势，在可行性（即是否有方便的公共交通前往展览）上具有劣势，第二个方案则相反。参与者若偏向于选择前者属于高解释水平，偏向于选择后者属于低解释水平。[19]

量表测量中，一般采取的是经典的解释水平测量量表，即行为识别量表（behavioral identification form，BIF），[20]这是一个用25个项目测量个体解释水平的量表。对于每个问题，参与者通过选择两个选项中的一个来表明一个动作，例如锁门对他们意味着什么。这两个选项分别对应于更抽象的高级别表示（如保护房子）和更具体的低级别表示（如将钥匙放入锁中）。

（四）对该理论的评价

解释水平理论对个体认知和评估对象或者事件的方式具有强大的解释力[21]，是具有综合能力和广泛应用领域的理论代表，在一般社会心理学的理论中占据十分突出的地位。由于解释水平理论能够有效地解释个体行为差异，在消费者心理与行为领域应用最为广泛，为理解消费者知觉、消费者态度及评价、消费者选择等方面提供了综合的分析框架。[1]

尽管解释水平理论已经发展得如此成熟，同时兼具理论深度和应用广度，但该理论的发展仍然存在一些局限性。目前，理论似乎提供了一个十分简洁地解释人们思维方式的框架，即在心理距离远的时候，偏向高解释水平，思维方式更加抽象，在心理距离近的时候，偏向低解释水平，思维方式更加具体，但是这种框架只有在人们没有动力去评估信息的完整含义的时候，才可能是正确的。也就是说，解释水平理论产生作用可能存在一些边界条件，目前却很少有研究关注这一方面，这导致该理论在解释实际现象时可能会存在偏差。同时，关于该理论的未来研究方向可以在理论上与更多个体认知的理论，如调节定向理论、双系统理论等进行区别与联系，在研究方法上进行更多的创新，如结合大数据，通过客观数据的方式捕捉消费者/广告策略等的解释水平。

（五）对营销实践的启示

解释水平理论能够很好地解释及预测消费者的心理与行为，在营销领域中，企业一直十分关注如何通过各类营销沟通活动等影响消费者。根据解释水平理论，心理距离的变化会对消费者偏好产生影响，在营销实践中，可以通过借用和改变不同维度的心理距离，影响消费者的偏好与选择。如通过设计广告图片和广告文案的解释水平一致性提高广告态度[22]，增加消费者时间距离感知提高消费者健康食品的偏好[9]，增加空间距离感知提高冒险倾向[23]，等等。总之，借助解释水平理论的相关研究，能在消费者特征识别、企业的营销策略（如营销沟通、产品定价）等方面提供参考。

参考文献

18 常人理论

冉雅璇①

（一）理论概述与在营销研究中的发展

在日常生活中，人们通常对于世间万物的本质和运作规律，有一套自己的解释方法。例如，人们会认为天然草木制成的药物比化学合成的药物更加适合预防疾病，因为“天然产品更加温和、安全”，父母会告诉孩子“勤能补拙”“早起的鸟儿有虫吃”，也会在教育过程中潜移默化形成“男孩开悟晚”“女孩逻辑差”的观点。这些理论虽然非正式、非科学，甚至有时包含着偏见，但深刻影响着人们在日常生活中的认知和态度，由此指导人们的行为。这种“普通人所持有的关于事物如何运作的观念”就是常人理论。[1]

常人理论迄今已有约60年的研究历史。1963年，乔治·凯利在个人建构理论中提出，个体“既不是环境的囚徒，也不是过去的受害者”，可以主动建构自己的世界。[1]具体而言，凯利认为人们一方面拥有朴素的处世哲学；另一方面，面对每天扑面而来的信息，人们会快速抓取其中有用的部分，通过个人建构赋予其意义。这些有关个人建构的观点奠定了常人理论的启蒙。在此基础上，阿德里安·佛恩姆于1988年发表研究《常人理论：对社会科学问题的日常理解（*Lay Theories: Everyday Understandings of Problems in the Social Sciences*）》[2]，正式提出常人理论这一概念。随后，常人理论在不同学科的研究如雨后春笋般兴起。其中，在营销领域，现有文献尤其探讨了质量、健康和幸福相关的常人理论（图18-1），并分析其对消费决策的重要作用。

在营销领域中，该理论被广泛运用于消费者心理与行为、企业营销策略制定的相关研究中。我们分别展示了该理论在营销领域六大顶级期刊和年度的频率分布趋势（图18-2、图18-3），可以看出该理论在*Journal of Consumer Research*中运用最多。

---

① 冉雅璇，中南财经政法大学工商管理学院副教授，研究方向为消费者行为、营销智能、营销创新技术领域。基金项目：国家自然科学基金项目（72272152）。

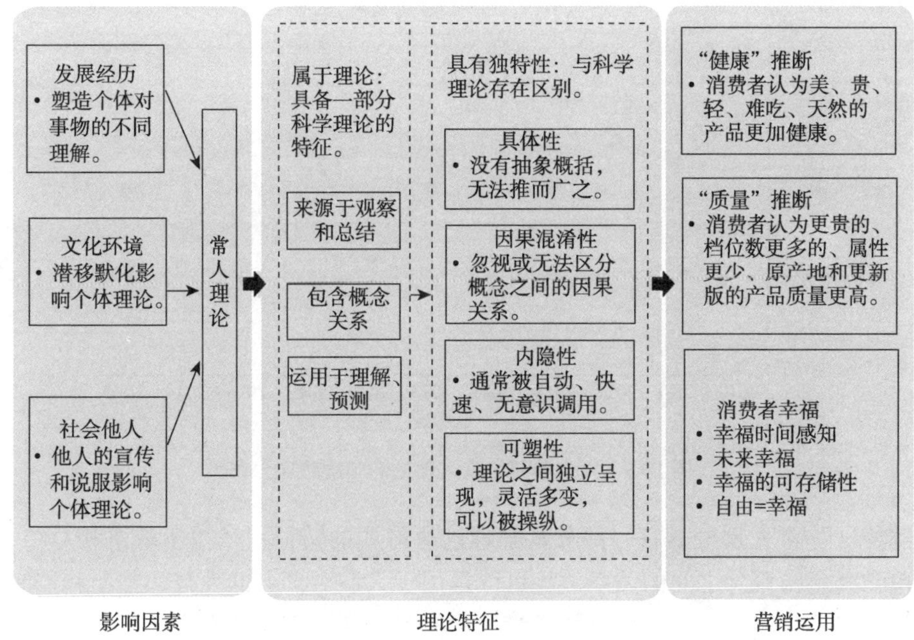

图 18-1 常人理论核心内容

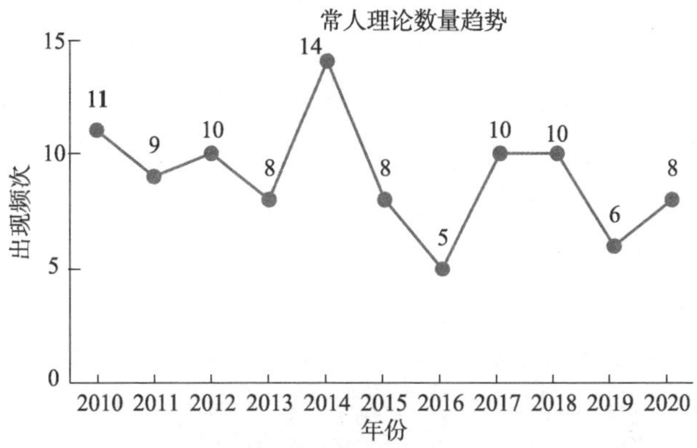

图 18-2 六大期刊中常人理论频次分布

（二）理论的核心内容与在营销研究主题中的运用

1. 理论的核心内容

常人理论（lay theory），又称常人信念（lay belief）、朴素理论/信念（naïve theory/belief）、内隐理论/信念（implicit theory/belief），指人类在发展中形成的一系列关于人类本性、自然过程以及世界运作方式的主观、非正式

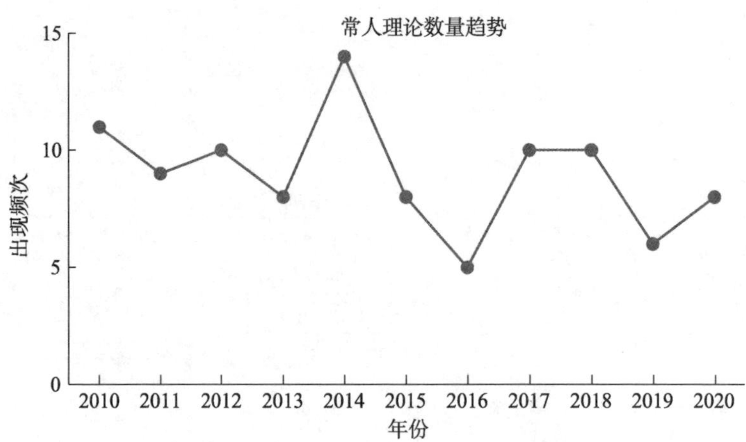

图 18-3　六大期刊中常人理论的年度频次分布

解释。[1-2]常人理论具备一部分科学理论所需要的特征：来源于观察和总结，包含概念与概念之间的关系，且可以运用于人们对世界的理解、预测和控制等。但是，相对于逻辑严密的科学理论而言，常人理论通常模糊不清，是人们基于生活经验形成的较为薄弱的理论体系，佛恩姆将其称为“弱理论”（weak theories）。[2]

常人理论具有以下特征：第一，非正式性。严格的科学理论通常需要逻辑严密、循序渐进的方式进行推导，理论和理论之间相互印证。相比之下，常人理论没有明确的假设。人们以不同的方式感知世界，通常对同一事物持有不同甚至相互矛盾的常人理论，最终会带来不同的行为结果。例如，一部分人认为性格是固定不变的，另一部分人则认为性格可以由后天塑造。这种不同的常人理论，会使人们在消费决策上存在较大差异。第二，因果混淆性。面对两个变量的同时变化，科学理论通常采用各种方法验证变量之间的因果相关性，但常人理论通常忽视或无法进行因果识别。例如，人们发现自己会因为感兴趣的事情分心，将“感兴趣”和“分心”联系起来。但由于缺乏对事物间因果关系的详细思考，通常形成因果倒置的“分心=感兴趣”常人理论。第三，具体性。科学理论通常抽象且可以推广解释不同的现象，常人理论则是对某一现象的具体解释，很难推广。面对核心产品的环保改变（如环保笔芯）时，消费者会基于“道德产品=中规中矩”的常人理论，认为企业会因为环保开销而降低对产品质量、效能的投入。[3]但是，这一常人理论难以推广应用于边缘产品（如环保笔芯包装），因为质量在边缘产品上的重要性被弱化。第四，内隐性。相比需要查证的科学理论，常人理论通常被无意识存储，组成个体的元认知（metacognitive）。在信息不完善或信任程度较低时，人们会从细微线索中形成心理感受，进行自动、快速、无意识的元认知推断（metacognitive inference）[4]，内隐的常人理论往往在此时发挥重要的指导作用。例如，哪怕理性上反对外貌歧视，人们还是会在“美=好”的常人理论驱动下，无意识偏好外观好看的人或物[5]。

常人理论的形成受到个体认知基础、现有文化环境和社会中他人的影响。首先，常人理论受到个体认知基础的影响。例如，学者们在分析了芬兰3万余条新车登记数据后，发现高智商消费者对共享经济的接受程度更高，因为高智商个体通常对人和机构具有更高的社会信任。[6]其次，文化环境潜移默化影响个体的常人理论。文化环境是发生文化事件的场景或环境，不同的社会文化、社会发展阶段赋予了常人理论不同的内容。社会制度（如法律、习俗、文化等）、政策引导、资源基础，甚至社会的成长、转型、衰落等阶段变化和发展的过程，都会影响个体对事物的看法，使其形成独特的常人理论。[7]最后，社会他人影响个体的常人理论。常人理论因为其非正式、因果混淆、具体、内隐的特性，很容易受到社会中他人宣传和说服的影响，这也体现出常人理论在营销领域的重要性。营销者可以针对某个具体的事物，用广告[3]、价格[8]、包装展示[9]等方式，启动或操纵消费者的常人理论，实现对产品和品牌的营销目的。

2. 理论在营销研究主题中的运用

常人理论在消费者决策中发挥重要作用。以下着重介绍常人理论在产品的健康、质量属性、消费者幸福三个领域的研究成果。

（1）“健康”的常人理论

“健康”是消费者产品选择的重要属性之一。然而由于市场上的信息不对称，消费者有时很难直接判断产品的健康属性，只能依赖某些显性线索进行主观推断。这些与健康属性紧密相连的朴素信念成为消费者主观推断时的首要依据，具体包括：①美=健康。爱美是人类的天性，这是因为对美的判断是人类祖先生存的保障，如人们发现食用丑陋的食物会中毒、身形健美的同伴具有更强的生育能力……长此以往，此类信息在人类的大脑中形成奖励机制，成为辨别安全和营养水平的信号。在消费领域，当感知价格相同时，人们会优先选择看起来更漂亮的食物，因为他们推断这些食物更健康。[5]这种偏好使得大量外观不好看但符合食用标准的产品被食品生产商和零售商丢弃，造成了严重的食物浪费现象。②贵=健康。消费者认为更健康的食品应该含有更多成本高昂的重要成分。这种直觉使得消费者更容易接受产品的“健康溢价”，也给商家创造了盈利空间。[8]③轻=健康。消费者倾向于认为重量较轻的食物比重量较重的同类食物更健康，这是基于重量维度上的“轻”与热量维度上的“少”的内隐联系。消费者推断较轻的食物含有更少的热量，而更少的热量意味着更小的身体负担，因此这些食物是更健康的；反过来消费者也期望更健康的食物是更轻的。[10]④难吃=健康。消费者通常认为不健康的食物是美味的，而健康的食物是不美味的。[11]这种信念来自消费者日积月累的生活习惯，虽说“良药苦口利于病，忠言逆耳利于行”，然而以享乐目标为主的消费者仍会更多地消费不健康的食物、更少地消费健康的食物。⑤天然=健康。消费者推断由天然原料制成的药品在生产过程中受到更少的人为干预，因此相比于合成产品，是更健康安全的。因此，当消费者更关心药品的安全性时，如为自己购买保健品，会更偏好天然属性的产品。[7]

（2）“质量”的常人理论

产品质量是消费者在做出购买决策时重点关注的因素。企业总是试图从不同角度向消费者传递质量线索，例如官方背书、七天无理由退款条款、明星代言等。消费者凭借自己的观察和消费经验形成了诸多关于产品质量的朴素信念：①贵=质量好。产品成本决定产品价格，“一分钱一分货”的常人理论使得价格成为消费者进行产品质量推断的重要线索。[12]②挡位数多=质量好。消费者普遍相信具有更多可调控挡位的产品的效能是更强的，例如他们倾向于认为7挡速度可调控的搅拌机比3挡速度可调控的搅拌机具有更大的输出功率。因此，制造业和服务业的商家越来越多地采用增加产品挡位的策略，促使消费者先入为主地高估其质量。[13]③新产品=质量好。由于预测制造商不会花费更多的成本去制造一个更劣质的产品，消费者通常持有“买新不买旧”的常人理论，认为“新的”总是比“旧的”更好，因而往往对更新版的产品持有更高的预期。[14]④属性少=质量好。企业的资源是有限的，“零和假设”思维使得消费者推断企业产品无法同时在多种属性上表现优异。例如，如果企业强调其生产产品的“绿色可持续”或“道德性”，那么消费者会认为这些产品在质量表现上不如其他同类型产品。[3]⑤原产地=质量好。原产地代表着更适宜的自然环境和更专业的生产技术，因此消费者普遍认为来自原产地国家的产品被视为比其他地区生产的相同产品更真实、更有价值。这种信念解释了消费者愿意重金购买进口产品的原因。[15]

（3）“消费者幸福”的常人理论

追求幸福是人类的终极目标之一，消费者总是试图在消费过程中追求幸福的最大化，如何提升消费者福祉也是社会各界普遍关注的议题。那些基于生活经验所形成的常人理论影响着消费者的幸福感知、幸福维持和幸福创造，具体包括：①幸福的时间感知。“幸福的时光总是短暂”，事件的幸福程度可能影响消费者对事件持续时间的判断。尽管两件事情在客观上的持续时间相同，消费者会在心理上认为即将发生的积极事件持续时间更短、消极事件持续时间更长，并为积极事件制定更放纵的财务预算。[16]②未来幸福。许多消费者相信“随着时间的推移，生活会越来越好”，这种信念一方面鼓励消费者以一种更自信的心态追求未来的光明生活，另一方面积极影响着消费者对自我效能、乐观心态等心理资源的正向调整，并最终提高消费者对生活的满意度。[17]③幸福的可存储性。那些相信幸福可以像钱一样被存储和累积的消费者，会在预期他们将要遭遇负面情绪时增加对能够带来积极情绪活动的参与度，以此来帮助他们对抗消极情绪。例如，某地的居民可能会在严寒来临之前频繁地参加享乐活动，并依靠这些温暖的回忆度过寒冬。[18]④自由=幸福。现实社会的烦琐规则和错综复杂的人际关系压得人喘不过气，人们开始相信无拘无束的自由生活才是幸福的本质。[19]因此，消费者愿意通过度假等消费活动来逃离生活、换取片刻自由，并从中获取幸福感。

（三）理论运用中的研究方法

依据常人理论的三个特征——基于社会经验形成、存在个体差异、有意识或无意识的运用，研究者通常采用两种方法对该理论进行验证，分别是操纵范式和测量方式。

1. 常人理论的操纵范式

研究者可以通过阅读任务、写作任务和词语重组任务三种操纵范式，让个体相信自己拥有特定的常人理论。阅读任务包括观看文字、图片和视频等内容。例如，研究者通过让被试者阅读一段来自权威杂志的介绍欧米茄手表的材料：“有数百万的拥有者一直认可材料的质量和机构的可靠性，每一个人都喜欢它们。”来启动被试者“受欢迎=好”的常人理论。[20]与之类似，图片和视频是将常人理论用图片或视频的形式进行呈现。写作任务通过让被试在备选词中选择与常人理论一致的词汇进行概念描述实现。比如，在关于“劝说是积极的”的常人理论操纵试验中，让被试者从沟通、理解、改进、成长、对话、促进等积极的词语中选择五个来对“劝说”进行描述。[21]词语重组任务是让被试者进行词语乱序重组。例如，对于“幸福可以储存”的常人理论，研究者给被试一些词语，要求被试者使用这些给定词语成完整的句子。[18]

2. 常人理论的测量方式

研究者可以通过量表、计算反应时长和语义信息量化三种方式，测量被试者的常人理论。量表测量包括单边量表和双边量表。例如，在测量“健康=贵”的常人理论时，研究者通过单边量表，询问被试对“吃健康食品比吃不健康食品花费更多”等测项的同意程度，1表示非常不同意，7表示非常同意。[8]在测量“小公司=天然”的常人理论时，研究者向被试者展示公司大小后，通过双边量表测量被试对产品天然程度的感知，1表示非常不天然，7表示非常天然。[9]计算反应时长是计算被试将概念词（如轻和重）与属性词（如健康和不健康）进行自动化联系的反应时长，被试者反应更快表明无意识持有更强烈的相应常人理论（如“轻=健康”）。[10]语义信息量化是通过度量词向量之间的距离，刻画概念之间的相关性。例如，加格等人[22]采用词嵌入方法将大规模文本中的性别和职业进行量化。发现社会普遍且长期持有“女性更应当从事护士、舞者、秘书等职业，男性更应当从事工程师、木匠、技术人员等职业”的常人理论。

（四）对该理论的评价

1. 研究现状

常人理论对人们如何解释和预测他们的社会环境有着积极影响。虽然与科学理论相比，它不一定是明确的，但其在人们应对模糊或难以界定的社会领域发挥着重要作用。从现有研究成果来看，常人理论已经在健康推断（包装设计、广告设计、食物浪费）、质量推断（道德产品、产品定价、产品/广告有效性）和消费者幸福等营销研究主题中得到广泛应用。

2. 未来展望

尽管常人理论已在多个营销主题中得到了探讨，但仍然存在一些局限性：一是现有研究忽略了公共卫生环境尤其是新冠疫情的影响。新冠疫情带来的健康威胁会破坏消费者的安全感，引发相应的适应性反应。未来可以从这个角度出发，拓展常人理论的应用范围。二是尚未有研究探讨与虚拟数字世界相关的常人理论。元宇宙使消费者可以在虚拟空间创造、购买、销售商品和服务。现有研究表明，即使是虚拟触摸也能增加消费者对产品的所有权和价值感知。[23]那么，消费者是否会从认为实体产品更有价值，转为认为数字产品更有价值，这值得进一步探索。

（五）对营销实践的启示

1. 企业应从常人理论角度注意产品尺寸、包装、广告的设计

企业在设计产品尺寸、包装、广告时，应该考虑将产品的外在特征与消费者具有的内在信念相匹配。产品的外在特征是消费者进行产品属性判断的依据，而其尺寸量、包装、广告都会引起消费者对产品质量或健康等属性的推断。当消费者推断与呈现的特征匹配时，消费者才会有更高的产品态度和购买意愿。[10,15]

2. 企业可以干预消费者的常人理论，影响消费者决策

常人理论对消费者而言并不都是有益的。比如，基于“难吃=健康”的常人理论，追求口味的消费者则更倾向于选择不健康的食品，即便他们有体重控制的目标。为了打破该桎梏，健康食品企业可以通过软广告（如社群营销、短视频营销）教育消费者“健康的食品也可以很美味”，增加消费者选择健康食品的可能性。[20]

此外，消费者对常见的市场现象往往存在相互矛盾的信念，让哪个信念影响消费者决策，企业也是可以操纵的。企业营销中，价格可以承载不同的产品意义。高价格既可以被理解为高质量的暗示，也可以被认为太贵，与产品价值不符。[21]因此，如果企业的价格定位较高，可以操纵消费者“一分钱一分货”的信念，相反，则应该启动消费者“便宜也有好货”的信念。

参考文献

19

印象管理理论

冯永春[①]

（一）理论概述与在营销研究中的发展

印象管理理论（impression management theory，IMT），也被称为“印象整饰理论”或“自我呈现理论”，是由美国社会心理学家戈夫曼（Goffman）于1959年提出的人际交往技术理论，通过理解他人对自己的知觉和认知，并以此为依据创造出积极且有利于自身的形象，将有助于实现与他人的成功交往。印象管理起源于社会心理学，通常与自我表现同义使用，这一概念首先被应用于面对面的交流，然后被扩展到以第三方平台为中介的交流当中。国内外有关印象管理的研究在社会学、心理学、管理学、传播学等诸多领域得到了迅速发展，并已初具规模。不少学者将印象管理应用于营销研究当中，探讨印象管理与消费者行为、品牌构建、口碑营销等之间的关系，其理论内涵也在不断丰富。

在营销领域中，该理论被广泛运用于消费者心理与行为、企业营销策略制定的相关研究中。我们分别展示了该理论在营销领域六大顶级期刊和年度的频率分布趋势（图19-1、图19-2），该理论在*Journal of Consumer Research*、*Journal of Consumer Psychology*中运用较多。

（二）理论的核心内容与在营销研究主题中的运用

1. 理论的核心内容

印象管理理论指的是个人倾向于通过以一种积极的方式向他人展示自己，影响并控制对方形成自己所期望的印象的过程。[1-3]印象管理的思想最早

---

① 冯永春，天津财经大学商学院副教授，博士生导师，主要研究领域为国际商务、服务营销。参与者：宫月晨，天津财经大学商学院博士研究生，主要研究领域为国际商务；李子玉，天津财经大学商学院硕士研究生，主要研究领域为国际商务。曹鑫锐，天津财经大学商学院博士研究生，主要研究领域为国际商务。苏萌萌，对外经济贸易大学国际商学院博士研究生，主要研究领域为国际商务。基金项目：国家自然科学基金（72072123）。

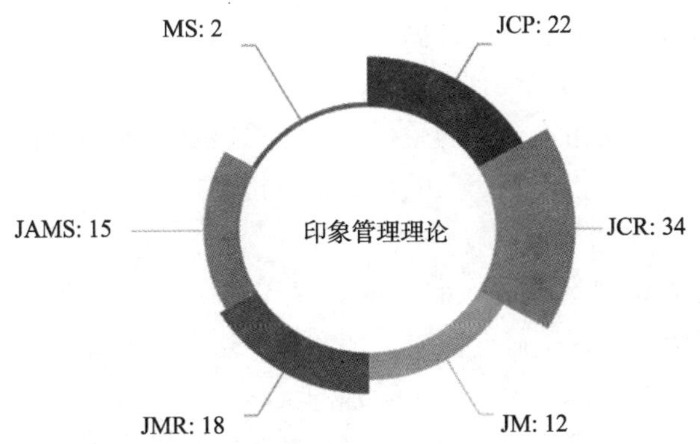

图 19-1　六大期刊中印象管理理论频次分布

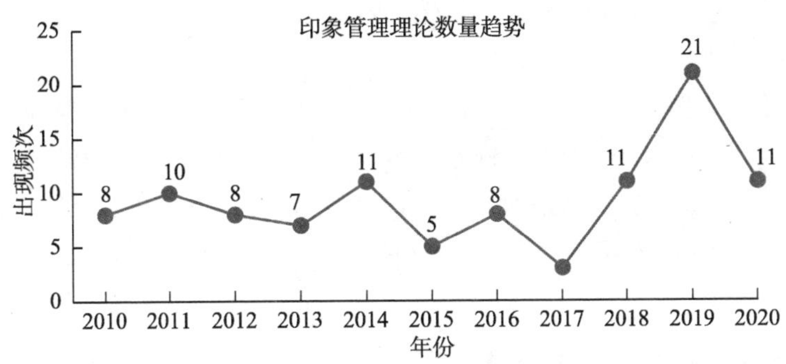

图 19-2　六大期刊中印象管理理论的年度频次分布

可追溯到意大利政治家兼作家马基雅维里（Machiavelli）。美国著名社会心理学家戈夫曼（Goffman）于1959年在《日常生活中的自我呈现》（*The Presentation of Self in Everyday life*）一书中正式提出“印象管理”的概念。戈夫曼将现实生活情境比作戏剧表演，认为现实社会中人们会通过设计并改变自己的言语、姿态、手势等方式进行“表演”，使得自己留给他人的印象是自己所希望的那种形象，也称其为“戏剧论”。随着印象管理理论的发展，其应用主体不再局限于个人，团体、企业等也可以进行印象管理，并被应用至社会学、心理学、管理学等诸多领域。

印象管理理论中的双成分模型（two-component model）认为印象管理包括两个不连续的成分，即印象动机与印象构造。[4]

首先是印象动机，当人们关心他人如何评价自己或者期望能给他人留下良好的印象时，就会产生这种动机。比如，人们在遇到一个有吸引力的异性时，往往会担心自己给对方留下的印象如何，会自发地产生印象管理的动机，主动展现出对方所期待的特点。然而，面对不感兴趣的人，可能不会考虑自己给对方留下的印象如何。[3]印象管理的两个主要动机是取悦观众和自我建构。取悦观众是指人们试图呈现一个尽可能受人欢迎的自我；自我建构则是出于想给他人留下良好印象的目的，建构与理想自我相一致的个人公众形象。[5]

然后是印象构造，关注人们采取了怎样的策略来影响他人对自己的印象。当人们想给某人留下好印象时，他们可能会积极与此人互动，并采取多种策略来达到这个目标。关于印象管理的策略，大多数研究者认为印象管理既包括积极主动的、有意识的行为，又包括消极被动、无意识的行为。泰洛克（Tetlock）和曼斯特德（Manstead）认为这两种策略本质的区别是一个想要追求行为带来的形象收益，一个想要避免行为带来的形象风险，并将印象管理划分为获得性印象管理策略和保护性印象管理策略。获得性印象管理策略是指人们试图提高自己个人的社会形象，这种策略是由想要在他人眼中建立良好印象的自我增强动机所触发，包括讨好、恳求、自我推销、贬低他人等行为。保护性印象管理策略是指人们试图保护自己已经建立的社会形象，而避免他人消极地看待自己的防御性策略，包括合理化理由、道歉、事先声明等行为。[6]

2. 理论在研究主题中的运用

印象管理理论在营销研究中得到了广泛的应用。一方面，该理论能够解释消费者的行为与心理，涉及消费者在消费前、中、后三个阶段采取的具体举措（如亲社会行为、反讽消费和幽默的抱怨等）与消费者的认知（如购买意愿、传播口碑动机等）；另一方面，该理论也能够为企业与品牌的营销策略（如客户关系管理、品牌宣传等）提供参考和借鉴。以下介绍印象管理理论在营销研究主题中的四个重要运用。

（1）印象管理理论与消费者行为

印象管理反映了消费者以积极的方式向他人展示自己的倾向，会从多个方面对消费者的行为产生影响。印象管理动机促使消费者战略性地改变和调整自身的行为，以积极地呈现自己。[7]具体而言，一方面，社交互动能够激发消费者的印象管理动机，影响消费者的消费数量和金额。例如，库尔特（Kurt）等的研究表明，个体导向型消费者（即男性）与朋友一起购物时比独自购物时花费更多的钱，而群体导向型消费者（即女性）倾向于在朋友在场时控制自己的支出。[8]辛普森（Simpson）等从印象管理的角度分析慈善捐赠问题，发现公开慈善捐赠能够增加捐赠者的成就感，使其呈现出亲社会特征，进而提高捐赠金额。[9]此外，有研究表明，消费者对他人的依赖性越强，就越会采取印象管理行为，如在购物过程中，更多地使用优惠券，以满足被视为“聪明的购物者”的欲望。另一方面，印象管理是消费者开展网络口碑传播行为的关键原因。印象管理意味着消费者在网上社交和购物时注重构建并呈现出数字化的自我。例如，为了呈现出积极或者有帮助的印象，印象管理动机和需求较强的消费者倾向于在购物完成后发布较完整的产品评价或测评，分享更有趣和更有用的消费体验。[10]此外，幽默感能够体现消费者的智力水平和受欢迎程度，是消费者实现印象管理动机的有效途径。研究表明，与发布严肃的亚马逊评论的消费者相比，发布幽默的亚马逊评论的消费者更有效地实现了印象管理的目标。[11]

（2）印象管理理论与消费者心理

印象管理动机会增加消费者对自我形象的担忧，进而影响消费者的心理。首先，有研究表明，印象管理需求较强的消费者对家庭、朋友和同事关系等社会资本具有高度的依赖性。对失去友谊和工作机会以及伤害或疏远家人的合理恐惧，会导致消费者采取经典的印象管理策略，有选择地隐藏会损害其社会资本的消费行为[12]。其次，有研究关注印象管理动机对消费者分享意愿的影响。消费者的自我形象呈现动机会增强分享意愿。[13]尤其是当分享的对象与自己为弱关系或者是不熟悉的人时，消费者的自我呈现概念动机更加强烈，因为消费者迫切想要留下良好的第一印象，来吸引潜在的有价值关系。但当分享内容中出现个人信息（如照片、背景）时，消费者对印象管理的担忧可能会降低分享意愿。最后，当消费者对面子的自我认知受到威胁时，通常会进行印象管理。有研究表明，消费者会通过向慈善机构捐款、虚报购买金额以及避免购买与外部群体同样的产品来“赚取”面子，进而满足印象管理需求。[14]

（3）印象管理理论与产品选择

消费者选择具有特定特征的产品是给他人留下积极印象的有效策略，有助于实现印象管理目标。具体而言，印象管理对消费者产品选择的影响主要包括四个方面。第一，在多元化产品选择方面。当消费者的自我呈现和印象管理受到威胁时，消费者通常倾向于选择多元化产品。此时，消费者将寻求多样性作为印象管理的重要手段，满足自我呈现需求，并获得自由感[15]；第二，在绿色产品选择方面。布拉夫（Brough）等的研究表明，绿色行为和产品体现了女性气质和刻板印象。男性通常比女性更关注性别认同，由于受印象管理和自我感知的影响，绿色产品代表的女性气质会使得男性规避绿色产品，以保持男性形象[16]；第三，在套餐产品选择方面。消费者在关系较为亲密的对象面前具有较低的印象管理动机。在选择产品时，人际关系的亲密会导致消费者倾向于选择自助套餐，因为对于消费者而言，在不考虑印象管理的情况下，自助套餐会为自己和集体带来更大的总体利益[17]；第四，在具有道德属性的产品选择方面。印象管理理论解释了消费者在群体环境中对道德产品的偏好，印象管理是消费者在公共场合使用具有道德属性的产品背后的激励因素。有研究表明，对印象管理的渴望会导致消费者从事亲社会、道德的行为，选择具有道德属性的产品，以塑造正面的自我形象。[18]

（4）印象管理理论与营销策略

在营销策略方面，印象管理主要是指营销人员运用各种技巧和方法影响消费者，以期在消费者心目中建立良好印象的过程。一方面，对于营销人员而言，微笑是一种强大的社会力量，能以多种方式积极影响人际判断。例如，研究发现，与不微笑的营销人员相比，表达真诚微笑的营销人员通常被消费者认为更友善、更善于交际、更诚实、更可靠，其销售的产品更能够给消费者留下深刻的印象。[19]另一方面，恰当的自我展示是营销人员在印象管理方面的重要策略。社会心理学表明，消费者倾向于从被公认为有能力的营销者处购买产品。因此，以合适的形式在消费者面前展示自己的长处、人格魅力和专业技能，进行积极的自我宣传，有助于营销人员进一步确立良好的品牌形象。此外，企业在制定营销策略时需要关注社交媒体对印象管理的重要作用。本特豪斯（Benthaus）等从组织印象管理角度，探讨了不同社交媒体印象管理策略对公众感知的影响，研究表明社交媒体印象管理策略会提高公众感知，包括组织口碑、公众的参与度及与公众的关系强度。

（三）理论运用中的研究方法

在营销领域的研究中，关于印象管理的测量一般采用问卷调查法，然而，目前测量问卷的设计还没有形成一致的标准。

关于印象管理的测量，不同侧重点的研究需要设计不同结构的量表。早期的印象管理量表（the impression management scale）由单一的维度编制而成，主要由意见遵从、自我提升、适应性、抬举他人和非语言行为等五个分量表组成。在此基础上，保卢斯（Paulhus）提出了由印象整饰和自我欺骗两个分量表组成的社会称许性量表，这一量表被证实有较好的效度和内部一致性。[21]与此类似的还有期待性回答均衡量表、自我监控量表、自我呈现量表等不同类型的量表。随着研究的深入，印象管理量表不再局限于单一维度，李尔里（Leary）和科瓦尔斯基（Kowalski）提出了由印象动机和印象建构两个维度组成的量表。其中，印象动机是指个体试图管理或控制自己给他人留下的印象的愿望；印象建构反映的是指个体如何通过改变自己的行为来影响他人对自己的印象。[22]这一模型的提出为后来的研究提供了一个新的综合性的理解印象管理行为的框架。此外，有大量的研究对消费者的印象管理量表进行了编制和优化，综合来看，关于消费者印象管理的量表主要可以由“我想以积极的方式向他人展示自己”“我想给别人留下积极的印象”“我想让自己在别人面前有一个好形象”三个题项组成。[23]

综上所述，印象管理的测量方法不尽相同，结果的可信度和一致性也有所差别，研究者在开展不同的研究时需要根据研究对象谨慎选择不同的量表进行评估，以增强调查结果的可靠性。

(四) 对该理论的评价

印象管理是一种有意识或无意识的过程，在此过程中，人们试图通过调节和控制社交互动中的信息来影响他人对某人、某物或事件的感知。很多学者借助印象管理理论解释个体行为差异，为理解消费者心理、消费者选择、捐赠过程、企业定价等都提供了理论参考。印象管理作为社会交往的一种工具或手段，其结果既有积极的一面，又有消极的一面。印象管理与控制可以调节人际关系，但是过分的印象管理可能会使自己失去个性，无法营造良好的人际氛围，还可能造成不良的社会影响。

尽管印象管理理论发展已经初具规模，学者们在理论深度和应用广度方面已经进行了诸多探讨，但该理论的发展仍然存在一些局限性。首先，正如前文所述，现有文献对印象管理策略有效性问题的关注较少，更多的是把它当作一个附带结果进行讨论。[24-25]然而，印象管理策略的有效性存在边界。现有的研究也表明，同一种印象管理策略，不同的实施者使用效果会有所不同，并且在不同情境下使用效果也会有差异，[26-27]未来的研究应该加强对其策略有效性的探讨。其次，印象管理通常被应用在与委托代理理论、利益相关者理论、期望违背理论和社会交换理论等相关的情境中，但其实印象管理理论还可以与其他理论相结合，比如组织学习理论和资源依赖理论，探讨如何向其他个人或企业学习印象管理成功与失败的经验，或者如何通过积极的印象管理储备其未来发展所需要的某种资源等。此外，目前的对于印象管理的测量大多使用实验法和问卷调查。随着科技的不断发展和大数据技术的不断成熟，未来的研究可以借助大数据来测量印象管理的效果，使研究结果更加准确。

（五）对营销实践的启示

印象管理理论能够很好地解释和预测消费者心理与行为，也能帮助企业更好地制定产品或服务营销策略。根据印象管理理论，消费者期望向外界展现最好的自己，为此他们会选择购买一些更能代表自身特质、更能表现良好形象的产品来包装自己。[28]企业可以借助品牌效应和口碑营销，加强自身产品或服务与消费者之间的联系，在塑造企业形象的同时，吸引消费者购买和宣传产品，实现双向共赢。具体而言，企业可以通过社群运营[29]、广告宣传或提供多元化产品等方式影响消费者偏好与选择[30]；营销人员可以营造一种合适的场景和氛围，利用得体的着装和语言表达，发出信号来展现其专业性、对周围事物的掌控力以及对情感的约束力，借以塑造消费者对自身的良好印象，从而获得消费者注意和认可。总之，对印象管理理论的深入研究，能为消费者心理和行为以及企业应采用的营销策略等方面提供帮助。

参考文献

20 具身认知理论

陈　瑞　张晏宁①

（一）理论概述与在营销研究中的发展

具身理论（theory of embodiment）建构了一种如何从外部世界获取知识进而建构内部概念系统的全新视角，关注模拟、情境性的运动和身体状态对人的心理和行为产生的影响。[1-2]与传统认知心理学强调的认知是仅仅发生在大脑中的符号加工过程不同，具身认知的过程是认知嵌入（embedded）大脑、大脑嵌入身体、身体嵌入环境，个体与环境和外部世界中的认知主体所进行的实时的适应性活动。[3]随着认知科学的发展，具身认知也由最初的哲学思考，逐步走向实证领域，在认知语言学、生物神经学、人工智能、进化心理学等领域得到了广泛运用，成为各领域理解多种现象的一种新范式。最初的研究重点在于探究多场景中存在的具身认知效应，随着研究成果的不断丰富，近年来国内外研究者开始关注其在消费心理学领域的应用。

在营销领域中，该理论被广泛运用于消费者心理与行为、企业营销策略制定的相关研究中。我们分别展示了该理论在营销领域六大顶级期刊和年度的频率分布趋势（图20-1、图20-2），可以看出该理论在*Journal of Consumer Research*、*Journal of Consumer Psychology*中运用最多。

（二）理论的核心内容与在营销研究主题中的运用

1. 理论的核心内容

具身认知的基本观念认为认知并不是独立于大脑和身体，具身化意味着认知是个体在对外部世界的感知和互动过程中形成的身体经验，嵌入在生物、心理和文化背景中，需要在其与身体关系的背景下进行理解。[2]

---

① 陈瑞，厦门大学管理学院副教授，博士生导师，主要研究领域为进化适应、婚恋关系对消费行为的影响。张晏宁，厦门大学管理学院博士研究生。基金项目：国家自然科学基金面上项目（72072148）。

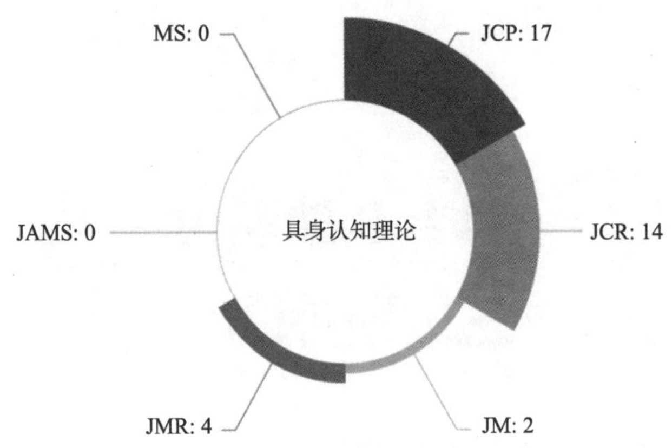

图20-1 六大期刊中具身认知理论频次分布

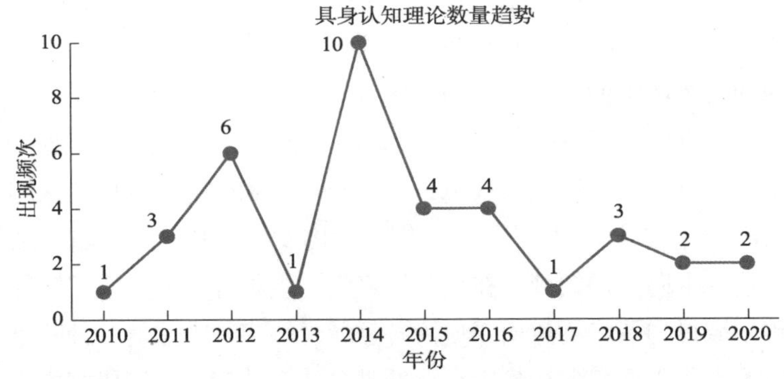

图20-2 六大期刊中具身认知理论的年度频次分布

从现有研究来看，目前关于具身认知视角下的研究主要基于知觉符号理论（perceptual symbols theory）[13]、情境模拟理论（situated simulation theory）[4]和认知隐喻理论（cognitive metaphoric theory）等。[5]上述理论尽管侧重点各不相同，但为具身认知效应产生的原因和其内在机制的解释提供了理论支撑。

对于具身认知理论的核心内容，可以从两方面进行梳理：一方面，身体的状态影响着认知过程的进行（身体到心理）以及后续的决策判断。传统的认知理论认为对客体进行概念表征的抽象符号独立于主体的知觉、运动和情感系统。而具身认知理论认为，认知活动从根本上是基于物理环境体验，而不是仅仅依赖于抽象概念。这表明身体体验作用于心理感觉，影响着个体的知觉与行为决策。例如，手拿热（冷）的杯子会导致个体对气温更温暖（更寒冷）的感知判断[6]；处于冷（热）状态的人会感到与他人的隔离（连接）感，并做出社交方面冷（热）的判断[7]。但身体状态（物理经验）只是认知的基础之一。[2]另一方面，认知概念加工也会引起知觉动作的变化（心理到身体），心理模拟/知觉经验的重演是认知基础的另一体现。这种更自动的心理意象形式，通过接触物体的语言或视觉表征而启动，对认知产生塑造和制约的作用。例如，向被试展现一个把手在右（左）的咖啡杯会导致更多（更少）的心理模拟（举杯喝水），进一步导致对马克杯更高（更低）的购买意愿。[8]

然而，值得注意的是，具身认知理论认为知觉、动作与认知过程是一体化的，身体与认知间的影响效应是一个双向的过程。例如，当让被试喝过一杯热咖啡（相对于冷咖啡）后，被试对他们的社交热情特征给予了更高的评价。[6]而因果方向相反时，相比没有感知到社会排斥的被试，感知到社会排斥的被试倾向于认为房间内的温度更低。[9]

得出类似结论的研究可以通过认知隐喻和情境模拟理论来解释，具身认知的大多数研究也聚焦于上述理论视角。许多现有的具身认知文献证明了物理经验和隐喻关联的抽象判断之间的相关性。[10-12]身体/感觉输入和心理/抽象概念之间的隐喻联系可以是双向的，知觉或感官经验能够启动抽象概念，而概念也涉及感官的知觉模拟。[9]根据认知隐喻框架，隐喻可能产生无意识的认知和行为反应，个体通过隐喻来解释世界，这使得个体能够以容易理解的概念来解释抽象的想法。[5]这种被视为一种刺激的隐喻，通过环境或具体的互动，对个体行为产生影响[13-14]，在营销领域的研究中已有诸多的应用。

2. 理论在营销研究主题中的运用

消费者思维和判断等认知过程受到感觉、运动和情感系统的影响，具身认知理论在营销研究中存在广泛应用。[15]该理论不仅能够用于了解消费者的自我调节、产品偏好和购买意愿等方面的研究，而且能够通过捕捉消费者在各消费场景中对隐喻表征的模拟感知，为市场营销人员提供营销策略的参考。以下介绍具身认知理论在营销研究主题中的两方面运用。

（1）具身感知与心理补偿

具身认知领域的许多研究基于个体在适应社会过程中存在的偏差，为其提供了一种心理适应机制。这是因为个体在心理或身体体验中感知到的不适或不满足的状态，能够通过产品消费获取补偿。

首先，在自我调节方面，思想与身体都会影响自我调节，且身体可以通过与思想的交互产生影响。[16]现有的消费者行为研究认为，个体会通过使用消费来调节实际差异和象征性差异。[17]也就是说，人们天生有一种保持平衡的目标倾向，具身效应可以激活这种目标。当一种不愉快的状态被激活时，个体会被激励去从事消除这种身体或心理状态的行为。即具身化的过程允许个体在消费环境中进行自我调节。举例来说，人们通过对社交型产品的渴望来寻求他们对于身体温度的自我调节。研究表明，喝热（冷）饮料的人对社交型产品的欲望会更少（更多），身体较热的人喜欢单独的消费环境（例如独自吃饭），而身体较冷的人则更喜欢社交消费环境（例如与他人一起吃饭）[18]，这意味着感知到身体温度偏离稳定状态会无意识地激励个体寻找身体平衡，以缓解这种失衡。与之类似，经历行为遗憾会引起个体身体和心理温度的变化，促使个体通过与那些被认为在身体或心理上温度相反的物体交互来改善这种变化[19]，表现为个体会增加对能够起到调节作用的产品（如冷饮）的偏好，通过对与感知温度相反的产品的偏好实现心理层面的"降温"。

其次，由于消费者与产品的物理交互（模拟）能够影响决策过程，感官输入或身体感觉可以隐喻地与抽象思维联系在一起。[13,20]不仅信息处理是具身化的，行为也可以影响偏好的建构。[21]因此，个体的补偿消费可能与产品的评价及决策偏好存在关联。在一系列与温度效应相关的具身认知研究中，温暖感知已被证明有利于提高消费者对产品的偏好和评价。例如，身体温暖可以产生与情感温暖相似的情感状态，引发积极的反应，从而增强产品的感知价值，也拉近了消费者与目标产品的感知距离。[22]与之类似的研究发现，身体上的寒冷激活了消费者对心理温暖的需求，进一步增加了对爱情电影的偏好。[23]产品美学设计中的密集模式可以隐喻地提供一种"被填充"的温暖心理感知，帮助个体应对社会排斥所带来的空虚感，从而使感知到社会排斥的消费者增加对视觉密集图案产品的偏好。[24]在奢侈品的购物情境中，源于触觉或视觉诱导的冷感温度也能够增加消费者对产品的地位信号和奢华程度的感知，最终影响消费者对产品的整体评价。[25]除了与温度效应有关的文献之外，其他一些与运动、知觉相关的文献也验证了激活相应的心理感觉与物理体验会影响消费者的购买行为、产品偏好和经济决策。[26-28]

（2）具身模拟与隐喻表征

具身认知文献强调，身体上的体验会对有隐喻关联的概念产生影响。身体动作，如头部、手部和眼睛的运动，为认知提供了重要的信息输入。[1,29]身体可以对思想产生强大的影响，[2]这是因为仅仅模拟许多由思想过程产生的身体动作，就能够增强个体对这些想法的认知和理解。

具体来说，诱导身体运动通常会唤起与该身体运动相关的认知，进一步又能够引导评价判断。例如，垂直性移动和自我价值之间的具身隐喻表明，想象向上的运动会增强个体的自我价值感，这削弱了他们的动力，恶化了他们在后续任务中的表现。[10]根据概念隐喻框架，"高度—权力"之间的关联意味着高的物理高度会增加个体寻求风险的倾向，通过影响个体的心理状态（例如感知权利的敏感性），进而影响风险决策。[12]类似地，将这种关联应用在产品设计中，研究结果发现当一个强大品牌的标志位于产品包装上时，消费者对该品牌的评价更有利。[30]

然而，运动隐喻也存在情境限制的情况。[31]例如，个体的消费行为通常需要将手臂靠近身体（例如拿取物体）。因此，当消费与手臂弯曲这一运动相匹配时，提升了消费者对产品的评价和消费的可能性。然而，当购物情境将购买产品定义为远离身体的运动时，伸展手臂则会增加消费。[11]此外，有关运动隐喻的部分研究还聚焦于运动流畅性领域。[8,11]相关研究发现产品方向与个人惯用手之间的匹配增加了购买意愿，即使是将物体朝向被试的常用手的微小操作也会导致被试购买意愿的增强，这得益于心理模拟与物体相互作用的结果。[8]

（三）理论运用中的研究方法

在营销领域的研究中，基于具身认知理论的论文主要使用实验法验证假设，包括实验室实验和实地试验。除了传统的行为科学研究方法之外，也有一些研究借助眼球追踪[28]、功能性磁共振成像等神经科学技术手段，或是使用大规模的面板数据[22]为验证假设提供数据支持。

在情境的操纵中，由于心理感觉的具身操纵影响生理体验，反之亦然。大多数的研究是通过语义激活想象或实际物理体验的方式启动具身概念，进一步影响行为的认知表征。

一方面，通过操纵身体的状态以引发具身效应。即“身体”作为诱发因素，心理结果是结果变量，既包括实际身体行为的改变，也包括模拟的思维过程。例如，要求被试提着购物篮模拟手臂弯曲，推着购物车模拟手臂伸展，从而实现对手臂与身体之间的接近感和远离感的操纵。[26]通过让被试伸展手指、握拳、收缩腿部肌肉等身体动作的模拟，完成对被试紧致肌肉的操纵和坚定意志力的感知。[16]处于负重状态下的被试被要求提起一个装有4.5公斤矿泉水的购物袋以启动身体的负重感知。[32]另一方面，可以通过向被试展现概念和视觉图像的语义激活来进行身体模拟。例如：不同程度的脱水线索（干燥的文字描述和沙漠图片）能够激活被试对干燥的认知表征[33]；通过向被试展示对寒冷视觉图像（冬季风景）的描绘，完成物理上的寒冷温度操纵[25]；要求被试阅读一段描述重型起重机特点的文字并圈出与“负重”相关的单词，如“重”“重量”“吨”，这激活了他们对重量的身体感知。[32]

（四）对该理论的评价

具身认知理论的应用已在多学科和多领域中得到验证，具身的操纵能够激活概念，而且增加了相关概念的可及性，有助于在具身认知理论的背景下解释许多研究的心理基础与机制，并从理论和管理的角度将其扩展到营销和消费者行为领域有意义的应用中。

尽管具身认知理论的发展正步入成熟的阶段，但仍存在一定的局限。首先，目前的许多研究强调了具身是依赖上下文情境的概念。[21,34-35]也就是说，它可能只在一些边界条件下才会发挥作用。其次，在市场营销中有关具身概念的相关研究通常是描述性的而不是解释性的。[36]在未来的研究中，研究者不应该只证明具身效应的存在，也应该这些效应的发生条件[37]，以及对其潜在的机制因素进行深入探索，提高对该理论的理解。同时，已有大量研究聚焦在认知隐喻理论或是基于概念隐喻框架，证明了物理体验和与隐喻相关的心理判断之间的相关性。关于该理论未来的研究方向可以更多聚焦在隐喻之外的其他理论上，例如与自我调节理论、解释水平理论等理论之间的连接。此外，在研究方法上，与机器学习、大数据、神经网络分析方法相结合，提高研究方法的丰富性，也鼓励跨学科讨论，从而推动该领域不断向前发展。

（五）对营销实践的启示

具身认知理论认为，个体经常从他们的身体感觉推断他们的态度和行为。[29,38]该理论能够潜在地解释很多实际应用，特别是提醒营销人员对一些反直觉的应用误区的关注。随着越来越多的企业开始重视感官营销对消费者的影响，对这些感官触发因素的理解意味着对应用于消费者行为的感觉和知觉的理解。

目前关于具身认知理论的大量研究，对产品设计、新产品开发、零售和广告营销传播等领域提出了许多实质性的建议。根据具身认知理论，身体感觉和生理体验的变化会影响消费者的产品偏好与评价以及购买意愿，从业者可从中获得直接的实践启示。那些试图销售“高风险”产品的公司可以从保持店内较低温度和为消费者提供冷饮中受益[19]；当展示带有方向性信息的产品时，更多地使用符合人体自然倾向的方式呈现，能够提升消费者的感知流畅性[11]；在广告中，呈现人物乘电梯上楼的画面可能会降低消费者后续处理复杂商品信息的可能性；通过使用隐喻来提高从消费者那里获得的创造性解决方案的质量，有助于进一步将其转化为市场上的优质产品[37]。

总之，具身认知理论基于知觉、运动和情感方面的研究，为营销人员探索消费者行为决策提供了新的见解。

参考文献

21 前景理论

熊冠星　孙海龙　黄启航　陈洪碧①

（一）理论概述与在营销研究中的发展

前景理论（prospect theory，PT，也译作预期理论、展望理论）是由卡尼曼（Kahneman）和特维斯基（Tversky）于1979年提出的行为决策理论，以解释人类在不确定条件下的判断和决策行为。[1]卡尼曼因该理论获得2002年的诺贝尔经济学奖，并被誉为“行为经济学”之父。前景理论自提出的四十多年来，作为一种开创性、具有强现实解释力的决策理论，在管理学、经济学、心理学领域中都得到了广泛应用，是这些领域当中最著名的理论之一。前景理论为理解人们在实验室和真实世界中的决策行为提供了一种“无与伦比”的崭新视角，让我们认识到很多非理性的反常行为，并将这些行为和经典的规范性（理性）机制联系起来。[2]近年来，其理论内涵和理论广度不断丰富，在各个研究领域应用的讨论被不断强化。

在营销领域中，该理论被广泛运用于消费者心理与行为、企业营销策略制定的相关研究中。我们分别展示了该理论在营销领域六大顶级期刊和年度的频率分布趋势（图21-1、图21-2），可以看出该理论在*Journal of Marketing Research*中运用最多。

（二）理论的核心内容与在营销研究主题中的运用

1. 理论的核心内容

前景理论是描述型决策理论，阐释了在面对不确定性的风险决策时，人们是如何做出选择的。前景理论首次提出了参照点（reference point）的概念，[3]

---

① 熊冠星，华南师范大学经济与管理学院副教授，硕士生导师。主要研究领域为行为决策。孙海龙，广东外语外贸大学商学院副教授，硕士生导师。主要研究领域为行为决策。黄启航，华南师范大学经济与管理学院研究生。主要研究领域为行为决策。陈洪碧，华南师范大学经济与管理学院研究生。主要研究领域为行为决策。基金项目：国家自然科学基金项目（71901097，72101062），广东省社科规划基金项目（GD22CGL07）。

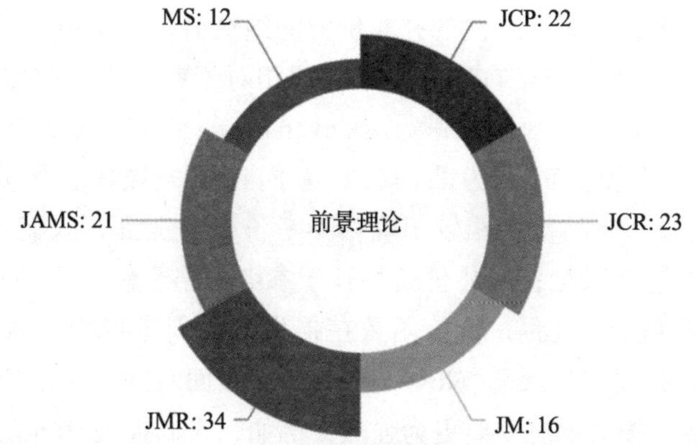

图21-1 六大期刊中前景理论频次分布

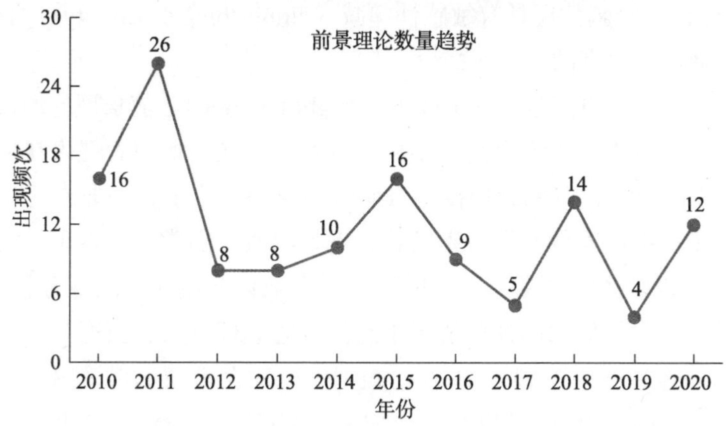

图21-2 六大期刊中前景理论的年度频次分布

认为人们在决策时对决策方案及结果进行评价和判断是以某个参考标准为依据的，个体更重视预期与结果的差距而不是结果本身，这被称为参照依赖(reference dependence)。当参照点选定时：如果选项的价值大于参照点，则该选项被视为收益；如果选项的价值小于参照点，则该选项被视为损失。例如，科泽吉(Köszegi)等[4]指出：一个纳税人期望要付30000美元的税费，而实际只要付20000美元税费时，会认为是收益；一个雇员如果期望是50000美元的薪水，而实际只获得40000美元时，会认为是损失。

前景理论包含两个重要的函数：

其一为主观价值函数（subjective value function)。前景理论用价值函数代替了期望效用理论中的效用函数，用相对于参照点的收益和损失来表示价值，其价值函数包含以下特点：首先，价值函数是一条以参照点为原点的S

型函数曲线，人在决策时关注的并非价值的绝对值，而是相对于参照点的变化得失。其次，在参照点右边的区域（即相对于参照点为收益时）为凹函数，人们在收益域内会风险规避（risk aversion），在参照点左边的区域（即相对于参照点为损失时）为凸函数，人们在损失域内会风险寻求（risk seeking），例如，产品价格相较于确切参考价格的上涨，人们感知为损失，更加风险寻求进而哄抢；产品价格相较于参考价格下跌，人们感知为获益，反而可能会观望。[5]最后，价值函数在损失域的斜率要大于收益域内的斜率，人决策时存在损失厌恶（loss aversion），在面对同等规模的损失和收益时，决策人对于损失的感受要更为强烈，例如，人们损失50元的痛苦可能需要100元的收益才能加以弥补，因为损失所带来的影响大致相当于获益的2倍。[6]此外，价值函数还具有敏感性递减（diminishing sensitivity）的特点，即边际价值会随着财富的增加而减少。[7]

其二为概率权重函数（probability weight function）。前景理论的概率权重函数具有以下特点：人们会高估小概率事件，即在图形中表现为在接近客观概率为0的位置时，概率的加权函数曲线在对角线之上，且非常陡峭，这表明个体对小概率风险的差异特别敏感，例如消费者们常常热衷于去购买中奖率极低的彩票以及赔付率极低的保险；概率函数曲线在中间部分较为平缓，一般来说，对中等概率的评价值低于它们的客观概率值；当客观概率接近确定位置（即客观概率为1）的时候，概率的感知会重新变得敏感，存在确定性效应（certainty effect），决策者会加重对被认为是确定性结果的选择，例如，相比50%的机会赢得100元，个体更加偏爱确定获得50元，虽然两者的金额相同，但人们赋予100%（确定）更大的权重。[8]

2. 理论在营销研究主题中的运用

前景理论在营销研究中得到了广泛的运用，一方面，该理论能够用于指导企业的营销策略（如产品定价、口碑营销等）；另一方面，该理论能够用于了解消费者的判断与决策行为（如禀赋效应、主观概率估计等）。通过对前文提到的营销六大顶级期刊上十年的文献梳理，重点筛选了以下几个方面介绍前景理论在营销研究主题中的运用。

（1）前景理论与消费者价格感知

前景理论指出参照点是个体用来评价选择目标价值的内部标准，消费者在市场中面对产品价格时，这种内部标准体现为个体心中的预期价值或内部参考价格，例如，有研究指出，心理预期价格通常会基于对产品过去价格的了解，消费者会通过实际观察价格和预期价格的比较将产品价格评估为“收益”或“损失”。[9]而前景理论指出，消费者对损失比对收益更为敏感，存在损失厌恶，例如在购物场景中，消费者对实际价格上涨且高于预期价格（即损失）的反应比对价格下降而低于预期价格（即收益）的反应更加强烈，因此更倾向于对高价产品议价。[10]同时，由于损失厌恶，消费者往往不会仔细地理解和处理收益，更容易受到绝对值较高的数字的影响，而忽略这些数字所隐含的经济价值，例如，虽然在不同描述下产品的价格是一样的，但消费者会认为“原价比售价高出25%”的产品价格描述会比“售价比原价低了20%”的产品价格描述具有更高水平的折扣力度。[11]

（2）前景理论与口碑营销

产品口碑通常会给消费者以重要参考，这是前景理论参照点思想的主要应用范畴之一。例如有研究发现，消费者会将最近的电影体验所形成的预期水平作为参照点，这与之后的电影评分呈负相关，即参照点越高，则之后的电影评分会越低。[12]同时，在口碑评价中，消费者对负面评价比正面评价更加敏感，一项关于口碑对消费者是否观看新电影影响的研究发现，推特评论区中的负面评价比正面评价对消费者电影早期采用（early adoption）的影响更大。[13]此外，消费者在对产品进行口碑评价时，往往会出现两极分化的情况，史蒂芬（Stephen）等[14]的研究表明，当产品的平均得分超过消费者的预期水平时，消费者倾向于选择那些评分相对一致的产品（即风险规避）；而当产品平均得分低于预期水平时，对于一致性的偏好会减弱或者逆转（即风险偏好）。再者，口碑评论的数量与前景理论的敏感性递减原则相关，当被比较的评论集的评论数较大时（例如，200 vs. 210），个体会对较小的评论集的数量差异（例如，20 vs. 30）更为敏感，尽管此时两者的绝对差异是一样的。[15]

（3）前景理论与禀赋效应

一种产品的支付意愿（willingness to pay，WTP）和接受意愿（willingness to accept，WTA）之间的差异被称为禀赋效应。依据前景理论，消费者在出售自己拥有的物品时也会将其视为一种损失，因为面对损失的痛苦感要大大超过面对获得的快乐感，为了补偿这种差异，人们对自己拥有的物品的评价和定价都会更高，甚至愿意冒着成交失败的风险。[16]进一步研究发现：WTP受风险框架的影响，即相对于风险前景（prospect）被框定为“彩票”“抽奖”“掷硬币”和“赌博”（与风险密切相关的框架），WTP在风险前景被框定为“礼券”或“代金券”（与风险弱相关的框架）的情形中更高，这是因为买家厌恶风险；而WTA不受这种风险框架的影响，但受风险前景的最低和最高结果的影响，因为卖家希望避免以低于市场价值的价格出售，所以会以潜在客户的预期价值为起点。[17]此外，波拉奇（Paolacci）等[18]发现，可以调整参照点来减弱消费中的禀赋效应，人们不愿意用拥有的产品来换取目标替代产品，则可以通过让人们考虑用他们的禀赋换取中间替代品（具有禀赋的某些特征和目标产品的某些特征）来减弱禀赋效应，这主要是通过削弱个体以自身禀赋为参照点的程度，将参照点调整移向目标替代方案来发挥作用的。

（4）前景理论与主观概率估计

前景理论认为消费者会高估小概率事件，例如有研究表明，消费者在考虑终身年金等期限特定类期权产品时，因为对购买产品后的未来低概率风险的高估，会降低消费意愿。[19]此外，米塔尔（Mittal）等[20]的研究发现童年时期的社会经济地位会影响消费者成年后对健康保险的购买意愿，与出身富裕的人相比，出身贫穷的人通常对医疗保险不太感兴趣，而当向人们提供有关疾病的基本信息（社会平均感染某种疾病的基础概率）时，这种影响会发生反转，出身贫穷的人比出身富裕的人更有可能寻求保险，但这种反转（高估疾病感染率）只会发生在基础概率为小概率的条件下（如0.2%、1%）。再者，斯塔诺维奇（Stanovich）等[21]的研究发现，在消费者去看电影无意暴露在一种传染疾病面前的实验情境中，虽然只需支付1000~10000美元就可以将这种疾病感染的可能性降低相同的概率，但是参与者们更愿意支付50000~100000美元来完全消除这种疾病的可能性，存在确定性效应。

（三）理论运用中的研究方法

在营销领域的研究中，采用前景理论的论文主要使用实验法，在实验中通过实验操纵等一系列方法进行研究，此外还有一些研究使用实地干预法进行探索。

在实验操纵中：有的研究会将被试者置身于不同的描述框架内，让被试在收益框架或损失框架下做出相应的消费决策，例如有研究设置治疗/预防两个情境，当消费者患有现有疾病并正在治疗时，他们处于损失领域，会寻求风险（效力优先），而当消费者身体健康，有预防能力时，他们处在高于参照点的区域，会风险规避（安全优先）；[22]有的研究利用呈现模式（同时出现vs.暂时分开）和折扣呈现（先大后小vs.先小后大）来操纵价格参照点让被试感知为收益还是损失；[23]还有的研究通过操纵一次性支付和每月支付养老金方式，观察消费者的金融决策，每月的消费量会被消费者作为自然参照点。[24]与禀赋效应相关的操纵方式往往是让被试填写对某个物件的WTP，并在此基础上交互设置场景（如高低风险）来考察禀赋的其他边界条件；[17]或者设置捆绑销售或者单独销售两个不同的情境来评估WTP。[25]此外，还有研究应用大规模的实地干预，将一家大型冷冻食品制造商的580名销售人员现金加“商品积分”奖金改为全现金奖金，来观察员工是否会应用一个参考水平来确定他们的努力选择。[26]

（四）对该理论的评价

前景理论对个体在不确定性条件下的风险决策行为有强大的解释力，在各个学科领域中被广泛应用，是近40多年来最重要的行为理论之一。由于前景理论能够有效预测消费者决策的个体行为差异，在与消费心理与行为相关的营销领域应用最广，能够为理解产品定价、口碑营销、禀赋效应、消费者概率估计等方面提供综合的分析框架。

尽管前景理论已经发展得非常成熟，兼具理论深度和应用广度，但该理论的发展仍然存在一些局限性。有些消费者行为的研究发现了与前景理论预测相反的现象，例如：有学者研究二手市场的消费参照点时发现个体行为与前景理论预测相反，产生这一现象的可能原因是参照点的确定。[27]事实上，前景理论主要聚焦于“现状”（status quo）参照点，这一参照点的“单一性”有时无法捕捉决策的全貌，例如王等[3]提出三参照点理论，指出除现状参照点外，还存在目标（goal）参照点和底线（minimum requirement）参照点，在底线参照点和现状参照点之间的区域以及现状参照点和目标参照点之间的区域，个体风险偏好规律与前景理论相反。[28]此外，有研究发现社区成员共享的积极信息比消极信息对购买行为具有更强的调节作用。这与损失厌恶的说法相悖，这说明，前景理论产生作用还存在一些边界条件，从而导致可能产生损失厌恶相反的情况，[29]在消费领域我们需要更多地关注前景理论应用的调节变量和边界条件。

（五）对营销实践的启示

前景理论能够很好地解释及预测消费者的决策行为，在营销领域中，企业十分关注如何对产品定价来更吸引消费者。根据前景理论，在营销实践中，可以通过借用和改变不同的定价方式和呈现模式，来影响消费者的偏好与选择。如通过慎用捆绑销售防止消费者支付的更少却要求更多；[30]使用价格框架以增加感知的交易差异，从而增强消费者对动态定价的反应，包括对价格公平的感知以及随后的信任和回购意图；[31]零售商提供日常低价策略（everyday low pricing strategy）或提供频繁小折扣，而不是偶尔的大折扣，以分开收益、整合损失等。[32]此外，在营销宣传方面，可以通过减少负面评论或增加正面评论数来影响消费者选择，如通过提高电影点映口碑来吸引更多观影者观看新上映的电影。[13]总之，借助前景理论的相关研究，能对企业的营销策略（如产品定价、口碑宣传）、消费者禀赋特征等方面提供参考。

参考文献

22 认知失调理论

费显政　李若茜[①]

（一）理论概述与在营销研究中的发展

认知失调理论（cognitive dissonance theory，CDT）最早由利昂·费斯廷格（Leon Festinger）在1957年出版的《认知失调理论》（*A Theory of Cognitive Dissonance*）一书中提出。认知失调理论自提出以来备受青睐，也被广泛地应用到行为决策领域，用来解释态度产生和行为改变。[1]尽管最初是从社会心理学领域引入的，但认知失调理论已经成为营销研究中经常引用的理论。

在营销领域中，该理论被广泛运用于消费者心理与行为、企业营销策略制定的相关研究中。我们分别展示了该理论在营销领域六大顶级期刊和年度的频率分布趋势（图22-1、图22-2），可以看出该理论在*Journal of Consumer Research*、*Journal of Consumer Psychology*两大期刊中运用最多。

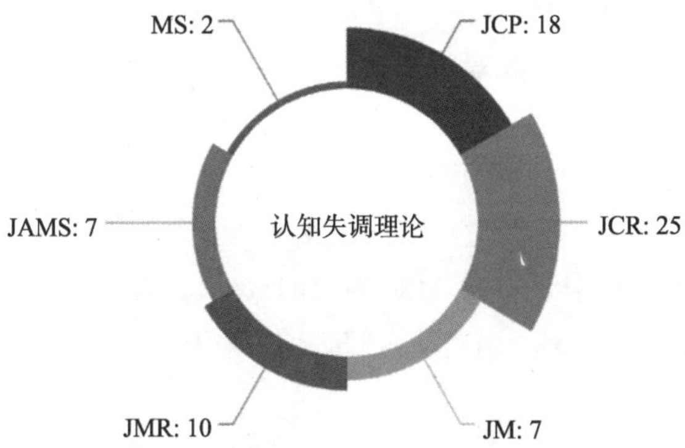

图22-1　六大期刊中认知失调理论频次分布

---

① 费显政，中南财经政法大学工商管理学院教授，主要研究领域为移动互联网背景下的消费行为。李若茜，中南财经政法大学工商管理学院营销管理系博士研究生，主要研究领域为消费者行为。基金项目：国家自然科学基金面上项目“营销沟通策略与社会化媒体场景的匹配关系研究：基于消费者自我意识状态的视角”（72072182）。

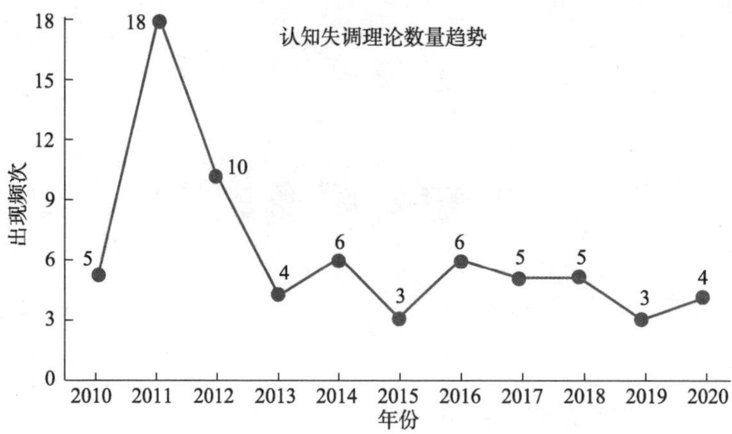

图22-2　六大期刊中认知失调理论的年度频次分布

（二）理论的核心内容与在营销研究主题中的运用

1. 理论的核心内容

认知失调理论是一种解释个体内在动机的理论。该理论认为，当个人持有两个或多个相互矛盾的认知时，他们会处于一种消极、不适的情绪状态——失调，直到能够通过改变认知来解决这种状态，这里的认知是任何态度、信念、对自己行为的认识等心理表征。[2]例如一个习惯吸烟的人如果知道吸烟有害健康，就会感到失调，因为“吸烟有害健康”的认知与他“继续吸烟”的认知是不和谐的。

认知失调理论的核心框架——失调的唤起和减少，其实是包含四个步骤的过程（如图22-3所示）。首先，当人们经历两种或多种认知之间的差异，失调就会被唤起；其次，由于个体更喜欢认知一致，当他们经历认知差异时，就会感到不愉快、不舒适；再次，由于人们想要恢复认知一致性和愉快的状态，失调带来的消极的情绪就成为人们改变认知的动机；最后，通过改变认知，人们可以减少失调。当然，人们必须采取某种形式减少认知差异，才能

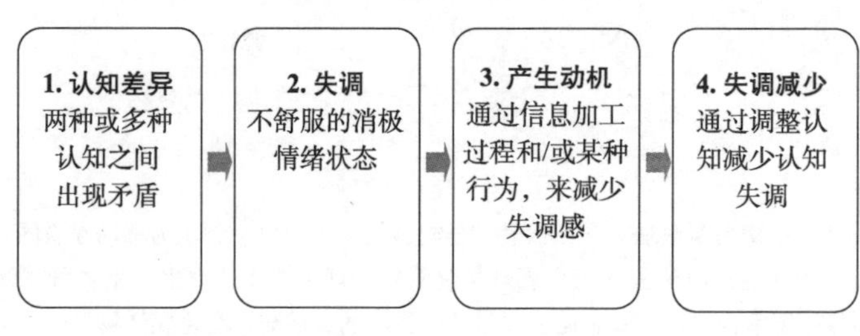

图22-3　认知失调理论的核心框架

有效地解决失调，有些人可能无法成功地解决失调，因此，可能仍处于消极的情感状态。例如在上例中，一个习惯吸烟的人知道了吸烟有害健康，他就会感到不舒服、不愉快，这会促使他想要采取一些措施缓解自己的认知失调。

那么，人们可以采取怎样的方式减少自己的认知失调呢？费斯廷格用数学方程式描述了认知失调：$M = D/(D + C)$。[2]在这个等式中，M表示人们的认知失调程度，D表示与特定认知不一致的认知总和，C表示与特定认知一致的认知总和，每个认知都按其重要性加权。从形式上讲，一个人失调的程度取决于与所讨论的认知元素一致和不一致的认知元素的数量和重要性。可见，失调的个人可以通过改变原始认知、增加和谐的认知、减少不和谐的认知和调整认知的重要性来减少认知失调。还是以这个知道了吸烟有害健康的习惯吸烟的人为例，他可以通过改变自己的认知来减少失调，比如相信吸烟不会对健康产生有害影响（减少不和谐认知）。也可以通过改变自己的行为来减少失调，例如戒烟（这与吸烟有害健康的认知是一致的）。他还可能会寻找吸烟的积极影响，比如相信吸烟可以减轻紧张、缓解焦虑、有益健康（增加和谐认知）。或者他可能会认为，与出车祸相比，吸烟对健康的风险微不足道（降低了不和谐认知的重要性）。此外，他可能认为吸烟带来的快乐是他生活中非常重要的一部分（增加了和谐认知的重要性）。

此外，个人特质、文化等差异也会影响人们认知失调的程度和体验。例如有研究指出，与高自我监控的人相比，低自我监控的人就更容易受到提问引起的认知失调的威胁。[3]有关认知失调的跨文化研究也表明，除了在人际交往情境外，西方文化背景下的人减少不一致的倾向比东方文化背景下的人更强烈。[4]

2. 理论在营销研究主题中的运用

认知失调理论在营销研究中得到了广泛的运用，一方面，该理论能够用于了解消费者决策，涉及消费者的信息加工和认知方面（如失调的信息会如何影响广告说服效果）与消费者行为方面（如伪善行为）等；另一方面，该理论也能用于了解消费者决策会如何影响其后续心理和行为，包含消费者决策后的认知变化（如评价变化）与消费者行为方面（如消费者努力对后续决策的影响）等。以下重点介绍认知失调理论在营销研究主题中的四点运用。

（1）认知失调理论与广告说服

消费者不断地从他们的环境、经历、广告等中接收各种信息。这些信息作为认知元素存储在消费者的记忆中。[5]基于认知失调理论，消费者喜欢让认知元素彼此一致。[2, 6]当两个认知元素在逻辑上相互遵循时，它们是和谐的，否则它们就是不和谐的。信息的和谐与不和谐在广告等品牌传播中起着非常重要的作用，和谐的信息能够强化消费者之前的评价，对消费者随后的品牌相关行为产生积极影响，而不和谐的信息会引起消费者的认知失调。例如有研究发现，当一个功能性国家的刻板印象（例如德国）与功能性广告（例如宣传果汁富含维生素让你更健康）匹配时，对认知品牌的评价（例如品牌感知质量）会比不匹配更积极；当一个情感性国家的刻板印象（例如法国）与情感性广告（例如宣传果汁让你更开心）匹配时，对情感品牌的评价（例如品牌喜爱）会比不匹配更积极。[7]

（2）认知失调理论与道德伪善

道德伪善是指人们虽然在外显层面上做出了行善行为，但是这些“善的”行为并不是人们心甘情愿做出的，或者说去“行善”并不是他们的真实动机。这会导致人们认知失调，进而促使人们采取措施减少态度与行为的不一致。[8]哪怕是善意的谎言，只要超出了不诚实的可接受范围，人们就会产生认知失调，然后，撒谎者就会产生减少失调的动机，通过做一些有益于被骗者的事来减少失调，从而让自己脱离这种消极负面的状态。[9]

（3）认知失调理论与消费者选择

消费者决策中认知失调的一个重要来源是自由选择（free choice）。从日常的买瓶矿泉水到昂贵的大额购买，消费者经常面临在多种类似的诱人选择中自由选择的情况。当个体必须在选项之间做出选择时，他们就有可能会失调，因为个体会担心没有做出最佳选择。尤其是在做出了一个艰难的决策后（例如在相似的、同样有吸引力的选项之间进行选择），因为备选方案同样具有吸引力。为了减少决策带来的失调：一方面，人们会对自己的选择给出更加积极的评价（增加和谐的认知），尽管这种积极评价非常脆弱；[10]另一方面，人们对自己放弃的选择的态度会更加消极[11]，而在做出容易的决策后（例如一个选项的吸引力明显高于另一个选项），人们的态度没有明显的变化[12]。

（4）认知失调理论与消费者努力

认知失调理论指出，人们会尽可能争取行为的一致性，因此当一个人将很多精力投入到决策或行动中时，努力和行为承诺可能会导致失调，这也被叫做努力证明（effort justification）。在付出努力之后，他们认为努力做出的选择比不努力做出的更有利。[13]一个人投入的精力越多，无论是时间、体力、疼痛还是金钱，他们对这种努力的结果的评价就越积极。[2, 14]因为这可以增加个体和谐的认知，从而减少他们的失调。当两项任务被视为相关时，在先前任务上花费的精力甚至被用作参与当前任务的理由。例如，蔡（Tsai）等学者[15]发现，抽象思考者（他们会把任务视为相关任务）认为“一分耕耘一分收获”，他们在花费努力完成之前的任务后，会对当前的任务更有信心。

（三）理论运用中的研究方法

在营销领域的研究中，采用认知失调理论的论文主要使用实验法，对认知失调一般采用两种方法进行研究，分别是情境操控和量表测量。

最常见的情境操控方式有反态度行为范式（counter-attitudinal behaviors paradigm）[16]和自由选择范式（free-choice paradigm）[12]。

反态度行为是与个人对该行为的态度相冲突的行为，这种方法也被称为被迫顺从（forced compliance），研究认知失调的学者经常通过要求个体做出反态度行为来操控认知失调。首先，在实际的研究前，会测量被试对某些问题的态度（例如学费上涨）；其次，被试被要求写一篇与之前态度相反的文章（比如，对学生被试来说，大多数人都反对学费上涨，但被要求写一篇支持学费上涨的文章）；最后，再次测量个体对该问题的态度。对这些学生被试来说，他们最初的态度（反对学费上涨）和行为（写支持学费上涨的文章）之间的不一致，会使他们感到认知失调，他们将通过改变态度，支持学费上涨来解决这种失调。[16]

在自由选择范式中，首先，被试被要求按照他们的偏好、喜好或是拥有它们的意愿对一组产品进行评级或排序；其次，向被试展示两个相似评级或排序的产品，并让他们有机会选择其中一个带回家；最后做出选择后，被试被再次要求根据他们的偏好、喜好或是拥有它们的意愿对这组产品进行评级/排序。通过对两次评价/排序进行比较，可以推断被试出现了认知失调。

量表测量中，一般采取对认知失调带来的心理不适感进行测量的方法，[17]被试需要在一系列7分量表上（1=完全不适用，7=完全适用）进行打分，以表示他们“此刻”的感受，测量语句包含对被试不舒服、不安和困扰的描述，其中否定自我指数包含被试对自己的失望程度、愤怒程度、内疚程度和自我批评程度，积极指数由良好、快乐、乐观和友好组成。后来有学者将测量具体到了消费者的选择情境，除了对消费者情绪上不适感的测量外，还加入了对消费者购买后和做出决策后担忧两个维度的测量。[18-19]

（四）对该理论的评价

认知失调理论自60多年前费斯廷格提出以来，由于其对个体态度和行为的改变具有强大的解释力[1]，被广泛应用于涉及认知、动机和情感相互作用的各种心理话题。除了是社会心理学中的理论基石，认知失调理论对分析消费者态度和行为的变化也极具解释力，尤其是行为和动机会如何影响感知和认知，为理解消费者选择、消费者态度和评价、广告说服等提供了有益的分析框架。

虽然认知失调理论在消费者行为中的研究成果已经很丰富，但是仍然存在一定的局限性。第一，仍存在较多值得研究的领域，如认知失调诱因、认知失调产生时间、认知失调持续时间、认知失调与其他消费者行为概念之间的关系等。第二，认知失调理论与其他描述个体认知冲突的理论之间的区别与联系，也值得进一步进行探究，例如，自我肯定理论（self-affirmation theory）[20]、自我差异理论（self-discrepancy theory）[21]。第三，有关认知失调在移动互联网背景下应用的研究还较缺乏。近年来，移动互联网技术飞速发展，各大电子商务平台为了争夺消费者，采取各种办法吸引消费者并激发消费者的购买欲，导致消费者的心理感知和情感体验都与过去的线下消费有所不同，线上环境的不确定性、信息的复杂性等都使得消费者更容易感受到失调。例如在直播营销中，商家的产品展示、提供的信息、评价等都更加即时和不稳定，如果与消费者信念不一致，消费者在购买阶段就会感到认知失调；消费者的冲动消费又提高了消费者购后认知失调的可能性，导致较高的退单率。未来这方面的研究可以更好地解释当今移动互联网时代消费者态度与行为的心理变化过程，对如何降低消费者的失调感，提高消费者满意度、忠诚度等，都能带来有益的借鉴。

（五）对营销实践的启示

认知失调理论对消费者态度产生和行为改变具有极强的解释力，在营销实践中，企业一直十分关注如何通过各类营销活动正向影响消费者。根据认知失调理论，不和谐的认知元素会对消费者产生负面影响，影响其购物体验，进而影响其满意度和忠诚度，在认知失调超过一定的水平后，这种不适的心理可能会导致消费者退货、给差评等行动，给企业造成损失。因此，研究消费者不同营销情境中认知失调的影响因素、不同决策时点的认知失调水平等，有利于企业针对性地提出应对措施，以及时帮助消费者减少失调感，提高满意度，形成顾客忠诚。总之，借助认知失调理论的相关研究，能对消费者认知与行为（如消费者购买决策、道德行为）、企业的营销策略（如广告说服、营销沟通）等方面提供有益借鉴。

参考文献

23 内隐理论

李丹惠[①]

（一）理论概述与在营销中的发展

内隐理论（implicit theory）是由德韦克（Dweck）于1995年提出的一个重要认知心理学理论。内隐理论自提出的20多年来，作为一种内涵丰富、系统全面的理论，在不同领域中得到了广泛应用。内隐理论的研究，最初关注的重点在于学生对于自己所持有智力的不同看法，随后德韦克等人又进一步将内隐理论的观点延伸至内隐人性观、内隐世界观等，其理论内涵不断丰富，而且应用范围也得到了不断扩展。

在营销领域中，该理论被广泛运用于消费者心理与行为、企业营销策略制定的相关研究中。我们分别展示了该理论在营销领域六大顶级期刊和年度的频率分布趋势（图23-1、图23-2），可以看出该理论在*Journal of Consumer Psychology*中运用最多。

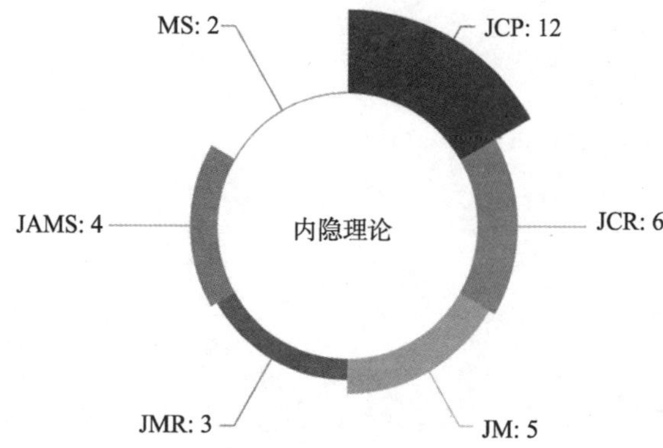

图23-1　六大期刊中内隐理论频次分布

① 李丹惠，江苏科技大学，工商管理系讲师，主要研究领域为消费者行为。

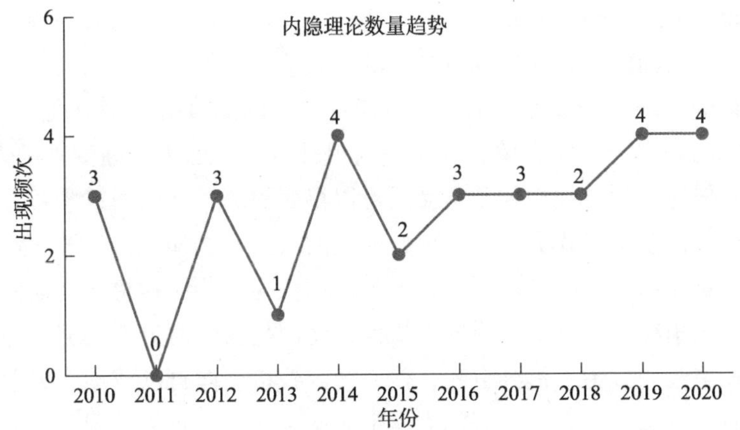

图23-2 六大期刊中内隐理论的年度频次分布

(二)理论的核心内容与在营销研究主题中的运用

1. 理论的核心内容

内隐理论是个人在成长过程中逐渐形成的关于人的基本特质(如智力、人格、道德等)的信念,个体会根据自己所形成的信念来认知自我和认知世界,并调控自己的思想、情感和行为。通常来讲,这些隐藏的,甚至在潜意识中的信念会影响个体的归因、面对刺激时的应对方式,并且调节着个体对自己和周围环境的理解和反应,以及认知和行为模式。[1-2]之所以将其称之为内隐理论,原因在于很多情况下人们所形成的理念是较难被感知和表达出来的,而处于潜意识中的理念。

内隐理论来源于德韦克关于智力的内隐理念,根据她的观点:学生对自己智力的看法存在两种不同的类型,一种认为个体的智力是其本身所固定的、不能掌控的特质,即实体型智力理念(entity theory of intelligence),另一种认为个体智力是可以塑造和发展的,具有可塑造性、可增长和可调控的特性,即增长型智力理念(incremental theory of intelligence)。随后,德韦克进一步扩展内隐理论的研究范围,探讨个体在人格、道德等其他方面的内容是否存在内隐观念,由此形成了内隐人性观、内隐地域文化观、内隐种族观和内隐世界观等研究主题,不断丰富和扩展了内隐理论的内核和外延。

整体而言,内隐理论的核心观点在于个体对人的特性(如智力、人格、道德)等方面是可变(渐变观)还是不可变(实体观)的信念。德韦克根据可变与不可变两个维度,将内隐理论分为两种形式:实体观(entity theory)

和渐变观（incremental theory）。其中持有实体观点的人认为人的特性是稳定的、静态的、固定的，无法通过自己的努力改变；持渐变观的人认为人的特性是变化的、动态的和发展的，可以通过自己的直接努力来提高。[3]这两种截然不同的观点会影响个体自我实现的提升方式，因为持渐变观的人认为，如果他们努力去做，他们的个人品质可以得到提高，他们通过学习、自我提升和成长的机会来寻找成为一个更好的人的方法。例如，持有渐变观的大学生会更愿意参加有挑战性的课程，因为他们认为这些课程将帮助他们提高能力。[4,3]与之相反，持有实体观的人认为，他们是无法通过直接努力学习、提高或成长来改变。为了提升自我，他们会寻找机会向自己或他人展示自己的积极品质。例如，持有实体观的大学生倾向于选择更容易的课程，因为他们会得高分。[3]

个体所拥有的内隐信念不仅会影响其对自身的认知和判断，也会广泛影响个体的社会感知、动机和行为。有研究指出，不同内隐观念决定了个体是否会根据他人的行为对他人进行判断。例如，持实体观的个体会更加倾向于根据人的行为来对他人进行判断，他们认为人格特征是固定不变的，根据个人的人格特质可以对一个人的行为进行预测，而且认为他人行为在时间和情景的变化下具有一致性，因此他们会根据一个人的行为对其进行判断。对于持渐变论的个体而言，他们认为人格特质是可塑的，不相信一个人的行为代表了她的个人特征，会更加关注情境对个体行为的影响，倾向于依赖情境对个体行为进行解释。[5-6]

总体而言，不同内隐理念会影响个体对社会的认知以及自身的情绪和行为反应等，目前关于内隐理论的研究所涉及的范围越来越广，这一理论得到认知心理学家和社会心理学家的认可，也越来越多地被用在营销领域的研究中。

2. 理论在营销研究主题中的运用

内隐理论在营销研究中得到了广泛的应用。一方面，该理论能够用于了解消费者心理与行为，涉及消费者的自我表达和产品偏好等；另一方面，该理论也能用于指导企业与品牌的营销策略（如何进行品牌延伸）。下面重点介绍内隐理论在营销研究主题中的五点运用。

（1）内隐理论与消费者自我表达

与持渐变观的消费者相比，持实体观的消费者会通过特定产品来进行自我表达。有研究指出，对于实体观的消费者而言，暗示消费者可以通过使用该产品向他人展示理想特质的广告比强调自我提升的广告更有效，对于渐变观的消费者而言，效果则相反。[7]因此，持实体观的消费者更倾向于通过使用有些具有吸引力的品牌来提升自己，以此来向他人证明自己拥有与品牌相关的积极品质。[8]例如，持实体观的学生认为自己在使用MIT品牌的笔后比使用普通非品牌的笔更聪明、更具有领导才能；而持渐变观的消费者则不会受他们所使用产品的影响。研究还发现，持实体观的消费者更愿意选择那些能够帮助他们展示自己和能够掩饰自己弱点的产品。相比之下，持渐变观的消费者则更愿意选择能够帮助他们实现学习和发展目标的产品。[9]因此，那些强调完成度来向他人展示自己能力的线索更加吸引持实体观的消费者，而突出强调学习进展的线索则更加吸引持渐变观的消费者。[10]

（2）内隐理论与产品偏好

内隐观念往往会影响消费者所追求的目标，最终影响消费者的产品选择和偏好。例如，当消费者对未来的预测相对消极的情况下，不同内隐观念的消费者选择不同。由于实体观的消费者认为他们的命运是命中注定的、不受个人影响，因此倾向于选择自律型产品。而渐变观的消费者则相信即使对未来的预测不利，他们也相信命运是可塑的、可以改变的，因此愿意选择放纵型产品。[11]此外，内隐观念还影响了消费者对过程和结果的追求。研究发现渐变观的消费者在对他人产生羡慕的情况下，会更加倾向于选择突出强调过程信息的产品；而实体观的消费者在对他人产生嫉妒的情况下，会更加倾向于选择突出强调结果信息的产品。[12]研究还发现而当消费者在面对一些较难的任务时，实体论者会认为通过使用品牌产品，能够增加自我效能感，从而带来更好的任务绩效；但是渐变论消费者却不会受到品牌产品使用的影响。[13]由于不同内隐观念的消费者对可变和不可变的看法不同，因此他们在面对产品的改变时也表现出不同的偏好。例如营销人员在宣传过程中常常会描述产品负面属性的减少（例如，“我们的矿泉水瓶现在使用的塑料减少了34%”），营销人员通过这种方式来强调现有产品相对于以前的产品有所改善。但是研究者发现，这种宣传方式并非对所有的消费者都有作用，持渐变观的消费者会更加认可产品负面属性的减少，会根据这一信息对产品产生积极的推断，而对对持实体观的消费者影响并不大。[14]

（3）内隐理论与态度形成

内隐观念对消费者的影响还体现在对他人、产品的态度以及态度形成的强度上。例如，研究者发现当消费者持有实体观时，会倾向于根据他人所使用的产品品牌来对他人进行判断，实体论消费者根据他人所使用品牌的特征来形成对这些人的看法和态度。与之相比，持渐变观的消费者则不会根据他人使用产品品牌来对他人进行判断和评价。[15]此外，研究还发现持实体观的消费者形成态度的速度较快，不需要非常努力地进行认知加工也能形成较为强烈的态度；反之，持渐变观的消费者只有在对信息进行精细加工的情况下，才会形成较为强烈的态度。[16]由于持有不同的内隐观念，消费者在面对一些特殊的情况时，也会表现出不同的态度。例如研究发现，对于实体论者，当他们受到社会排斥时，他们会认为导致社会排斥的原因是不可改变的，因此会更倾向于通过选择独特性的产品来实现自我肯定。[17]除此以外，消费者对于负面品牌的态度也受到了内隐观念的影响。例如研究发现，当品牌面临负面宣传时，品牌拟人化会对消费者的品牌评价产生负面的影响。那些持实体观的消费者对有负面信息的拟人化品牌产生较差的态度，而那些持渐变观的消费者则不会因为单一的负面宣传而贬低拟人化品牌。[18]

（4）内隐理论与品牌延伸

有些品牌或产品被看作是经典的“传统”品牌（如李维斯牛仔裤），那么如果将这些品牌进行新产品或新品类的扩展，是否能会到消费者的欢迎呢？可口可乐曾经试图推出一种名为“新可乐”的新型软饮料，虽然在盲测中消费者表示更喜欢新可乐的味道，但是人们却依然更倾向于购买原版可口可乐，在公众的抗议下，可口可乐最终恢复了原来的配方，将修改后的产品作为“经典可乐”进行营销。之可能与消费者所持有的固定不变的心态有关，其他品牌在成功进行新产品延伸和扩展时，将自己的品牌描绘成不断变化的形象，并且培养了消费者不断变化成长的心态。品牌延伸是一种重要的营销手段，研究者从消费者内隐信念的角度出发，探讨了持有不同内隐观的消费者对品牌延伸的态度。例如，研究发现相对于持实体观的消费者而言，持渐变观的消费者更能够接受品牌的变化，愿意尝试新的、不同类别产品[19]，而且对品牌延伸的态度也更积极。[20]

（5）内隐理论的其他研究

除了上述几个研究方向之外，还有一些研究探索了消费者内隐信念对其他方面的影响。例如，有研究指出持渐变观的消费者，通常会有更高的认知灵活性，因此在进行信息加工时，会倾向于采取更抽象的解释水平，关注“为什么”而非“如何做”。[21]

（三）理论运用中的研究方法

在营销领域的研究中，采用内隐理论的论文主要使用实验法，内隐信念作为个体潜在的知识结构，也遵循知识启动的基本规律，在相关研究中，关于内隐理论一般采用两种方法进行研究，分别是情景操控和量表测量。

首先，情景操纵最常用的方法是让被试分别阅读两段不同的科学文章来诱导个体不同的心理状态，两篇文章的主题分别是探讨个体特质的可变性和不可变性。文章中告诉被试，科学家们通过一个严格的项目研究得出的结论是：人们拥有有限数量的特征，这些特征不会/会随着时间的推移而发生变化。例如，参与者会读到包含以下信息的文章：

实体论组：乔治·梅丁博士在美国心理学会年会上发表演讲，他指出："我们大多数人在10岁时，性格就像石膏一样凝固了，再也不会软化了。"他报告了许多大型纵向研究，这些研究表明人们会变老和发展，但是这也是以性格的持久为前提。

渐变论组：乔治·梅丁博士在美国心理协会年会上发表演讲，他指出："没有人的性格'坚如磐石'，无法改变。"他报告了许多大型纵向研究，表明人们可以成熟并改变自己的性格。他还报告说，研究结果显示，人们的性格特征会发生变化。[5,8]

其次，在量表测量中，使用内隐人格测量法（implicit persons theory measure）对个体的实体观和渐变观进行测量，量表包含多个陈述句。参与者需要回答是否同意每个陈述句中的观点（1=非常不同意，7=非常同意）。最后，将分数累加，得分越高代表个体越倾向于渐变观。[5,8]

此外，在实际研究中研究者会采取一些特殊的方法区分实体论者和渐变论者。例如帕克（Park）和约翰（John）[7]认为可以根据在线消费者的搜索词对他们进行细分，那些搜索固定心态相关短语的消费者被划分为实体论者，那些搜索成长心态相关短语（如学习和改变）的消费者被划分为渐变论者。其他消费者个体特征也可以作为区分的线索，例如年龄较大的消费者学习和发展的意愿和积极性较低，这表明他们可能倾向于持实体观。[22]相比之下，年轻消费者通常被看做是对改变充满热情的，因此他们可能更倾向于持渐变观。[23]

（四）对该理论的评价

内隐理论可以帮助研究者和营销人员理解消费者如何认知自己和他人，该理论内容丰富、涉及范围较广，是具有广泛应用价值的重要理论。由于内隐理论有助于理解消费者对自身和他人在认知、人格、文化等方面的观念，在消费者心理与行为领域有广泛的应用范围，为理解消费者的自我表达、产品偏好、态度形成、对品牌延伸的态度消等方面，提供了重要的理论基础。

虽然内隐理论的发展相对成熟，但是相关研究内容主要集中在心理学领域，尽管一些研究者开始关注内隐理论在解释消费者心理方面的价值，并将其实际应用于消费者心理的研究中，但整体来看目前在营销领域中的应用的深度和广度仍然不够。在一些研究中只是探索了内隐观念作为边界条件可能对消费者心理和行为产生的影响，接下来应更多地关注消费者内隐观念对其心理影响的主要作用，或者结合其他可能的因素共同探索内隐观念和其他因素的交互作用。

（五）对营销实践的启示

内隐理论能够帮助企业在营销活动中更加准确的理解和把握消费者心理和行为，采取更加有针对性、更加有效的方式来开展营销活动。根据内隐理论，消费者对自身的能力、个性等方面持可变和不可变的观念，而且由于个体内隐观念的不同导致其可能追求不同的目标，在营销实践中，可以通过广告宣传等方式诱发消费者不同的内隐态度，从而影响其目标追求和产品选择。总体而言，了解内隐理论的相关研究，能为广告沟通、产品设计等方面提供参考。

参考文献

24 刻板印象内容模型

江红艳　孙雨笛　刘　恬　王秋燕①

（一）理论概述与在营销研究中的发展

刻板印象内容模型（stereotype content model，SCM）是由菲斯克（Fiske）等人[1]于2002年提出的社会认知相关理论，该理论在社会心理学领域中具有举足轻重的地位。刻板印象内容模型将个体对群体复杂的刻板印象内容简化为温暖和能力两个基本维度，被广泛应用于心理学、管理学等社会科学领域。该模型两个维度的划分起初源自人际与群际互动过程，而后鉴于个体对群体的感知与其他非生命实体（例如，品牌、公司、来源国）的感知相类似的观点，逐步实现了该模型从人际感知到品牌/公司/来源国等对象感知的过渡与迁移，因而在营销管理领域中备受关注。目前该模型已通过不同文化样本的实证研究验证了主要理论假设，获得了跨文化的普适性。

在营销领域中，该理论被广泛运用于消费者心理与行为、企业营销策略制定的相关研究中。我们分别展示了该理论在营销领域六大顶级期刊和年度的频率分布趋势（如图24-1、图24-2所示）可以看出该理论在*Journal of Consumer Research*、*Journal of Consumer Psychology*两大期刊中运用最多。

（二）理论的核心内容与在营销研究主题中的运用

1. 理论的核心内容

刻板印象是指评价者对某个体或群体比较固定或被模式化的观念或看法，是一种认知标签。鉴于人们对其他个体或群体的刻板印象感知主要体现

---

① 江红艳，中国矿业大学经济管理学院，教授、博士生导师。主要研究领域为消费者行为与品牌管理。孙雨笛，中国矿业大学经济管理学院，博士研究生。主要研究领域为消费者行为与品牌管理。刘恬，中国矿业大学经济管理学院，博士研究生。主要研究领域为消费者行为与品牌管理。王秋燕，中国矿业大学经济管理学院，硕士研究生。主要研究领域为消费者行为与品牌管理。基金项目：国家自然科学基金面上项目（72072172），江苏省社会科学基金一般项目（20GLB005），中央高校基本科研业务费专项资金资助项目（2021ZDPYYQ006）。

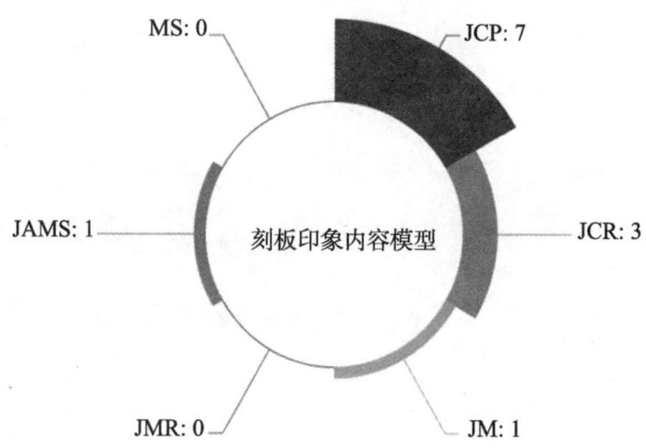

图24-1 六大期刊中刻板印象内容模型频次分布

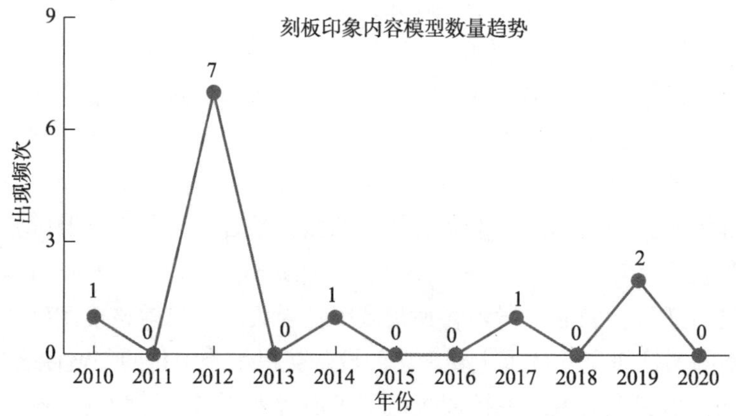

图24-2 六大期刊中刻板印象内容模型的年度频次分布

在温暖（warmth）与能力（competence）两个维度，刻板印象内容模型应运而生。该模型指出人们通常基于温暖与能力两个维度形成对其他个体或群体的综合感知与整体评价。[1]温暖反映个体在形成与维护社会关系方面的需求，包括诚信、慷慨、热情、善良、乐于助人等特质；能力反映他人实现意图与目标的程度与可能性，包括技能、效率、智力、创造力、竞争力等特质。例如，阿克尔（Aaker）等人的研究发现，非营利组织往往因为对社会公益的热情和承诺而被认为是高温暖的；相反，营利组织会因表现出能力和管理技能而被描述为高能力。[2]换言之，人们认为非营利组织比营利组织更具有温暖特质，而营利组织比非营利组织更具有能力。

刻板印象内容模型的相关文献中，针对感知温暖与感知能力之间关系的探讨一直是学界关注的重点内容。感知温暖与感知能力存在三种主流关系：正向、负向、正交。首先，二者之间可能是一种正向关系，即光环效应

(halo effect)，也称为晕轮效应。[3]顾名思义，晕轮效应是指对感知对象某一特质的强烈感知，会像月晕一样向四周晕染、扩散，即某一特征会影响对其他特征的感知。当感知对象在某一维度水平较高时，人们对其另一维度的评价也会随之提升。例如，一个被感知为高温暖的对象也可能兼具高能力特质，如在霍洛伊恩（Holoien）等人的特质词评定研究中，“亢奋”（euphoric）这一特质词同时被感知为高温暖和高能力。[4]该现象在日常生活中也随处可见。例如，2021年暴雨突袭河南，平时默默无闻甚至被大众戏称“即将倒闭”的鸿星尔克低调捐赠五千万元物资后，人们高赞鸿星尔克温暖真诚、有情怀和担当的同时，对其品牌感知能力方面的评价也随之提高，并且迅速掀起了“野性消费”热潮。其次，感知温暖与感知能力之间也存在“此消彼长”的负向关系，验证该关系的一个典型现象便是补偿效应。[5]补偿效应认为当个体感知到两个对象在某一维度上存在差异时，会在另一个维度上进行相反方向的补偿。[6]比如，相较于全职母亲，职业女性往往被认为更具有能力，为了加以区分，人们往往会削弱对职业女性的温暖感知而提升对全职母亲的温暖评价。最后，感知温暖与感知能力之间还可能存在正交关系，即两个维度存在不同的高低组合。个体可以将感知对象（例如公司或品牌）划分到高温暖 - 高能力、高温暖 - 低能力、低温暖 - 高能力、低温暖 - 低能力四个象限中。[1]例如，凯尔温（Kervyn）等人的研究显示，享受国家补贴支持的补贴品牌（subsidized-brand）美国邮政（USPS）和美国国家铁路客运公司（Amtrak）不以营利为主要目的，往往被认为是高温暖 - 低能力的；与之相反，奢侈品牌劳力士和保时捷则被认为是高能力 - 低温暖的。[7]一般认为，温暖和能力均处于高水平时会更大程度满足他人诉求，从而产生最佳效应。因此，高温暖 - 高能力组合也被称为“黄金象限”（golden quadrant)。例如，当一个企业已成为业内公认高能力时，若能够适时向消费者释放温暖特质的信号（如慈善捐赠、参与救援等)，会更加引发消费者钦佩（consumer admiration）并促使其购买。例如，体育用品领域知名品牌安踏在北京奥运会期间实时为每一块中国金牌的诞生设计专属T恤，高温暖的“金牌追击活动”促使其销量猛增53%。

2. 理论在营销研究主题中的运用

刻板印象内容模型在营销研究中得到了广泛的运用。依托该理论，以往文献探讨了消费者对国家、品牌、广告、代言人、服务提供者等方面的刻板印象，以及上述刻板印象对消费者行为产生影响。下面重点介绍刻板印象内容模型在营销研究主题中的五个方面运用。

(1) 国家刻板印象

国家刻板印象是指个体所感知的与某国民众相关的特征属性（能力—经济实力、发展水平；温暖—助人为乐、诚实等），个体对某国的刻板印象可能会产生溢出效应，影响个体的产品评价、品牌态度和购买行为。首先，国家刻板印象能够直接或间接影响消费者的产品评价。陈等人的研究表明，消费者对来源国高能力和高热情的感知可以衍生品牌喜爱，从而间接提高消费者产品评价。[8]其次，国家刻板印象与产品类别的匹配程度有利于提高消费者的品牌态度。穆雪茗等验证了目的地国家刻板印象与旅游产品类别的匹配效应。[9]对于感知能力型（感知温暖型）国家，消费者更偏好实用型（享乐型）旅游产品。例如，对于在能力、自信等方面表现突出的国家（如德国）更适合推广实用型旅游产品（例如工业设计展）；而以友好、热情等形象著称的国家（如泰国）在推广享乐型旅游产品（例如海滨度假村）具有一定的优势。最后，国家刻板印象能够进一步对消费者的购买意愿产生影响。哈尔开（Halkias）等人的研究发现，消费者对品牌来源国能力或温暖感知越高，其品牌态度越积极，进而产品购买意愿越高。[10]

(2) 品牌刻板印象

品牌刻板印象是消费者将刻板印象内容模型迁移至品牌管理领域的结果。消费者通常倾向于将品牌拟人化，搭建与品牌的情感联结，从而辅助消费决策的产生。前人研究发现公司形象、产品属性和品牌名称等因素为品牌刻板印象的前因变量。其中，公司形象和产品属性塑造了消费者对该品牌在“能力”和“温暖”的感知，通过“感知能力和感知温暖互补促进关系”作用机制实现对购买意愿的协同效应。[11]并且，品牌名称中显性的语意线索能够引发品牌刻板印象。例如，有研究发现品牌名称中含有“大”尺寸信息（例如，大疆）的品牌被认为更有能力，而含有“小”尺寸信息（例如，小米）的品牌被认为更温暖。[12]除了显性的尺寸线索外，品牌名称中的更为隐性的语音线索也能够引起消费者对品牌拟人化的联想。例如，波伽查（Pogacar）等人的研究发现，品牌名称的发音〔例如Nestlé（雀巢）〕为前元音，隐含着女性化线索，会被消费者认为具有女性气质，能够引发温暖联想从而改善品牌效益。[13]

(3) 广告刻板印象

广告是品牌传递温暖和能力特质信息的主要渠道，广告诉求的差异可能会对消费者产生截然不同的影响。金姆（Kim）和鲍尔（Ball）的研究表明，当产品类别属于力量型（例如汽车清洗剂）时，温暖型广告诉求会降低产品质量感知；而当产品类别为温和型（例如儿童洗发水）时，温暖型广告诉求会提升产品质量感知。[14]此外，不同的广告诉求对于不同人群可能会发挥异质性效用。例如，朱振中等人的研究发现，对于独立（互依）自我建构消费者，能力型（热情型）诉求广告更能引发品牌认同。[15]另外，不同广告刻板印象对品牌延伸的效果也不同。例如，有研究指出当广告呈现品牌母公司行业背景并且采用能力（温暖）导向诉求时，消费者倾向于认为行业背景和广告诉求是一致（不一致）的，从而对品牌个性产生清晰（不清晰）感知，对其延伸产品产生较高（较低）评价。[16]

（4）代言人刻板印象

名人代言是一种常见的品牌宣传战略。消费者对代言人性别、年龄等形成的代言人刻板印象能够帮助品牌带来积极消费者反应。一方面，代言人的性别与该性别相关的刻板形象一致性能够影响消费者反应。当品牌由温暖程度较高的男性代言人代言时，与阳刚男性的刻板印象不一致的形象反差可能会收获消费者更多的喜爱与青睐，强化消费者认为品牌和自我之间的心理联系，有利于提升消费者的品牌态度。[17]另一方面，代言人年龄在更新品牌形象方面同样产生显著影响。胡贝尔（Huber）等人的研究表明，使用代言人可以有效地影响消费者对品牌年龄的认知，年轻的代言人会使品牌看上去更有“活力感”。[18]例如，肯德基运用虚拟技术，将代言人上校的形象从老爷爷转变为“爱炫腹肌、懂得创新和生活”的型男，年轻版的上校为肯德基带来了更多的话题度。

（5）服务提供者刻板印象

服务提供者与消费者的互动过程中，服务提供者的语言、行为等均会影响消费者对其的刻板印象感知。例如，王等人的研究发现，带有灿烂笑容的营销人员，比露出浅笑的营销人员，更有可能令消费者感知到热情。[19]而随着人工智能（AI）的快速发展，在线广告、品牌沟通、消费体验达到了前所未有的效率和能力，机器人与真人服务者产生的互动效应不尽相同。卢（Lou）等人的研究表明，当客服是AI机器人时，消费者会认为表达共情（相对于没有表达共情）的聊天机器人更有能力、更热情；当客户服务来自真人时，消费者会认为有互动的员工（相对于没有互动的员工）更有能力、更热情。[20]

（三）理论运用中的研究方法

在营销领域的研究中，运用刻板印象内容模型的文献主要使用实验法，近年来也引入了大数据的方法辅助研究。关于感知温暖水平和感知能力水平一般采用三种方法进行研究，分别是情景操控、量表测量和大数据分析。

在情景操控中，一方面，可以通过文字描述材料展现刻板印象相关维度的属性来进行操纵。例如，穆雪茗等人以工业发展水平、技术水平、接纳外来事物和人民友好程度四个方面为基准编制虚拟的能力型A国与温暖型B国。[9]另一方面，可以通过广告图片中展现的元素进行操纵，例如，金姆（Kim）和鲍尔（Ball）在温暖广告中放置与“爱”相关的词汇以及与家庭成员相关的人物，以操纵被试的感知温暖水平。[14]

在量表测量中，一般采取询问被试对实验材料与温暖、能力两维度上题项的相符程度，使用2~5个形容词作为具体题项测量感知温暖和感知能力。例如，张等人[12]通过两项与热情相关的词语（热情的、友好的）和两项与能力相关的词语（能干的、有能力的）对品牌进行评估。

在大数据分析中，一般是将爬取到的文本数据通过机器学习提取相关维度的数值型数据。机器学习以狄利克雷分配（latent dirichlet allocation，LDA）主题建模方法为例，通过LDA分析消费者对品牌的评论内容提取相关主题词，以此获得该评论在温暖和能力两个维度的得分。[12]

（四）对该理论的评价

刻板印象内容模型是个体用于评价他人的重要社会知觉依据，该模型一经提出便获得社会心理、品牌管理、旅游管理等众多领域的高度关注。刻板印象内容模型从最初对群际特质的感知评价逐渐向其它事物演化，尤其随着拟人化研究的不断深入，该模型逐渐拓展到对无生命实体的评价上（例如品牌、企业、来源国与目的地等）。该理论从二元维度视角解构复杂的社会认知图式，将其概括为温暖与能力两类[1]，为帮助学者探究个体与其他人及事物的复杂交互关系，理解个体消费、管理决策行为的内在驱动机理提供了稳定且跨文化的综合理论框架，因而受到多学科的广泛应用。

尽管刻板印象内容模型得到普遍应用与广泛验证，但该理论模型发展现状仍面临一定局限性。一方面，刻板印象内容模型虽然已从对有生命个体和群体的感知迭代至对品牌、广告等无生命实体的感知，但是随着元宇宙进程的加速推进，虚拟数字人、虚拟社区、NFT等新生事物层出不穷，前人基于该模型得出的研究结论能否适用于上述新兴群体与产品仍有待验证。另一方面，现存文献的研究方法大多以实验室实验为主，并采用成熟量表测量温暖与能力感知，而将刻板印象内容模型应用于二手数据研究的学者仍屈指可数。因此，未来研究还需深入探究如何采用机器学习算法挖掘文本、语音、图像、视频中隐含的温暖与能力感知。

（五）对营销实践的启示

鉴于刻板印象内容模型能够系统解释个体对代言人、品牌、来源国等实体的认知、情感与行为机理，因此在营销领域中，品牌或企业高度重视如何通过营销策略提升消费者对其的温暖与能力感知。基于消费者对“高温暖-高能力”黄金象限的感知偏好，品牌、广告、代言人等通常通过强调自身的温暖与能力属性，间接促进消费者积极态度并推动消费决策。例如，品牌可以通过品牌名称中尺寸隐喻[12]或叠音读法[21]增强品牌温暖/能力感知；广告可以通过品牌类别（奢侈品牌/可持续品牌）、广告诉求（温暖/能力）与广告解释水平（高/低解释水平）的匹配提升广告效果[22]；代言人（尤其是男性代言人）若突显高温暖特质，将显著提升消费者与代言人和品牌的关联感并进一步提升消费者品牌态度[17]。总之，刻板印象内容模型能够为塑造品牌形象、提升广告效果与消费者反应等方面提供重要的营销策略参考。

参考文献

25

集合理论

牛永革　冯珠珠　田欣家①

（一）理论概述与在营销研究中的发展

集合理论（assemblage theory，AT）起源于新现实主义哲学派德兰达（DeLanda）的哲学著作，是描述社会复杂性的综合理论。[2]集合理论自提出以来，作为一种解释部分与部分、部分与整体、整体与整体之间互动关系的理论，在不同的研究领域得到了广泛运用。该理论强调集合不仅仅是各部分之和，更是各部分互动的产物。[3]集合理论的研究，最初重点集中于理论深度（如探究集合的形成机理和价值、检验集合的破坏和演变等）的挖掘，其理论内涵不断在丰富，近几年来，研究者们也越来越重视该理论广度的探讨，即侧重讨论集合理论在各个研究领域的应用。[5]

在营销领域中，该理论被广泛运用于消费者心理与行为、品牌战略制定的相关研究中。我们分别展示了该理论在营销领域六大顶级期刊和年度的频率分布趋势（图25-1、图25-2），可以看出该理论在*Journal of Consumer Research*、*Journal of Marketing*两大期刊中运用最多。

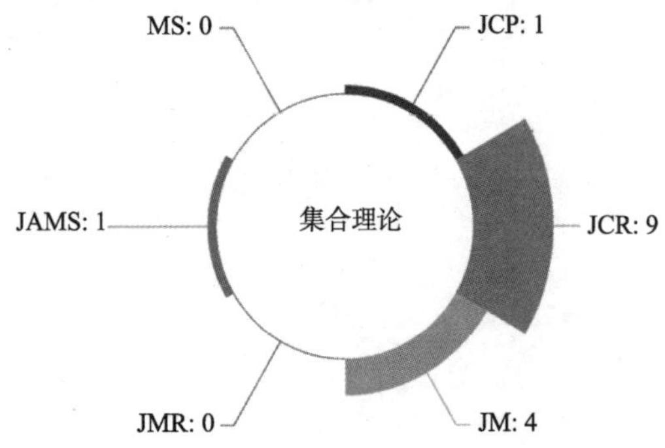

图25-1　六大期刊中集合理论频次分布

① 牛永革，四川大学商学院教授，主要研究领域为品牌管理、广告管理、城市营销，冯珠珠，四川大学商学院博士研究生，研究方向为市场营销。田欣家，四川大学商学院硕士研究生，研究方向为市场营销。

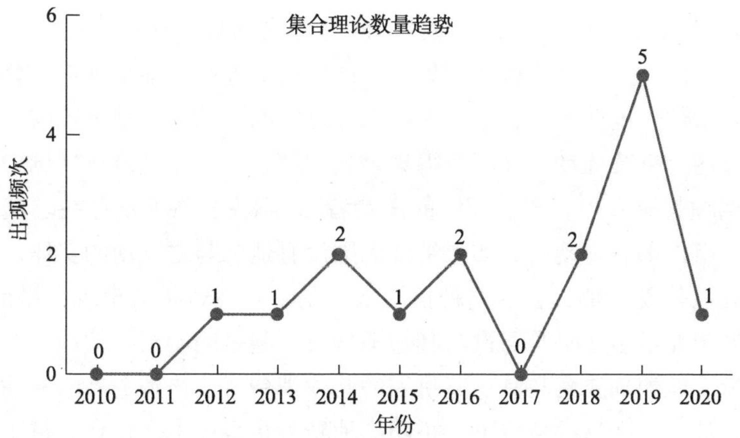

图25-2　六大期刊中集合理论的年度频次分布

（二）理论的核心内容与在营销研究主题中的运用

1. 理论的核心内容

集合（assemblage）通常被定义为由异质组件（heterogeneous component）组成的实体或系统，而异质组件本身也是集合。[12]例如，品牌是由品牌的消费者、品牌对应的产品以及品牌标志等重要异质组件构成的集合，而品牌的消费者、品牌对应的产品以及品牌标志等异质组件本质上也是集合。[8]其中，品牌的消费者是由为达到个人消费使用目的而购买品牌所属产品与服务的个体消费者组成的集合；品牌对应的产品是由品牌对应的有形物品、无形服务以及品牌观念等组成的集合；品牌标志是由品牌符号、图案或明显的色彩或字体等组成的集合。集合的所有特征都由整体、属性和能力三个方面进行界定。[2]整体要界定集合包含什么和集合的组成部分包含什么；属性主要界定“集合是什么”（例如，品牌是产品独特个性的代表）；能力主要界定当集合或集合中的组件与其他社会实体互动时，它们能够做什么（例如，当品牌与消费者互动时，品牌能够帮助消费者将企业与其竞争对手区分开来）。[2]

集合理论主要解释了集合出现的原因，以及由集合组成部分变化所导致的集合的稳定与不稳定性。[6]是什么因素导致集合的出现？集合出现后长期存在的条件是什么？一方面，集合理论强调集合不是各种异质材料（heterogeneous materials）和异质符号（heterogeneous symbols）的简单叠加[10]，而是这些异质组件（如品牌的异质组件是产品、消费者以及品牌名称等）之间相互作用的产物。[9]通过集合理论，我们可知：互动能够赋予集合独特意义，它是导致集合产生的核心条件，各部分之间只有通过互动才能形成集合；另一方面，集合理论也强调集合组件之间的连续互动是维持集合长期存在的核心条件。也就是说，集合中各部分之间间断的互动是不够的，各部分之间只有通过持续互动，才能使得集合长期存在，若互动停止（例如诺基亚品牌后期频频流失与其产品互动的消费者），则集合将不复存在。然而，并不是每个组件都有互动性，如果组件周围没有适合与之互动的实体，其互动性就没办法体现。那么，在这种情境下，集合自然也不会出现。举例来说，有消费者想在拼多多平台通过与其他消费者一起拼团购买一款产品，如果该消费者没有匹配到愿意与其一起拼团的其他消费者，该消费者的互动性没办法体现。那么，在这种情境下，拼团的消费者集合就不会存在，拼团购买行为也就不会发生。综上可知，集合的出现与集合的长期存在是由有互动能力的集合组件之间的互动和持续互动导致的。就导致集合出现的互动而言，它主要包含三种形式，即部分与部分之间的互动、部分与整体之间的互动、整体与整体之间的互动。[6]

当然，集合不仅需要连续来维持，更需要变化来更新。因为集合所处的复杂环境驱动集合需要通过动态变化来适应。例如，消费者的消费水平越来越高，他们对产品（集合）的要求也越来越严格，产品只有通过不断更新迭代，才能满足消费者的消费需求。而集合的变化与集合的稳定与否密切相关。[9]那么，集合的变化在哪种情境下是稳定的？在哪种情境下又是不稳定的？集合理论可以对此进行解释。一方面，集合理论强调领域化（territorialization）过程是使得集合保持稳定的关键。该过程通过巩固集合组件（如品牌的名称和标志等）的身份、划清集合的边界（如突出本品牌与其他品牌的核心不同点），通过使集合内部更加同质化来稳定集合。[12]德兰达[4]提出的双重组构（double articulation）的概念能够帮助我们理解领域化过程。双重组构的第一种组构是从集合的物质层面出发，强调集合从多种潜在材料（a wider set of possible materials）中根据某一特征选取相似的材料，然后把挑选出来的材料组合起来，即将这些材料领域化。举例来说，爱马仕品牌根据消费者的收入情况，把具有消费爱马仕产品能力的消费者与其产品和服务等集合元素组合起来，进而将爱马仕品牌的组成元素领域化。第二种组构基于集合的物质表现力（material expressivity）视角，强调对集合的物质材料进行“编码”，以此对物质材料和集合赋予意义（例如对爱马仕的产品和品牌赋予高奢意义）。第二种组构通过给集合赋予意义的方式巩固集合，以此加强集合的领域化效应。可见，领域化效应越强，集合就越稳定。另一方面，集合理论强调解域化（deterritorialization）过程是导致集合不稳定的关键。该过程是将与集合内部物质材料差异较大的外部材料加入集合（例如华为开始将与自身经营差异较大的汽车产品纳入品牌集合），使集合的内部异质性增加，边界变得模糊，集合身份也变得不清晰，进而使得集合在物质和表现力两个方面都不稳定。[12]可见，解域化效应越强，集合就越不稳定。

集合理论除了解释集合出现的原因以及集合的稳定与不稳定性之外，也解释了从不同视角看待集合的必要性。德兰达首先强调了从个体（微观）、群体（中观）和社会（宏观）三个层面看待集合对于理解复杂的社会实践是非常重要的，并得到了后续研究的支持。[4]帕门蒂尔和费希尔（Parmentier and Fischer）在德兰达研究的基础上，从品牌集合的微观、中观和宏观三个层面探究了品牌的组成部分[8]。从微观层面来看，品牌集合主要包括构成品牌的所有内部元素，如品牌符号和品牌名称；从中观层面来看，品牌集合主要包括监管品牌合法运营的机构和人，如品牌管理者；从宏观层面来看，品牌集合主要包括品牌所处的宏观环境，如当地的政治和文化背景。可见，该研究展示了构成品牌集合不仅要考虑品牌的内部元素，还需要考虑品牌集合所面临的外部环境（监管品牌的机构和人以及品牌所处的宏观环境），并且内部元素和外部环境以复杂和多样的方式集合成品牌。综上可知，人们从某个单一的视角看待集合显得远远不够，而从微观、中观和宏观三个层面系统地看待集合是非常必要的。当然，由于人们分析对象的不同，从这三个层面看待集合的侧重点也就不同，就品牌而言，从微观层面看待品牌是分析品牌集合的核心。[8]

2. 理论在营销研究主题中的运用

集合理论已被证明是一种理解产品、品牌和消费者的有用工具，在营销领域的研究中得到了广泛的运用。[6]一方面，该理论能够应用在消费者心理与行为的研究中，涉及消费者体验、消费者集体创造力与消费者家庭实践等方面。[1, 5-6]另一方面，该理论适用于品牌领域的研究（如品牌寿命等）。以下重点介绍集合理论在营销研究主题中的四个方面的运用。

（1）集合理论与消费者体验

集合理论可以反映消费者与周围社会实体之间的交互，这种交互不断发生在广泛的社会物质环境中，以不同的形式影响着消费者的体验。近年来，随着AI（Artificial intelligence，人工智能）技术的发展与AI设备的广泛应用，基于集合理论探究在人机互动情境下的消费者体验已经成了营销学界的热点话题。有研究证明，AI设备具有独特的代理性、自治性和权威性等特点[6-7]，可以与消费者产生互动。当AI设备的功能增加时，消费者与其互动时的体验感也会增强。[7]举例来说，AI电视最早是通过遥控器被控制，现在人们只需要通过语音指令就可以控制AI电视。相对于通过遥控器控制电视，通过指令控制可能会让消费者感觉更便利，消费者使用时的体验感也会更好。也有研究表明，消费者与AI设备共享的信息数量也会对消费者的使用体验产生影响。[6-7]消费者与AI设备共享的信息数量越多，双方的交互就越有意义，设备越能识别消费者需求，消费者使用AI设备的体验也会更好。举例来说，当人们通过智能手机看抖音时，看的次数越多，时间越久，越容易看到自己喜欢的小视频，人们看抖音的体验感也会更好。

（2）集合理论与品牌寿命

集合理论认为品牌是包含消费者和产品等异质组件的集合，这一概念界定推进了集合理论在品牌研究中的应用，特别是品牌寿命（一个品牌的持续时间）的相关研究，为我们提供了理解品牌如何在动荡的商业环境中生存和持续的新视角。有研究证实，品牌组件（如产品和品牌口号等）的适当变化可以对品牌寿命产生积极影响，但维持组件变化时品牌集合的内部一致性是品牌寿命得以延长的前提和关键。[9]例如，帕门蒂尔和费希尔在探究品牌受众消散的原因时发现，当品牌受众感知到变化后的品牌组件（如产品）与品牌的核心理念一致时，消费者群体对品牌的认知价值（消费者对品牌提供的相对价值的主观评价）会提高，品牌也会持续发展。但当消费者感知到变化后的品牌组件与品牌的核心理念不一致时，消费者对品牌的认知价值会逐渐削弱，品牌可能会被毁灭。[8]可见，在维持品牌集合的内部一致性的原则基础上，企业对品牌组件进行适当改变对延长品牌寿命具有重要价值。

（3）集合理论与消费者的集体创造力

集合理论可以解释消费者的集体创造力。消费者的集体创造力总是始于集合外区域，终于集合内区域，它的产生依赖于消费者集合的解域化和领域化过程。[12]具体而言，当消费者集合外区域的新元素（如新的思想和观念）进入集合后，集合会迅速进入解域化过程（消费者集合的内部异质性开始增强），集合中部分消费者的思想和行动从传统中得到了一定的解放，他们的创造力也由此产生。而部分消费者创造力的产生会让集合逐渐进入领域化过程，领域化过程通过将部分消费者新的思想和观念快速分享和传递给其余消费者，以此实现部分创造力到集体创造力的转变。当然，消费者的创造力不是一次性产生的，而是将创造性思想融入消费者群体之后迭代和复制的结果。就消费者的集体创造力而言，它会对市场变化造成影响。有研究表明，集体创造力可以作为消费者运动的主要模式，通过变革性创造力和探索性创造力两个方面影响消费者运动，进而影响市场变化。[12]其中，变革性创造力可以理解为消费者集合通过将与集合特征差异较大的新思想和观念等加入集合后，集合产生的创造力，它破坏了集合的既定规则；探索性创造力可以理解为集合内变革性创造力思想在复制和传播时产生的创造力，是集合领域化的关键。

（4）集合理论与家庭实践

集合思维对于理解复杂的和动态的家庭实践是非常有用的。例如，埃普和韦莱盖莱蒂[5]（Eppand and Velagaleti）研究了父母对护理资源的权衡如何影响护理活动的外包决策，研究发现父母在做出护理（care）决策时通常会感知到三种紧张关系——控制（control）、亲密性（intimacy）和可替代性（substitutability）。然而，当父母将市场、公共服务和家庭资源集合在一起，并根据集合外部环境和内部元素的变化对集合间的资源进行权衡和调整（丢弃掉可能会加剧紧张局势的护理资源，采用可能会解决护理紧张趋势的新资源）时，紧张关系会得以缓解。举例来说，当父母在考虑是否请其他人来帮助自己计划自己孩子的生日聚会时，父母会感知到三种紧张关系。首先，父母会想："派对策划人到底会不会按照自己喜欢的方式进行策划？"（控制）。其次，父母会想："作为一名家长，安排孩子的生日聚会不就是我的事吗？"（可替代性。）接着，父母会想："难道我不应该是为我孩子创造兴奋和快乐的人吗？"（亲密性。）尽管父母们在外包护理活动时总会面临这些问题和由此产生的紧张关系，但如果父母可以将自己的想法详细告诉派对策划人，并在生日派对中进行适当参与，也会为自己的孩子创造快乐和惊喜，那么紧张关系会有所缓解。

（三）理论运用中的研究方法

在营销领域的研究中，采用集合理论的论文主要使用民族志（ethnography）和纵向法（longitudinal approach）。民族志又称人种志，是人类学的一种研究方法和写作文本，是建立在人群中第一手观察和参与之上的对消费文化和习俗的描述，以此来解释复杂的消费现象。例如，卡尼福德和申卡尔（Canniford and Shankar）[1]于2013年选择民族志方法对消费者的自然体验进行研究，研究人员从2002年12月到2008年12月在世界各地的多个冲浪地点通过实地调查、观察、现场记录和民族志访谈得到研究数据，以此对自然集合中的文化资源、物质资源和技术资源进行描述，进而帮助人们理解消费者如何通过协调这些消费资源来体验自然。纵向法是指在一段相对长的时间内对同一个或同一批被试进行重复的研究，可协助集合理论解释复杂动荡的集合关系。例如，埃普和韦莱盖莱蒂（2019）[5]利用一种纵向设计来跟踪25个家庭的71个家庭成员的消费实践在分离（因工作通勤、离婚和服役）时如何发生变化，以及随着时间和地点的变化，如何保持和加强家庭集合关系。

（四）对该理论的评价

集合理论对复杂社会中集合（涉及人、事、物、环境等多个方面）的互动（部分与部分、部分与整体、整体与整体）关系以及集合的稳定与不稳定具有较好的解释力，是一种帮助人们思考社会世界的重要工具，在哲学和社会学的理论中占据十分突出的地位。由于集合理论能够有效地解释个体与事物之间的互动与协同，在消费者心理与行为领域、品牌战略领域也有了较为广泛的应用，为理解消费者体验、消费者集体创造力、消费者家庭实践和品牌寿命等方面提供了重要的分析视角。

尽管集合理论已经发展较为成熟，兼具理论深度和应用广度，但该理论的发展仍然存在一些局限性。目前，集合理论似乎提供了一个较为清晰的解释集合稳定和不稳定的框架，即对于任何集合而言，都存在有新的组件不断进入集合和旧的组件退出集合的现象，而当进入集合的组件与集合的核心元素具有较高的一致性，且退出集合的组件与集合的核心元素具有较高的差异性时，集合就会很稳定，反之集合就会不稳定。但是该理论只有在解释单个集合的时候是较为清晰的。也就是说，对我们所处的复杂社会实体，在某些情境下它不一定具有较好的解释力。例如，一个集合可以由于集合内部一致性的增强而变得更稳定，但由于该集合又与其他集合进行着互动，其他集合发挥的作用可能会导致该集合由稳定变得不稳定。因此，集合理论对于多个集合同时互动时集合稳定性的内在机制还缺乏一定的解释力，可能需要较为系统的框架或一些边界条件去加持，目前却很少有研究关注这一点，这导致该理论在解释实际现象时可能会存在一定的偏差。其次，集合理论的研究强调人们要从微观、中观和宏观三个层面看待集合，但现有研究对集合的微观、中观和宏观组成部分的边界划分还不够清晰，未来的研究可以提出划分集合微观、中观和宏观的标准和边界条件，以此加深人们对集合的认识和理解。此外，目前集合理论应用在营销领域的研究方法基本是定性研究，未来可以探究是否可以通过定量研究（如人工智能算法），对消费者集合的决策等方面进行解释。

（五）对营销实践的启示

集合理论能够很好地解释消费者心理与行为以及品牌战略，在营销领域中，企业一直十分关注如何通过各类营销活动和品牌战略活动影响消费者。一方面，根据集合理论，互动形式和互动次数的不同会对消费者的体验和决策产生差异化影响，在营销实践中，可以通过改变互动形式和互动次数，进而影响消费者的选择和体验。如通过在网络平台显示其他消费者较好的网络评价来影响消费者的决策[11]，通过增加消费者与企业产品的互动次数提升消费者的使用体验[6]。另一方面，品牌集合的内部一致性会对品牌寿命产生影响，在战略实践中，可以对品牌集合中的非核心元素不定期地进行适当调整，以此延长品牌寿命。如将与品牌发展契合的外部文化元素加入品牌集合，进而维持品牌集合的内部一致性，以此帮助品牌延长寿命。[9]总之，借助集合理论的相关研究，能为企业的营销策略和品牌战略（如品牌元素的一致性）等方面提供参考。

参考文献

26

概念隐喻理论

刘红艳[①]

（一）理论概述与在营销研究中的发展

概念隐喻理论（conceptual metaphor theory，CMT）是由莱考夫（Lakoff）和约翰逊（Johnson）于1980年提出的认知理论。莱考夫通过对日常语言中的隐喻进行大量分析后发现，隐喻无处不在，人一生中使用大约2140万个定型隐喻。[1]隐喻是两个概念域之间的一套系统的对应关系，人们借助具体的、简单的始源域（source domain）概念（如空间、形状）来理解抽象的、复杂的目标域（target domain）概念(如权力、关系等)。[2]隐喻是人类认知领域中十分重要的理论。概念隐喻理论自提出的四十多年来，在语言学、认知心理学、消费者行为学的领域中得到了广泛运用。概念隐喻理论的研究，最初研究集中于隐喻的理解，隐喻的分类等；近年来，具身认知广受营销学者关注，与具身认知相似的概念隐喻理论也广受关注。[3]

在营销领域中，该理论被广泛运用于消费者心理与行为、企业营销策略制定的相关研究中。我们分别展示了该理论在营销领域六大顶级期刊和年度的频率分布趋势（图26-1、图26-2），可以看出该理论在*Journal of Consumer Research*中运用最多。

（二）理论的核心内容与在营销研究主题中的运用

1. 理论的核心内容

概念隐喻理论认为，隐喻是人类认知和思维的基本方式；人们借助具体的、简单的始源域（source domain）概念（如空间、形状）来理解抽象的、复杂的目标域（target domain）概念（如权力、关系等）。[1]人们普遍认为，隐喻是一种独特的语言表达方式。莱考夫（Lakoff）和约翰逊（Johnson）提出，

---

① 刘红艳，暨南大学管理学院副教授，主要研究领域为消费者行为和品牌管理。周泳含，暨南大学管理学院硕士研究生，主要研究领域为消费者行为和品牌管理。基金项目：国家社会科学基金面上项目（19BGL110）。

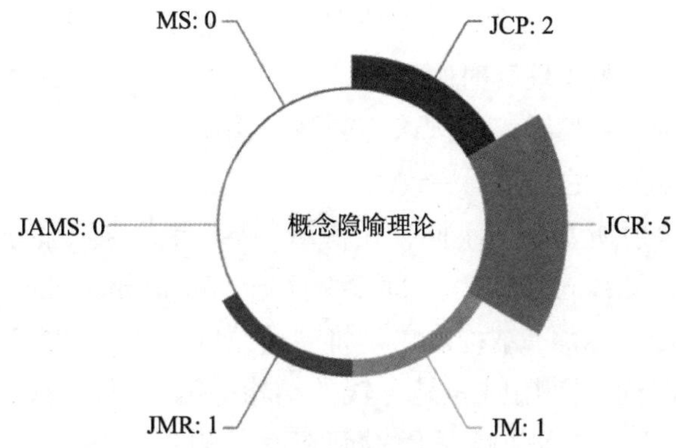

图 26-1 六大期刊中概念隐喻理论频次分布

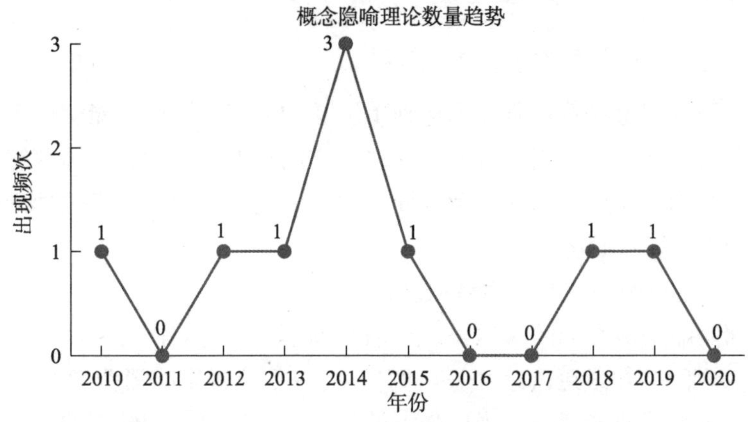

图 26-2 六大期刊中概念隐喻理论的年度频次分布

隐喻不仅是语言表达方式，更是人类进化过程中形成的认知方式；人们利用熟悉具体的经验理解陌生复杂的概念。[1]例如，时间如流水，用熟悉具体的"流水"理解陌生抽象的"时间"。

隐喻如何帮助人们实现抽象概念的认知？刚出生的婴儿仅具备基本感觉、知觉和条件反射的能力，他们长大后是如何掌握时间、道德、权利等抽象概念的呢？根据概念隐喻理论，人们在丰富的感觉和知觉经验基础上形成了具体概念范畴的图示结构（schema structure），这些图示结构包括空间、温度、感知觉等范畴，譬如上-下空间结构、冷-暖温度结构、软-硬触觉结构等。从具体概念到抽象概念的隐喻化过程是通过概念结构的"架构"（scaffolding）或"映射"（mapping）来实现的。[4]隐喻通过将具体经验的图示结构架构到抽象范畴，从而获得了对抽象概念的新认知。经过架构过程而形成的抽象概念与具体概念有密切的联系；具体概念的图示结构是抽象概念的内在逻辑结构，具体概念的感知觉经验也是抽象概念表征的重要内容。[5]例如，人们用空间距离理解时间概念，被试观察一个点在线条上的移动并判断所需时间。线条更长时，被试认为刺激点移动的时间更长，实际上不同长度的线条上移动所需的时间是一致的。[6]

根据隐喻映射所基于的不同“始源域”，莱考夫将隐喻分为三类：结构隐喻（structural metaphors），空间隐喻(oriential metaphors)和本体隐喻(ontological metaphors)。[1]结构隐喻是将“始源域”的结构映射“目标域”的结构，如浪费时间就借用时间是金钱的结构隐喻，时间像金钱一样可以支出、节省或浪费。空间隐喻是用空间概念映射抽象概念，譬如“上善下恶”，用垂直空间映射道德。本体隐喻把实体（“书”）属性赋予无形的抽象概念（“人生”），如“人生是一本书”。

2. 理论在营销研究主题中的运用

概念隐喻理论在营销研究中得到了广泛的运用，该理论能够用于了解消费者心理与行为，涉及消费者的概念认知方面（地位感知、时间感知、道德感知等）与消费偏好和消费决策方面等。以下重点介绍概念隐喻理论在营销研究主题中的三方面运用。

（1）概念隐喻理论与消费者概念认知

空间隐喻是最常见的隐喻类型，消费场景中的空间概念激活消费者的地位感知、时间感知或道德感知等。例如，上-下位置影响消费者的理性/感性感知继而影响消费者评价。当广告上的理性宣传标语（如健康的燕麦棒）置于广告上方，感性的宣传标语（如美味的燕麦棒）置于广告下方时，消费者会有更多的积极评价；因为消费者普遍具有“理性在上，感性在下”的隐喻认知。[7]上-下位置也影响消费者的权力感知，位置与权力共同影响品牌偏好和支付意愿。当品牌logo位于品牌包装上方而非下方时，消费者更喜欢有影响力的品牌；而当品牌logo位于品牌包装下方而非上方时，消费者更喜欢影响力较小的品牌。[8]

左-右水平位置影响着人们的时间感知。当人们想象一个动作或事件的顺序时，他们普遍觉得是从左到右发生的，更喜欢将一系列动作或事项的图片依照从左往右的顺序摆放。当广告上包含时间先后的信息时，消费者认为其呈现方式应该与“过去在左，未来在右”的表征一致；譬如复古经典产品的图片应该置于广告左边，而现代化产品应该放在广告右边。[9]

（2）概念隐喻理论与营销元素

营销中的价格信息、企业信息和广告信息等通过影响抽象构念并影响消费者决策。呈现价格信息的上下空间位置影响价格差距感知并影响消费者的购买意愿。零售场所价格的呈现位置影响消费者的价格感知：水平（垂直）排列促销价格与原价时，消费者更倾向于计算绝对价格差异（相对价格差异）；当$75与$37这两种价格水平呈现时，消费者更愿意评估它的折扣是降价38元，而不是降价50%。[10]在产品折扣较大时，比起水平摆放，将产品的日常售价与促销价以垂直方式呈现时会呈现更高的购买意愿。价格标签上日常价与促销价呈现在水平位置上的距离越大，消费者感知到的价格差异也越大（即消费者感知价格折扣更大）。[11]

广告中产品的左-右呈现方式会影响健康消费行为。当健康的产品放在不健康产品的左边时（不论是菜单上图片的摆放位置还是实物的摆放），会增加消费者对健康产品的选择。[12]广告上物体的位置朝向与消费者的利手边一致时，消费者的购买意向增加（如将叉子放在蛋糕的右边会增加右利手的消费者的购买意愿）。[12]

公司规模大小影响消费者对产品自然性的判断。消费者将“小”的具体概念与产品自然性抽象概念映射，并影响消费者的购买意愿。小实体被视为更接近其“诞生”时所呈现的自然本质，因此比更“成熟”的实体更自然。“小公司”与“天然产品”（“大公司”与“人造产品”）关联，尺寸和自然度之间存在隐喻映射。[13]

在广告领域中，消费者不同的参与模式意味着广告不同的隐喻含义。在消费者购买商品时，广告是了解产品的一个窗口；消费者通过浏览广告找到了正在出售的商品。当消费者进行身份识别时，广告是一面镜子；消费者在广告中努力看到自己身份的投射。当消费者参与叙事传输时，广告就是一个童话故事，广告为消费者提供构建故事的人物和情节。当消费者沉浸于广告时，广告就是一幅画，消费者观赏画上的图案和颜色，产生愉快的视觉体验。[14]美国家得宝公司（Home Depot）在广告活动中鼓励消费者通过购买家居用品来开始新生活，用新家具映射新起点思维模式。这种重新开始的思维模式被激活后，消费者产生了代表着可能重新开始的信念。[15]

（3）概念隐喻理论与消费者行为

消费者具体的感官体验激活抽象的消费信念并影响其消费偏好和决策。消费者感知的生理温暖影响其对社会性消费的偏好。人们往往将身体上的温暖与人际情感相联系，将身体上的寒冷与排斥和自我中心相联系。例如，相对于与同伴一起吃饭，消费者独自吃饭时的感知温度更低[16]；生理温度较低的人可能会感到与他人隔绝，做出社交冷淡的判断。当消费者身体温度较低

（如喝冷饮）时，为了获得生理平衡，对社交关系需求更高，因此更愿意进行社会性消费或者购买社会性产品。[16]

具有隐喻意义的图像影响消费者的创造性产出。具有积极隐喻含义的图像，如“一个点亮的灯泡”是一种顿悟、照明和思想的象征，能够增加消费者的创造性产出。相反，具有消极隐喻含义的图像，如“一个烧坏的灯泡”隐喻智力枯竭，会抑制消费者进行创造性产出。[17]类比推理能力较强的个体能够更正确、充分地理解隐喻，使隐喻和认知之间的联系更加有效，从而加强对创造力的影响。[17]

空间距离通过影响消费者对未来时间的判断，进而影响消费者的跨时期决策偏好。[18]更远的空间距离会导致消费者对相同未来时间更长的判断。在人们的经验中，长途旅行需要更多的时间.因此空间距离越远，就会导致对更长时间的判断。[5]如果消费者认为某一特定的未来时间（如一个月）较长，那么她将对跨时期决策更不耐烦。[18]

浪漫刺激（如观看浪漫广告、阅读浪漫笔记）影响消费者的甜食消费。“love is sweet”将人们对甜味的感官体验与爱的抽象关系概念联系起来，进而影响到消费者对甜食的选择。对于抽象思考者（具有高水平解释能力）而言，他们关注的是甜味概念的要旨，因此他们不太可能区分由浪漫刺激引起的心理甜味和涉及甜食决策的生理甜味。因此，当他们接触浪漫刺激时，不仅激活了心理甜蜜的概念，也提高了对生理甜味的可及性，在随后的甜食选择中出现同化效应（assimilation effect），增加选择甜食的倾向。而具体思考者（具有低水平解释能力）采用局部视角，关注甜味的情景化特征。当接触浪漫刺激时，被激活的心理甜味会抑制对生理甜味的可及性，产生对比效应（contrast effect），从而减少了随后对甜食的选择。[19]

（三）理论运用中的研究方法

在营销领域的研究中，采用概念隐喻理论的论文主要使用内隐联想测试和情景实验法。

1. 内隐联想测试

内隐联想测验（implicit association test，IAT）是隐喻研究中最常用的方法，在心理学中常用来测量内隐态度。[20]内隐联想测验通过计算机化的分类任务来测量概念词（concept words）与属性词（attributive words）之间的紧密程度，进而对个体的内隐态度进行测量。[21]在测试中，参与者在刺激呈现之后既快又准确地做出反应，将其归类并进行按键反应。从刺激呈现到参与者做出反应之间的时间（latency）即为反应时，标志着个体内部加工过程的复杂程度。概念词（如理性、感性）与属性词（上、下）之间存在两种关系：相容（compatible）（如上–理性）vs.不相容的（incompatible）（如上–感性）。当属性词与概念词相容时，两者关系与内隐态度一致，反应时短。相反，当属性词与概念词不相容时，与内隐态度不一致，反应时延长。[21]

内隐联想测验一般在计算机上进行，屏幕的左上侧和右上侧分别呈现类别标签，刺激词呈现在屏幕中央。[21]下面以测量上下位置与理性/感性之间的内隐联想测验为例对其过程进行说明（具体见表26-1）。[7]

表26-1 内隐联想测验的实验程序

组块	任务	左键(如'Q'键)	右键(如'P'键)
1	练习	理性	感性
2	练习	向上	向下
3	练习	理性+向上	感性+向下
4	测试(相容)	理性+向上	感性+向下
5	练习	感性	理性
6	练习	感性+向上	理性+向下
7	测试(不相容)	感性+向上	理性+向下

首先，将类别名称（“理性”–“感性”和/或“向上”–“向下”）放置在屏幕的左上方和右上方。参与者单独完成五个练习块和两个测试块，需要对刺激词尽快进行辨别并按键（如按“Q”键或“P”键），将属于左侧类别的刺激视为一类并按下相同的按键（如“Q”键），将属于右侧类别的刺激视为一类并按下相同的按键（如“P”键）。当参与者进行错误归类时，屏幕会出现反馈（如“Incorrect”）。在错误归类后要求参与者更正，接着进入下一个刺激词（具体见图26-3）。

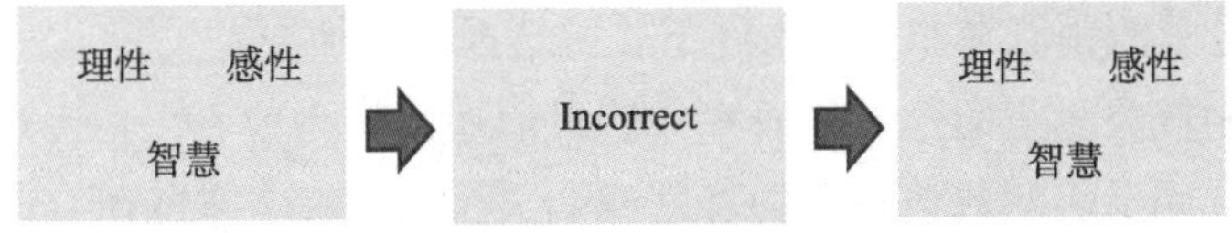

图26-3 IAT实验流程（以错误归类为例）

2. 情景实验法

在情景实验中，研究人员通常设置不同的购物情景或生活场景，操纵具体的感知属性，譬如设计品牌标志的位置上下、产品温度的高低等。研究通过将品牌标识放置在中心图像上方（在视野中较高）或在中心图像下方（在视野中较低）来操纵品牌标识的位置。[8]研究通过操纵茶温度的高低来探究茶温度对产品属性特征的消费者期待的影响。研究者要求参与者在享用完热茶/冷茶之后，描述他们对于正在研发的一款机器人女佣原型所期望拥有的特征和功能。编码者将与互动功能有关的想法评为社会性想法（例如交谈/互动、一同散步、性行为），将与非互动功能相关的想法列为非社会性想法（例如吸尘、烹饪、闹钟）。若参与者在饮用冷茶后，产生了更多的社会思想，即身体温暖与人际情感存在隐喻联系（身体的寒冷与排斥相联系）。[16]

（四）对该理论的评价

概念隐喻理论对个体概念的认知过程有独特的解释视角，能解释消费者一些抽象概念的理解以及对消费行为的影响。概念隐喻理论与具身认知理论之间存在相似之处。由于概念隐喻理论来自于认知语言学，该理论不够系统和完善，目前的应用主要局限于概念认知加工领域。

概念隐喻与具身认知（embodied cognition）都强调通过具体感知理解抽象概念，理论思路具有相似之处。实际上二者还是存在区别的，两者的关键区别在于是否需要激活特定的身体状态或身体感觉。具体来说，具身认知需要激活特定的身体状态或身体感觉，而概念隐喻仅仅通过语义刺激或概念启动即可激活。[22]因此，在实验操纵中可以通过启动任务加以区分。例如，研究通过启动任务激活平衡，以此确定具身认知是否能够解释“平衡-平等”的关系。[22]参与者被要求选择单词组成句子。在平衡的条件下，参与者选择了“平衡的”“稳健的”“脚踏实地的”等单词；在非平衡的条件下，参与者选择了“摇晃的”“不平衡的”“笨拙的”等单词；在平等的条件下，参与者选择了“平等的”“对称的”“相同的”等单词。根据概念隐喻理论，平衡组、非平衡组和平等组都应该激活平等的概念，导致妥协选择的增加。而具身认知理论只能预测在非平衡条件下妥协选择的增加。

营销领域关于空间隐喻的研究方法目前还是较为单一，主要是一些行为数据收集，用量表测量消费者的态度或购买行为。在未来的研究中，可以让研究方法多样化，将行为数据，眼动数据和脑电数据等相结合。例如，在研究空间隐喻与网络营销的交互或者在探索广告最佳位置时，可以引入眼动实验，收集注视时间、注视次数、眼跳等眼动数据，能更好地捕捉消费者对画面的切实关注点，提高画面利用率。

（五）对营销实践的启示

概念隐喻理论能够很好地解释消费者如何通过营销场景的具体概念理解抽象概念的认知过程，能为企业广告设计和营销信息的展示等提供启示。

（1）企业在设计广告、包装时，应该考虑使品牌权力、品牌社会角色等品牌抽象属性与相应的空间位置匹配。品牌标识作为平面广告的主要要素之一，对消费者有重要的引导作用。而其出现的不同位置都会引起消费者不同的联想，当位置与品牌抽象属性匹配时才会有更高的品牌态度和消费者评价。[8]

（2）考虑代言人、产品特征等元素在包装和平面广告上的合理位置。我们会发现越来越多生产女性产品的企业选择男明星作为代言人，而一些男性杂志（如:男人装）往往以女性图片作为封面。研究发现男性觉得位于屏幕下方的女性更年轻、更有性吸引力，而女性认为位于屏幕上方的男性有更高的社会地位和资源，更值得喜爱。因此，企业或者广告人在设计代言人图像时，应考虑代言人的抽象属性特征，并从空间隐喻角度合理安排其呈现位置。产品图片几乎是广告和包装上的必备要素，但并非每个企业都将产品图片放在了适当的位置。当产品呈现在下方时被感知为更厚重，当产品呈现在左侧时被感知为更复古，当产品与其作用对象更接近时被感知为更有作用。[9]经常，消费者会认为越重的产品越有质感，因此一些高技术产品的图片就应该被置于右侧和下方，提高消费者的质量感知。

总之，概念隐喻理论的相关研究发现为营销信息的呈现方式、企业的营销策略（如营销沟通、产品定价）等方面提供启示。

参考文献

27 心理逆反理论

贺远琼　唐漾一①

（一）理论概述与在营销研究中的发展

心理逆反理论（psychological reactance theory，PRT）是由布雷姆（Brehm）于1966年提出的社会心理学理论。[1]该理论阐述了个体在感知自身自由被剥夺、限制或威胁时的反应，被广泛应用于教育、心理咨询、信息说服等诸多领域的研究之中。其中，营销领域关于心理逆反的研究虽然起步稍晚，但近年来越来越受到重视。[2]

在营销领域中，该理论被广泛运用于消费者心理与行为、企业营销策略制定的相关研究中。我们分别展示了该理论在营销领域六大顶级期刊和年度的频率分布趋势（图27-1、图27-2），可以看出该理论在*Journal of Consumer Research*中运用最多。

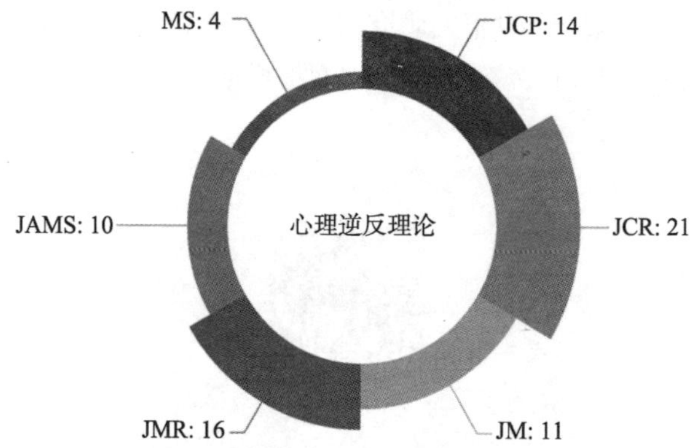

图27-1　六大期刊中心理逆反理论频次分布

---

① 贺远琼，华中科技大学管理学院，教授，博士生导师。主要研究领域为企业高管团队战略决策、服务创新、顾客价值与商业模式创新。唐漾一，武汉大学经济与管理学院，特聘副研究员。主要研究领域为消费者心理逆反、消费者控制感、消费者时间管理模式。基金项目：国家自然基金项目（72272058，72102169）。

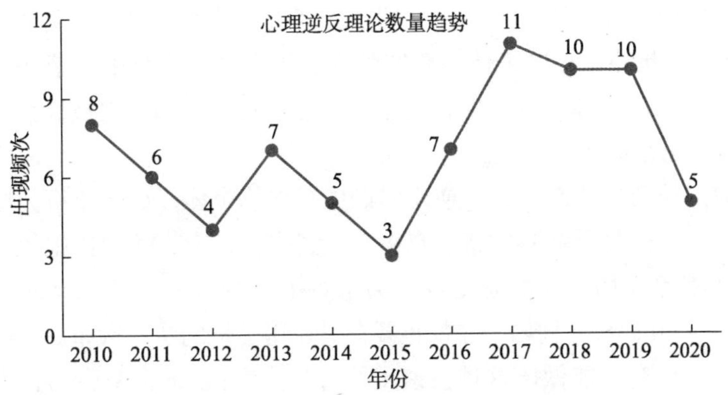

图27-2　六大期刊中心理逆反理论的年度频次分布

（二）理论的核心内容与在营销研究主题中的运用

1. 理论的核心内容

心理逆反理论假设人们相信自己拥有独立自主地实施某些行为的权利，同时他们珍视这种权利。因此，当个体察觉到自身的选择或行为自由受到威胁时，他们会产生一种旨在恢复受威胁行为自由的动机状态，即“心理逆反”。在心理逆反的驱使下，个体将通过调整自身态度或行为来重申自身行为自主权。[1]

心理逆反理论由四个核心概念组成。它们分别是行为自由、对自由的威胁、心理逆反、恢复自由的措施。[3-4]根据心理逆反理论，人们并不追求在任何行为上都拥有完全的自主权，而是相信自己具有实施某些特定行为的自由。因此，心理逆反理论中所涉及的自由必须是个体清晰意识到的并认为自身有能力实施的具体行为自由。需要注意的是，个体对于自身所拥有的行为自由的认识并非一成不变，而是会随着主观认知的发展而变化。一旦个体相信他们拥有实施特定行为的自由，那么任何妨碍该行为实施的因素都可能被视为对自由的威胁。其中不仅包括对于行为的实际限制，也包括他人所表现出的说服意图。此外，即使是非有意施加的客观事件（例如恶劣的外部天气）或他人出自善意的行为（例如主动提供的建议），也有可能威胁到个体的行为自主权。

对外界威胁的感知将唤起个体心理逆反状态，即状态逆反（state reactance）。研究表明，心理逆反状态的强度主要取决于两方面的因素。一方面，个体受限制行为自由的数量多少和重要程度会正向地影响着状态逆反强度；另一方面，状态逆反也会随着感知外部威胁的严重程度和明确程度的上升而加剧。[4]此外，不同个体在感知外界对于自身行为自由的威胁程度上也存在稳定差异。这种个体产生心理逆反状态的稳定内部倾向被称为“特质逆反”（trait reactance）。[3]

作为一种动机状态，心理逆反的产生会促使个体在认知或行为层面采取一系列措施来恢复受威胁的行为自由。[2,5]其中，最为直接的措施便是通过表达与威胁来源立场相反的态度或行为来重申自身行为自主权，即反向效应（boomerang effects）。例如，在禁止开车时使用手机的法令颁布后，心理逆反会导致个体更有可能做出这种被禁止的行为。[6]在恢复自身行为自由的过程中，个体也会产生针对威胁来源的敌意与贬损。当直接恢复受威胁自由的难度较大时，个体也可能会选择通过实施与受限制行为相关的其他行为来重申自身行为自主权，即“关联反向效应”（related-boomerang effects）。例如，当消费者被禁止触摸某件商品后，他们更有可能会在接下来的购物中触摸其他商品。[7]除了改变自身的态度和行为外，个体也可以通过观察或赞扬他人实施与受威胁自由相关的行为来间接恢复自身的行为自由。这种借助社会影响来应对威胁的措施被称为“替代反向效应”（vicarious-boomerang effects）。

2. 理论在营销研究主题中的运用

由于消费者在购物过程中往往需要面对各种意图影响自身行为自由的力量，包括商家的营销活动、他人的建议、政府管制措施等，因此消费者心理逆反及相关现象在营销环境中十分普遍，也得到研究者的广泛关注。[8]以下重点介绍心理逆反理论在营销研究主题中的三方面运用。

（1）由广告信息引发的心理逆反

在营销环境中，企业希望通过投放广告达到影响消费者偏好与购买行为的目的。然而消费者可能会将企业投放广告的行为视为对自身选择自由的干扰，进而对广告中所传达的信息产生抵触。例如，未经请求的购物建议、与浏览内容无关的弹出式广告、基于个人信息的定制化产品推荐等都可能会引发消费者的心理逆反。

现有研究表明，由广告信息引发的消费者心理逆反强度受多方面因素影响。首先，从广告内容上来说，当发现企业利用过于个人化的信息定制广告内容时，消费者可能会产生被密切监视的感受并察觉企业意图施加的影响。[9]类似的，那些试图将产品打造为某类身份定义的广告也可能会威胁到消费者身份表达的自主权。[10]此外，当广告内容与消费者本身偏好[11]或决策习惯[12]

不一致时，消费者会更为显著地感知到对于自身自主决策权的威胁。其次，在语言表达方面，在广告中采用命令式的口吻传达对于具体行为的建议（例如，“立即下单，机不可失！”）会使品牌忠诚度较高的消费者感受到来自企业的强迫性压力并引发他们的抵制行为。[13]但也有研究表明，这种带有命令意味的语言表达对于以积极情绪为主要效用的享乐型产品反而会起到正面效果。[14]再次，广告信息传递的时机与方式也影响着消费者的心理逆反强度。作为消费者预期之外的信息，未经请求而主动展示的广告可能会中断他们原有的行为或认知过程，导致消费者产生被迫接受信息的感受。[15]而在信息传递渠道的选择上，如果企业同时利用多种渠道过于频繁地与消费者进行沟通，可能会适得其反，让消费者产生侵扰性感知。[16]最后，除了上述与广告信息相关的因素外，消费者的个人特质也影响着他们面对广告时产生的心理逆反强度：那些逆反性特质较强的消费者更容易将广告感知为对于自身决策自由的干扰，从而对广告信息产生抵制。[11,15]

上述由广告所导致的心理逆反会导致消费者对于广告本身产生负面评价，并引发拒绝点击、提前关闭广告等行为。[15]同时，经历心理逆反的消费者所持有的负面态度也会扩散至广告中所宣传的产品或品牌，从而导致他们选择购买相关产品或品牌意愿的降低。[10，13]

（2）由促销活动引发的心理逆反

除了广告信息外，企业也经常通过提供各类促销优惠来引导消费者购买特定品牌或产品。但当获得这些促销优惠所需要达成的行为条件被明确地表达时，消费者可能会察觉到背后商家的操纵意图，从而将促销活动视为对自身购物行为自由的一种威胁。例如，许多企业为了与顾客建立和维持长期关系推出了常客计划，即承诺为那些频繁光顾的顾客提供优惠待遇或额外奖励。然而，消费者为了获得常客计划中的奖励，可能需要放弃未来多次购买活动中的自主选择权，因此常客计划容易诱发消费者的心理逆反。[17]除了希望影响消费者未来多次的购买行为外，商家也试图通过提供促销优惠来改变消费者在单次购买过程中的决策行为。例如，为了享受到商家提供的促销优惠，消费者可能会被要求一次性购买达到一定数量或金额的商品，或者商家以返现为奖励来鼓励消费者在网购后给出正面的评价。在面对这类促销时，消费者可能将其理解为商家想要通过设置有条件的促销奖励来诱使自己在购物过程中做出特定行为，从而感觉自身的购物自由受到侵犯。[18]

这种面对促销活动时的心理逆反状态会降低消费者参与促销活动的意愿，缩减他们的消费开支，减少他们在商家的重购意愿。[18,19]不过，并非所有的促销活动都会诱发消费者的心理逆反。例如，当提供的促销奖励与消费者被要求做出的行为相一致时，消费者更容易将自身的行为进行内部归因，从而降低心理逆反产生的可能性。[17]另外，如果消费者认为商家所设置的促销条件是出于合理目的时，他们产生心理逆反的可能性也会有所降低。从消费者的角度而言，那些特质逆反较高的消费者更容易在面对促销活动时产生心理逆反。[18]

（3）由其他营销环境因素引发的心理逆反

消费者心理逆反的诱因并不局限于广告信息与促销活动，其他营销环境因素也可能对消费者感知自身行为自由造成威胁。首先，当消费者被告知由于缺货而无法获得某类产品时，他们会感知自由受到限制。在这种情况下，消费者可能会更加渴望得到缺货商品，并在商品补货后予以积极反馈。不过需要注意的是，这种积极效应只有在消费者的逆反性特质较高且将缺货归因于产品畅销的情况下才成立。[20]其次，商家所设置的各类限制条件也可能会引发消费者心理逆反。例如，当商家禁止消费者在选购过程中触碰商品时，消费者会感到自身行为自由受到了侵犯并产生心理逆反。这种情况对于那些社会地位较高且有较高触碰需求的消费者来说尤为明显。为了重申自身的行为自主权，这些消费者会更加渴望于在接下来的选购过程中触碰商品并对于那些允许触碰的商品表现出更强的购买意愿。[7]此外，当消费者在选购过程中发现售货员时刻注视着自己时，他们会认为自己的购物隐私被侵犯。为了恢复保护自身隐私的自由，消费者可能会放弃购买甚至直接离开商店。[21]再次，环境中的颜色线索可能会影响消费者对于外界影响意图的敏感性。梅塔（Mehta）等人[22]研究发现处在以红色为主的背景之中时，那些追求高感官刺激的个体会经历较高的情绪唤起水平，因此更容易对于外界的影响产生心理逆反，从而拒绝服从。最后，政府制定的管制措施（如产品禁售令、各类警示标签等）也可能会激起消费者的心理逆反，并且这种效应会受到消费者的政治意识形态的影响。具体而言，相比于持自由主义倾向的消费者，那些持保守主义倾向的消费者在面对政府部门的管制措施时更可能会采取与之相反的行为或立场，尤其是当他们相信未来政府会进一步出台管制措施时。[6]

（三）理论运用中的研究方法

在营销领域的研究中，采用心理逆反理论的研究主要使用实验法与问卷调查法。研究人员通常使用量表来测量心理逆反。

在心理逆反理论提出之初，理论中的核心概念“状态逆反”被视作一种无法直接测量的、存在于假设之中的动机状态。受限于这种观念，早期相关研究往往通过测量心理逆反产生后个体的具体反应来间接推测心理逆反状态的存在。为了更加精确地探究心理逆反的产生与影响，传播学学者迪拉德（Dillard）和沈（Shen）将个体在面对自由威胁时所产生的心理逆反状态解构为由愤怒情绪与负面认知交织而成的潜变量，并在此基础上提出了从情绪与认知两个维度上测量状态逆反的方法。[3]其中，为了测量愤怒情绪，被试被要求利用五级李克特量尺来汇报他们在多大程度上体会到了四种与愤怒相关的具体感受。而对于负面认知的测量则是通过对被试所描述的个人想法进行编码而实现的。这种认知-情感交互式模型实现了心理逆反状态的可操作化并得到了后续研究的支持，不过目前在营销领域中完整使用这种测量方式的研究相对较少。营销领域研究人员多采用自编量表或改编特质逆反量表的方式来测量消费者心理逆反状态。[9,18,19]

随着心理逆反理论的发展，研究人员发现个体在产生心理逆反的倾向上存在稳定差异。在测量个体的特质逆反时，现今营销研究中通常采用是洪氏心理逆反量表（the hong psychological reactance scale，HPRS）。经过后续多次完善，目前的HPRS版本由11道题项构成，包含四个维度：对于选择限制的情绪反应、对于要求服从的抗拒、对于他人影响的抵制、对于建议/劝告的抗拒。针对每道题项中的陈述，被试需要依据自身情况在五级李克特量尺上做出评价。例如，当我无法独立自主地进行决策时我会感到沮丧（1 = 非常不同意，5=非常同意）。[23]

（四）对该理论的评价

心理逆反理论强调了个体对于自身所拥有行为自由的珍视，并描述了他们在感知自身自由被剥夺、限制或威胁时可能会采取的应对方式。在消费环境下，商家普遍试图通过各类营销手段来对消费者的购买过程施加影响，而这些营销手段有可能会被消费者感知为对于自身购物自由的威胁，从而引发心理逆反。因此，心理逆反理论在营销研究领域有着广阔应用前景，能够为理解消费者对于各类营销活动的反应，以及如何改善营销设计、提升营销效果提供理论基础。[2]

但营销研究领域中关于消费者心理逆反的研究仍然处在初期阶段。首先，目前仍然缺乏关于消费者心理逆反状态的有效测量方式。在现有研究中，研究人员多采用自编量表或改编特质逆反量表的方式来测量消费者心理逆反状态。然而，这些量表的有效性与可靠性仍有待进一步检验。其次，当前关于消费者心理逆反的研究主要是以西方消费者为研究对象进行的，而针对我国消费者心理逆反的研究相对较少。已有研究表明个体心理逆反的产生过程与表现形式可能存在文化差异，因此有必要结合心理逆反理论开展文化对比研究。[24]最后，随着大数据与人工智能技术的发展与应用，企业收集消费者个人数据并进行精准营销的能力不断提升，但可能使消费者越来越强烈地感受到企业的操纵意图，从而产生新的心理逆反现象。例如，在意识到企业未经允许收集和利用个人数据时，消费者可能会通过故意提供错误信息，拒绝使用相关服务等方式进行抵制。[25]未来的研究可以进一步探索由新营销技术应用所引发的消费者心理逆反现象。

（五）对营销实践的启示

当心理逆反被唤起时，消费者会表现出对于营销活动的抵触，甚至可能采取与企业意愿相反的行为或态度。因此，在营销实践中，企业十分关注改进营销活动设计以降低消费者心理逆反。根据心理逆反理论，营销人员应当避免使用硬性推销策略或过于明显的干预方式来试图影响消费的偏好与购买行为。例如，应当避免在消费者浏览网站的过程中强制弹出与所浏览内容无关的弹窗广告。同时，在实施精准营销的过程中，营销人员也应当注意所收集个人信息的恰当性，以及如何向消费者提供合理解释。此外，营销人员应当充分尊重消费者的购物自由，避免设置过多的限制条件。比如，允许消费者在选购时触摸商品，避免对消费者过分热情等。

参考文献

28

心流理论

陈　洁[①]

（一）理论概述与在营销研究中的发展

心流理论（flow theory）是由米哈里·契克森米哈赖（Mihaly Csikszentmihalyi）于1990年提出的理论，是心理学领域中十分重要的理论。心流理论的解释对象——心流，对人们的心理与行为有重要的影响。心流理论自提出的二十多年来，在不同的领域中得到了广泛运用。在心流理论的研究上，最初研究重点在于心流特征及其前因的挖掘，不断丰富其理论内涵。近年来，研究者们既持续推进着其理论深度的探讨，又关注着其理论广度的进一步延伸：一方面，研究者们持续讨论心流理论本身的框架改进；另一方面，心流理论也被广泛运用在不同场景之中。

在营销领域中，该理论被广泛运用于消费者心理与行为、企业营销策略制定的相关研究中。我们分别展示了该理论在营销领域六大顶级期刊和年度的频率分布趋势（图28-1、图28-2），可以看出该理论在*Journal of Consumer Research*中运用最多。

（二）理论的核心内容与在营销研究主题中的运用

1. 理论的核心内容

心流理论（flow theory）讨论了以目标为导向、以反馈为导向、根据个人技能水平进行校准的任务如何吸引人，从而使人在完成任务时感受到乐趣。在这样的任务过程中，人们会进入心流——一种非常专注的状态，以至于在一项活动中达到绝对的全神贯注。[1]处于心流时，人们会深入地参与到

---

① 陈洁，上海交通大学安泰经济与管理学院教授，主要研究领域为消费者行为等。参与者：韦俊龙，上海交通大学安泰经济与管理学院博士研究生，主要研究领域为消费者行为等。朱迅泽，上海交通大学安泰经济与管理学院硕士研究生，主要研究领域为消费者行为等。基金项目：国家社会科学基金重点项目“数字重构产业创新生态系统的机理、路径与策略研究”（22AGL007）。

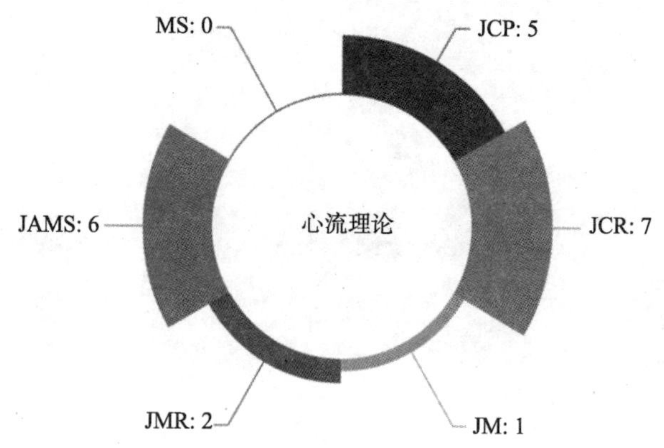

图28-1　六大期刊中心流理论频次分布

图28-2　六大期刊中心流理论的年度频次分布

活动过程中，达到自然和自发的状态，并产生行动与知觉的融合；人们全神贯注于所做的事情，排除任何不必要的干扰；人们会在心理上产生一种可以控制自己行为的感觉，且不用担心自己会失去这种控制；人们会失去“自我”的意识，不再进行自我回顾或关注他人的看法；这时，人们对时间的感知也会发生变化，通常会觉得时间过得比平常快；人们会感到活动是具有内在回报的，个体参与活动的原因往往不是期待可能的利益，而是享受参与活动这一过程本身。[1]-[4]总结来讲，心流的特征包括行动与知觉融合（merging of action and awareness）、专注于所做的事情（concentration on the task at hand）、潜在的控制感（sense of control）、失去自我意识（loss of self-consciousness）、时间感的变化（transformation of time）和自身有目的的体验（autotelic experience）。[1]-[4]

心流会对人们的心理与行为会产生诸多不同的影响。心流可以提高人们的注意力和学习能力[5]提高自我效能[3]等，比如心流中的人们通常会感到强大、警觉，能够毫不费力地完成手头工作，感觉自己正处于能力的巅峰，并伴随着一种令人振奋的超越感。[1]心流可以提高在人们活动中的积极情感[6,9]，减少焦虑[3]，带来意义[10]等；心流还可以促进人们的探索性行为[5]，提高人们在活动中的表现[8]。因此，心流理论在理论研究和营销实践中都具有重要意义。

那么，在什么情况下人们可以进入心流呢？心流理论认为，进入心流的前提条件包括清晰的目标（clear goals）、明确的反馈（unambiguous feedback）和个人技能与任务挑战相匹配（challenge-skills balance）。首先，清晰的目标指在进入心流状态前和在心流体验过程中对目标的感知明确，并清楚地把握下一步要做什么。[1-4]如果目标不清晰，对任务挑战的感知会变得混乱，个人技能和任务挑战将无法匹配；[3]清晰的目标能促进人们对目标的追求，因为此时他们必须暂时忘掉其他的一切，把注意力集中在手头的任务上，这能够带来意识上的有序性[1]。例如，观看体育比赛的观众会将准确预测体育比赛的结果作为目标，他们基于自己对赛事规则、双方水准和实时赛况等的综合评估能力，全身心地投入到对比赛结果的预测之中，从而进入心流状态。[12]其次，明确的反馈指直接且及时地告诉人们当前在活动中他们的进度，[1-4]这使人们了解自己对目标的完成度，并使活动开始产生内在的回报，[1]如果没有明确的反馈，那么活动体验将令人困惑且不再享受。[1,3]最后，个人技能与任务挑战相匹配。当个人技能与任务挑战相匹配时，此时人们更有可能进入心流。[1-4]这是因为，如果任务挑战的难度过高，那么唤起和担忧的感觉会主导整个体验；[3]然而，如果任务挑战的难度过低，那么就会出现唤起不足的情况，无趣的感觉反过来会主导整个体验。[3]清晰的目标、明确的反馈、个人技能与任务挑战是相互匹配而不是独立存在的，他们需要同时作为前提条件才能让个体进入心流状态。否则，个体会有匆忙、拖沓等感觉，将难以进入心流状态。[11]

2. 理论在营销研究主题中的运用

心流理论在营销研究中得到了广泛的运用。一方面，该理论能够用于了解消费者心理（认知、情感）与行为；另一方面，该理论能够用于指导企业与品牌的营销实践（如产品服务设计）。下面介绍心流理论在营销研究主题中的三方面运用。

(1) 心流理论与消费者心理

心流对消费者的心理有重要的影响。一方面，心流可以让消费者的注意力更加集中，并提高学习能力[5]，提高他们的自我效能[3]等。在网页浏览情境中，心流能提高消费者的注意力，并通过促进消费者的探索性行为，正向影响对交互技能、页面内容的学习，同时也会带来更高的控制感[5]；也有研究表明，心流能够提高人们的自我效能感知。[3]

另一方面，心流可以让消费者在活动中更加满意、愉悦[6,9]，减少焦虑[3]。例如，在享乐消费场景中，心流可以提高享乐消费中的快感，并促使其向更深层的愉悦甚至圆满感转化[6]；在创意消费的活动中，心流能够通过提高消费者的专注度，进而影响活动的乐趣[13]；在人机互动的情境中，心流也能提升消费者对产品的满意程度。[5]

（2）心流理论与消费者行为

心流可以促进消费者在活动中的探索性行为[9]，提高活动中的表现，比如生产力[8]、创造力[13]等，并使消费者愿意进一步参与活动。[3,14,16]例如，在人机交互情景中，心流可以促使人们在浏览网页时更频繁地尝试点击，通过这种方式进行探索；[5]心流也能通过让人们更享受创意活动的过程，从而能实现更具创意的产出[13]；在日常生活中，较短的时间内，较少的任务种类能让人们更容易进入心流，并正向影响生产力，提高幸福感。[8]此外，心流也会让人们持续沉浸于网上冲浪[14,17]和游戏[15]；极限运动中，心流会让跳伞爱好者热情高涨地反复参与跳伞运动。[16]

（3）心流理论与产品服务设计

对于品牌来说，心流并不总是产生积极的影响。一方面，心流会引起过度参与，消费者认知疲惫[5]，可能会引起消费者的消极态度，例如在游戏行业中，心流会引起游戏沉迷问题。[15]另一方面，心流会提高活动本身的内在回报并使得消费者注意力更加集中，这会导致消费者减少活动以外的其他行为。[5]例如，在线上购物场景中，消费者可能会因心流而沉迷于浏览商品，不自觉地减少了实际的购买行为。[5]

由于心流的影响是双面的，因此在希望消费者进入心流、产生沉浸、获得愉悦并进一步提升品牌体验和品牌购买的场景中，品牌需要找出产品服务设计中能够促进心流的要素，提供清晰的目标、明确的反馈，提高挑战与消费者的技能匹配程度。例如，在金融服务场景中，公司可以通过鼓励消费者参与价值共创，使消费者进入心流，提高愉悦感和复购意愿；[18]品牌方也可以设计游戏化的互动，使得消费者在游戏中进入心流，并提高他们的品牌参与，促进消费者与品牌之间的联系[10]；在游乐园、音乐会和电影院等场景中，呈现食物元素会使得消费者无法进入心流以完全专注于当前的消费体验，减少体验的愉悦感，因此在这些情况下需要减少食物元素。[9]

在不希望消费者进入心流产生负面效应的场景中，品牌需要通过产品服务设计来割裂进入心流的三个前提条件。例如，为了避免心流引起消费者过度使用游戏产品，可以通过延长获得奖励所需的时间（增加挑战难度）或设置活跃游戏时间限制（强制结束心流）来达到期望的效果[15]；在线上购物场景中，为了避免消费者长时间在心流中浏览商品而不产生购买行为，可以通过适当增加消费者在浏览体验中的购买暗示等来结束心流。[19]

（三）理论运用中的研究方法

在营销领域中，研究心流理论的论文一般采用问卷调查法和实验法。

在采用问卷调查法的相关文献中，一般对心流进行直接测量或间接测量。直接测量的方式是在叙述性地描述心流以后，使用三项目直接测量心流状态的量表[20]，问题包括“你在网上体验过心流吗？”“一般来说，当你使用网络时，你有多频繁地经历‘心流’？”“你使用网络的大部分时间是否都觉得自己处于心流状态？”。间接测量的方式包括单一维度的测量或多维度的测量。单一维度的测量主要采用个人技能与任务挑战的匹配程度来间接测量心流；多维度的测量主要根据具体情境的需要，基于理论推导选取心流理论中引申的构念组合，进而对心流进行间接测量。[21]例如，在一项对线上消费者行为的研究中，为测量心流，被试被要求对相关项目的同意程度进行评分，问题包括“我全神贯注于这项活动”（专注）、“我发现我的访问很有趣”（愉悦）、“我感觉一切尽在掌握”（感知控制）、“这是对我技能的一次很好的测试”（挑战）、“我发现使用这个网站很有用”（感知有用性）、“学会使用这个网站对我来说很容易”（感知易用性）和“我很擅长使用网络”（技能）等。[21]

在实验法的相关文献中，主要通过操控心流理论引申的构念来改变被试进入心流的可能性，并通过自我汇报的量表对心流进行操纵检验，判断被试是否进入了心流。[7]例如，在伯格（Berger）等人对游戏化互动的研究中，他们在情境操控中通过对游戏的“互动性”和“挑战”进行操控，并通过多维度间接测量的方式对被试是否进入心流进行操纵检验。[7]此外，也有在心流状态中通过外界干扰来人为结束心流状态进行操控。例如，当被试在前置实验流程中进入心流状态后，通过在实验组加入干扰因素（如食物等外源刺激）分散被试注意力，使得被试结束心流状态实现对照。[9]

（四）对该理论的评价

心流理论对个体进入心流、心流的特征、心流结束后获得愉悦的整个过程都具有强大的解释力，在社会心理学的理论中占据重要的地位。心流理论和自我效能等理论都具有密切的联系[3][18]，且心流理论能够有效地解释心流对个体心理和行为的影响，因此在相关理论研究和营销实践场景中，心流理论都扮演着重要的角色。

尽管心流理论已经得到长足的发展，在具备理论深度的同时也具有广泛的应用场景，但该理论的发展仍然存在一些局限性。在构念效度上，心流理论内部的构念缺乏明确的因果结构，难以通过实验检验关系和与其他理论整合；[3]在不同场景中，进入心流需要的条件也并不相同，这使得心流理论推广到各个场景中时往往难以直接应用。[3]在操作定义上，心流及其理论内部构念仍处于较高的抽象层次，难以操作化；以“个人技能与任务挑战相匹配为例”，它本身包括个人技能和任务挑战两部分，而个人技能和任务挑战的水平往往存在定义难度，这是因为他们通常都是多维度的概念，这使得理论在科学研究中的可操作性存在问题。[3]

（五）对营销实践的启示

心流理论全面而深入地解读了心流这一心理状态，它可以很好地解释心流对个体心理与行为的影响，因其独特的沉浸感、愉悦感以及对消费者品牌参与和购买行为的推动作用，心流理论在营销领域的不同场景得到了广泛运用，包括日常生活[8][22]、文娱消费[9]、体验消费[23]和人机交互[5,24]等。但是，品牌并非在所有场景都希望消费者进入心流，因为心流可能会导致在服务中过度参与或对产品过度使用，也可能带来体验以外的行为减少（如购买行为）。[5]总而言之，若要在营销实践中应用心流理论，品牌需要理解自己的商业模型，包括提供的产品或服务、产品或服务的受众传递的价值，并识别是否期望消费者在场景中进入心流，最后在产品和服务的设计上付出努力。[25]

参考文献

29 享乐适应理论

姚　唐　王昕婧①

（一）理论概述与在营销研究中的发展

享乐适应理论（hedonic adaptation theory）是由心理学家布里克曼（Brickman）和坎贝尔（Campell）于1971年提出的，它是心理学领域非常重要的理论。享乐适应理论自提出的50多年来，作为一种解释力很强的理论，在不同的领域中得到了广泛运用。享乐适应理论的研究，是幸福学理论研究的附属产物，被视为研究个体幸福感的一把钥匙。近年来，享乐适应理论逐渐受到了营销研究者们的广泛关注，即侧重讨论享乐适应理论在消费行为、领域的应用。[1]

在营销领域中，该理论被广泛运用于消费者心理与行为、企业营销策略制定的相关研究中。我们分别展示了该理论在营销领域六大顶级期刊和年度的频率分布趋势（图29-1、图29-2），可以看出该理论在*Journal of Consumer Research*中运用最多。

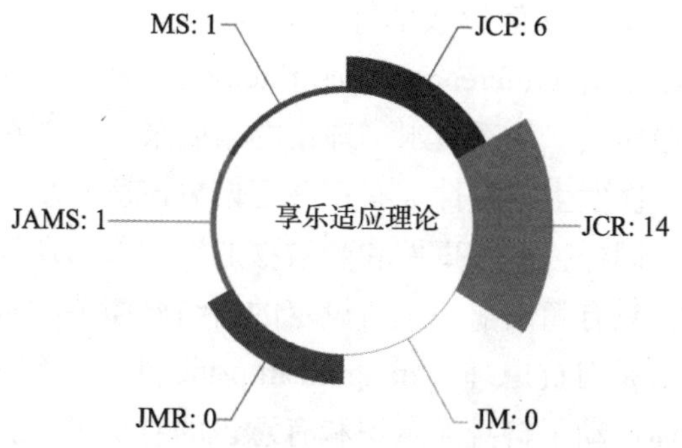

图29-1　六大期刊中享乐适应理论频次分布

---

① 姚唐，北京航空航天大学经济管理学院副教授，博士生导师，主要研究领域为服务营销。王昕婧，北京航空航天大学经济管理学院研究生，主要研究领域为服务营销。基金项目：国家自然科学基金面上项目（72372004），教育部人文社会科学研究青年基金项目（21YJC630156）。

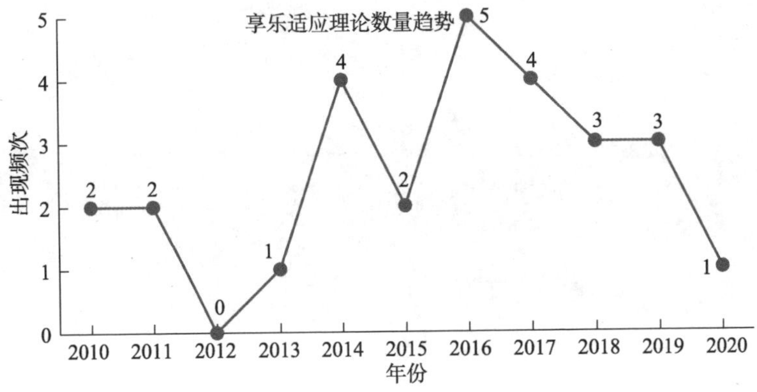

图29-2　六大期刊中享乐适应理论的年度频次分布

（二）理论的核心内容与在营销研究主题中的运用

1. 理论的核心内容

享乐适应指的是人们习惯或适应某种能引发情绪的事件或刺激物的过程。[2]人们享乐适应的对象不仅包含积极的事件和刺激物，也包括消极的事件和刺激物。享乐适应理论根植于适应水平理论（adaptation level theory），且建立在动态平衡模型上，其基本思想是人们的心理机制会对偏离目前标准的正面和负面情绪状态作出反应，使得情绪状态回归到标准状态。[3]一个人的情绪会基本保持在一个标准范围内，尽管外在刺激有可能会诱发其情绪产生正向或负向的强烈反应，但随着时间的推移，个体会渐渐习惯和适应外在刺激，逐渐减弱对刺激的反应，使情绪回归标准范围。

那么，享乐适应是如何形成的呢？该问题目前来看有三个原理可以解释，首先是参照点原理（reference point principle），即发生的事件或刺激物会改变个体情绪的参照点。从适应水平理论的角度来看，外在事件会创造出一种适应水平，下一次发生的事件唯有在高度偏离该适应水平时才会引发个体极端的情绪反应。同样，后续事件和刺激物的每一次出现都是和前一次的适应水平相比较的，只有超出前一次所设定的情绪刺激范围时，才会引发个体的情绪反应。其次是对抗原理（antagonism principle），该原理认为情绪反应的削弱是由于个体启动了自身无意识和有意识的对抗过程。比如，稳定和适应过程会伴随强烈情感的生理唤起，这一对抗的过程会削弱和抵消特定的情绪。[4]例如，当一个人获得了一项自己梦寐以求的奖项时，会产生强烈的生理唤起，而这种唤起又会启发让个体平稳镇定下来的生理过程。最后是注意力原理（attention principle），指的是只有当个体注意到该事件或刺激物时，才会产生更强烈和极端的情绪影响。因为个体更倾向于关注短期内发生显著变化的事情，所以某一事情对情感上的影响会随着个体注意力的转移而逐渐削弱。尽管以上三个原理对享乐适应的发生机制进行了相应的解释，但目前学术界还没有理论可以完全整合这些原理，以及对享乐适应提供完整解释。

此外，享乐适应还具有保护个体和提高感知的功能。保护个体功能指的是通过减少外物刺激的内部影响来保护个体。[5]享乐状态是人正常的情绪状态，因为这种状态会让我们把注意力集中到需要优先考量的需求上来（如病痛、饥饿等），并使得个体尽快采取行动满足这些需求。[6]但是，过于频繁和持续的强情绪状态会产生负面的生理和心理后果。如果这种情绪反应不能随时间而削弱，那么个体就无法区分刺激是否显著，情感系统就无法有效运作。因此，享乐适应对个体是有益的，能够限制生活中重挫和创伤的持续性和严重性。换句话说，享乐适应让人们拥有了心理免疫系统（psychological immune system），使得个体可以随着时间的流逝逐渐消解甚至忘却生活中的痛苦与不幸。[7]享乐适应还具有提高个体感知的作用，能够让人们对即将发生事件的信号保持一定的敏感程度，增添人们对客观环境中的局部变化的敏感度及动机的激发。如果没有享乐适应，人们很容易会被感性的情感影响，并失去对外在事件和刺激物的理解能力。[8]

2. 理论在营销研究主题中的运用

享乐适应理论在现有的营销研究中得到了一定的运用。一方面，享乐适应的存在是个体主观幸福感变动后回归初始水平的主要原因之一，所以会通过影响消费者的情绪变化来影响消费者的相关心理与行为；另一方面，该理论也能用于指导企业与品牌采取相应的营销策略。以下重点介绍享乐适应理论在营销研究主题中的三方面运用。

（1）享乐适应理论与消费者情绪

享乐适应的存在是个体主观幸福感变动后回归初始水平的主要原因之一。减缓消费者的享乐适应可以提升其幸福感水平，激发个体更多的积极情绪。消费者的品牌态度、产品满意度、产品所带来的快乐程度等都会受到个体享乐适应过程的影响。[9]消费者对产品的持续满意度既受到其个体认知的影响，也受到个体情绪反应变化的影响。唤起并维持消费者的积极情绪是减缓享乐适应并促进消费者长期满意的有效方式。当我们刚开始经历一个积极的变化事件或刺激物时，如买到了自己爱不释手的商品，一般会感到十分激动、幸福；但过不了多久，这些正向的情绪就会被个体逐渐适应，慢慢淡化至初始状态。

(2) 享乐适应与产品类型及属性

相较于外国学者对享乐适应理论的研究，国内的相关研究起步较晚，主要探讨的是消费者对不同类型产品的享乐适应情况。例如，有学者认为情感性产品比互动性产品更易被消费者适应，而实用性产品相较稳定；[10]功能性产品给消费者带来的积极情绪比享乐性产品更易被适应，所以比起实物产品，体验型产品更能给人带来持久的幸福感；[11]消费者对产品的态度并不是单一维度衡量的，包含功能属性维度和享乐属性维度。[12]不同的消费者在进行购买决策时，对不同产品属性的享乐适应程度也会不同。除了关注不同类型产品的享乐适应程度，也有学者探讨了消费者对产品不同属性的享乐适应，认为与决策时偏好产品功能属性的消费者相比，偏好产品享乐属性的消费者适应更快，幸福感维持的时间更短。[13]

(3) 享乐适应的缓解策略

由于享乐适应效应的影响，消费者在购买产品后对品牌的态度及产品满意度等会逐渐降低，但可以通过一些营销策略来有效缓解这一问题，包括多样化寻求、品牌转化、记忆复现和消费周期控制等。多样化寻求是指消费者通过寻求多样性刺激来追求效用的最大化，即使不改变所购产品的品类，也可以通过寻求不同的消费情境、搭配新产品、改变消费目标或方式等来提高消费刺激，减缓享乐适应。[14][15]品牌转换是指消费者可以通过终止与旧品牌的关系并转而寻求更有吸引力的新品牌，来降低自己因重复消费同一品牌而产生的厌腻感，恢复刺激水平。[16]例如，即使是对某家餐厅满意度再高的食客，在重复消费同一家餐厅的产品和服务后仍然会做出转换。[17]记忆复现是指消费者通过提取记忆来重现过往的消费刺激，从而削弱享乐适应和厌腻感。消费者需要聚焦过往积极的消费经历，通过愉悦的记忆化解腻烦感。[18]消费周期控制是指消费者通过降低消费频率或增加消费间隙的方式控制消费周期，使个体恢复到初始的享乐适应水平，对享乐价值具有增益作用。[19]

(三) 理论运用中的研究方法

在营销领域的研究中，采用享乐适应理论的论文主要使用实验法，享乐适应水平一般通过观察被试在不同时间节点上幸福感或情绪的变化来获得，所以数据的形式一般是纵向面板数据或横截面数据。通过不同时点上获得的个体的幸福感、情绪或满意度等进行相减或比较，求得它们的变化幅度和变化方向。

在现有研究中，幸福感的度量项目包含幸福感、生活满意度、积极情绪、消极情绪单问项或多问项，研究者可以单独使用一种或者综合使用其中几种。[20]积极情绪和消极情绪一般是相互独立的，研究中往往先计算二者的差值，得到情绪平衡（affect balance）指标，从而衡量主观幸福感。最常用的情绪的度量方式是PANAS量表（positive affect negative affect schedule）和DES Ⅱ量表。[21][22]也有学者采用改进后的消费情绪量表中的正向消费情绪来测量享乐适应水平。[23]例如询问被试某次消费在多大程度上让其感到快乐或幸福等。

（四）对该理论的评价

享乐适应理论自20世纪70年代开始在西方国家兴起之后，作为一种解释力很强的理论，在心理学特别是幸福学中占据重要地位，被视为研究个体幸福感的一把钥匙，后来也被广泛应用在消费者行为学、组织行为学、经济学等领域。

尽管享乐适应理论已经发展到了一定程度，兼具理论深度和应用广度，但该理论的发展仍然存在一些局限性。首先，变动性是缓解享乐适应效应的一个重要因素，需要进行更深入的研究。持续的变化能够不断唤醒个体的情绪感知，但目前来看，有关变动性的实证研究数量较少。而且在不同的领域中，变动性的具体形式和变动的主体可能会有所不同，可能会给缓解享乐适应的相关研究带来新见解。其次，在研究方法上，学者们通常使用被试自陈量表来度量幸福感或情绪。这种方法虽然具备一定的可靠性和可操作性，但其度量过程会受到被试即时的心理和生理状态、客观属性等影响，会有一定程度上的偏差，特别是让被试回忆过去多个时间点的幸福感或情绪时，会产生结果不准确和受干扰的问题。因此未来的研究需要更科学、更精准的度量方式。最后，享乐适应理论未来仍需拓展在各个学科的应用范围，享乐适应效应的普适性将引起更多领域的关注，例如公共政策制定、广告、学习管理、运动管理等。相较于研究正面事件或刺激物的享乐适应效应，基于负面事件或刺激物的相关研究较为匮乏，比如消费者遭遇服务失败、食品安全问题等，这些都是享乐适应研究者可以为之努力的方向。

（五）对营销实践的启示

享乐适应理论能够很好地解释及预测消费者的心理与行为，在营销领域中，企业一直十分关注如何通过各类营销沟通活动影响消费者，特别是关注消费者的持续幸福感。但在个体的享乐适应效应下，产品或服务所带给消费者的幸福感会随着时间慢慢减少。

对于消费者来说，拥有不同性格、个人特质的消费者对于同样产品和体验的享乐适应效应是不同的，所以消费者应当多了解自我特质，并结合自身情况做出消费决策。此外，消费者在做出购买决策时所偏好的某些产品特性并不能带来持久的幸福感，所以在决策时要保持理性。对于企业来说，由于情绪幸福感降速较快，而认知幸福感的降速较慢，企业可以制定相关营销策略来增强消费者对产品的认知，从而使产品维持更持久、强烈的幸福感。也有研究发现产品同消费者互动性越强，消费者的享乐适应就越慢，所以企业也可以增加产品或服务的某些属性，促进其同消费者的互动或消费者间的互动，来提升消费者幸福感的持续时间。此外，有着不同调节定向特征的消费者的享乐适应程度也不一样，企业可以对不同消费者进行前期调研，根据不同的用户调节定向特征来制定不同的产品展示侧重点，从而在促进销售量提升的同时，使消费者的幸福感更稳定、更持久。

参考文献

30 公平理论

张　宇①

（一）理论概述与在营销研究中的发展

公平理论（equity theory）源于社会交换理论，最早由行为心理学家约翰·斯塔希·亚当斯（John Stacey Adams）于1965年从阐释组织行为的角度提出，是探讨个体动机和知觉关系的一种激励理论。[1]20世纪80年代中后期，学者们开始把公平理论应用到市场营销领域，用来探讨消费者得到产品或服务后形成的感知公平对其后续行为的影响。[2]公平理论的研究，最初主要用于探究对分配结果的公平感知，随着近几年的深入与拓展，理论内涵与维度更为丰富，研究者们也越来越重视该理论的广度，即侧重讨论公平理论在各个研究领域的应用。

在营销领域中，该理论被广泛运用于消费者心理与行为、企业营销策略制定的相关研究中。我们分别展示了该理论在营销领域六大顶级期刊和年度的频率分布趋势（图30-1、图30-2），可以看出该理论在*Journal of Academy Marketing Science*中运用最多。

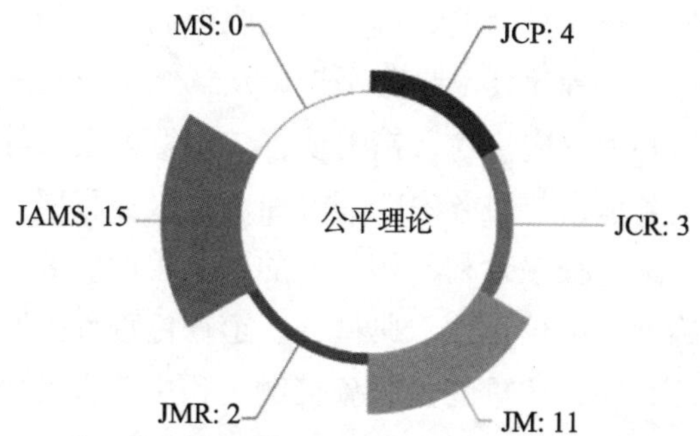

图30-1　六大期刊中公平理论频次分布

① 张宇，天津理工大学市场营销系讲师，研究方向为消费者行为。基金项目：国家自然科学基金青年项目（72202158）。

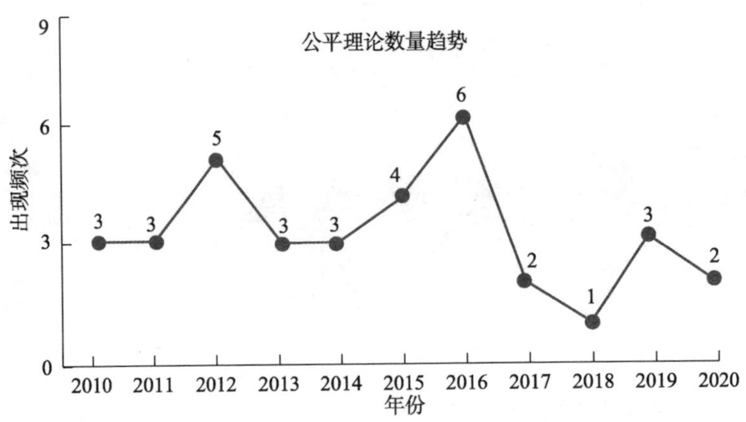

图30-2　六大期刊中公平理论的年度频次分布

(二) 理论的核心内容与在营销研究主题中的运用

1. 理论的核心内容

公平理论指出，个体被激励的程度，一方面取决于个体自己的投入与回报，另一方面受到相同情境下其他参照对象投入与回报的影响。公平理论的模式主要包括横向比较和纵向比较两种。横向比较又被称为比较，是指将自己回报与投入的比值与其他人进行比较；纵向比较又被称为历史比较，是指将自己当下回报与投入的比值与过往经历的比值相比较。[1]

学者们认为感知公平包括分配公平（distributive justice）、程序公平（procedural justice）和互动公平（interactional justice）三个维度。分配公平是指买卖双方判别获得的利益和付出的代价是否公平，即在服务营销情境中，顾客的分配公平感知是消费者对为得到服务而付出的各种成本和资源分配结果的公平性感知。程序公平是公平理论从认知到过程的拓展，是个体对程序规则公平性的心理反应。在营销情境下，消费者会从等待时间、服务程序、服务效率、服务承诺与服务失败等方面衡量服务程序的公平性。程序公平关注的是资源分配的程序对利益相关者的顾及程度，公平的程序具有一致性、无偏性、准确性、可校正性、典型性、道德伦理性。互动公平是一种基于人际交往的心理感知，注重的是服务接触过程中双方的公平性感知。[3,4]进一步，随着互动公平的内涵更加丰富，互动公平不仅存在于人与人之间，还拓展到人与平台之间、人与机器之间。

消费者会在交易过程中把自己付出的成本和得到的商品或服务价值与其他消费者进行比较，只有当消费者认为自己的付出与收益等价，且与其他消费者的投出产出比相同时，他们才会认为是公平的；反之，就会激发消费者的不公平感知。个体的心理状态受其对外界事物和环境的感知影响，当其感知到自己受到不公平对待时便会产生负性情绪如厌恶感、不安全感、不确定感等，这种情绪会进一步影响个体的动机与行为反应。个体为了缓解这种不公平感也会采取不同的策略来平衡自身，例如更改参照系、自我宽慰或逃避等。[1]

2. 理论在营销研究主题中的运用

公平理论在营销研究中得到了广泛的运用。一方面，该理论能够用于了解消费者心理与行为，涉及消费者的认知方面与行为决策方面等；另一方面，该理论能够用于指导企业服务营销策略（例如补救方式、服务设计与产品价格等）。以下重点介绍公平理论在营销研究主题中的四方面运用。

（1）公平理论与个体行为决策

公平感知会影响个体的认知与情绪，进而影响其行为决策。最具有代表性的是不平等厌恶（inequity aversion），该理论认为个体会对不平等的结果产生厌恶。如果自身收益与他人的收益不均等，个体会做出一些决策行为以求达到自身收益与他人收益均等的结果。不平等厌恶理论将公平引入到对个体决策行为的解释中，能够一定程度上解释现实中存在的相当数量的公平偏好行为。[5]人们在社会交往中不可避免地涉及自身和他人利益的冲突，当遇到不公平对待时，个体倾向于牺牲当前的利益去惩罚对方以获得未来的公平对待，从而保证自己的长远利益。当个体的公平感知较低时，会增加个体的焦虑以及愤怒等负面情绪[6]，降低幸福感和生活满意度。[7]不公平经历感知也会降低个体对他人的信任，减少利他行为与合作行为[8]，增加不信任行为[9]与不道德行为。[10-11]

（2）公平理论与价格感知

消费者对价格的感知与态度可以用公平理论解释。价格公平感知是指当消费者发现商家对产品的定价与参照价格存在差异时产生的客观评价和情感反应。[12]参照价格是别人购买相同产品支付的价格、其他商家为该产品提供的价格，或消费者本人过去购买该产品支付的价格。[13]研究发现，与不同商店和不同时间的价格差异相比，当消费者发现自己支付的价格高于其他消费者时会产生更低的价格公平感知。[14]这种负面的价格公平感知会激发个体的负面情绪，包括后悔、沮丧和愤怒等，进一步导致更低的购买满意度[14]、购买意向和口碑宣传，以及更强的公开抱怨和抵制行为[15]。

（3）公平理论与顾客满意度

公平理论首次应用于营销领域就是来探究顾客满意度问题。顾客会把消费经历中所获得的价值与所投入的价格与其它参照群体进行对比，只有当顾客的公平感知较高时，才会感到满意。[2]学者们进一步把感知公平和不满意放到了顾客满意度的研究模型中。[16]在消费过程中，顾客会将产品或服务的诸多方面与参照对象进行对比，如果发现综合产出与综合投入的比率较高，其满意度也就较高。[17]由此可见，公平性与顾客满意存在正相关关系。

（4）公平理论与服务补救

学者们将感知公平的概念运用到服务补救领域的研究中，已经有了较为丰富的研究成果。顾客在遭遇服务或产品失败后，通常认为自己受到了不公平对待。因此，在服务过程中感知公平是关键影响要素。当企业因为服务失败而进行补救时，顾客首先会对服务补救产生公平性感知，其次才会对顾客满意度、重购意向等产生影响。[18]服务失误及服务补救情形中的感知公平是消费者可以评估服务提供者在补救过程中的结果公平性、程序公平性与互动公平性等。[19]感知公平是评价商家补救努力、服务补救后的顾客满意度的重要因素，会对顾客后续行为产生重要影响。[20]服务提供者能够根据顾客感知公平的高低，了解顾客的情感体验，并以此为基础判断顾客的满意度与态度。

（三）理论运用中的研究方法

在营销领域的研究中，采用公平理论的论文主要使用实验法与问卷调研法，关于公平理论一般采用两种方法进行研究，分别是情景操控和量表测量。

在情景操控中，主要通过通牒博弈（ultimatum game，UG）和独裁者博弈（dictator game，DG）这两个实验任务激发被试的公平与不公平感知。[21]最后通牒博弈任务有两个实验角色，一个是“提议者”，另一个是“接受者”。在实验任务中，参与者双方被共同赋予一定数目的钱，由“提议者”提出分配方案以决定这笔钱如何在自己和“接受者”之间分配，最后由“接受者”决定接受还是拒绝此分配方案。而独裁者博弈任务中，接受者只能接受分配方案，而无权拒绝。

量表测量中，现有研究普遍认为消费者在评估服务公平性时，会从分配公平、程序公平、互动公平三个维度测量个体的感知公平。[3]

（四）对该理论的评价

公平理论对个体的行为决策和服务满意度评价具有强大的解释力，是研究人的动机和知觉关系的一种激励理论，可以广泛应用于不同的领域，在一般社会心理学的理论中占据十分突出的地位。由于公平理论可以有效地衡量个体对消费过程和结果的满意度，在服务营销领域应用最为广泛，为理解消费者态度、服务评价、顾客满意度、顾客忠诚度与服务补救满意度等方面提供了综合的分析框架。

尽管现有研究对公平理论的应用已较为广泛，但研究大多把公平感知作为理论解释来探究其对消费者服务评价的影响，尤其是在服务补救情景中。目前，研究也大多基于分配公平、程序公平、互动公平三个方面展开研究，适用于服务营销情景，导致公平理论在营销领域的研究具有一定的局限性。未来研究可以更进一步关注公平感知对消费者认知与行为的影响，丰富公平感知的维度，将公平理论应用到更广泛的消费情景中。

（五）对营销实践的启示

公平理论可以很好地解释并预测消费者的心理与行为，尤其在服务营销领域，具有重要的影响作用，企业一直十分关注不同层面的公平感知对消费者服务满意度的影响。一方面，消费者的感知公平会受到服务要素的影响，比如不同服务补救措施与沟通方式等；另一方面，感知公平又会影响消费者的情绪反应（如后悔、愤怒等）、顾客忠诚、服务满意度、口碑传播等。总之，借助公平理论的相关研究，能为消费者决策与企业服务营销策略方面提供参考。

参考文献

31 消费者文化理论

黄海洋　郭功星①

（一）理论概述与在营销研究中的发展

消费者文化理论（consumer culture theory，CCT）是由阿尔诺（Arnould）和汤普森（Thompson）于2005年提出，在消费者行为研究领域占有重要地位。[1]该理论聚焦于对现有涉及消费者文化的研究成果进行总结和归纳，并试图为此建立一种新的研究范式。麦金尼斯（MacInnis）和福克斯（Folkes）将消费者文化理论与信息处理理论和行为决策理论并称为消费者行为研究领域的三大范式。[2]自该理论提出以来，学界对其进行了丰富和拓展，并在此基础上发展出了多个有价值的新理论或新构念（如真实性理论、消费者文化适应性理论、依恋-厌恶模型、品牌体验等），对消费者行为研究的理论创新起到了重要作用。[3-6]

我们分别展示了该理论在营销领域六大顶级期刊和年度的频率分布趋势（图31-1、图31-2），可以看出该理论在*Journal of Consumer Research*中被引用最多。

（二）理论的核心内容与在营销研究主题中的运用

1. 理论的核心内容

尽管被冠以“理论”二字，但与常见理论不同，消费者文化理论并不是一个明确的、统一的理论，它没有具体的指向性，也没有具体的理论假设。事实上，消费者文化理论是对一系列研究内容的概括，旨在厘清消费过程中

---

① 黄海洋，五邑大学经济管理学院副教授。主要研究领域为全球品牌化。基金项目：国家自然科学基金项目（72102167）、教育部人文社会科学研究项目（20YJC630045）、本科教学质量与教学改革工程招标项目（JX2019061）、本科高质量课程建设与创新创业教育建设改革项目（KC2022029）；郭功星，汕头大学商学院副教授、副院长。主要研究领域为跨文化消费者行为、旅游与服务营销。基金项目：国家自然科学基金项目（72102135）、教育部人文社会科学研究项目（21YJA630020）、广东省基础与应用基础研究基金（2023A1515011966）、广东省普通高校重点领域专项基金（2022ZDZX4005）。

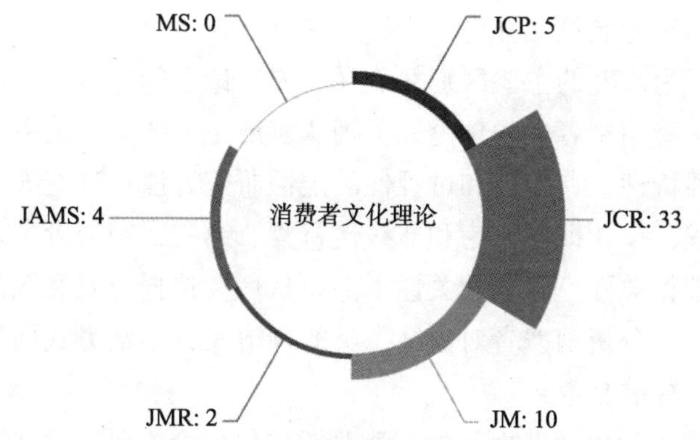

图31-1 六大期刊中消费者文化理论频次分布

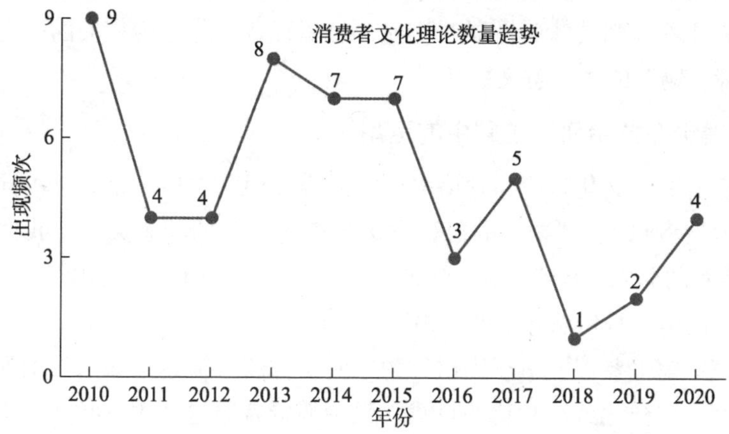

图31-2 六大期刊中消费者文化理论的年度频次分布

所涉及的“物”的象征意义在理论上的归属问题。正如阿尔诺和汤普森所指出的，消费者文化理论提出的目的在于，为过去20年来探讨的与消费相关的社会文化、体验、象征意义和意识形态等研究提供学术标签，使这类传统研究成为消费者行为领域中的一个有辨识度的学科范式。[1]他们并没有对消费者文化理论下一个明确的定义，而是在总结以往研究成果的基础上，阐述该理论的研究对象和研究内容，即探究消费者如何对广告、品牌、零售环境和消费品中所蕴含的象征意义进行解码、重塑和转换，以反映他们独特的个人和社会环境，并利用这些象征意义来构建身份认同和展示生活方式。

为进一步厘清消费者文化理论的边界，阿尔诺和汤普森提出，可从“不是什么”和“是什么”两个角度来理解。

从“不是什么”角度进行分析涉及三点。第一，消费者文化理论并非以研究情境作为研究目标，而是需要研究者深入消费情境中开展研究，以期发展新的构念和理论洞见，并进一步扩展现有理论。第二，消费者文化理论与其他消费者行为研究的主要区别并非在于方法论上的差异，而是在于分析逻辑的差异。尽管消费者文化理论并不否认实证主义的因果关系，但其更多依靠能够揭示独特性、典型性和过程性的定性研究方法，这些方法能够更好地展示消费过程，反映即兴行为和非线性行为。第三，消费者文化理论的研究并非缺乏管理相关性。管理相关性不能单从理性选择范式和线性信息处理的角度进行理解，分析消费者对象征意义的理解及其生活方式同样对制定管理与营销策略具有重要意义。

从“是什么”角度进行分析，消费者文化理论主要鼓励从宏观、中观和微观的理论视角对消费周期中（包括获取、消费、拥有和处置过程）所涉及的消费象征性和消费体验性展开研究，与消费者文化理论相关的研究主题也主要围绕“物”的象征意义展开。

2. 理论在营销研究主题中的运用

尽管消费者文化理论包含诸多研究内容，但其本质上是基于不同的情境来解构消费者自我、“物”的象征意义与市场之间的动态关系。我们以阿尔诺和汤普森的框架为基础，对现有文献中涉及消费者文化理论的研究进行提炼。

（1）消费者身份认同下的“物”与“自我”

这一主题主要探究市场提供“物”所蕴含的象征意义如何帮助消费者表达连贯性、多样化或碎片化的自我，强调消费者通过利用自我文化透镜的方式来解构“物”的象征意义，并借用这些象征意义来体现自我，表达消费者在特定社会情境中的立场。

例如，拉姆（Lam）等的研究发现，品牌中所蕴含的象征意义与消费者自我形象的一致性程度是驱动消费者对品牌产生认同的关键动力之一。两者的一致性程度越高，消费者品牌认同的水平就越高。[7]与此类似，关于品牌转换（brand switching）的研究表明，消费者对现有品牌的认同会降低其转向全新品牌的意向。因为基于认同驱动的消费选择巩固了消费者的自我形象，并且他们会有选择地比较现有品牌与全新品牌的维度差异，以突出现有品牌的优越性。[8]还有研究表明，通过操纵“物”的象征意义能够使奢侈品有效地匹配目标顾客，即通过有目的地操纵奢侈品店铺的建筑风格和设计（如紧闭的门、珍贵的材料、有艺术感的橱窗、宽敞而空旷的空间）、氛围（如柔和的灯光和低密度）、商品展示（如橱窗里有标价的艺术品、少陈列商品而为艺术品腾出空间）和社会性线索（如门卫和保安的存在）等，能够在高社会地位群体中形成专属性感知，以有效映射该群体的自我身份，但这种做法在低社会地位群体中则会制造社会焦虑。[9]

（2）市场文化下的“物”与“自我”

这一主题聚焦于解构消费者文化的形成过程，以及消费者在该过程中所起到的作用及其对消费者行为所产生的影响。理解该主题应明确三点。第一，消费者被假设为文化的创造者，而非文化的被动接受者。这为消费亚文化的形成提供了创造主体。第二，全球化和后工业化改变了传统的社会基础，取而代之的是对个人主义精神的倡导。这为消费者追求文化的象征意义提供了动机，即借助“物”这个媒介来建立社会团结感或追求共同的消费兴趣来应对社会转型的冲击。第三，消费者参与创造的文化往往与社会主导的生活方式不同，甚至相反。消费者并非通过遵循亚文化规范来显示成员身份，而是通过展示群体所看重的技能和知识。这阐明了消费者文化的特征及其如何对消费者产生影响。

奥尔登（Alden）等基于消费者文化理论提出了一种全新的文化——全球消费者文化（global consumer culture，GCC）。[10]这种新兴的文化由全球媒体、跨国贸易和消费者等共同创造。与传统的本土消费者文化不同（local consumer culture，LCC），全球消费者文化强调现代性、个人主义、开放、包容和鼓励追求独特性等。这种消费者文化可理解为一种“共同意识”（shared consciousness），即消费者乐于接受全球共享的消费实践。通过选择蕴含全球消费者文化的品牌，个体可以展示超越国界的身份认同，建立全球公民信仰（belief in global citizenship）。此外，阿维德森（Arvidsson）和卡利安德罗（Caliandro）对品牌公众（brand public）的研究与穆尼兹（Muniz）和奥奎恩（O’Guinn）对品牌社区（brand community）的研究则分别阐述了消费者如何在社交媒体环境和传统环境下创造消费亚文化的过程，以及消费者如何利用所创造的文化资本来实现线上和线下的自我延伸。[11,12]

（3）消费历史观下的“物”与“自我”

这一主题主要探讨消费者所承担的社会角色与消费体验、信仰系统和消费实践的关系。这些角色包括社会阶层、种族、社区、性别和家庭规模等。其潜在含义在于，社会结构和社会制度能够塑造消费者的消费模式。该主题需要回答的核心理论问题是：什么是消费社会？它是如何建立和维持的？

乌特尼（Uestuener）和霍尔特（Holt）试图为工业化程度低的国家构建身份消费理论（a theory of status consumption）。[13]他们发现，低文化资本的消费者通常处于被忽略的境地，这些消费者的消费选择往往受到当地精英的影响，而高文化资本的消费者则倾向于模仿西方消费者，以此来维持他们对下级群体的优越性。吕迪克（Luedicke）关于消费者文化适应性的研究则表明，移民尝试适应外国文化的过程会产生四种关系矛盾：感知当地社区被出卖、挑战当地已有的社会等级、违反当地平等的匹配规则、引发微观与宏观之间的道德困境。[14]而马萨斯（Mathras）等关于宗教与消费行为的研究表明，宗教通过信仰、仪式、价值观和社区认同四个维度对消费者产生影响。[15]斯廷坎普（Steenkamp）和德容（de Jong）则较为全面地分析了社会角色与品牌偏好之间的关系，即较小规模的家庭、精英女性群体（高社会阶级和高教育水平）和年轻群体更加偏好全球品牌，而年老群体、普通妇女群体和近期收入增加的群体更加偏好本土品牌。[16]

（4）大众媒体及消费者阐述策略下的“物”与“自我”

这一主题主要探讨媒体所发布的商业信息与消费者如何解读这些商业信息，以形成有价值的意义系统。其需要回答两个核心问题：商业媒体传递了哪些关于消费的规范性信息？消费者如何解读这些信息并进行回应？在该主题中，消费者被视为主动的信息解读者，他们能够接受蕴含于广告和大众媒体中所描绘的理想消费者身份和生活方式，也能够有意识地背离这些诉求表征。

福尼尔（Fournier）和艾佛里（Avery）基于社交媒体环境，提出开源品牌化的概念，认为消费者作为品牌内容的创造者和传播者，他们通过参与性、协作性和社会关联性的行为来共创品牌。但这种共创方式并非总是正面，因为消费者会通过批评、嘲讽、恶搞等形式来歪曲品牌内容。尤其当品牌犯错时，这种歪曲行为更加明显。[17]例如，在英国石油公司（BP）漏油事件中，消费者将BP恶搞为boycott petroleum（抵制石油）和big spill（大泄漏）。类似地，詹斯勒（Gensler）等将消费者所传播的品牌故事视为一块块拼图，这些品牌拼图有可能与公司的品牌拼图相容（能够嵌入其中），也有可能完全与之相反（不能嵌入其中）。[18]此外，帕哈里亚（Paharia）等分析小品牌在与大品牌竞争中如何取得优势时，提出了“策划游戏”（framing the game）效应，即有目的地构建市场中正在进行的游戏的竞争性，通过改变消费者评价品牌的方式来增加品牌价值。[19]他们的研究表明，小品牌可通过向消费者传递他们与大品牌竞争的商业信息来提高品牌价值。这些商业信息有助于改变消费者评价品牌的方式，使消费者倾向于同情弱者，并通过支持小品牌来表达他们对恃强凌弱的反对态度。

（三）理论运用中的研究方法

消费者文化理论并不强调对某种研究方法的偏好，倡导分布式的文化意义观，即倡导文化的碎片化、多样性、流动性等。从这个角度看，消费者文化对消费者行为的影响并不能简单地通过因果关系来理解。实验法、问卷调查和数据建模等实证研究方法往往难以对其进行有效解释。消费者文化理论主张采用具有情境融入性及反映过程性的定性数据及与之相关的系列数据收集方法和分析技术。换言之，对消费者行为的理解需研究者融入消费情境中进行解构。因而，消费场景而非实验室成为消费者文化理论研究的主要场所。

例如，在发展真实性理论时，贝弗兰（Beverland）和法雷利（Farrelly）采用基于图像诱导的深入访谈法，通过入户访谈的方式挖掘消费者对其所拥有的重要物品或预先准备的刺激图片的真实性感知。[3]他们从定性数据中构建起消费者追求真实性的三大动机，即控制感、情感依赖及忠于一套道德标准。维卡斯（Vikas）等则采用民族志研究法剖析在市场化、私有化和个人主义等冲击下，印度某村庄中的种姓制度、社会地位及市场消费如何交互演变。[20]马丁（Martin）和肖特（Schouten）采用民族志研究法探究由消费驱动的市场的形成过程，以摩托行业为研究对象，通过两次实地调研对MMSX（一种摩托比赛）开展民族志研究，由此构建起消费驱动市场形成的三个阶段，即消费者创新阶段、多元消费社区形成阶段和市场催化及成熟阶段。[21]

此外，相关研究还基于消费者文化理论，尝试通过开发可测量的构念来反映“物”与“自我”的关系。例如，消费者品牌认同（consumer brand identification）主要衡量消费者在何种程度上感知、感受及珍视其对品牌的归属，全球认同（global identity）主要衡量消费者在何种程度上认同全球消费方式和全球品牌等。[7, 16]

（四）对该理论的评价

作为对过去涉及消费者文化系列研究的总结和归纳，消费者文化理论致力于建立一套系统的理论知识和一种独特的研究范式。该理论认为消费者行为具有情境性和即兴性，强调普适性的理性行为决策并不能有效地对消费决策进行分析，只有融入消费者所处的消费情境，才能更好地进行解构。消费者文化理论特别强调自下而上的分析逻辑，通过归纳、总结、提炼等方式来分析问题。这种方式有助于发展新的理论和构念，进而推动学科发展。例如，品牌公众、数字环境下的自我延伸和服务主导逻辑等关键构念及理论的发展，使得消费者行为研究在线上这个新环境下得到延伸和拓展。[11, 22-23]

尽管消费者文化理论已提出近二十年，但仍然存在一些局限。从该理论所涉及的四大研究主题上看，即消费者身份认同下的“物”与“自我”、市场文化下的“物”与“自我”、消费历史观下的“物”与“自我”、大众媒体及消费者阐述策略下的“物”与“自我”，这些主题之间存在诸多交叉重叠之处。尽管阿尔诺和汤普森阐述了这四大研究主题的区别与联系，以及四大主题之间如何转化延伸，但仍然难以有效厘清它们的边界。例如，市场文化下的“物”与“自我”在很多情况下会涉及消费者对大众媒体所发布的商业信息的解读，消费历史观下的“物”与“自我”聚焦于探究消费者所承担的不同社会角色如何影响其消费行为，其最终也会落脚到消费者身份认同上。此外，由于消费者文化理论强调研究对象的情境性和典型性，也可能使相关研究结论存在普适性不足的问题。

（五）对营销实践的启示

消费者文化理论对营销实践的启示不在于理论本身，而在于其所倡导的方法论及受该理论影响所产生的相关理论和构念。其一，从方法论上看，消费者文化理论鼓励基于情境融入的多种研究方法，包括民族志、网络民族志和自然实验等。这就规避了相关理论及构念的发展缺乏实践相关性等问题，有助于提高研究结论所蕴含的营销实践价值。其二，从学术影响力上看，该理论的提出推动了多个以此为主题的学术会议的产生，也推动了多个新理论及新构念的发展。例如，在逆全球化背景下，研究者以消费者文化理论为基础，提出了品牌世界主义（brand cosmopolitanism）理论及相对应的构念。[24]这些衍生理论和构念从多个角度为营销实践提供了新的启示。

参考文献

32 情绪传染理论

胥兴安①　刘　娟

（一）理论概述与在营销研究中的发展

情绪传染现象普遍存在于人际互动中，从20世纪初开始，逐渐受到学术界的广泛关注。在20世纪90年代，学者们开始对情绪传染理论（emotional contagion theory，ECT）进行了系统阐述。[1-2]其中，最具代表性的学者是美国心理学家伊莱恩·哈特菲尔德（Elaine Hatfield）。哈特菲尔德与其同事在对情绪传染理论进行系统研究的基础上，提出了原始性情绪传染（primitive emotional contagion）概念，即认为情绪传染是个体自动地、无意识地模仿他人，最终产生情绪传递过程，这是一种无意识参与的情绪产生过程。[1,2]后来，不断深入的研究表明：情绪传染不仅包含了无意识的和自动化的过程，也存在有意识的情绪比较过程；[3,4]情绪感染不仅涉及个体间的情绪感染，也包括群体情绪感染的内容。[3,5]

在营销领域中，该理论被广泛运用于消费者心理与行为、企业营销策略制定的相关研究中。我们分别展示了该理论在营销领域六大顶级期刊和年度的频率分布趋势（图32-1、图32-2），可以看出该理论在*Journal of Marketing*中运用最多。

（二）理论的核心内容与在营销研究主题中的运用

1. 理论的核心内容

从狭义上来讲，情绪传染仅指原始性的、无意识参与的情绪传染过程。[6]从广义上来讲，情绪传染过程可能是无意识的，也可能是意识性的。[3]无意识性情绪传染被定义为："个体自动模仿另一个体的动作、表情、姿势和声音并与之同步的倾向，最终使得双方在情绪上趋于一致。"[1-2]意识性情绪

---

① 胥兴安，海南大学国际旅游与公共管理学院教授、博导，研究领域为旅游服务营销。刘娟，海南大学国际旅游与公共管理学院博士生。基金项目：国家自然科学基金项目（72262012，71962006，71602104）。

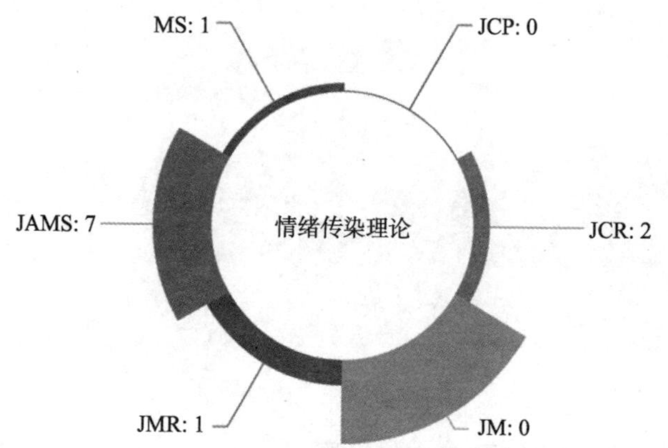

图 32-1　六大期刊中情绪传染理论频次分布

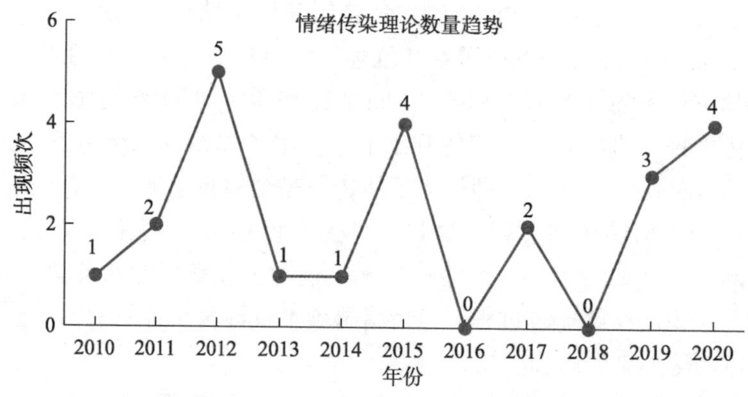

图 32-2　六大期刊中情绪传染理论的年度频次分布

传染是通过社会比较过程产生，人们会将自己与所处环境中的他人之间的情绪进行对比并做出判断，最后做出相应的反应。[3]无意识性情绪传染和意识性情绪传染有着不同的情绪传染机制。

模仿—反馈机制理论被用于解释无意识情绪传染的发生过程。[6]镜像情绪神经系统（mirror neurons system，MNS）的提出为这一模仿—反馈机制提供了生物学基础。[7]通过对猴子的研究中发现，镜像神经系统在当猴子执行某一行为和让其观察其他猴子执行同一行为这两种情况下均被激活。[8]人类同样存在这样的镜像神经系统。[7]人类天生具有模仿他人的倾向，在观察到他人的面部表情及其他非语言线索时，人们会自动地产生模仿行为，从而激活观察者的镜像情绪神经系统，最后诱发直接的情绪传染。[7]无意识情绪传染过程为：诱发者情绪信息展示—观察者察觉—观察者无意识模仿—生理反馈—观察者情绪。[9]原始性情绪传染程度由情绪发出者所展示的情绪强度决定，当发出者的情绪越强烈，情绪传染就越强烈。[9]

意识性情绪传染的发生需要观察者的意识参与和认知投入，其发生机制不同于无意识性情绪传染的“模仿—反馈”机制。有意识情绪传染是一个理性的情绪察觉与判断过程，在接收到情绪信息后，人们会进行分辨，如果认为这种情绪是恰当的，便会接受他人情绪。[3, 4, 9]例如，当餐厅服务人员向顾客展示微笑时，如果顾客认为其微笑是真实的、发自内心的，便会产生情绪传染。意识性情绪传染过程为：诱发者情绪信息展示—观察者认知努力—观察者无生理反应—观察者情绪。[9]有意识情绪传染理论认为情绪传染不能脱离意识，意识成为情绪传染形成机制中的决定性因素，是情绪传染产生的必要条件。[9]

2. 理论在营销研究主题中的运用

随着情绪传染理论的丰富，其影响领域已从最初的心理学领域扩展到服务和营销领域。以下重点介绍情绪传染理论在营销研究领域中的三方面运用。

（1）员工与顾客间和顾客与顾客间的情绪传染研究

①员工与顾客间情绪传染

在服务营销领域中，大部分情绪传染研究主要关注员工所展示的情绪信息如何影响顾客情绪，进而影响顾客决策。[10-14]在服务接触中，员工与顾客间积极情绪传染对顾客情绪、认知和行为反应均会产生积极影响。[14]员工与顾客间共享的积极情绪会引发顾客积极情绪，促进积极服务质量评价，增加顾客满意度，提升购买意愿。[12, 14]同样，研究发现，员工所展示的负面情绪也会传染给顾客，这种负面情绪传染也会影响顾客的消费行为。早期的情绪传染研究侧重于单一的情绪传染过程（积极或消极的情绪传染）。然而，在服务营销情境中，多重情绪传染是存在的。杜建刚等探讨了服务补救情境下员工情绪对顾客情绪的传染作用，研究结果发现：员工所展示的消极情绪会使顾客因服务失败所引发的消极情绪更加强烈；员工通过展示积极情绪可有效缓和顾客的消极情绪，虽然这种积极情绪传染无法使顾客情绪水平完全恢复到服务失败前，但是高强度的积极员工情绪能使顾客情绪恢复到接近服务失败前的水平。[10]情绪传染是一个双向互动的过程，不仅员工情绪会传染给顾客，顾客情绪也会传染给员工。[15, 16]服务接触的交互性表明接触双方存在互相影响，所以顾客的情绪展示也会传染服务提供者，使其产生相应情绪反应。[15, 16]例如，在服务补救过程中，相较于不愤怒的顾客，当面对愤怒的顾客时，员工的情绪也会更加消极[15]，这会导致员工所提供的服务质量下降，最终影响顾客的心理及行为。

②顾客与顾客间情绪传染

在消费情境中，情绪传染效应同样会发生在顾客与顾客之间。[5, 12, 17, 18]然而，顾客间情绪传染相关研究相对较少。[12]顾客与顾客间的情绪传染可以根据互动接触的形式分为直接传染和间接传染。直接互动中顾客间存在直接的人际互动交流，例如结伴购物中顾客与同伴之间经过情绪传染，最终促成一致的积极情绪体验或者消极情绪体验，最终影响消费行为。[19]即使在没有直接互动的顾客间之间，其他顾客的情绪也会对焦点顾客情绪和购买意愿产生影响。[12]随着网络信息技术的广泛应用，顾客间的情绪传染也发生在线上平台，顾客通过体验分享、在线评价等方式展示自己的情绪，而其他顾客在阅读这些内容时会对文字描述内容进行想象，进而产生与这些内容发送者相一致的情绪。[12, 18]此外，顾客间的互动有一对一互动、一对多互动和多对多群组互动之分，情绪传染在群体消费情境中尤为显著，在群体中情绪发送方与其他群体成员间存在“情绪循环”。[5]杜建刚等验证了群体服务失败中存在群体情绪传染现象：经历服务失败后，群体中其他顾客的愤怒情绪会传染给个体，并在群体中发生多次传染，最终导致群体服务失败情景中个体顾客的愤怒水平高于个体服务失败时的愤怒水平。[5]

（2）情绪传染效应的个体差异研究

研究者还探讨了情绪传染效应的个体差异。这些个体差异的研究主要聚焦性别、人格特质、主体间关系特征等方面的情绪传染差异。研究发现相较于男性，女性情绪敏感度更高，更容易受到他人的情绪传染，同时也更擅长情绪表达。[2, 20]此外，学者探讨了性别对服务提供者和顾客之间的情绪传染效应的调节作用，并发现，仅靠生理性别无法预测个体特征，而依靠心理性别可能更合适，所以需要结合生理学和社会心理学分析性别角色差异对情绪传染效应的影响。[21]

人格特质差异也会影响情绪传染效应。例如，情绪智力反映了人体识别、理解、使用和管理自己和他人情绪的能力，因此具有高情绪智力的个体不仅容易受到他人情绪传染，而且具有很强的情绪表达能力，从而去影响他人[22]；相较于独立型自我建构，相依型自我建构个体的情绪易感性更强；[2]具有高同理心的个体，更容易与他人共情，从而也就容易呈现与他人情绪的一致性[23]。

此外，情绪传染效应会因情绪发送者与接收者之间的喜好、亲密度、关系类型等关系特征差异而变化。研究发现，人们倾向于通过模仿向他们喜欢的人传达情感，当情绪接收者“喜欢”发送者时，发送者和接收者之间的情绪会更容易趋于一致。[24]个体间关系亲密度和熟悉度会影响情绪传染的强度。例如，在发生品牌越界行为时，相比于疏远的第三方顾客，亲近的第三方顾客会受到更多的情绪传染，表现出更高的愤怒程度。[25]同样，在群体情绪传染中，群体成员间的熟悉程度会提升群体成员的情绪易感性。[5]此外，服务提供者与顾客关系规范会是影响情绪传染的关键因素。[26]以往研究将关系规范划分为共有关系和交换关系：在共有关系中，人们更加关心他人的需求和利益，更倾向于通过表达情感维护关系；在交换关系中，人们主要关注利益回报，对维护关系的意愿较低。[27]因此，相较于交换关系，在共有关系中，服务提供者的情绪展示更容易传染顾客。

(3) 情绪传染理论的应用情景

营销领域对情绪传染的研究大多集中在线下服务情景中，对线上服务情景中的情绪传染的探索较少。这可能是因为相较于线上情景，线下情景中顾客与员工之间有更多面对面交流和互动的机会，因此观察和衡量他们之间的情绪传染相对容易。然而，即使没有面对面的互动，情绪传染也会产生。例如，随着网络直播购物的兴起，焦点顾客可以与主播和其他顾客在虚拟平台上进行互动，主播和其他观看直播的顾客的情绪会影响焦点顾客的情绪。[12]顾客会通过网络平台发布自己的消费体验和评价，这些网络口碑所传达出的情绪会传染给其他顾客。[18]因此，部分学者开始将情绪传染的研究情景从线下消费拓展到线上消费。[12, 18]

此外，以往关于情绪传染的相关研究主要集中在人际互动情景上。[28]随着人工智能技术的快速进步，能够与人进行情绪互动的人工智能设备逐渐应用于服务营销领域中。[29]因此，有必要对人机互动情景中的机器人与顾客间的情绪传染及其对顾客消费心理与行为的影响问题进行探讨。[28]近期有少部分学者也开始尝试将情绪传染研究从人际互动扩展到人机互动情景。[29-30]

(三) 理论运用中的研究方法

目前，在营销领域的研究中，关于情绪传染理论的研究方法包括情景操控、量表测量和生理测量法。

(1) 情景操控法。首先，可以通过对具体服务场景的模拟，通过员工展示不同程度的情绪进行操控，随后被试报告在服务接触前后的积极情绪变化以证实情绪传染。[5, 31]以消费咨询场景为例，通过改变被咨询员工的微笑水平及频率，同时测量被试在咨询前后的情绪来衡量情绪传染的发生程度。[31]其次，可通过模拟第三方顾客的情绪类型（积极情绪或消极情绪）来实现顾客之间的情绪传染。以愤怒情绪为例，让被试想象自己去一家餐厅用餐，同时放映邻桌顾客争吵的视频，让其观看视频前后分别报告自己的情绪状态，通过感知这段时间内被试情绪的变化以测算情绪传染是否发生。[32]

（2）量表测量法。一般采用的是成熟的情绪测量量表，即正负性情绪量表（PANAS），[33]该量表由20个项目组成，用于评定个体的正性和负性情绪的变化，以表征情绪传染效应。学者们根据不同研究情景开发特定情绪量表，如伯克（Burke）等用工作情绪量表获取员工周内工作的情绪变化及影响[34]，霍萨尼（Hosany）和吉尔伯特（Gilbert）从旅游消费角度出发，开发目的地情绪量表以测量旅游者情绪。[35]此外，研究者在使用量表时会根据自身研究情景对原有量表进行适当改编。例如，杜建刚等在正负性情绪量表的基础上，结合服务失败情境设计出下顾客负面情绪量表，具体包括心烦、易怒、生气等八个题项；[36]而亨尼格-图劳（Hennig-Thurau）则选择工作情感量表中的兴高采烈、活泼、热情和兴奋四个问项测量顾客受到传染后的积极情绪。[31]

生理测量法。该方法强调通过测量情绪体验的生理特点，反映客观的情绪数据。研究者可借助实验室设备，通过皮肤电反应测量顾客的情绪唤醒水平[37]，或利用面部识别软件监测顾客的面部表情，以检验顾客情绪传染中的表情模仿效应。[38]此外，研究者还可利用情绪测量软件捕捉顾客对于实验刺激材料每时每刻的情绪反应，以排除其他因素的干扰，从而证明情绪传染所引起的顾客情绪变化。[32]

（四）对该理论的评价

情绪传染理论揭示个体对周围情绪感知及反应过程[6]，在消费心理学的理论中占据十分重要的地位。由于情绪传染理论能够有效揭示个体情绪之间的相互传递过程及对行为意愿的影响机制，为解释顾客受情绪传染影响后的认知、态度及判断以及行为意愿等方面提供了整体的分析框架。[31]

尽管情绪传染理论的研究积累了较多成果，且具有一定的理论深度，但该理论的发展与应用仍然存在一定的局限性。目前，该理论似乎提供一个简洁明了的揭示人们情绪传染过程的心理框架，即由于人们自动地、无意识地模仿或有意识地情绪比较过程，情绪可以在个体之间流动传播。但现有研究多探讨情绪传递过程中情绪的正向转移与流动，也就是说，情绪接受者对情绪发送者的情绪感知有可能反向传染，这种情绪的反向传染会造成完全不同的心理机制与行为意愿，目前少有人关注这一方面，可能导致理论与实践相融合的过程存在一定的偏差。同时，在未来研究方向中，可以将该理论与更多个体情绪感知理论如情绪信息理论、情感事件理论等进行区别与联系，在研究情景中更应贴合消费情景，结合多种情境相结合的原则，考察不同因素间的相互作用对顾客情绪传染的影响。

(五) 对营销实践的启示

情绪传染理论能够很好地解释及预测顾客的情绪流动过程及不同情绪状态下的行为意愿。在营销领域中，企业十分关注如何通过有效的情绪启动与情绪传递等机制影响顾客。根据情绪传染理论，个体之间的情绪流动与传递可以对顾客的偏好产生影响。在消费实践中可以通过不同的方式唤醒个体情绪进而影响其积极行为意愿。如企业通过培训员工微笑服务唤醒顾客的正向情感提高服务满意度[13]，在线购买平台营造轻松的沟通氛围，也可将情绪传递给潜在购买者来留下积极印象等，还可利用群体之间情绪传染的发生更为强烈这一特点，建立“情绪循环”进而创造积极体验等。此外，除了一般服务接触，在服务失败和服务补救情景下情绪传染也会发生作用，例如，在群体服务失败发生后顾客间的愤怒情绪会发生传染效应，加剧顾客对服务失败的负面感知，最终产生更强的抱怨意向。[5, 39]为了降低服务失败后顾客间情绪传染带来的负面结果，企业应该采取合理措施（例如快速识别出愤怒情绪较高的顾客、采取优先服务补救）避免群体间情绪传染的发生。总之，情绪传染理论的相关研究结论可以在顾客情绪唤醒、企业的经营策略、企业服务补救策略等方面为企业提供决策参考。

参考文献

第三部分

个体与自我

33

自我建构理论

杨　强①

（一）理论概述与在营销研究中的发展

自我建构理论（self-construal theiry）是指个体通常从自我与他人间关系的角度来定义自我认知结构，这一概念由马库斯（Markus）和北山（Kitayama）于1991年基于文化因素对个体影响的分析而提出，是考量个体与群体间关系的重要理论，属于自我图式理论的一个分支。[1]作为跨文化研究的产物，自我建构理论主要应用于解释不同个体间的心理差异，知名心理学家松下（Matsumoto）更是将其誉为“过去几十年中文化及心理学领域最具影响力的研究之一，必将拥有持续的价值和广泛的应用”。随着理论深度的不断挖掘和理论体系的逐步完善，目前关于自我建构的研究呈现出方法多样性（如借助问卷数据分析不同自我建构类型间的相关性、利用情境激活法探究个体反应差异等）、不同文化群体研究专门性（如关注在同一文化背景下个体自我建构形成的制约因素）和应用研究主导性等特征。

在营销领域中，该理论被广泛运用于消费者心理与行为、企业营销策略制定的相关研究中。我们分别展示了该理论在营销领域六大顶级期刊和年度的频率分布趋势（图33-1、图33-2），可以看出该理论在*Journal of Consumer Research*、*Journal of Consumer Psychology*两大期刊中运用最多。

（二）理论的核心内容与在营销研究主题中的运用

1. 理论的核心内容

自我建构被定义为“个体在进行自我认知时，将自身置于‘我与他人是相互独立的’和‘我与他人是紧密相连的’两种参考体系之一的一种倾

①杨强，天津理工大学管理学院教授，主要研究领域为消费者行为与营销。基金项目：国家社科基金一般项目“快速迭代情境下创新产品扩散障碍识别与营销变革研究”（16BGL086）。

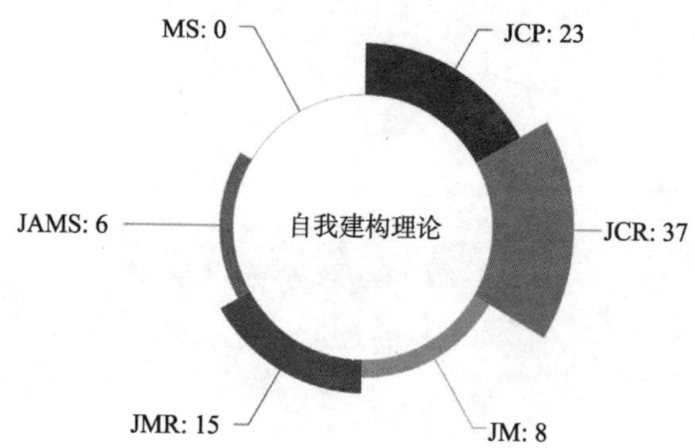

图33-1 六大期刊中自我建构理论频次分布

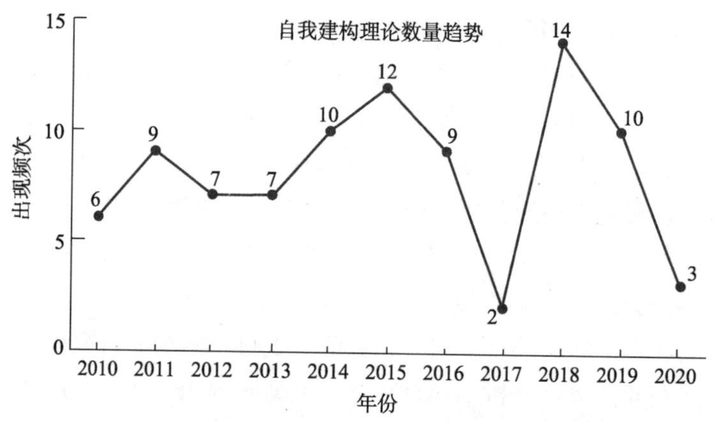

图33-2 六大期刊中自我建构理论的年度频次分布

向”。马库斯等人认为：不同文化背景下，个体的自我认知结构存在差异。具体而言，“我与他人是相互独立的”通常出现在以个人主义为主导的文化中，而“我与他人是紧密相连的”则更可能在弘扬集体主义的背景下衍生。不同文化氛围的影响使得西方人强调自我与他人的区别，而东方人偏向于自我与他人的联系。据此，马库斯等人区分了在东西方文化中具有典型性的两种自我建构类型：独立型自我建构（independent self-construal）与相互依存型自我建构（interdependent self-construal）。[2]独立型自我建构个体倾向于以自身的思想、感情为参考，与外界环境间界限清晰，根据内部属性定义自我，当个人想法发生改变时，其行为通常会随之改变。相反，相互依存型自我建构个体更在意他人的感受，定义自我时更考虑外部属性，群体中其他成员的态度和想法很可能左右其决策。独立型自我建构和相互依存型自我建构虽属不同维度，但并非相互排斥，往往在同一个体中共存，即在特定文化背景下，消费者存在占据主要地位和次要地位的两种自我建构类型，通过情境激活，处于次要地位的自我建构类型也可能暂时占据主导地位。[3]两种自我建构的具体区别主要体现在以下方面：①内在自我结构。相互依存型自我建构个体的内在自我不能简单被形容为一个边界清晰的整体，往往会随着社会情境改变而改变，而独立型自我建构个体的内在自我由于与社会情境相分离而更加独立、稳定；②社会关系中其他人所扮演的角色。对独立型自我建构个体而言，他人仅是个体进行比较的参考，而相互依存型自我建构个体的自我定义则高度依赖与他人的关系；③个体用于评价自我的信息属性。独立型自我建构个体评价自我的信息多来自个体内部，如思想、感知等，而相互依存型自我建构个体更关注地位、关系等外部属性。此外，两种类型的自我建构个体对所处群体的关心程度及目标导向也有所不同，相较于独立型自我建构个体自我表达和实现自己目标的强烈需求，相互依存型自我建构个体秉承“个体是嵌合于社会群体中的一部分”理念，更关心群体发展并积极帮助他人完成目标。[4]

相互依存型自我建构个体渴望获得良好的社会关系，其自我认知的形成多依赖于人际交往，而对人际交往的分析可以从亲密关系（intimate relationships）和集体身份（collective identities）两种角度出发。基于此，布鲁尔（Brewer）将相互依存型自我建构进一步划分为关系型自我建构（relational self-construal）与集体型自我建构（collective self-construal）两类，并据此提出了三重自我建构理论，该理论认为自我建构包含个体自我（individual self）、关系自我（relational self）和集体自我（collective self）三部分。[5]其中，个体自我是指个体通过发掘自身与他人的不同点来定义自我，往往通过个体间社会比较等方式获得；关系自我指在处理亲密关系的同时，个体会不断理解和完善自我，人际关系反馈是其得以实现的重要途径；集体自我是个体自我的“群体化”，指个体将自身置于群体关系中并以群体成员来认知自我的倾向，与个体自我不同的是，集体自我进行比较的双方是两个不同群体。[6]除此之外，哈布（Harb）认为，还存在第三种相互依存型自我建构，即人性自我建构（humanity self-construal），指个体在认知和定义自我时倾向于以“人类一员”身份自居。这两种分类都是基于马库斯所提出的相互依存型自我建构所做的进一步细分，在学术研究和实践中同样具有重要意义。

自我建构理论的显著创新之处在于其测量对象是个体而非群体，避免了研究过程中由于将群体内所有个体混为一谈，忽略个体间差异所导致的结果偏差。借助自我建构理论，研究者可以将目光从宏观聚焦至微观，更好地解释同一群体内不同个体间的细微差别，例如，相较于国家等宏观层面的变量，自我建构对人类彼此间沟通行为具有更准确的预测力。[7]

2. 理论在营销研究主题中的运用

自我建构理论广泛运用于营销研究之中。一方面，该理论可以解释不同群体及群体内不同个体间的差异，有助于了解消费者心理与行为；另一方面，该理论也可用于指导企业与品牌的营销策略（如品牌体验、广告说服、目标群体等）。以下重点介绍自我建构理论在营销研究主题中的四方面运用。

（1）自我建构与文化差异、社会关系

自我建构有助于解释文化群体之间的多方面差异。受文化背景等多因素的长期塑造，个体会倾向于表现出不同的自我建构类型，来自集体主义文化背景（如东亚地区、拉美地区）的个体往往具有相互依存的自我建构，而来自个人主义文化背景（如西欧地区）的个体大多具有独立的自我建构，不同自我建构个体会采取不同的行为。例如，通过挖掘不同种族背景下的文化差异，研究者发现亚洲人（vs.高加索人）、印度人（vs.美国人）等具有相互依存（vs.独立）自我建构的消费者在使用优惠券行为上更突出。[8]，与普遍将个体简单分为独立型和相互依存型二维自我建构观点不同，康（Kang）[9]等采用四维自我建构模型（双文化、西方、传统和异化）探究自我馈赠行为的差异发现，双文化、西方自我建构组比传统自我建构组和异化自我建构组具有更高水平的自我馈赠倾向，并在自我馈赠上花费更多的选择努力。此外，怀特（White）等将民族背景中的亚文化差异作为自我建构的代表，证明当独立个体的社会认同身份受到威胁时，他们会有动力恢复积极的自我价值，从而更倾向于避免与身份相关的产品。相对而言，相互依存型自我构建个体在社会身份认同受到威胁时，会通过获得一系列的其它方式的社会认同来满足归属感需求，因此对表达身份相关的产品表现出更积极的偏好。

相互依存型自我建构在很大程度上是由社会联系定义的，具备公共关系规范的属性，例如维护社区和谐的义务等社会规范。在双重权利背景下，陈（Chen）[10]等证明集体主义文化中相互依存型自我建构的消费者认为企业不对称定价行为违反公共关系规范且不公平。相比之下，独立型自我建构根据个人自主性而不是社会联系来定义自我，个体倾向于从事更多与进步相关的活动。杨（Yang）等人根据追求目标的显著知识差异的潜在机制证明，达成（维持）目标对具有独立（相互依存）自我建构的参与者更具激励作用。

（2）自我建构理论与品牌及产品需求

独立型自我建构强调个体，并将个体作为分析单元，而相互依赖型自我建构更强调社会性，并将个体作为社会连接单元的一部分，这种对人格的心理表征已经被证明可以激活不同的性格。相互依赖者更可能强调社会角色、义务和关系，如果消费者的自我建构和品牌概念是相互关联的，那么品牌表现就能反映消费者的自我建构类型。[11]

消费者会使用品牌和产品来创造、交流和保持积极的自我建构，当拥有独立型自我建构的个体在社会认同的某一方面感知到威胁时，会渴望提升个人价值以收获他人的积极评价，从而恢复社会认同，实现此目标的常用手段是向外界展示自身已经与消极的社会身份相分离，这一点极为重要，它会导致消费者回避选择与消极身份相关的产品（例如，避免购买会使其社会身份及面子受到威胁的产品）。[12]与之相反，当具有高度相互依赖型自我建构的个体的社会身份受到威胁时，其往往会倾向于追求更强的归属感，并通过激活和联系其他突出的社会身份来满足这些需求，进而产生对应消费。除此之外，在讨论自我建构对消费者识别和认识品牌的影响时，社会拥挤程度在其中起到的作用也是学界关注的热点，相较于具有独立自我建构的消费者，具有相互依存型自我建构的个体对于他人的存在表现出了更高的容忍性。[13]

（3）自我建构与决策

自我建构会影响消费者的感性或理性决策方式。一般而言，具有独立自我建构的消费者更倾向于依赖情感感受做出决定，对自我的更多关注会增加其对情感优越产品的评价，并减少对情感较差产品的评估[14]，而具有相互依存的消费者更倾向于依赖认知推理来做决定。[15]同时，自我建构还会影响消费者对决策信息的关注程度。在体验消费中，作为旁观者（如观众），独立型（相对于相互依存型）消费者更关注抽象的信息，其体验消费评价更容易受到结果的影响，而相互依存型（相对于独立型）消费者更倾向于具体的情境因素，更容易受到过程的影响。当消费者在游戏体验中扮演参与者的角色时，结果恰恰相反。[16]

此外，自我建构还会因群体规模差异而影响决策行为。独立型自我建构消费者的决策因群体规模而异：对于较小的群体，独立消费者做出的选择平衡了自己和他人的偏好，而对于较大的群体，他们做出的选择更强烈地反映了自己的偏好。相反，相互依存型自我建构个体总是能够做出平衡自己和他人偏好的选择，而不受群体规模的影响。[17]

（4）自我建构与社会捐赠

绩效规范会激励人们改变其原有行为，慈善活动中可使用积极或消极的偏离规范的方法呼吁捐款。以其他人的行为作为一个参照点（绩效规范），当给定行为的发生率高于（低于）参考点时，就存在正（负）范数偏差，而自我建构类型调节了这种偏差的有效性。独立型消费者通常更关心个人的幸福而不是他人，而相互依存型消费者渴望保持和谐、适应他人的需求、社会正念和共情；独立型消费者更容易受到促进框架的影响，相互依存型消费者更倾向于关注预防框架。[18]慈善行为中的消极规范偏差可以作为消费者需求程度增加的提示，因此与预防为主的思维模式相一致；相反，慈善行为的正向规范偏差可以作为消费者的一个线索，表明慈善活动正在进行中，这与以促进为中心的思维模式是一致的。独立型消费者以促进焦点为特征，而相互依存型消费者以预防焦点为特征。正向范数偏差通过强调慈善机构的强劲表现来吸引独立型个体的促进焦点，而负向范数偏差通过增加需求的感知来吸引相互依存型个体的预防焦点。呈现正向范数偏差时，独立型消费者因受到感知绩效的影响而增加捐款，如当参与者看到的实际捐献人数超过其预期时（即正的范数偏差），参与者更有可能参与捐献；呈现负向范数偏差时，相互依存型消费者更容易在预防导向的呼吁下捐款，如感知需求对向母校捐赠有积极影响。[19]

（三）理论运用中的研究方法

在营销领域中，采用自我建构理论的研究主要使用实验法，具体采用情景操控和量表测量。

在情景操控过程中，通常采用指导语激活、故事激活、代词圈点法和任务激活法等。其中，指导语激活最为简单，此种方法最早由特拉菲莫夫（Trafimow）、特里安迪斯（Triandis）和后藤（Goto）提出，其基本思想是在实验之前，通过指导语唤起被试某种特定的自我建构倾向。例如：对独立型自我建构激活组施以指导语："在接下来的两分钟里，请你思考你与家庭成员、朋友的不同点，你对自己有哪些期望？"对依存型自我建构激活组施以指导语："在接下来的两分钟里，请你思考你与家庭成员、朋友的共同之处，他们对你有哪些期望？"根据对被试所完成句子的编码，可以考察被试对自我的定义特征。故事激活法是让被试阅读一个故事，其主人公的行为遵循独立型或依存型自我建构的行为规律。例如，被试通过想象以团体选手的身份参加网球比赛来唤起依存型自我建构。其阅读故事为：您的团队正在参加网球比赛并进入决赛，您的教练和队友将目光投向你。你会对自己说：

"这是我们的战斗，这是我们的机会。无论我赢还是输，我都会向我的团队证明自己的价值。"此外，代词圈点法是将被试们分组，并让不同组别阅读一段文字，该文字内容一致但使用的代词不同。例如，参与者们被要求阅读有关访问城市的场景。除了使用不同的代词来激活不同的自我构造的相对可访问性之外，这种假设的场景在两个自我构造条件之间具有相同的描述。在独立条件下，代词都是单数的（例如，I、my、me）；在相互依赖条件下，代词都是复数的（例如，we、our、us）。任务激活法是指赋予被试们不同性质的任务，以此来激活不同的自我建构倾向。例如，所有被试都需要写出一个关于自己的故事，但不同组别有不同的具体要求。个体自我激活组被试的每一个句子都必须包含人称代词"我""我自己""我的"（I、myself、mine）；在关系自我激活组，被试所写故事需反映他们如何看待人际关系中的自己，所写句子必须包含"我""他们""人际角色"（I、others、interpersonal roles）；在集体自我激活组，被试的句子需包含"我们""我们自己""我们的"（we、ourselves、ours）。

量表测量中，由辛格利斯（Singelis）编制的"自我建构量表"是最早直接测量自我建构的自陈量表，包含独立型与依存型自我建构两个维度，每个维度测查项目12个，要求被试在7点量表上评估项目叙述符合自身情况的程度。[20]其次，古迪昆斯特（Gudykunst）等基于文化共通性方法（eticmeasure）研制了一份信度与效度更高的量表，更适用于跨文化研究。[21]此外，相关研究还经常采用克罗斯（Cross）等人编制的"关系倾向的依存型自我建构量表"，这是一个用11个项目测量依存型自我建构水平的量表，其要求参与者叙述自身与7点量表上评估项目的相符程度。[22]

（四）对该理论的评价

自我建构理论对个体特征及选择倾向具有充分解释力，在心理学和营销领域中占有重要地位。自我建构对认知风格和人际交往等个体特性与行为的科学解释使得其在消费者行为领域中得以广泛应用，对消费者心理与决策等方面的研究提供了扎实的理论依据。自我建构相关理论自提出后经过多年完善和发展，已具备了较强的理论深度及广泛的应用范围，人们似乎已经适应将自我建构分为独立型自我建构和相互依存型自我建构两类，并以此为基础解决相关问题。

当然，该理论目前仍有一定局限性。自我建构概念是基于对社会文化因素和个体自我之间关联的分析所提出，诸多研究着眼于在同一文化背景或是同一性别群体内的差异，但在文化和性别因素之外的领域中，对不同自我建构个体间差异是受哪种或哪些变量所影响及制约的研究仍在少数。目前，大量研究着力于探讨自我建构与某种特定心理过程的联系，如社会比较、各种人际交往行为、自我调控的焦点等，而探讨自我建构与个体稳定的发展结果之间联系的研究却相对较少，而且所涉及的变量也多局限于人际关系质量。个体心理异常复杂，独立和相互依存两类自我建构或许存在更多可细分空间。随着科技的不断发展，对于自我建构的研究应进行更多创新探索，包括借助数据追踪等手段不断丰富消费者心理刻画等。同时，全球一体化的不断发展或许会促使不同文化及性别群体间更加深入的交流和融合，由此可能对自我建构带来的影响同样值得关注。

（五）对营销实践的启示

作为理解和认知自我的一种方式，自我建构理论考察了个体对自己与他人关系的认知，即认为自己多大程度上与他人相关或者分立，能够很好地解释与预测消费者的目标与动机。根据自我建构理论，认知、情感、动机与行为的变化会对消费者偏好产生影响，在营销实践中，可以通过操纵个体的某一自我建构类型影响消费者的偏好与选择。例如，关注不同文化背景下各种不同自我建构类型如何更好地适应周围的社会文化环境；通过设计与目标消费群的自我建构类型相匹配的广告信息进而提高广告说服力；设计不同利益趋向的促销方式及信息表达方式与相应的自我建构类型相匹配；利用广告设计启动消费者短期的自我建构倾向，临时操纵个体的某一自我建构类型占据主导地位，可以在突出利己诉求广告中增加对“自我”的呈现，而在强调利他诉求的绿色广告中加入与“他人”相关的信息继而激发消费者；等等。总之，自我建构理论的相关研究可以在消费者特征识别、营销策略设计（如营销沟通、广告策略）等方面为企业营销实践提供有益的支持和参考。

参考文献

34

自我决定理论

武瑞娟①

（一）理论概述与在营销研究中的发展

自我决定理论（self-determination theory，SDT）是由迪西（Deci）和瑞安（Ryan）提出的与人类自我决定行为有关的重要动机理论。[1,2]该理论提出四十多年来，一直被用来解释人类发展的原因、过程和结果，尤其被用来阐述什么是人类的“最优动机”以及如何很好地激励他人。[3]这一理论自提出以来，受到很多关注，并且被运用到诸多领域——教育、运动、就业、养育、企业等。这一理论也带来非常多正面结果，如学习与知识整合、坚持、积极情绪、适应性个性改变、合作行为、绩效提升等。[3,4]

在营销领域中，该理论被运用在与目标追求（goal pursuits）、自我规制（self-regulation）及自我（self）有关的研究中。我们分别展示了该理论在营销领域六大顶级期刊和年度的频率分布趋势（图34-1、图34-2），可以看出该理论在*Journal of Consumer Research*中运用最多。

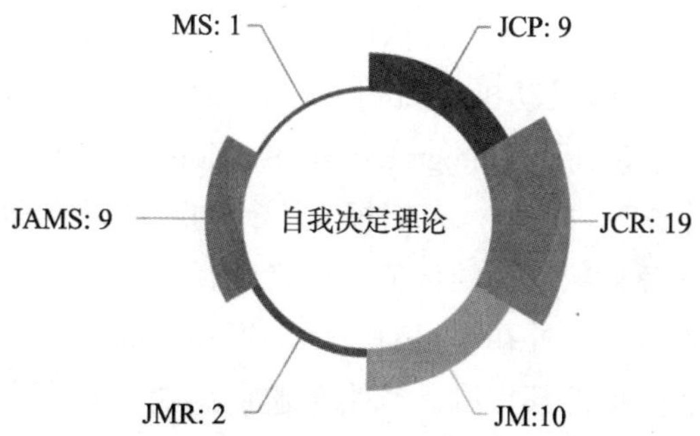

图34-1　六大期刊中自我决定理论频次分布

①武瑞娟，天津理工大学管理学院教授、博士生导师，主要研究领域为消费者行为。基金项目：国家社会科学基金后期资助项目“在线评论多模态形式对消费者认知影响研究”（22FGLB099）。

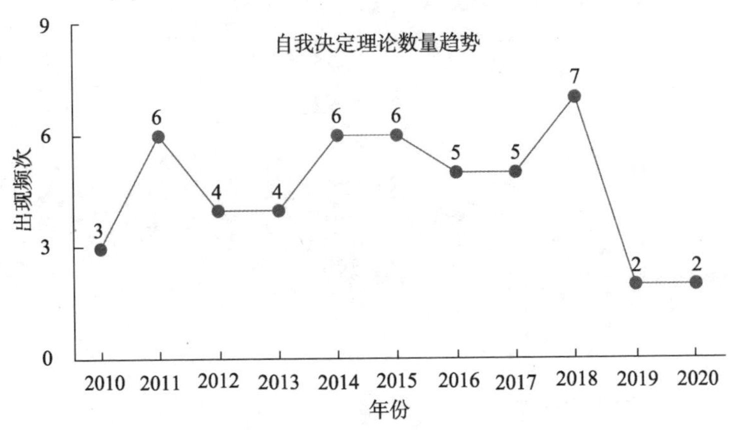

图34-2　六大期刊中自我决定理论的年度频次分布

（二）理论的核心内容与在营销研究主题中的运用

1. 理论的核心内容

自我决定理论强调个人内在资源对个性发展与行为规制的重要影响。[5]自我决定（self-determination）指人们由内在驱动发生某些行为，而非外在报酬。[6]孩子们主动学习、接受挑战、解决问题等都是自我决定行为。[2]自我决定被定义为“选择和拥有选择的能力是一个人行动的决定因素，不需要外部报酬、驱动或者其他压力；自我决定不仅是一种能力，还是一种需要；人们都有一种基本的、天生的自我决定倾向，这种倾向促使人们做出有趣的行为”。[2]

自我决定理论将动机分为六种不同类型（见图34-3）。这六种动机按照由外而内的规制（regulation）水平，依次为缺乏动机（amotivation）、外部动机（external motivation）、内摄动机（introjected motivation）、识别动机（identified motivation）、整合动机（integrated motivation）、内在动机（intrinsic motivation）。[3,4]当缺乏动机时，人们根本不行动或缺乏行动的意愿，缺乏动机是由于人们不思考某项行动的价值，或者觉得对某项行为无能为力，或者不期待产生想要的结果。外在动机对行为的影响意味着人们从事一项活动是出于压力，或为了获得外部报酬，或为了避免惩罚，是自主决定作用最差的动机形式。例如，一位吸烟者戒烟是因为家人让他这样做。内摄动机是外在动机的一种自我融合形式。例如，人们感受到的内部压力，强迫性、犯罪感、羞耻感和焦虑等。虽然内摄动机来自个人，但是主要来源还是外在，因为在内摄动机中，个人并没有充分地认知内在的需求，如一位酗酒者戒酒的原因是对他的孩子感到抱歉，戒酒的动机是为了孩子好，而不是出于自己真心想戒酒，为自己好。识别动机引发的行为和责任并不令人享受（如换尿布、选举或缴税），尽管如此，个人并不抗拒这些行为。识别动机对行为的影响是人们意识到和接受了行为的重要性，比如戒毒者意识到吸毒违背正常的生活方式，从而去戒毒。整合动机是对某种行为进行识别并与个人的价值系统整合在一起，如戒酒行为会使人意识到与他的目标和价值有关，对身体好，最大化他的工作潜力等。整合动机下，人们不仅意识到和接受行为的重要性，而且还把这种意识整合到自我中，如戒毒者不但意识到吸毒违背正常生活方式，还意识到戒毒对自己的身体健康、家庭幸福有诸多好处。内在动机是积极有机体内部的能量源泉，是一种内在的、自然的倾向，个人的行动由消费者内部促进产生。内在动机则是一项行为真正的动力和源泉，也是自我决定最重要的因素，在内在动机的促进下，戒毒者采取戒毒行为不会想到很多理由，就是要救自己，解脱自己。根据自我决定理论，不同的动机反映了行为的价值和规制被内化（internalized）和整合（integrated）的程度。内化意味着人们吸收价值或规制；整合反映了把规制进一步转化为自己的原因。一些研究根据动机被内化和整合的程度，对这六种动机进一步总结和归纳。识别动机、整合动机和内在动机被认为受外部因素规制较弱，内化和整合程度较高的动机，因此这三种动机是自主动机（autonomous motivation）的组成部分；外部动机和内摄动机被认为是受外部因素规制较强的动机，因此这两种动机被认为是控制动机（controlled motivation）的组成部分。控制动机、识别动机和整合动机都属于外在动机（extrinsic motivation）。人们基于外在动机从事一项活动获得结果与活动本身是分开的，在这项活动中人们很少能够获得愉快或享受。[3]与外在动机相比，内在动机完全由自我决定，人们出于自己内心想要进行行动，行动本身非常有趣、具有挑战或充满乐趣。

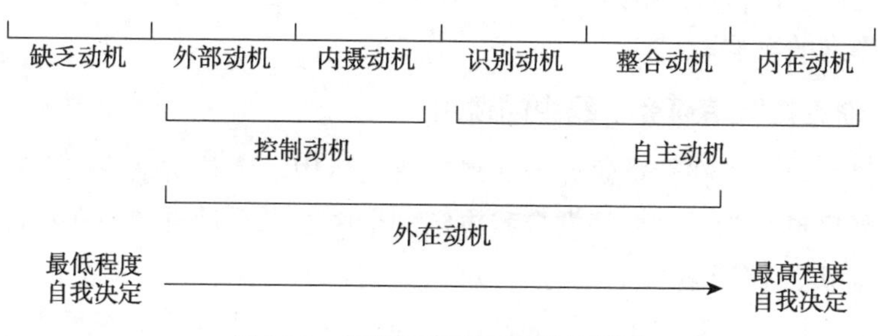

图 34-3 自我决定理论中动机类型

自我决定理论包括四个分支理论：基本心理需要理论（basic psychological needs theory）、认知评价理论（cognitive evaluation theory）、有机整合理论（organismic integration theory）和归因定向理论（causality orientation theory）。[7]

基本心理需要理论指出人们具有胜任（competence）、自主（autonomy）和归属（relatedness）三种基本的、与生俱来的需要。[4]当三种需要被满足时，人类的内在动机会增强或外在动机会内化。胜任需要指个人实施和拓展现有技能和能力的需要；自主需要指个人完全地、自由地、不受限制地处理信息，并且自我规制行动的需要；归属需要指能被接纳，能获得他人的关怀、爱，感到自己是组织一员的需要。[8]在三种需要中，自主需要比胜任需要和归属需要更能引起内在动机的发生，当自主需要被破坏时，人们就感到他们的行为被阻止，从而对于某种活动的兴趣减少，动机减弱；当自主需要没有被破坏，人们就能更加积极地参与到某种活动中，对该活动的兴趣增加，动机增加。

认知评价理论是关于社会情境因素如何影响内部动机的理论。根据认知评价理论，能够满足自主和胜任需要的社会情境因素，如最佳挑战、积极反馈、免受贬低评价等，都可以提高内部动机。[6]

有机整合理论详细阐述了不同外部动机形式以及外部动机内化和规制整合的过程。外部动机四种规制方式包括外部规制（external regulation），为了满足外部需要或者获得外部奖励而进行的行为；内摄规制（introjected regulation），为了避免内疚、焦虑或者为了自我提升和自豪而进行的行为；识别规制（identification regulation），人们意识到了行为的重要性或者行为带来的利益进行的行为；整合规制（integrated regulation），人们意识到行为与自己的价值观或者需要一致时发生的行为。

归因定向理论认为人们具有三种归因定向：自主定向（autonomy oriented），人们规制自己的行为是基于兴趣或自我认定的价值观；控制定向（control oriented），人们规制自己的行为受到“他们应该如何行动”的控制；非个人定向（impersonally oriented），人们的行为会受到个人无法控制或非个人意愿因素的影响。

2. 理论在营销研究主题中的运用

自我决定理论在营销研究中获得广泛的运用。一是文献使用自我决定理论来解释雇员行为，主要根据自我决定理论中的内在动机和外在动机探讨员工不同动机如何影响员工行为（包括创新行为、工作努力、工作表现等）；二是研究使用自我决定理论作为理论基础，探讨消费者基于不同动机做出选择时，这些选择如何影响消费者反应（消费者满意、目标修正行为与自我感知等)；三是研究基于自我决定理论，检测如何对一个事件进行心理建构，将其看作是内在动机驱动或外在动机驱动，如何影响消费者；四是文献探讨了自我决定理论中的三种基本心理需要如何影响消费者。介绍自我决定理论在营销研究主题中的四方面运用。

（1）自我决定理论与雇员行为

现有文献使用自我决定理论作为理论基础解释雇员行为，如舍佩尔斯（Schepers）等检测了自我决定理论中的三种基本心理需要如何影响客户关系管理（customer stewardship control)，研究结果发现，员工归属需要、团队能力需要和员工和团队的自治需要会显著影响客户关系管理。[9]自我决定理论中的内在动机和外在动机被用来作为影响雇员行为的内部因素和外部因素，如卡德瓦拉德（Cadwallader）等使用自我决定论作为理论基础解释不同类型雇员动机——整体动机（global motivation)、情境动机（context motivation）和任务动机（situation motivation）——对员工服务创新的影响。[7]吉莱斯皮（Gillespie）等研究销售配额系统（sales quota system，外在动机）与建立销售人员与品牌关联（buildingsalesperson identification with a brand，内在动机）如何影响销售人员努力（salesperson effort)，结果发现销售配额系统会显著提高销售人员努力。[10]霍恩伯格（Hohenberg）和霍姆堡（Homburg）基于自我决定理论，发现对销售人员创新的引导手段（上司对创新的支持、对创新的教育、上司对创新的欣赏和对创新的奖励）会通过自主动机间接影响创新表现。[11]还有文献将自我决定作为心理授权（psychological empowerment）的一个重要维度，探讨心理授权如何影响雇员公民行为。[12]

（2）自我决定理论、消费者选择与消费者反应

自我决定理论认为当消费者基于自己内心和内在动机做出选择时，他们会更愿意对自己的选择负责或者更喜欢自己的选择。如博蒂（Botti）和麦吉尔（McGill）根据自我决定理论探讨当消费者是自己做出（self-made）选择还是外部决定（externally determined）如何影响消费者满意，研究结果发现，当目标是享乐目标时，消费者对自己选择的结果更满意。[13]张（Zhang）等发现当消费者目标是自主选择制定的，投入的努力会反映目标的价值以及消费者的动机；当消费者感觉目标是强加的，他们会经历心理抵抗，贬低目标的价值，并且显示出较低的动机。[14]王（Wang）和穆霍帕迪耶（Mukhopadhyay）基于自我决定理论探讨了内在动机和外在动机在消费者目标修正过程中的重要作用。[15]博恩（Bone）等研究发现，当少数群体（minority）选择受限时，他们的自我概念会遭受有害的影响，如感知受束缚、孤单、被歧视、顺从，

并且他们的自尊、自治和自我效能都会减少。[16]

(3) 自我决定理论、消费者心理建构与消费者反应

文献基于自我决定理论探讨了当消费者将同一件事情建构为不同动机驱动时，消费者做出何种反应。拉郎（Laran）和尼舍夫斯基（Janiszewski）发现当消费者把某项行为看作是差事（work）还是趣事（fun）会影响他们的自我规制行为。当人们把一项任务当作差事时，这项任务会使消费者觉得消耗自己的精力，使随后的自我控制变得困难；当人们把一项任务当作趣事时，这项任务会使消费者充满活力，使之后的自我控制变得容易。[17]

(4) 自我决定理论与个人福利

根据自我决定理论，人们的基本需要会影响个人福利感知。如马丁（Martin）和希尔（Hill）指出自我决定论中的归属需要和自主需要会直接显著影响穷人对生活的满意度，并且会调节贫穷对生活满意的负面影响效应。[18]

(三) 理论运用中的研究方法

在营销领域的研究中，与自我决定理论相关的论文涉及的研究方法包括实证研究、实验法和现场试验。自我决定理论中的内在动机和外在动机，以及三种基本心理需要主要使用量表测量。

自我决定理论中动机的测量，卡拉瓦拉德（Cadwallader）等在测量整体动机、情境动机和任务动机时，整体动机和情境动机各使用了七个题项，其中三个题项与内在动机有关（与刺激有关、与知识有关、与成就有关），四个题项与外在动机有关（识别动机、内摄动机、外部动机和缺乏动机）；任务动机使用了四个题项，包括一个内在动机题项和三个外在动机题项（识别动机、外部动机和缺乏动机）。[7]

自我决定理论中基本心理需要的测量，马丁（Martin）和希尔（Hill）测量了归属需要和自主需要：归属需要用了两个问题——“朋友在你生命中有多重要?”，“家人在你生命中有多重要”（1代表非常重要，10代表一点儿也不重要）；自主需要用了一个问题——“一些人认为他们有完全自由的选择，并且能控制他们的生活；一些人认为他们做什么与他们经历什么完全无关。你认为你的自由选择和对生活的控制对你的生活有多大影响?”（1代表完全没影响，10代表影响很大）。[18]舍佩尔斯（Schepers）等测量了个人和团队的三种基本生理需要，每种需要都使用了李克特七分量表，并使用了三个问项进行测量。[9]

(四) 对该理论的评价

自我决定理论作为一个重要的动机理论，受到研究者们广泛关注，并被

运用到多个领域研究如何激励个体动机。该理论认为人们具有天生的、与生俱来的、自我决定的需要，这种需要促使人们进行主动的积极的行为。这一理论将动机视为从缺乏动机到内在动机的动态连续体，指出这些动机促使行为发生的重要原因，以及不同外在动机在个体规制水平方面的不同，这是对动机理论的极大丰富和补充拓展。

虽然自我决定理论自提出后受到理论界和实践界的广泛欢迎，但这一理论仍存在一定的局限性。一是自我决定理论中的一些关键概念仍然定义得不够清楚，如“自我决定”“内摄调节”“识别”和“内化”等概念；二是自我决定理论中提到的三种基本生理需要（胜任、自主和归属）是否是个体发生某种行为的动因还未获得证实；三是自我决定理论分别详细地阐述了六种不同动机，忽略了内在动机与外在动机共同作用或几种动机共同发生作用的情形。

（五）对营销实践的启示

自我决定理论在解释员工和消费者行为反应方面具有非常好的解释力，尤其是自我决定理论中的基本心理需要和动机，可以很好地解释个体行为。基于自我决定理论，个体基本心理需要满足可以带来积极正面的结果，反之，当个体基本心理需要不能满足时，个体会感知较强的被控制感、行为结果较负面。同样，个体在做出选择时，如果感知到选择是内在动机驱动，或者可以完全自主选择，个体会对选择更满意，对选择结果负责；如果感知到选择是外在动机引导，或者是非自主选择，个体会对选择不满，甚至影响个体主观自我、福利等方面的感知。因此，在营销实践中，根据解释水平理论，在工作中，尽量满足员工基本心理需要，让其感知有较大的自由选择权力，可能会极大提高员工积极性，提升其绩效表现；在消费者选择时，基本需要的满足与内在动机的驱动会让消费者对选择更满意、幸福感更强。

参考文献

35

自我提升理论

姚 卿 韩译萱①

（一）理论概述与在营销研究中的发展

自古以来，人类就具有一种天性：希望获得良好的自我感觉，避免负面的自我感觉。这一自我评价的心理偏好在奥尔波特（Allport）1937年提出的自我提升理论（self enhancement theory，SET）中生根发芽，演化为成熟的理论。[1]奥尔波特在书中写道："人类具有使自己积极向上的需求，自我保护观是'自然界最古老的法则'。"此后，施劳格（Shrauger）基于对消费者行为的细致洞察，提出了补偿性/防御性自我提升概念（compensatory/defensive self enhancement），将自我提升动机具体为由欲望和与欲望相悖的自我特质之间的落差所触发的动机。[2]2012年，塞迪基德斯（Sedikides）和阿利克（Alicke）辨析了自我提升理论和自我保护理论，他们指出，自我提升是人们将积极的自我观点最大化的欲望和偏好，自我保护是人们将消极的自我观点最小化的欲望和偏好。[3]

自我提升理论根植于人类扬长避短的基本动机，发展至今，已在心理学、教育学等领域得到广泛的运用。目前，自我提升的理论研究已经从最初的内涵界定（"自我提升动机是什么"）、与其他自我动机的关系（"何种自我动机最重要"），发展到了关于自我提升动机的制约因素（"自我提升更影响哪类人群的行为"）以及自我提升与其他多种自我动机交互作用（"自我超越和自我提升动机如何影响个体行为"）的探索。

在营销领域中，该理论被广泛运用于消费者心理与行为、企业营销策略制定的相关研究中。我们分别展示了该理论在营销领域六大顶级期刊和年度的频率分布趋势（图35-1、图35-2），可以看出该理论在*Journal of Consumer*

---

①姚卿，北京科技大学经济与管理学院副教授，主要研究领域为消费者行为、决策制定、品牌管理、广告绩效理论与测量、价格和促销战略等。韩译萱，北京科技大学经济与管理学院硕士研究生，主要研究领域为消费者行为。基金项目：教育部人文社会科学规划项目（20YJA630081）。

Research、*Journal of Consumer Psychology*两大期刊中运用最多。

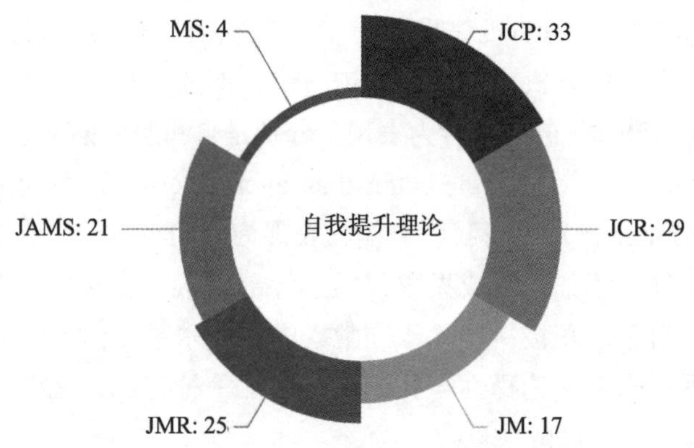

图35-1　六大期刊中自我提升理论频次分布

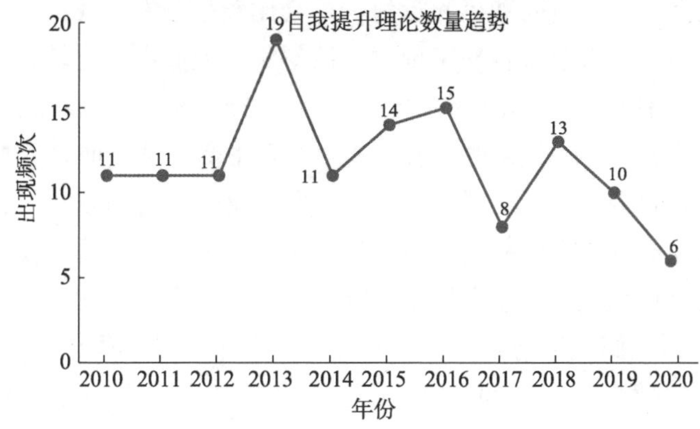

图35-2　六大期刊中自我提升理论的年度频次分布

（二）理论的核心内容与在营销研究主题中的运用

1. 自我提升理论的核心内容

自我提升理论的起源可以追溯至古典时期。在这一时期，昔勒尼学派和伊壁鸠鲁学派的哲学家们主张享乐主义驱使人类行为，并观察到了人们努力追求良好的自我感觉。随着时代的演进，人类的这一动机被奥尔波特所记录，并在心理学领域对其加以解读与剖析，由此衍生出自我提升理论。[1]自我提升是指个体努力提升别人对自己的好感的倾向。所有个体都具有自我提升的动力，它旨在促进他人对自己的满意感、能力感和效能感。此后，基于对消费者行为的观察，施劳格发现拥有消极自我概念的个体比拥有积极自我概念的个体更倾向于进行自我提升，进而提出了补偿性/防御性自我提升概念。[2]补偿性/防御性自我提升是一种由欲望和与欲望相悖的自我特质之间的落差带来的压力触发的动机。也就是说，在缺乏积极的自我概念反馈条件下，个体自我提升的动机更加突出。进一步，塞迪基德斯和阿利克的研究归纳总结了自我提升动机的三类行为表现，分别是自我服务偏见（the self-serving bias）、优于平均水平效应（the better-than-average effect）和选择性自我记忆（selective self-memory）。[3]自我服务偏见表现为人们将事件的成功归因于内部因素，而将事件的不如人意或失败归因于外部因素。优于平均水平效应揭示的是人们认为自己的积极特质高于同龄人的平均水平，但自己的消极特质低于同龄人的平均水平。选择性自我记忆描述了一种特殊记忆模式，相比于优点，人们很难记住自己的缺点。

那么，人们为什么要进行自我提升？人类是社会性的动物，社会层面的需求促使人类产生相应的动机和行为，社会比较是触发自我提升动机的必要条件。当参照标准看起来容易实现时，欲望驱使人们向上比较，触发了自我提升动机。[4]相反，人们有时也会通过向下比较，来获得自我地位的提升感和优越感。[5]特别是，当自我概念在社会关系中受到威胁时，人们会将社会认同视为一种自我提升的方式。[6]例如，当自我概念受到威胁时，人们可能会利用友谊来提升自身的社会地位，他们将偶遇的熟人称为密友或者在谈话中突兀地提及他人的名字。[7]更进一步而言，为了维护受到威胁的自我评价和社会地位，人们更愿意购买具有高地位、高价值、高能力肯定属性的产品，甚至是吹嘘自己拥有的财富。[8-9]这些做法的目的仅仅是让自己感觉良好，并试图让自己在社交网络的其他人眼中看起来不错。除此之外，他人的存在也是启动自我提升动机的关键要素。很多人在与他人聊天时，会不由自主地谈论自己的优势、能力和特点，分享自己的经历。[10]有趣的是，人们很多时候没有意识到自己的自我提升行为，即使意识到了，也不愿意承认自己在自我提升方面做出的努力。[11]

不同消费者的实现自我提升方式可能有所不同。内隐自我理论认为，根据自我特质是否可以塑造的信念，个体可以分为实体理论家（entity theorists）和增量理论家（incremental theorists）。实体理论家认为人的特质是固定的，无法通过学习、发展或成长改变。相反，增量理论家相信学习和自我发展的机会可以让人的特质变得更好。[12]二者的自我提升方式具有明显差异，例如，秉持实体理论信仰的大学生会选修更容易的课程，因为这样做更可能获得好成绩，以便向他人“展示”自己的能力；而秉持增量理论信念的大学生，即便冒着获得低分的风险，也更愿意参加有助于提高能力、具有挑战性的课程。

2. 自我提升理论在营销研究主题中的运用

自我提升理论被广泛地应用于营销研究领域之中。自我提升理论深化了研究者对消费者心理和行为的理解，例如，社会地位提升、向上比较、社会认同、口碑传播和亲社会行为等。以下重点介绍三个营销研究主题。

（1）自我提升理论与消费者感知错觉

人们认为自己比一般人拥有更多的积极品质和更少的消极品质，这种认为自身品质超过平均水平的感知错觉一度成为自我提升最具标志化的行为。[3]消费者感知错觉产生的具体行为可以分为以下两类。第一，自我提升动机影响消费者的归因方式。消费者倾向于将事件的成功归因于自己，而将失败归因于环境，比如将抽彩票中奖归因为自己的预测能力，将某课程得分较低归因于老师过于严厉。[3]第二，自我提升动机影响禀赋效应。消费者对自己拥有物的评价显著高于市场平均水平，即禀赋效应，自我提升的动机将强化禀赋效应。例如研究发现，相比于集体主义，具有个体主义自我概念的消费者具有更强的禀赋效应，这是因为个体主义的消费者更注重自我概念的提升。[13]同时，感知到自我威胁的消费者，会不由自主地利用财产价值来进行自我肯定，他们的禀赋效应也更强。[9]

（2）自我提升理论与口碑传播意愿

自我提升动机被证明是口碑传播的核心动机之一，它有力地推动着消费者的社交分享行为[14-15]，因此激发消费者的自我提升动机对口碑传播具有不可小觑的促进作用。[15]为了彰显自己的能力，消费者往往会分享积极的产品体验、有趣的品牌或产品故事[14,6]，这可以解释为什么正面口碑的数量往往远高于负面口碑。研究发现，当自尊受到威胁时，消费者具有更强烈口碑传播冲动，因为这可以作为恢复和提升自我价值感的重要方式。[14]在传播产品口碑时，消费者还愿意分享与自我有关的信息，进一步加强自我提升，例如他们分享的信息包括对自身能力、优势和特点的讨论（“作为这个产品的资深用户”“我在……方面极为擅长”等）。[16]有趣的是，专家也将传递专业知识作为自我展示或自我提升的重要手段。[17]

（3）自我提升理论与产品选择行为

产品消费可以用来恢复自我概念、应对已存在的自我威胁，寻求自我提升的消费者会通过产品的选择来实现自身动机。[6]例如，当消费者认为绿色产品能够将自己与他人区分开来时，其绿色产品购买意愿将显著提升[18]；在选择产品时，消费者会不自觉地启动自我提升动机，偏爱具有自我提升属性的产品；消费者会出于不想被认为是“新手”的原因，而在虚拟世界中购买虚拟装备，提升自我概念[19]。此外，特定领域自尊水平较低的消费者更偏好具有自我提升暗示的商品推介，而非含有自我验证线索的商品推介。[20]当消费者的智力、能力等方面受到质疑时，为了恢复积极的自我概念，消费者更倾向于选择能够表征能力、象征高地位的商品，甚至是炫耀性的商品。[8-9,6]如果在消费过程中获得优惠待遇，消费者将启动与其他顾客的向下比较，带来自我地位的提升和优越感，从而增加产品消费意愿和购物体验的满意度。[5]

（三）自我提升理论运用中的研究方法

在营销研究领域，涉及自我提升理论的研究主要运用了实验法。下面介绍这些研究当中对自我提升动机的操纵与测量方法。

自我提升动机的操纵方法可以分为三种。第一，操纵自我专业水平。帕卡德（Packard）等人采用阅读材料法，对自我提升组提供表明自我专业水平高的材料，例如“相信我、我是专家、我在……领域非常精通”，对控制组提供表明自我专业水平一般的材料，例如“据我所知、我是一般水平的参与者、我在……略有了解”，含有自我提升词汇的材料对自我提升动机的激发程度更高。[21]第二，操纵是否有第三者评价。伯杰（Berger）和艾扬格（Iyengar）采用提示他人评价法，对自我提升组提示“你的伙伴会在实验结束时评价你看起来有多酷”，并提问“你认为其他人是否愿意和你交朋友”。[10]通过旁观者存在的提示，让被试产生自我提升的动机。第三，运用奢侈品品牌。托莱里（Torelli）、蒙加（Monga）和凯克提（Kaikati）在自我提升组所面对的电脑屏幕上，随机呈现奢侈品的品牌名称，这是因为奢侈品品牌能够激发消费者的自我提升欲望。[22]

自我提升动机的测量一般采用内省测验量表，即HSM问卷（how I see myself questionnaire）。[23]此测验融合了21个积极品质和21个消极品质，通过让被试比较自己和他人（如朋友、固定的某个人、社会一般水平）在此42个特质上的表现来进行测量。精简的测量量表一般包含三个题项。在研究实践中，三个题项的量表有聚焦于旁观者看法自我评估的，例如：“你认为谈论你购买的产品会改变对方对你的看法吗？”“你认为与你交谈的人会因为你分享了对产品的看法而对你产生更多的好感吗？”“你认为与你交谈的人会因为你分享了对产品的看法而更喜欢/不喜欢你吗？”[16]也有侧重于个体行为自我感知的，例如：“分享有关产品的意见让我感觉自己是一个更博学的人。”“分享有关产品的意见提升了我的自尊。”“分享有关产品的意见让我对自己的感觉良好。”[24]

（四）对自我提升理论的评价

自我提升理论在动机层面揭示了人类自我展示、自我吹嘘等行为的深层次原因，解析了为什么这些行为有益于心理健康，为研究者解释消费者行为提供了夯实的理论基础。[3]

但是现有研究对自我提升动机的探索尚有不足，表现在鲜有研究对自我提升动机的诱发机制进行系统探索，这种情况的出现可能是由于诱发自我提升的因素是多种多样的，目前尚无法网罗所有因素并加以有效的区分和归类。此外，研究者对自我提升的含义尚未达成一致。一部分学者将自我提升定义为“个体对自己的评价高于对他人的评价”，另一部分学者认为自我提升是“个体对于自己的评价高于客观标准对其的衡量”。前者表明自我提升可以为消费者带来良好的自我感知，后者说明自我提升可能会诱导消费者脱离实际。最后，自我提升理论的作用边界是未来值得探索的课题。自我提升理论是否在任何时间、任何人、任何情况下都有利于个体的心理健康？过高的自我提升动机会不会使个体产生诸如偏激的负面情绪或行为，进而威胁消费者的身心健康？

（五）自我提升理论对营销实践的启示

自我提升理论有利于营销实践者理解和影响消费者行为。第一，自我提升可以成为产品或服务的一种心理价值，营销实践者可以在产品或服务的设计和传递过程当中运用该理论。例如，外显性的产品或服务可以将自我概念的象征意义融入产品价值。第二，营销沟通活动可以运用自我提升理论，有针对性地启动消费者的自我提升动机，从而影响消费者的行为。例如，将自我概念威胁、社会比较等元素嵌入营销沟通的文字或视频中，激发消费者的口碑传播、产品购买意愿等行为。[4,7-8]第三，营销实践者可以考虑将自我提升动机的影响因素作为营销环境分析的依据，例如自我提升心理价值在个人主义文化盛行的国度里会更有感召力。

参考文献

36 自我控制理论

刘园园　皇甫冰瑞　张　冉　魏佳敏①

（一）理论概述与在营销研究中的发展

自我控制理论（self-control theory）最早由沃尔特·米歇尔（Walter Mischel）于20世纪50年代发现并提出，自此，学者们开始对自我控制的影响因素、心理机制和改善方法进行了深入探索。在此过程中，产生了规范化的实证研究方式[如著名的棉花糖实验（the marshmallow test）]和实用的自我控制水平测度量表[如自我控制量表（self-control scale）]，对后续研究产生了深远影响。自我控制理论的相关理论模型包括延迟满足双阶段模型（two-stage model of delay）、认知–情感人格系统（cognitive-affective personality system, CAPS）、冷热双系统模型（hot/cool-system）和能量模型（strength model of self-control）等。近年来，自我控制理论被各领域，尤其是营销领域所重视，并被应用于食品消费、储蓄理财、广告设计等管理实践中。

在营销领域中，该理论被广泛运用于消费者心理与行为、企业营销策略制定的相关研究中。我们分别展示了该理论在营销领域六大顶级期刊和年度的频率分布趋势（图36-1、图36-2），可以看出该理论在*Journal of Consumer Research*中运用最多。

（二）理论的核心内容与在营销研究主题中的运用

1. 理论的核心内容

自我控制过程的实践和理论研究始于20世纪下半叶。[1]米歇尔发现人们会为了获取长远的、较大收益而放弃当下的、较小奖励，并称这种现象为延

①刘园园，西安交通大学管理学院教授，主要研究领域为消费者行为、行为经济。皇甫冰瑞，西安交通大学管理学院博士研究生，主要研究领域为消费者行为。张冉，西安交通大学管理学院硕士研究生，主要研究领域为消费者行为。魏佳敏，西安交通大学管理学院硕士研究生，主要研究领域为消费者行为。基金项目：陕西省自然科学基础研究计划项目（2022JM-420）。

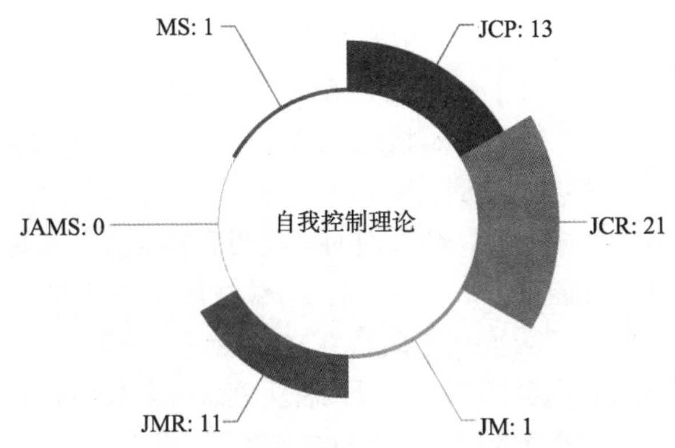

图 36-1　六大期刊中自我控制理论频次分布

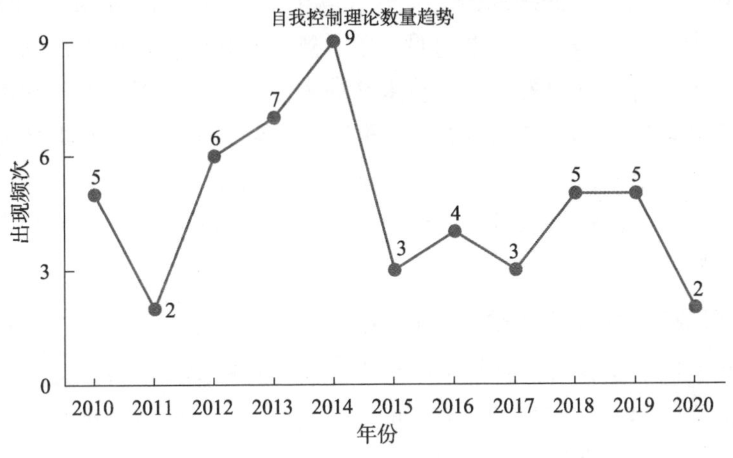

图 36-2　六大期刊中自我控制理论的年度频次分布

迟满足（delay of gratification）。延迟满足与意志力（will power）和自我控制密切相关。[2]班杜拉（Bandura）提出只有当个体相信现实情况可以根据他们的行为而改变时，个体才会启动自我控制过程。[3]罗伊 · 鲍迈斯特（Roy Baumeister）是自我控制理论耗竭范式研究的代表人物，他认为，自我控制能力是个体主动抑制或改变与自身理想、价值观和社会期望等标准不符的冲动或行为，以追求其长远目标的能力。[4]通过将注意力集中在延迟奖励的抽象属性（如棉花糖蓬松洁白的外表）上，而不是集中在消费属性（如棉花糖香甜柔软味道）上，人们可以增加延迟行为发生的可能。[5]到目前为止，学术界对自我控制仍没有统一的定义，但现存的理论一致认为，自我控制描述了一种牺牲眼前的、短期的满足，以服务更重要的、更长期的利益的行为。[6]

米歇尔作为自我控制领域延迟满足范式的代表人物，构建了自我控制的冷热双系统模型，丰富了自我控制内在机制的相关内容，冷系统（内在的、理性化的）和热系统（外在的、情绪化的）存在于人脑的不同片区，这两种系统的交互作用将影响个体的自我控制水平。[7]在此基础上，鲍迈斯特提出了自我控制的能量耗竭模型，即人们的自我调节能量是有限的，每一次自我调节行为都会消耗此能量，一旦能量耗尽，则后续自我调节能力就会受到影响。[4]此外，也有学者从生理角度研究自我控制的内在机制，例如霍夫曼（Hofmann）等人提出自我控制同时受两种生理系统调控的影响，分别是皮质下的社会情感系统和前额叶皮层的认知控制系统。[8]

先前的研究表明，自我控制将会对个体和社会存在深远影响。米歇尔通过对棉花糖系列实验的跟踪研究发现：高延迟满足人群有较高的成就导向，对社会负责，更信任他人，更聪明，更成熟，并表现出较少失控的冲动；低延迟满足人群对当下的关注大于对未来的关注，表现出更大的冲动性，与较低的社会和认知能力指数有关。[2]自我控制还与个体冲动性购买行为密切相关，鲍迈斯特将冲动性购买（impulsive purchasing）定义为在没有仔细考虑消费是否符合自己的长期目标、理想、决心和计划的情况下，突然产生购买某种东西的冲动。[9]

2. 自我控制在营销研究主题中的运用

自我控制理论在营销研究中应用广泛。自我控制理论可以被应用到解释消费者面临跨期选择问题时的策略选择，或用于了解消费者进行目标管理的心理与行为。除此之外，自我控制理论对于指导企业与品牌的产品折扣选择以及广告策略等也有深远影响。本章节重点从四个方面介绍自我控制理论在营销研究主题中的应用。

（1）自我控制理论与消费者跨期选择

消费者在面对跨期选择问题时，会通过自我控制改变决策。一方面，自我控制导致消费者面临不同时间距离时，可能产生不同决策。时间贴现理论（time discounting theory）认为一个结果的时间距离越大，该结果的感知价值越小。当放纵选择出现在更远的时间距离系统中，放纵的情感就失去了价值，从而促进人们做出自我控制的选择。[7]例如，消费者考虑在一顿非常想要的美味大餐和一顿不太想要的健康大餐之间做出选择，如果消费时间在遥远的将来，美味大餐的吸引力可能会打折扣，这导致人们选择更健康的食物。[10]

另一方面，在跨期选择情境中，依赖情感系统会导致消费者做出非延迟满足的选择。希夫（Shiv）和亚历山大（Alexander）发现，当决策基于情感反应而非理性认知时，个体更有可能选择即时收益，而不是延迟收益。[11]例如，如果消费者倾向于更多地依赖情感（而不是理性）来做决定，他们更有可能选择享乐型产品，而放弃存钱。[12]然而随着事件数量的增加，消费者对未来更大奖励的偏好将会增加。这是因为，分散的注意力会使决策者收缩对时间的感知，从而做出延迟满足的选择。[13]

（2）自我控制理论与消费者目标管理

消费者在做出个人选择时可能会尝试同时管理自我控制与非自我控制目标：消费者试图通过选择更健康更符合长远利益的决策来实现自我控制，同时通过将这些行为与放纵行为相结合，以保证自己仍然能够享受生活。然而当消费者为他人做选择时，决策目标可能会发生变化。人们很可能会关注一个快乐的目标，而忽视自我控制的目标。这是因为为他人做选择的消费者不太可能自发地推断他人会倾向于抵制诱惑并实现自我控制。[14]

另外，在执行目标管理决策时，消费者对目标的管理和执行会有明显的消耗效应。研究发现，个体对一个任务的完成会消耗同类型其他相关任务的完成能力。例如，当人们先后进行两个需要自我控制的任务时，在第一个任务中所做出的努力会导致人们的动机和注意力暂时转移，从而会对第二个任务的完成情况造成负面影响。[15]然而，当消费者启动了自我控制的心理暗示之后，他们的目标管理水平会有所增加，进而削弱了消耗效应。

（3）自我控制理论与产品折扣

消费者的自我控制倾向会影响面对不同产品选择时的折扣偏好。一般来说，在常规促销优惠选择中，消费者对价格折扣和赠品的反应是不同的。在自我控制的背景下，研究发现对于健康食品，消费者更喜欢选择赠品的促销方式而非价格折扣，但当面对垃圾食品时，这种选择却恰恰相反。这是因为在进行垃圾食品消费时，人们的自我控制意识会使其倾向于减少消费数量以保持健康。[16]

考虑到消费者的自控决策往往会收到社会影响，消费者表现出一种通过“共放纵”或“共节制”来实现自我控制的倾向。研究发现，对于小型或有趣的放纵活动（如游乐园、电影等）时，以团体活动或团体折扣的方式设计促销可能是有效的。此外，参与相同小放纵的人们之间可以体验到更强烈的社会纽带，有助于帮助成员之间体验到强烈的潜在归属感。[17]

（4）自我控制理论与广告说服

通过改变广告中的因素可以影响消费者情绪变化及自我控制强度，进而影响消费结果。研究发现，广告特征可以作为调节因素，影响消费者对广告的反应，且不同产品种类和不同人群特征，均会影响广告的效果。具体来说，对不同情感强度人群的研究发现，高情感强度的个体在面对选择时更多地依赖他们的情绪而非自我控制资源，因此会产生更多的行为冲动。[18]同时，生动的广告对消费者的影响也会取决于他们的情感强度，因此，高情感强度人群更容易被颜色饱满的披萨的广告吸引，加剧垂涎反应。此外，针对忙碌与自我控制的研究发现，忙碌的心态增强了人们对自身重要性的感受，反过来增强自我控制能力。因此，对于那些被代表放纵及享乐的品牌来说，使用忙碌为特征的广告拍摄方式可能会适得其反。[19]

（三）理论运用中的研究方法

自我控制理论的相关研究里，最常用的研究方法为实验法，通过在论文中设计多项实验、提出实验假设、进行情景操控、得到实验数据并进行数据分析，基于这些结论探索拓宽自我控制理论，其中存在几种经典的情景操控方式。例如，在延迟满足范式中（delay-of-gratification paradigm），被试者在立即满足的、较小的奖励与延迟的、较大的奖励之间进行选择，且获取延迟奖励的方式只有等待。米歇尔在其关于注意力与延迟行为关系的研究中设计了这样的实验：研究人员离开孩子所在的房间，孩子在等待期间可以发出特定信号让研究人员立刻回到房间并给予他们一个小奖励；如果孩子能坚持到研究人员自行返回，他们将会得到一个更大更好的延迟奖励。[5]

另外，双任务范式（dual-task paradigm）也常常被学者采用，在该范式中，研究人员要求被试者同时执行至少两种不相关的任务。例如，鲍迈斯特等人在验证能量耗竭模型的有效性时，将被试者分为两组，实验组被要求品尝胡萝卜，控制组被要求品尝巧克力饼干，接着，被试需要完成枯燥的解题任务，结果发现实验组的任务坚持时间明显短于控制组。[4]

也有学者采用量表测量的方法研究自我控制。目前，较为权威且经过广泛验证的量表有唐尼（Tangney）等人编制的自我控制量表（self-control scale，SCS），其完整版包括36个题项，5个维度，分别为总体自律、冲动控制、健康习惯、工作或学习表现和可靠性。[20]

（四）对该理论的评价

自我控制理论在自我理论中占有举足轻重的地位，因为它是理解个体不同心理因素的关键。长期以来，通过对肥胖、酗酒、拖延等主题的自我控制研究，人们已经认识到自我控制的重要性以及导致自我控制失败的影响因素。自我控制能力作为一种可以抑制或推翻与目标不一致的欲望和诱惑的强大内部资源，[21]对于理解消费者情绪、消费者行为选择等方面具有重要的理论价值与现实意义。

到目前为止，大多数自我控制模型都关注于个体心理内部发生的事情。[21]然而，个体社会网络关系中，往往也会受到来自外界成员的影响。目前，自我控制的人际关系层面还没有得到充分的重视，随着社会网络理论愈加成熟，该方面在未来值得学者们更多关注。另外，人们在做决定时基于理性和感性的程度上是不同的，因此，个体在选择和消费时抵抗诱惑的差异将会是未来研究的一个有趣领域。[22]最后，目前的自我控制研究实验设置都只对被试者进行单一目标假设，然而在现实生活中人们必须经常同时处理多个目标和其他自我控制项目。例如，一个特定的周六下午可以用来工作、锻炼，所有这些都涉及自我控制，但却不能同时进行。此外，自我控制的能力是有限的，人们必须按照优先次序来进行取舍，以确定哪些行为是最迫切需要控制的，而这些也需要学者们在未来做进一步探索。[21]

（五）对营销实践的启示

自我控制可以通过调节人们的思想、情绪以及行为表现，使消费者与自身的长期目标保持行为一致。[21]消费者会通过处理成本信息来增强自我控制能力，企业可以在购买和消费时提供有关享乐食品的脂肪和卡路里含量的信息，来帮助解决全球肥胖问题。[23]同时，消费者也会通过扭曲过去行为的记忆，来制造目标进展，以享受当前的放纵，因此，企业可以通过设置提醒来增加盈利能力。例如，银行经理在劝说客户储蓄时，可以提醒客户上一次储蓄时间。健身房经理可以发送电子邮件，提醒顾客距离上次锻炼已经过去了多长时间。这将鼓励更多的人进行储蓄、健身，并提高消费者的满意度。[24]另外，考虑到消费者在有“犯罪伙伴”时更喜欢放纵[17]，在忙碌状态下会更为自律[19]，企业可以利用团体活动或团体折扣来对享乐产品进行销售，通过广告激活消费者的忙碌心态来宣传健康产品。

参考文献

37

自我展示理论

王雪华①

（一）理论概述与在营销研究中的发展

自我展示理论（self-presentation theory，SPT）是由戈夫曼（Goffman）教授于1959年提出的心理学理论，[1]申克（Schlenker）教授于1975年随之进一步研究了个人的自我认知会如何影响自我展示。[2]自我展示理论自提出以来，受到了不同领域学者的广泛关注和引用。针对自我展示理论，最初研究重点在于其概念的界定和不同类型自我展示策略的研究。近年来，越来越多的学者对自我展示在不同领域的应用进行了研究。

在营销领域中，该理论被广泛运用于消费者心理与行为、企业营销策略制定的相关研究中。我们分别展示了该理论在营销领域六大顶级期刊和年度的频率分布趋势（图37-1、图37-2），可以看出该理论在*Journal of Consumer Research*、*Journal of Consumer Psychology*两大期刊中运用最多。

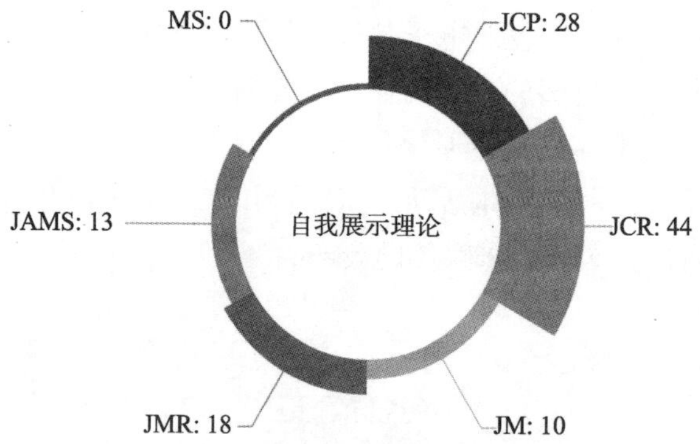

图37-1　六大期刊中自我展示理论频次分布

①王雪华，同济大学经济与管理学院副教授。主要研究领域为消费者行为。基金项目：国家自然科学基金项目（72272052）。

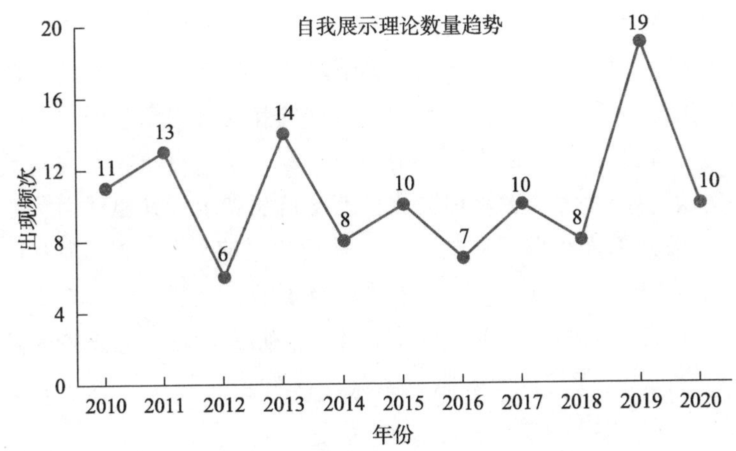

图37-2 六大期刊中自我展示理论的年度频次分布

（二）理论的核心内容与在营销研究主题中的运用

1. 理论的核心内容

自我展示理论是关于人们如何控制和管理自己外在形象的理论。可以说，自我展示发生在人们生活的方方面面。该理论认为人们倾向于在不同的公众面前展现不同的自我，以求获得肯定的评价并给他人留下好印象或让自己感觉更好。它不仅仅与他人如何评价和对待自我有关，也与自我概念和心理幸福有关。因此自我展示有两个不同的主要目标，一个是进行印象管理，譬如通过自我夸奖以防止可能的来自他人的不赞同，另一个是通过夸张地描述自己来让自我感觉更好。[3]

尽管文献中存在不同的划分方法，自我展示通常可以划分为四种不同的行为类型，即自信型自我展示（assertive self-presentation）、攻击型自我展示（offensive self-presentation）、保护型自我展示（protective self-presentation）、防卫型自我展示（defensive self-presentation）。[4]自信型自我展示包含主动的、但非攻击性的行为，旨在给别人留下正面的印象。如跟别人讲自己语文很好等。攻击型自我展示是采用攻击性的方式来建立自己想要的形象。如通过贬低别人来显示自己优越的地位等。保护型自我展示指个体并不追求看起来很好，但也不想看起来不好。与自信型自我展示相比，保护型自我展示不会采取主动的行为来纠错，只是被动地不想给别人留下坏印象而已。如不想获得大家注意等。当人们想要的形象受到威胁或损害时，人们会尽量减少这一不良影响，这称为防卫型自我展示。用以减少不良影响的方法包括否定、重新阐释或撇清关系等。[4]

在社会生活中，因处于不同的社会情境，人们会通过不同的、合适的自我展示以期给他人留下一个可接受的、合理的和良好的角色形象。如人们通过选择合适的衣服和用品以给他人留下一个好印象。有研究发现，仅仅只是有他人在场都会使得消费者更加关注自己的自我展示，并驱动消费者为了获得他人的正面评估而采取不同的印象管理行为策略。[5]每个人都有自己不同的自我展示策略，尽管有些策略可能是无意识的，这些不同的自我展示策略组成了人们社会生活的一个不可或缺的部分。如消费者加入团体的徽标，尽管只是小物件，但消费者如果愿意佩戴，这就会向他人传达一个重要的信息，即你属于这个团体。[6]

人们选择的商品和品牌都与自我相关，这些商品和品牌有助于向外界展现他/她是个什么样的人。通过消费或与某些物体、某个地方建立联系，人们就可以使他们的身份真实有形化，从而达到展示自我的目的。如当自己所在的大学运动队赢了比赛之后，学生们就会更加愿意穿带有本学校标志的服装。[7]在白人社会里，少数族群的消费者为了更容易获得银行贷款，会盛装打扮自己，穿正式的套装，并手提公文包，以显示自己很专业和值得被信任。[8]甚至谈论有趣的事情来娱乐自己和他人也有助于自我展示。[9]有研究表明，当一个人既不夸大自己的优点又不自我贬低时，他人评价会更真实，也会更容易受到他人喜欢。[10]如果是跟熟悉的朋友交流，人们更倾向于采取谦虚的自我展示策略，而与陌生人交流时却更倾向于自夸。[11]

随着科技的发展，人们慢慢习惯了在网络空间中跟他人进行交流和工作，因此虚拟的环境也成了人们展示自我的途径之一。[12]线上的自我展示本质上是一种一般性的自我展示，人们并不太担心自己的线上自我展示会被他人拒绝或者批评。[13]因此，人们对于线上他人对自己的评价并不是很敏感，即便评价来自亲密他人。这是因为线下的自我展示与当时的情境有关，而线上自我展示是静态的，也就是说，在线下，人们可以根据受众的不同来调整他们自我展示的策略，而在线上就很难做到。[14]同时，社交平台也鼓励线上的自我展示。举例来说，一个人可能线下很谦虚，但在线上的自我展示可能会不太一样，而且受众也不会因此认为这个人傲慢或者夸大其词，这也鼓励人们更多地进行线上自我展示。[15]有研究发现，当线上的自我展示如评论是非常自夸的时候，如果大家信任度高，那么对受众的影响会更加正面。[16]

线上社区或者评论的内容很多也并不是为了与他人进行交流，而是发表自己的看法以作为维持和管理自我展示的策略之一。[17]有研究发现，如果拍照是为了给他人看，那么这一行为会降低消费者的体验感，这是因为给他人看这一目的会使大家更关注他人对自己照片的评价，从而增强了自我展示焦虑。[18]当人们关注自我展示时，依赖型自我建构的消费者更希望被看做是妥当的和对他人/社会敏感的，而独立型自我建构的人群则更希望被看做是能干的和有竞争力的。[19]

2. 理论在营销研究主题中的运用

自我展示理论既可以广泛用于更好地了解消费者心理与行为，对企业的营销实践也有较好的指导作用。以下重点介绍自我展示理论在营销研究主题中的四方面运用。

（1）自我展示理论与消费者社会比较

消费者日常与他人进行交谈或交往时不可避免地会进行社会比较，尤其是当遇到更具吸引力的他人时。一个人在遇到异性时是否要进行印象管理很大程度上取决于该异性是否具有吸引力。当该异性的吸引力较低时，消费者根本想不到要留下什么印象。但如果该异性吸引力很高，那么自我展示焦虑就会出现。[20]当一个人想给有吸引力的异性留下好印象时，会有动力跟异性进行交流，并使用自我描述、非语言行为或欺骗等行动进行印象管理。譬如有研究发现，女性被试在有帅气异性在场的情况下会吃更少的零食以增加她们的女性魅力。[21]相反，如果有吸引力的他人是同性时，个体同样可能会产生自我展示焦虑，但却更倾向于逃避与之进行交流。这是因为有吸引力的同性通常会被认为是能威胁到个体的地位和自尊的存在，因此与有吸引力的同性进行社会比较极大可能会导致自我展示焦虑。[22]

很多服务业都雇用了颜值较高的服务员来吸引消费者，以期提高消费者的满意度和购买倾向。然而，当同性服务员很有吸引力时，可能人们自我展示的焦虑水平就会提高，会担心自己不能够很好地进行印象管理以给服务员留下一个好印象。[23]也就是说，如果服务员的吸引力太大，那么就可能会引发自我展示焦虑，使得消费者逃避跟服务员交流，从而降低消费者的购买倾向。当有吸引力的服务员是异性时，消费者同样会因为想给对方留下好印象而产生自我展示焦虑。[24]

（2）自我展示理论与口碑

消费者经常会跟他人分享自己的故事、新闻和信息。如他们会跟朋友分享他们买过的和想要买的商品，这样的消费者推荐就会影响他人的消费选择。一般来说，相同的事情如果是发生在未来，那么消费者会在情感上感到更刺激或者兴奋，因此会更加愿意谈论。但是这一效应取决于所谈论的事情是否能使得分享者本人看起来更好或者更差。当一件事情能够让分享者看起来更好、至少不差时，人们就会更加愿意谈论该事情，因为这样的自我展示会带来内在的奖励，也就是自我感觉会更好。[25]因此，当一件事情发生在未来而非过去时，情感上的兴奋将会增加分享意愿。但是，如果要分享的事情会使得分享者看起来不怎么样（如收入下降等），那么这一效应就会不同，人们可能即使情绪很高昂，也不太那么愿意分享了。[26]

（3）自我展示理论与自我调节

自我展示是人们在社交中最重要的本领之一。有的人很擅长自我展示，有的人则需要更多地去练习。这就是说，自我展示并能够给别人留下一个好印象是需要我们去努力才能够获得的。如参加工作面试或者跟重要的人约会等，都需要人们进行良好的自我展示。在很多场合里，人们可以轻松地跟他人进行交流并展示自己，按照自己的习惯来做事，或者按照自己既有模式不费力地做事。但是很多现实生活中的情况是出其不意的，人们很难按照自己的既有模式来行事。一旦人们不能按照自己标准的、熟悉的自我展示模式来展现自我的时候，那就需要更多的自我调节来控制自己的行为。举例来说，当一个谦虚的人跟朋友使劲地吹嘘自己时，这一行为可能会消耗更多的自我调节资源。有研究发现，当一个人不能按其熟悉模式做事时，他们就不得不管理自己的行为，从而导致自我管理资源的减少。也可以说，人们在做了一项有挑战性的或者不熟悉的自我展示之后，他们后面就很难控制自己的行为。如果人们的自我控制资源减少，那么他们的自我展示行为效果也会下降。[27]

（4）自我展示理论与分享群体的大小

人们经常与他人进行交流，有时只与一个人交流，有时则会跟两个或者更多的人进行交流。这些受众群体的大小是否会影响人们的自我展示呢？自我展示是分享的驱动力之一，人们更愿意分享新鲜刺激的事情，因为这样会使得他们看起来更加有趣。[28]有研究发现，相较于与很少的人进行交流，与多个人进行交流会使得消费者更倾向于避免谈论让他们看起来不好的事情。这是因为人们虽然通常会很自然地关注自我，但是如果只与另一个人进行交流时，人们就会更加关注他人，从而导致他们不会更多地展示自我，而是聚焦于分享有用的信息。而当与多个他人进行交流时，人们却不会转移自己的关注点，也就是仍然会自我关注，从而会分享更多的有利于自我展示的内容。[29]

从是否正面谈论自我这个角度来看，自我展示大致可分为两种类型：一种是保护型自我展示（protective self-presentation），即远离谈论使自己看起来不好的事情，如避免谈论自己的失败；另一种是获得性自我展示（acquisitive self-presentation），即人们通过与正面的个人绩效相连接以寻求社会认可，如正面谈论自己的某个成功体验。[30]这两种自我展示都有可能发生。但是研究发现人们更倾向于避免给他人留下坏印象，而不是为了给他人留下好印象。[31]因此，相较于获得性自我展示，受众群体大小对保护性自我展示的作用可能会更显著。[29]

（三）理论运用中的研究方法

大部分营销领域有关自我展示理论的研究方法都是实验法。自我展示一般可以采用两种方法进行研究，分别是情景操控和量表测量。

相关文献对自我展示的情境操控有不同的设计方法。如让被试生动地想象要去参加一个重要的工作面试，在高自我展示组，让被试想象他们没有足够的时间来准备这次面试，而在低自我展示组，让他们想象他们的准备时间很充分。接着让被试列出他们所期待的面试成绩。五分钟以后，被试被告知他们要去咨询一个私人健康护理服务，他们需要跟柜台后的服务人员进行交流，接着他们会看到一张吸引力高的和一张吸引力中等的服务人员照片。作为操控检验，他们会对服务人员的吸引力进行打分。[24]也可以采取很直接的方法，如告诉大学生被试他们的期末成绩，在看起来不错的自我展示这一组，可以告知大学生被试他们拿了一个A，而在看起来不好的自我展示这一组，他们会被告知自己的分数为C。[29]

对于不同类型的自我展示行为的测量，可以使用舒尔茨（Schültz）的量表。[4]这个量表包含四种不同类型的自我展示所对应的不同行为。譬如对于自信型自我展示，其行为包括逢迎（ingratiation）、示范（exemplification）、自我推销（self-promotion）、展示权力（power display）、认同（identification）。也有研究给出了测量人们不同自我展示策略的量表，可以让被试就对自己的看法回答问题。[32]例句包括：我会告诉别人我的好品质。（I tell others about my positive qualities.）我会奉承别人来得到他人的帮助。（I use flattery to win the favor of others.）我表达的意见是他人会喜欢的意见。（I express opinions that other people will like.）

（四）对该理论的评价

人是社会动物，人们普遍想给他人留下好印象，为了留下好印象人们会表现不同的行为，而自我展示理论有助于解释和预测人们的这些行为。自我展示理论不仅可以解释个体在线下不同场景下的行为差异，还能帮助我们了解线上的个体行为差异，因此它对于了解自我和他人都是非常有指导意义的。

尽管自我展示理论已经取得了长足的发展，但是仍然存在一些局限性。自我展示理论研究了人们自我展示的不同策略及其心理机制，但可能还需要更多地进一步梳理该理论产生作用的边界条件。如文化或与个人特质有关的变量有可能会影响个体的自我展示策略选择，依赖型自我建构的个体可能会比独立型自我建构的个体更关注自己的公众形象管理。[33]另外，在研究方法上，如果可以结合大数据来展示人们不同场景下的自我展示策略选择，那么会对理论和实践具有更大的指导意义。

（五）对营销实践的启示

自我展示理论能够帮助企业更好地了解和预测消费者的自我展示行为。根据自我展示理论，一个人的自我展示焦虑一旦被激发就会影响其行为。如在线下的营销实践中，使用有吸引力的服务人员可能会给同性消费者带来自我展示焦虑，导致消费者不愿意跟该服务人员有进一步的交流，而在线上这一效应可能会减弱，线下场合可能会使人们更想给他人留下一个好印象。[24]总之，通过自我展示理论的相关研究，企业可以进一步了解消费者心理和行为，从而制定和改善相关的营销策略。

参考文献

38

自我知觉理论

董晓松　刘朝霞[①]

（一）理论概述与在营销研究中的发展

自我知觉理论（self-perception theory）是由贝姆（Bem）于1972年提出，是社会心理学中非常重要的理论，自提出的五十多年来，一直受到广泛的关注。在不少学者相关研究的完善下，自我知觉理论内涵的广度和深度不断丰富拓展，其最初的形成，部分是为了解决"心灵哲学"中的某些经验性问题。在现在的营销领域中，广泛应用于消费者心理与行为、企业品牌定位和产品广告等的相关研究中。

在营销领域中，该理论被广泛运用于消费者心理与行为、企业营销策略制定的相关研究中。我们分别展示了该理论在营销领域六大顶级期刊和年度的频率分布趋势（图38-1、图38-2），可以看出该理论在*Journal of Consumer Research*、*Journal of Consumer Psychology*两大期刊中运用最多。

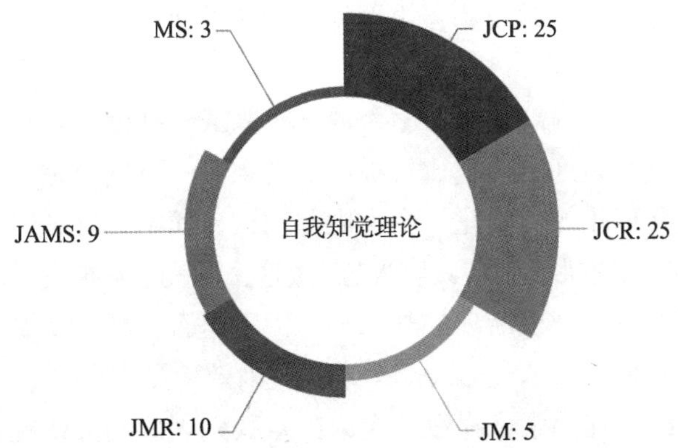

图38-1　六大期刊中自我知觉理论频次分布

①董晓松，上海工程技术大学管理学院教授，主要研究领域为数字经济、企业数字化转型、数字营销。国家自然基金项目：精准还是丰富？平台推荐多样性对消费者决策的影响：信息结构、异质浏览与时空组态（72272072）。参与写作硕士研究生：刘朝霞。

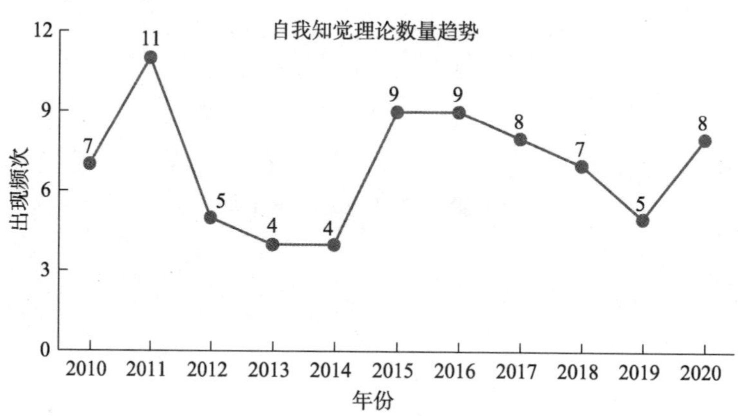

图38-2　六大期刊中自我知觉理论的年度频次分布

（二）理论的核心内容与在营销研究主题中的运用

1. 理论的核心内容

自我知觉理论有两个核心命题：第一个是认为个人开始了解自己的态度、情绪和其他内部状态，部分是通过观察自己的公开行为或这种行为发生的环境推断出来它们。第二个是认为在某种程度上，内部线索是微弱的、模糊的或不可解释的，指示者在功能上与外部观察者处于相同的位置，观察者必须依赖这些相同的外部线索来推断个人的内部状态。[1]例如，当你假期选择去美术馆时，有人问你是不是喜欢美术，而你的内心态度模棱两可，说不上来喜不喜欢时，这个时候，在没有外在因素的作用下，你主动去美术馆就代表你喜欢美术。

那么，如果个人内部线索并不微弱、模糊或外部因素存在时，会产生什么现象呢？这里先只列出两类比较极端的现象——过度合理化效应和错误归因效应。过度合理化效应强化了个人内部动机，而忽略外部因素，如果一个人愿意做某事，则推断这个人是自己想做这个活动。[1]如果过度合理化效应真的存在，那么对于一项活动的外部强化因素是否会减少从事该活动的内在动机这一问题可能有了肯定答案。[2]错误归因效应则强化了外部因素作用的效果，通过操纵外在因素来操纵一个人的自我归因。相关研究表明一个人的自我归因可能受到自主觉醒的错误反馈影响，即觉醒的错误反馈会导致个体错误地将情绪状态归因于自己。[3]例如，曾有实验给予男性受试者错误的听觉反馈，让他们理解为自己的心跳，从而操纵他们对半裸女性图片的态度，从而表明任何内部刺激控制的态度陈述都可能被外部线索所覆盖。[1]此外，相关研究还表明错误归因也可以通过操纵唤醒的明显程度和唤醒的明显来源或原因而产生。[4]例如，有实验给失眠症患者服用安慰剂，并告诉他们这能引起兴奋或放松，引起兴奋的受试者说他们入睡的速度比没吃药更快，将自己睡得快归功于吃药；引起放松的受试者则说他们入睡的速度比平常慢，因为他们担心自己的情绪异常强烈。在这个实验中，两组受试者的外部因素相同，但外部因素对受试者作用的明显程度不同，从而导致他们不同的归因。[5]

此外，我们再回到自我知觉理论的两个核心命题。它们之间的联系和区别是什么呢？前者是行为者的自我归因，后者是观察者对行为者的人际归因。后者的假设是自我知觉和人际知觉具有同一性，因为前者的行为者和后者的观察者归因中涉及的推理过程是一样的，并且他们都有着某些共同的证据来源。但是自我归因和人际归因至少存在四个方面的差异。第一个不同之处是被称为“局内人”和“局外人”的区别，我们所有人体内都有大量的潜在刺激，他人无法利用但我们可以利用这些潜在刺激进行归因。例如，一个人“艰难”地举起一个物品，并推断出这个物品很重，但是没有表露出“艰难”，此时一个缺乏这种内在信息的“局外人”可能推断出他很轻松，认为这个物品很轻。第二个是“亲密者”和“陌生人”的区别，如果我们对某一行为在过去已经有认识，并且其能指导我们归因，而其他的“陌生人”在缺乏这样的历史信息下对我们的行为进行归因时，可能会产生完全不同的结果。例如，过去的经验使“亲密者”相信他在智力上是有能力的，那么当他失败时，他会认为这个实验任务不公平，或者自我感觉无关紧要，当他成功时，他会认为这个实验任务是公平中肯的。然而，“陌生人”则很有可能推断，如果他成功了，他是有能力的，他失败了，他是愚蠢的。[1]“亲密者”和“陌生人”区别在于后者没有任何关于前者的认识来指导他归因，而“亲密者”本身已经获得了关于其能力的相对稳定的性格推断，因此表现的波动更有可能归因于任务。第三个是“自我”与“他人的区别”，当自我寻求保护她的自尊或者抵御威胁时，动机效应可能进入。例如，让前一例子的受试者和观察者来评价他们在失败和成功下智力的差别，观察者则很容易看出来受试者在试图维持她的自尊。第四个是视角上的差异，不同的特征对行为者和观察者来说有不同的显著性。例如，相关文章指出演员的注意力集中在外部的情境线索上，而不是内部的自身行为。然而，对于观察者来说行为者的行为是对情境基础的形象刺激。换句话说，行为者把他们的行为归因于情境要求，而观察者倾向于把同样的行为归因于行为者稳定的个人倾向。[6]

2. 理论在营销研究主题中的运用

自我知觉理论在营销研究中运用广泛：一方面，它能帮助了解消费者心理与行为，涉及消费者的认知方面（自我表达、自我威胁、自我控制等）与消费者情感方面等；另一方面，该理论同样可以用于指导企业品牌的营销策略（如品牌定位、产品广告、产品定价等）。重点介绍自我知觉理论在营销研究主题中的运用。

（1）自我知觉理论与消费者自我表达

自我知觉理论认为人们通过自己的行为和行为发生的情境了解自己的态度、情感和内部状态。[1]也就是说我们了解自己也像他人了解自己一样，都是通过我们自己的外显行为。因此，一方面，消费者希望了解到的自己是积极的、正面的，从而避免会给自己传递负面信号的行为。例如，有研究发现，选择或消费不具有吸引力的产品作为一种自我诊断信号，会对消费者如何看待自己产生负面影响，从而降低他们对不那么美观的产品的估值。[7]另一方面，消费者也希望他人了解到的自我形象是积极的、正面的，与自己身份是一致的。例如，维斯（Weiss）和乔哈尔（Johar）[8]提出消费者将拥有的产品分类为其个人的组成部分的观点。也就是说，如果消费者拥有某产品，则该产品的产品特征与消费者自己的特征一致，就好比一个人选择低脂酸奶、苏打水从而展现出一个健康的形象，反过来，想要展现出健康的形象就会选择有健康特征的产品。

（2）自我知觉理论与品牌定位

品牌定位包括价格定位、人群定位、渠道定位、形象定位、市场定位、产品定位等多个维度，这些都或多或少与消费者心理和行为存在着密切的联系。这里只选取三个维度介绍，首先从价格定位的维度来说，无论是高端还是低端的产品，都会使消费者产生不同的心理。例如，有研究发现，当消费者遇到自我威胁时，会避开让他们产生自卑的自大傲慢的品牌，而选择同样具有竞争力但不那么傲慢的品牌。[9]因此，奢侈品牌和高端品牌都应当积极传递品牌的积极内涵，减少消费者的自卑感，增强消费者的自我价值。再从形象定位的维度来说，消费者一般选择与自己形象相符合的产品，或者自己缺少某方面特点，想要通过购买具有该特点的产品，弥补自己的不足。例如，在研究品牌领导者能否影响消费者心理价值的实验中发现，消费者认为品牌领导者具有高能动性，他们接触能提高自己的能动性。[10]最后是从市场定位的维度来阐述，就以品牌忠诚度来说，一般企业推出一个品牌（不是车站、机场等快餐连锁店）都想获得忠实客户，尤其像减肥、健身房等市场不那么广的行业。想要让顾客重复购买产品或服务，洞察消费者心理是必不可少的。例如，有研究发现，自我控制力会削弱消费者品牌忠诚，当个人自我控制力较强时，个人选择就不一定代表个人偏好。[11]

（3）自我知觉理论与产品广告

消费者在购买产品前，所获得的有关产品的信息大部分是来自广告，其可以说是促使消费者产生购买意愿及购买行为的关键因素。例如，行为定向广告可以改变消费者的自我感知，将消费者往广告的方向引导。[12]行为定向广告是对精准用户投放的广告，可以调整消费者自我认知、提高产品的曝光量和销售量。但是有时广告过量的信息会削弱广告的效果，并不是投放的越多越好。库克索夫（Kuksov）等[13]在研究广告如何影响消费者交流及其信息量的问题时，发现在消费者的功能要求与自我表达高度相关时，降低广告投放量而鼓励消费者沟通可能对企业来说更好。

（三）理论运用中的研究方法

在营销领域中，采用自我知觉理论的论文主要使用的研究方法是情景模拟实验法，关于自我知觉一般采用实验法和问卷调查法进行研究。

采用实验法时，首先应尽可能排除无关因素干扰，让被试在有无研究变量的实验条件下做出真实的行为反应，实验者对得到的两组数据进行回归分析，从而得到研究变量对被试的某种行为有无影响作用。例如，在研究封面何时以及如何实现信息回避的研究中，实验者分别设置有封面和无封面的变量，让被试选择自己喜欢的网站。如果想要研究变量与其他调节变量的交互作用，可以设置“2×2”的组间。例如，还是在前一研究中，实验者设置有卡路里信息封面菜单和特殊场合、无卡路里信息封面菜单和特殊场合、有卡路里信息封面菜单和普通场合以及无卡路里信息封面菜单和普通场合四个变量，让参与者在不同条件下做出选择，再利用得到的数据进行回归分析，从而得出结论。[14]

采用问卷调查法时，实验者一般根据理性-经验量表（REI）来设计研究过程并制定研究需要量表。[15]理性-经验量表由两个分量表组成，每个分量表包含20个项目。其中直觉信仰量表评估参与者对自己直觉的信任和依赖程度，认知需求量表评估参与者对更审慎的认知加工的信任和依赖程度。例如，在研究图片类型对广告态度的影响研究中，实验者在给参与者看完一则广告后，使用五项量表来衡量他们的态度，这其中包括四个语义差异问题（好/坏，强/弱，愉快/不愉快，吸引/不吸引人）和一个问题评级协议，以七分制表示“这个广告作为一个整体非常有效”[16]。

（四）对该理论的评价

自我知觉作为诸多动机结构和期望理论的核心成分和关键内容，是个体对自己完成特定任务之能力的自我评价判断。[17]它与元认知有密切的关系，是个体自我意识的一种表现类型。因此，其在社会心理学中占有重要地位。同时，自我知觉理论又能够很好地解释消费者心理和行为，为理解消费者动机、消费者态度及偏好、消费者选择、消费者评价等方面提供了综合的分析框架。

尽管自我知觉理论在营销领域的研究中已经得到广泛的应用，但是契肯（Chaike）和鲍德温（Baldwin）[18]的研究表明该理论的发展仍然具有一定的局限性，只在一定条件下起作用。如果人们先前对某一事物已经具有明确一贯的态度，或者存在外部压力使人们是非自愿做出选择时，自我知觉理论不起作用，因为这会诱导人们错误归因。也就是说，在情景模拟实验中，用从被试身上获得的主观性数据去解释实际现象可能会存在偏差。同时，未来的研究可以多从消费者认知（如自我威胁、自我连续、自我控制、消费者满足感与自尊等）入手，利用客观大数据，基于一些创新的算法（如深度学习、机器学习等），来探索消费者心理对消费者行为的作用。

（五）对营销实践的启示

自我知觉理论能够很好地帮助企业更了解消费者心理和行为，从而对产品的设计、定位以及广告等做出改进。根据自我知觉理论，消费者会通过观察自己购买行为来认识自我，因此，在营销实践中，产品的包装、定位、广告等所有消费者购买前能够获得的产品信息所传递给消费者的信号应该是积极的。如通过广告信息提高消费者自尊心[7]，通过推广或限制支付方式从而改变消费者支付痛苦[19]，通过提升产品积极和显著的身份特征来降低消费者的饱腹感[20]，等等。

总之，自我知觉理论能够帮我们在营销实践中更能把握消费者心理和行为，从而为企业营销策略（如品牌定位、产品推广）等方面的改进提供方向。

参考文献

39

自我肯定理论

黄 静 王 好①

（一）理论概述与在营销研究中的发展

自我肯定理论（self-affirmation theory）是由斯蒂尔（Steele）于1988年提出的理论。[1]自我肯定源于心理免疫系统，帮助人们构建自我认知抵御外界威胁。该理论自提出的三十多年来，作为一种具有整合解释力的理论，关于其作用机制、影响变量、操控方法的研究不断深化，在不同的领域中得到了广泛运用。自我肯定理论在营销领域中既可以作为普遍的动机解释消费行为，也可以作为“强心剂”帮助消费者应对威胁，同时也是其他营销理论的解释机制。

在营销领域中，该理论被广泛运用于消费者心理与行为、企业营销策略制定的相关研究中。我们分别展示了该理论在营销领域六大顶级期刊和年度的频率分布趋势（图39-1、图39-2），可以看出该理论在*Journal of Consumer Research*、*Journal of Consumer Psychology*两大期刊中运用最多。

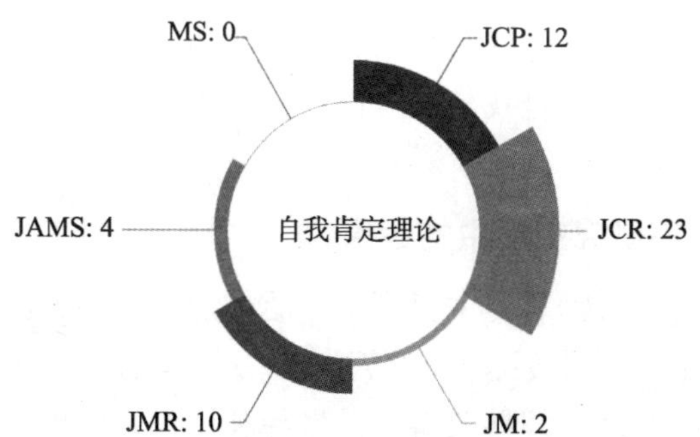

图39-1　六大期刊中自我肯定理论频次分布

①黄静，武汉大学经济与管理学院教授，博士生导师。主要研究领域为感官品牌营销，群体营销，新产品沟通策略。王好，武汉大学经济与管理学院硕士生。主要研究领域为群体营销、新产品沟通策略。基金项目：国家自然科学基金项目“移动互联网时代网络社群的新产品沟通策略及机制：群体心理逻辑”（72072138）。

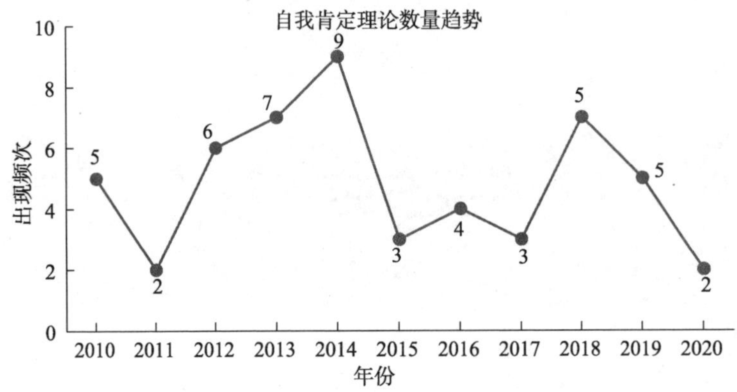

图39-2　六大期刊中自我肯定理论的年度频次分布

（二）理论的核心内容与在营销研究主题中的运用

1. 理论的核心内容

人类拥有一套心理免疫系统，当感知到真实的威胁发生或者即将到来的威胁时，会启动适应性的保护机制。该机制通过各种认知策略对威胁性的事件或者信息做出防御性反应，进而降低威胁对个人价值和福祉的伤害。这种保护机制就是自我肯定。[1]自我系统的总体目标是保护其自我完整性、道德充分性和环境适应性的形象。当自我形象受到威胁时，自我肯定可以使人们在不诉诸防御性偏见的情况下处理这些威胁性的事件和信息。[1]由于自我的“心理免疫系统”是灵活的，可以通过很多角度缓冲威胁。当人们从不同角度肯定自我完整性时，他们认为自己是有能力和适应性的，因此无需将威胁信息合理化，也就是说，自我肯定可以通过把威胁放在自我系统的整体叙述中来减轻压力。[2]

2. 理论在营销研究主题中的运用

自我肯定理论在营销研究中得到了广泛的运用。一方面，自我肯定直接驱动消费行为（如产品购买、口碑传播）；另一方面，自我肯定帮助消费者恢复调节资源和控制感，间接改善产品选择和评价；此外，自我肯定可以作为底层逻辑推演其他营销理论。以下重点介绍自我肯定理论在营销研究主题中的三方面运用。

（1）自我肯定是消费行为的驱动因素

自我肯定作为一种动机直接影响消费者的产品选择和评价。

在产品选择方面：首先，通过使用某些产品或服务可以改善个人特质，例如进行皮肤漂白、整形手术，以实现肤色和五官上的自我肯定，获得更加良好的自我感觉。[3]其次，人们会将自我投射到产品上，产品的良好品质或换代升级象征着用户的自我提升。自我肯定驱使人们选择具有高度审美价值的产品，反过来高度审美的产品会提升用户的自我认同，从而对反态度的言论更加开放。[4]当自我品牌联系较高时，消费者将自我价值投射到品牌价值上，引起消费者对自我改进的关注可以增加产品升级的意向。[5]

在产品评价方面：自我肯定的需要促使负面口碑的分享。负面口碑可以传递社会信息并帮助他人甄别产品，因此分享这种有价值的负面信息可以提升评论者的自我形象和优越感。[6]负面口碑允许传播者"以一种捍卫自我的方式来表现现实"，彰显自己经验丰富、乐于助人的品质。[7]此外，消费者在经历产品失败后的抱怨也是一种自我肯定的应对机制，利用这种发声的机会，将责任转嫁给外界（如销售者、生产商）而非个人失误，来保护自我价值。[8]

（2）自我肯定是消费者面临威胁的恢复剂

当消费者面临某种威胁，自我调节资源被消耗时，自我肯定可以帮助人们恢复自我价值、提高自我评价，通过补充个体的内部资源来增强控制感并改善自我调节行为。[9]

在面临物质或外貌标准的威胁时，自我肯定能够提高自尊心。日常品牌代表着更为普遍的物质标准，而低收入群体仍然难以达标。因此日常品牌会威胁到童年贫困的消费者的自尊心，他们变得更加自利来应对这种威胁。让参与者在接触日常品牌之前进行自我肯定，会提高自尊心从而削弱这种效应。[10]除了物质威胁，在外貌方面也发现了类似效应。人体模型代表了美的规范性标准，外貌自尊心弱的消费者认为自己达不到该标准，对模特展示的产品评价更为负面。自我肯定能够支持低外貌自尊的消费者，以此减轻模特带来的威胁。[11]

在面临身份威胁时，自我肯定可以维持积极的内在评价。当消费者面临自我身份威胁（如个人特质被贬低）或者社会身份威胁（如遭遇社会排斥）时，会引发理想自我与现实自我的感知差异，导致内部消耗和工作记忆能力降低[12]，更喜欢高强度的感官消费来刺激自己[13]，避免使用与社会身份相关的产品（即分离效应）[14]，或者购买更加个性化的产品展示独特的自我[15]。此时进行自我肯定，让消费者通过积极的内在评价肯定个人价值后，上述效应得以削弱或彻底消失。

自我肯定能够减少资源耗竭，恢复控制感。某些特定的外部环境（如无序杂乱的环境）或个人行为（如委托代理决策）会损耗心理资源，进一步增加消费者对幸运产品（与积极结果相关的产品）的偏好[16]，导致更多的自我调节失败的情形[17]，或者降低自我控制的能力。[18]自我肯定能够强化人们的自我概念，肯定他们作为自由人的信念，从而减少内部资源的消耗，使其愿意在不诉诸迷信的情况下承担具有挑战性的任务，补充其调节资源以减少自我调节的失败，或者提高他们的自我控制水平。

（3）自我肯定是其他理论的解释机制

流体补偿是自我肯定的一个核心原则[19]，人们通过在不同的领域肯定自我来解决自我差异，在一个维度上寻找自我优势可以弥补另一个维度上的不足。例如，当女学生通过写自己最看重的特征来增强自我时，她们能够减轻性别的刻板印象威胁对数学成绩的负面影响。[20]将自己与理想化的广告模特进行比较（从而降低自己的感知吸引力）的消费者随后通过做出更经济合理的消费选择来提高他们的感知智力。[21]

禀赋效应是在出售自我关联的物品时，面对由此产生的自我威胁的一种自我增强的反应。[22]自我肯定理论认为，出售自我关联物是一种隐性的自我威胁，由于个人关心自我的整体价值和各维度的完整性，作为自动防御机制的一部分，销售者通过提高自我关联物品的价值来应对这种自我威胁（即增强物质自我）。因此当个人一旦拥有某项物品，那么他对该物品价值的评价要比未拥有之前大大提高，体现为对出售该物品的估价高于先前购买的价格。

（三）理论运用中的研究方法

人们进行自我肯定的方式非常多样化。参与社会活动可以让人们感知到自我的充分性，例如结交朋友并与其互动、加入志愿者组织或者团体、参与宗教活动等。另外，一些看似分散注意力的互动也可以起到自我肯定的作用，例如购买高档产品或更新社交网站的主页可以从文化规范的视角增强人们的自我能力感知；对于那些重视科学的人来说，穿上白大褂就是自我肯定的重要表现形式。[23]

现有研究中，存在很多种方法对自我肯定进行操控。这些方法的差别在于肯定的领域、肯定的成就以及操控程序上。操控方法是由实验人员向被试提供一些重要的价值观或者个人品质特征。程序上是由被试来对重要的价值观或者积极的品质进行回答，表现为填写价值观量表，对价值观进行排序，选择某个具体的价值观进行描述，或者想象积极的个人品质。其他用于自我肯定的操控方法还有填写自尊量表、给予积极反馈、告知被试采取积极行为等。[24]

1. 价值观量表

在自我肯定的众多操控方式中，使用价值观量表进行自我肯定的操控方式最为广泛。价值观的内容主要包含理论、经济、艺术、社会、政治和宗教六个方面。具体的操控是先让被试在这些价值观中选择自己认为最重要的价值观并进行排序。然后自我肯定情形下，被试进行多次问答，内容是自己认为最重要的价值观。而控制组则是在多次问答中选出自己认为不重要的价值观，通过反复多次的强化来进行自我肯定操控。[25]

2. 价值观写作

价值观写作的操控方式是让被试从给定的价值观列表中圈出自己认为最重要的价值观，然后表述该价值观为什么对他们很重要。例如，给被试呈现了11个与价值观和个人品质相关的列表[26]，让被试按照个人的重要性对其进行排序，并且表明为什么排名最高的价值观对他重要，以及什么时候最为重要。另外，其他参与者也会被要求写下为什么选定的价值观对他们很重要，以及他们过去是如何始终如一地遵循它，并计划在未来一直遵循它，或者如何在日常生活中使用它，描述这个价值观决定他们行为的具体场合。[27]霍希诺（Hoshino）等人通过让参与者“选择对他们及其家人来说最重要的价值观，并解释为什么他们及其家人共享这个价值观”的方式进行自我肯定的操控，也取得不错的效果。[28]

3. 个体特质自我肯定

个体特质自我肯定的操控方式是通过对个体所具备的某项优秀品质给予其积极正面的反馈。当被试参加完虚拟的人格测试之后，自我肯定情形下的被试会被告知，虽然个人存在一些不足（比如外貌不是很出众），但是在人际社交方面有很强的天赋。又或者让被试列举自己的三个较为突出的自我特质，通过这种方式进行自我肯定。[29]

除了以上列举的三种操控方法，自我还涉及文化差异，例如西方文化都强调独立性，东方文化多强调互依性，因此在价值观的操控中要结合文化差异来凸显某些价值观的重要性，增强自我肯定操控方式的有效性。

（四）对该理论的评价

自我肯定理论始于人们如何应对自我威胁的问题。它激发了人们对变化过程的更广泛的解读：人们如何以及何时充分适应有威胁的环境，干预措施如何促进这种适应，以及这些新的适应何时有效。自我肯定为我们提供了一种变革的方式应对自我的威胁，减少防御性反应带来的消极影响，更好地维持了自我的完整性和适应性。基于此构建自我系统和社会系统之间的正反馈循环，从而改善教育、健康和人际关系。自我肯定在触发适应潜力时会产生持久的好处，其益处会持续数月甚至数年。但是目前自我肯定发挥效应的机制尚未得出统一的结论，对中介机制的探究应该在今后的研究中得到重视。

（五）对营销实践的启示

自我肯定理论能够很好地解释及预测消费者的心理与行为，在营销领域中，企业一直十分关注如何通过各类营销沟通活动等影响消费者。根据自我肯定理论，企业可以直接提供对应的产品及服务（如个性化的服务、自我提升的产品）帮助消费者实现自我价值、保持良好的自我评价，也可以间接提升消费者的自我感知（如肯定用户的优秀特质）以应对消费情景中的身份威胁，避免产生过度的防御性反应“误伤”购买及推荐意愿。

参考文献

40

自我效能理论

郑秋莹　种潼薇　孙海珍①

（一）理论概述与在营销研究中的发展

自我效能理论（self-efficacy theory，SET）是于1977年社会学习理论的创始人艾伯特·班杜拉（Albert Bandura）提出的，是心理学领域中十分重要的理论。[1]过往几十年间，社会心理学家从自我效能的概念内涵、自我效能的形成机制及影响因素、自我效能对行为的影响机制等多方面不断完善和细化其理论框架[2]，并逐渐被越来越多的管理学研究者用来解释组织行为和消费行为中的现象。

在营销领域中，该理论被广泛运用于消费者心理与行为、企业营销策略制定的相关研究中。我们分别展示了该理论在营销领域六大顶级期刊和年度的频率分布趋势（图40-1、图40-2），可以看出该理论在*Journal of Consumer Research*中运用最多。

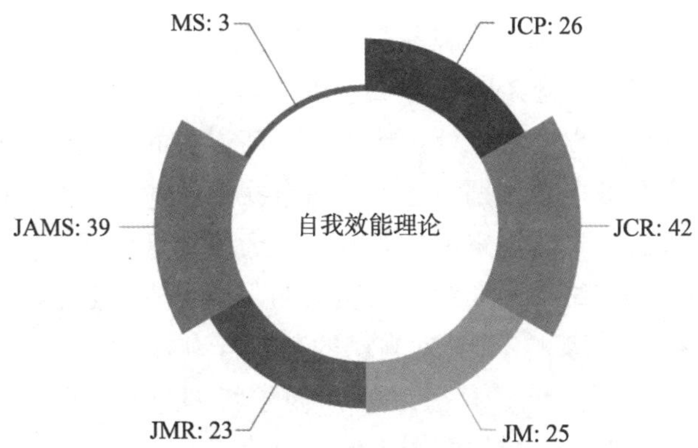

图40-1　六大期刊中自我效能理论频次分布

①郑秋莹，北京中医药大学管理学院副教授，主要研究领域为健康消费行为。种潼薇，北京中医药大学管理学院硕士生。孙海珍，北京中医药大学管理学院硕士生。

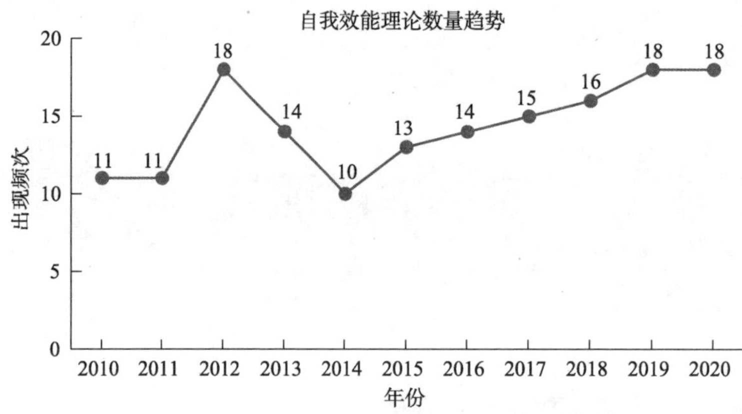

图40-2　六大期刊中自我效能理论的年度频次分布

（二）理论的核心内容与在营销研究主题中的运用

1. 理论的核心内容

自我效能理论是一个与能力有关的概念，指个体应付或处理环境事件的有效性。作为自我的一个方面，它是个体以自身为对象的一种思维形式。自我效能理论对个体行为的解释根据环境因素的不同主要分为两种情形，一是在日常环境中，个体在一定条件下对自己能否完成某一活动的能力判断、信念或主体自我认知与信心；[3-4]二是当个体面对外部否定（危机、失败、压力等）这一特殊环境刺激时的身心反应情况。[5-6]在逆境时，个人对自我效能所具的信心，其强度会决定人是否愿意面对逆境，若自认为能力不足以解决所面对的困境，就会产生忧虑感和逃避行为。反之，自我效能强的人认为自己有获得好结果的能力，就会毫不犹豫地勇往直前。

自我效能理论的提出者班杜拉认为，任何方式的心理改变方法，目的都在改变个人对自我效能的预期，也就是对自我的认知，自我效能的改变将导致一个人行为的改变。具体来说，在分析行为改变这个问题之前，首先要区分“效能预期”和“结果预期”。“效能预期”指个体对自己获得成功所具有的信心；而“结果预期”指个体对自己的某项行为会产生某种结果的预估[7-8]。例如一个短跑运动员，能否打破2009年博尔特创造的9秒58的世界纪录是“效能预期”，而他对这一成绩能否为他赢得奖牌、社会荣誉、自我满足等的预期是“结果预期”。

自我效能感并不只是个体对自己即将执行的活动的未来状态的一种事先预估，其实际执行过程与执行后的实际状态还存在因果关系。[9]一般而言，当面临不同的环境时，个体选择自认为有较好效能预期的环境，个体选定某种环境，这种环境反过来又能影响到个体的行为发展以及执行后的自我效能。[10]

根据自我效能理论的作用机制，影响自我效能感的因素有：①个体实践经验。个体的亲身经验对效能感的影响是巨大的，成功的经验会增强自我效能感，反之，多次失败的经验会削弱自我效能感。②观察学习经验。个体通过观察别人的成败以及应对事项的行为过程间接影响自我效能感。③知识积累与他人意见。通过不断的学习积累知识或与别人交流进行思维碰撞获得经验，从而影响自我效能。④情绪影响水平。高水平的情绪影响，表明情绪对个体的影响较大，负面的情绪更容易困扰个体，从而影响降低自我效能。[11]

2. 理论在营销研究主题中的运用

自我效能理论被广泛运用于营销学的研究中。一方面，该理论用于解释消费者心理和决策的研究，预测顾客参与行为、金融风险行为、健康消费行为和可持续消费选择等；另一方面，该理论被运用于企业激励员工参与、建立客户关系等方面的研究。以下重点介绍自我效能理论在营销研究中的四方面运用。

（1）自我效能理论与消费决策

自我效能理论被用来解释在多个不同领域的消费决策。在金融投资领域，自我效能对消费者承担金融风险的偏好有一定影响。有研究发现，自我效能感较高的人更关注机会而不是威胁并认为这些机会更容易实现，更关注决策的上行潜力，所以他们能承担的财务风险更高，更愿意做出风险较大的决策行为。[12]在健康领域，有研究探讨了影响疾病预防等方面健康行为的心理过程和因素，研究发现预防疾病行为是由自我效能感驱动的，当消费者考虑疾病预防时，增强他们的自我效能感（例如让他们相信自己有能力治愈疾病）可以增加其寻求医疗保健的行为，特别是当他们对自己的行为有较多思考时。[13]此外，自我效能可能会促进消费者购买产品的专一性。例如，阿杰伊（Ajay）等发现自我效能越高，消费者对产品矛盾信息的反应越小，越不太可能受到矛盾信息的影响。[14]怀特（White）等的研究也阐述了这一点，他们提出消费者的自我效能感预测了对产品可持续的态度，以及随着时间的推移继续实施购买行为的倾向，妥协度较低、自我效能感较高的消费者越有可能进行持续的消费选择。[15]

（2）自我效能理论与消费知觉

自我效能影响个体的思维方式和情绪反应，进而影响消费知觉，提升自我效能感可以起到积极引导消费的作用。有研究表明，具有固定性思维的消费者通常自我效能感较低，而企业可以通过提供成功的承诺（例如佳得乐承诺饮用者会有更强的耐力和更好的运动表现），以此增加他们在任务中表现出色的信心，帮助消费者应对生活中的挑战，从而引导促进消费。[16]另一方面，消费者对自身财务感知上的自我效能感与幸福感息息相关。Netemeyer等研究表明感知财务状况是影响消费者购买行为的重要因素，财务自我效能感也是个体幸福感的一个关键预测因素，消费者的财务自我效能感越高幸福感也越高，越能促进消费行为。[17]

（3）自我效能理论与品牌效应

品牌可以提供一种自我效能感。当消费者努力面对一项艰巨的任务时，使用一个品牌可以帮助他们表现得更好（比如当学生使用麻省理工学院的笔进行测试时得分会更高），积极的品牌信念能够提升消费者的自我效能感，帮助消费者获得更好的表现，从而实现消费者与品牌的双向促进。[18]此外，钟（Chung）等发现品牌可以提高人们对特定领域自我效能感的认知，起到自我觉察的作用，对产品的所有权感会导致这些产品被归类为“自我的一部分”，从而影响与产品相关的判断和行为。[19]当产品相关身份被激活时（购买艺术品家具激活了艺术相关特质），消费者在有关任务（视觉任务）上的表现会更好，而在产品无关任务（数学任务）上的表现则低于基线。

（4）自我效能理论与客户关系

消费者和销售员工的自我效能都与顾客参与体验具有联系。有研究发现，消费者的自我效能调节了顾客参与对顾客体验的影响，自我效能的提升增强了顾客参与对顾客体验的正向影响，而员工的自我效能也会调节顾客参与对员工体验的影响，高水平的自我效能感有助于在客户和员工之间建立正向关系、促进顾客参与体验的效果。[20]此外，自我效能能够促进员工的销售意向。研究表明，自我效能感能够促使销售人员付出持续的努力，以搜寻信息、理解顾客期望并取得良好业绩，在面对不同层次客户时，自我效能感增加了他们了解不同客户和购买主力需求的动力。[21]弗兰克（Frank）等发现在为新产品上市建立销售力量支持时，提升销售员工自我效能比其他路径更有效、更可取。[22]此外，迈克尔（Michael）等也提出实现销售目标的第一步是让销售团队相信他们可以实现销售目标，并致力于实现。[23]

（三）理论运用中的研究方法

在营销领域的研究中，采用自我效能理论的论文主要使用实验法和调查法，关于自我效能一般采用两种方法进行研究，分别是情景操控和量表测量。

在情境的操控中，常利用在挑战任务中的成功经验和积极反馈来操纵自我效能感。例如，通过纸牌等游戏任务，使被试者赢得游戏并获得奖励，从而提高自我效能感。[24]此外，对自我效能的操纵常以对特定任务的培训、工作模拟和示范等形式开展，比如运用咨询和指导的形式帮助个体了解实施该行为的具体策略（如观看示范短片），以增强个体完成该任务的信心。[25]此外，也有研究采用与自我效能有相关性的指标进行操纵。例如，有研究证实资产价值的增加与自我效能的增加呈正相关，则将资产增加条件作为高自我效能感操纵，资产不变条件作为低自我效能感操纵。[26]

量表测量中，自我效能感的测量分为一般自我效能感（总体性）和特殊自我效能感（特定领域）两类。一般自我效能感的测量主要采用由施瓦泽（Schwarzer）等人编制的一般自我效能感量表（general self efficacy scale，GSES），GSES开始时共有20个项目，后来改进为10个，目前GSES已被翻译成至少25种语言在国际上广泛使用。该量表采用四点量表法，有诸如“当我遇到问题时，我常常能找到多种解决问题的方法”“由于我足智多谋，我知道如何处理不可预料的情境”等题目，全部题目均为正向题。[27]特殊自我效能感的测量则根据领域不同大多采用自编问卷的形式，例如在测量员工自我效能时运用销售信心，要求销售人员通过十个量级的判断来表明他们对自己在新产品上的销售业绩可以超过公司其他销售人员的比例的信心。[28]

（四）对该理论的评价

自我效能理论是从提出到现在已经有40余年的历史，40多年来该理论被广泛应用在多个领域，体现出强大的生命力。由于该理论能有有效地解释个体的行为差异，在消费行为领域也被广泛应用，为理解消费决策、消费知觉、品牌效应及客户关系管理等方面提供了分析框架和理论工具。

尽管自我效能理论发展较为系统和成熟，同时兼具理论深度和应用广度，该理论的发展仍然有很大空间。首先，已有研究大多是横断面的研究，所测量的自我效能感缺少动态性。但其所代表的一般学习理论本身就强调环境、行为与人的三元交互作用，强调三者之间互为因果、动态变化，研究其变化和发展的机制更便于从整体上把握其作用。其次，自我效能代表个体对能力的信念，并非实际能力。未来研究可进一步探讨信念与实际能力之间的关系，比如提升自我效能能否促进实际能力的提高。

（五）对营销实践的启示

自我效能理论能够很好地解释及预测消费领域的心理与行为。如前所述，激发、提升消费者自我效能感大多会带来积极的影响，如更积极的消费决策、更持续的购买行为、更良好的消费体验等。企业可以通过多种营销活动提升消费者的自我效能，如塑造积极的品牌信念、明确品牌承诺、运用咨询和指导的方式增强消费者完成该任务的信心等。同时，提升销售人员的自我效能对新产品上市打开市场、达成销售目标有显著效果。

参考文献

41 自我分类理论

魏华飞[①]

（一）理论概述与在营销研究中的发展

1987年，约翰·C. 图纳在社会身份理论的基础上提出了自我分类理论。自我分类理论自提出后三十多年来，作为一种有深度、新颖的理论，在不同的领域中得到了广泛运用。自我分类理论的研究，最初所关心的问题是：为什么人们会认同这些最小群体，并且表现出群体身份对他们而言非常重要？后来又提出自我分类理论的认知过程，其核心就是“去人格化”。目前，该理论内涵仍在不断丰富。近几年来，研究者们也越来越重视该理论广度的探讨，即侧重讨论自我分类在各个研究领域的应用。

在营销领域中，该理论被广泛运用于消费者心理与行为、企业营销策略制定的相关研究中。我们分别展示了该理论在营销领域6大顶级期刊和年度的频率分布趋势（图41-1、图41-2），可以看出该理论主要在*Journal of Consumer Psychology*、*Journal of Academy Marketing Science*和*Journal of Marketing*中被运用。

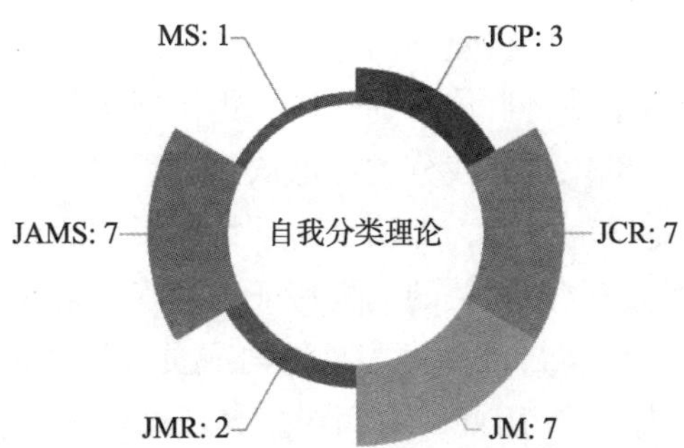

图41-1　六大期刊中自我分类理论频次分布

①魏华飞，安徽大学商学院副教授、硕士生导师、市场营销系主任，主要研究方向为组织行为和市场营销。

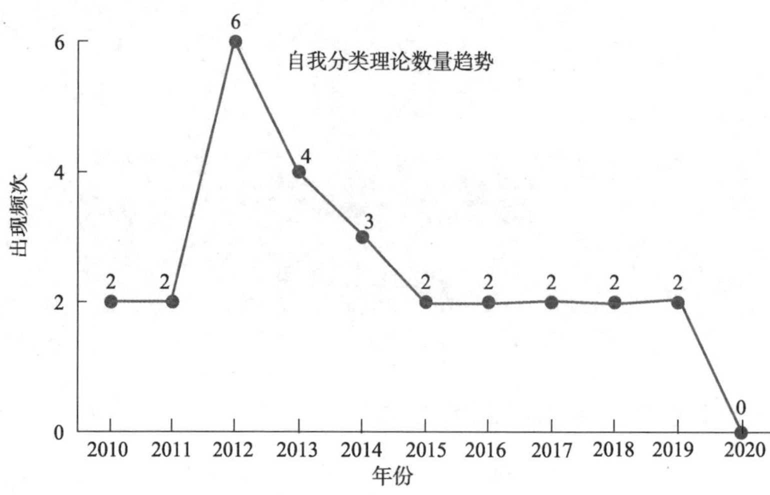

图41-2　六大期刊中自我分类理论的年度频次分布

（二）理论的核心内容与在营销研究主题中的运用

1. 理论的核心内容

在社会交往中，人们根据与他人的相似程度来定义自己在社会群体中的成员身份。这种认知受到情境突出的个人或社会因素的影响（例如，相同性别或共享共同任务、职业等），自我分类理论就是解释这些影响因素和现象。自我分类理论是人们以某些社会分类的显著特征为基础，将自己和他人归于这些社会分类（获得社会身份），这一过程就使人们产生了某些特定的态度、情感和行为。自我分类理论是在社会认同理论的基础上发展而来，它是针对社会自我概念，去人格化的前提条件和结果等的一系列假设，从社会认知的角度阐释个体主动将群体心理化后，集体现象与个体的社会认知和行为的缔结过程。去人格化是自我分类理论认知过程的核心，是指个体在认知上对自我进行重新定义的过程，即从个体独特的属性和差异转变到共享的社会分类成员身份和与该分类相关的刻板特征的过程。自我分类理论认为，当人们认同群体时，他们将自己归类为群体内成员（群体内包含自我），而将他人归类为群体外成员。[1]因此，人们根据其对群体的刻板印象来感知群体外成员，而不是根据他们作为个体的特征。正是由于这种刻板印象，群体的成员会严格按照群体规范行事，他们往往倾向于遵从他们所认同的显著群体的感知规范，以符合这个群体身份的特征和外在形象。[2]同时，由于所处社会环境的复杂性，人们同时有着多重身份，同属于多个复杂异质的群体，甚至拥有“对立”的群体身份。[3]例如，当一个人在中学担任授课老师时，在这个教学过程中，显然他将自己分类为“教师”这个群体；他又考上某个大学的非全日制教育类研究生，需要完成研究生阶段的被教学任务，他的身份是接受知识的一方，即分类为“学生”的群体。[4, 8]对于同一个人分属不同的群体，不同群体的同化水平也有所不同。当这个群体成员的认同水平越高，这个群体对他的影响也越高，同时，为了迎合这个群体的其他成员所做出的努力和改变就会更多，表现为一个群体的成员身份如何促使个人采取有利于该群体的行动。不同的群体身份的特征以及社会地位等都有所差异，在任何特定的时刻，特别突出的身份都会影响对其他不那么突出的决定，因为当这个群体能给成员带来某种利益，个体往往会被激励以群体身份一致的方式行事。[1]受礼貌和表现群体忠诚的动机驱使，在一个人可以获得其他群体成员的认可的公共场合，这会更加明显。自我分类理论所关注的核心问题是，人们作为个体、作为群体成员，甚至是同时作为个体和群体成员而行动，在心理上究竟意味着什么呢？社会认同在本质上是社会建构和比较性的，因为它产生于社会类别，包含有关不同的特定群体和比较相关群体的地位信息。[5]例如对同一种球类运动，不同的球队爱好者会认同为不同的球队；而即使对于同一个球队，球迷的认同感和归属感的程度差异也会被捕捉到，因为他们处于不同的社会类别，心理上变化也有所差异。此外，自我分类理论也认为，认同包括两个层面：个人认同（即与个人自我意识相关的认同）和社会认同（即与个人所属或隶属的群体相关的各种认同）。[6]

那么，人们究竟会以何作为自我分类的参考类别？自我分类理论将重点放在人们进行自我分类的认知过程上，即人们是如何根据自己在不同社会群体中的成员身份来进行自我定义的，是一种体内过程。目前研究中最常见的分类标准是，个体的经济实力和地位消费对其行为的激励程度。例如，有研究根据这个标准将个体分为贵族、暴发户、装腔作势者和无产者等四个类别，不同的群体成员寻求与谁交往或疏远方面有所不同，这可预见到与他们的消费偏好行为对应；[7]群体成员通常会参与身份一致性行为，并更积极地评价相应产品。在这个过程中，群体成员会产生“分离动机”和“联想动机”。[7]联想动机会让个体更愿意与他们同一个群体的成员交往，他们往往会有更多的共同语言和相似的价值观；分离动机会使个体的行为“异质化”，来展现他们与其他群体的差异化，群体成员经常通过避免与消极看待的群体联系来寻求保持积极的自我价值。一般来说，属于经济实力较强的群体分离效应更明显，主要体现在奢侈品、高端品的消费上，以此来表明他们的身份以及与其他群体隔离开来；而属于经济实力较弱的群体联想效应更强烈，主要体现在他们宁愿放弃购买正规平价的产品，反而积极购买高端品牌的仿冒品；对于其他分类标准而导致的不同群体，这两个效应的一般现象也有所展现。此外，自我概念、[8]情感话语、[9]组织认同、[10]团队认同[11-12]等也会影响自我分类的结果。个体拥有包含独特的、与身份相关的态度、行为和信念的社会身份，在实施该身份时提供“该做什么”的信息。[13]研究表明，社会身份也与特定的情绪有关，在身份制定过程中提供“该感受什么”的信息。消费者更喜欢与他们突出的社会身份相一致的情感刺激，在进行产品选择和情绪调节消费决策时，会增强（减少）他们对身份一致（不一致）情绪的体验，体验身份一致的情绪有助于完成与身份相关的任务。

如何去解释人们自我分类的现象？其实从古至今，人们都会下意识和主观地将自己划分为某个群体。古代社会奉行严格的等级制度，每个人在社会等级中都有自己的“位置”，不同等级群体的象征意义和社会地位都会有所差异。在现实生活中，很多销售人员和媒体更多地使用“我们”而更少地使用“我”，因为“我们”这个词会拉进双方的距离，给人一种亲近感。因为相较于独立的个人，群体成员身份能够迎合人们心理的需要，能够给予“独立个人”无法拥有的认同感、凝聚感和归属感。传统的观点认为，群体凝聚力是人际吸引的结果，而自我分类理论将其看作以群体典型性为基础的群内成员之间去人格化的相互喜爱；自我分类理论认为，刻板印象并不是固定不变的心理表征，实际上，它会因情境的不同而发生变化；对于社会影响和权力的研究，自我分类理论也提供了新的视角：通过去人格化的过程，高度认同的群内成员会将群体规范内化，成为具有影响力的代表者，越能代表群体的典型性，就越具有影响力。

2. 理论在营销研究主题中的运用

自我分类理论在营销研究领域运用广泛，涉及企业营销活动的方方面面，包括各类相关的经济主体。按照学术界普遍认可的划分，观察自我分类理论在内部利益相关者群体（企业管理者、消费者、员工）中的应用，涉及销售人员培训、消费者心理与行为偏好等方面而外部利益相关者群体（股票投资者、广告赞助商）在该理论的指导下进行相关经济活动。以下重点介绍自我分类理论在营销研究主题中的两方面运用。

1）自我分类理论与内部利益相关者行为

（1）企业管理者培训下属行为

销售人员在进行群体分类的过程中，会对自身及相关群体给予定义，体现出群体内部销售人员的共性和其与外部群体的差异。在此情况下，管理者可以通过采取选择性培训方法，来降低培训成本。有研究表明，以零售商店作为研究对象，管理者将客观的商店绩效作为衡量标准，可以将零售单位区分为以下两类：培训整个销售队伍的零售单位和培训个别成员的零售单位，对于不同的零售单位给予不同的培训方法。从而可以有助于促进销售人员成长，提高整个团队收益。[14]

（2）消费者偏好

自我分类理论将消费者认同划分为内群体认同和外群体认同。在购买行为发生前，就内群体而言，消费者自我分类有着多重分类标准，如自身的经济能力、地位和等级。当消费者可能会按照经济能力和社会身份等级来对自己进行精准分类时，他们的消费行为展示出符合其身份的社会地位。比如在杨济汉（Young Jee Han）[7]等人的研究中，根据消费者的经济能力和地位对其行为的激励程度，将消费者分为四类——贵族、暴发户、装腔作势者和无产者。以贵族为例，他们和暴发户同样有着雄厚的经济资本，但是在购买高档奢侈品时，他们更倾向于品牌不显著、低调的产品，来凸显他们的地位；此外，消费者的身份广度（即广义与狭义的身份）对高级产品偏好的影响会受到其主观认知的中介作用，[14]当消费者购买产品是为了向社会等级中的其他人夸大自己的等级和地位（即进行炫耀性消费）时，相关研究发现，面对具有相同计时功能的两款腕表：劳力士（Rolex）和天美时（Timex）时，炫耀性消费者往往会选择劳力士。[16]此外，怀特（White）[17]等通过实验，研究独立者和相互依赖者都经历了相同程度的社会身份威胁时，他们对这种威胁会做出何种消费选择。研究发现，当身份受到威胁和未受到威胁时，那些更具有独立自我建构能力的人倾向于避开与身份相关的产品。在社会认同受到威胁时，那些独立性较高的人对与认同相关的产品表现出分离反应（即回避与身份相关的产品），而那些相互依赖性较高的人则表现出联想反应。从外群体认同角度出发，不同广度层面的社会认同对消费者主观认知和产品选择有着不一样的影响，相关研究表明，认为自己拥有更多知识的人，往往会选择更高级的产品。[15]此外，消费者对公司的认同可以划分为由自我不确定性驱动的认知维度和由自我增强所驱动的情感维度。[18]研究结果显示：认知维度和情感维度以相反方式影响某些消费者的态度和行为。认知维度较高的消费者更有可能抵制公司对商品的定价，传播负面口碑，并接受公司的负面信息；情感维度较高的消费者不太可能会抵制公司的重新定位和负面口碑，也更能抵抗负面信息。在完成购买行为后，消费者对于所购买产品品牌产生的非自愿性自我联想会对该品牌的态度与后续选择产生影响。[19]

(3) 企业员工绩效行为

自我分类理论指出人们对每种身份的自我描述程度反映在一个人对特定群体的认同上。由于企业组织群体之间在认同上存在着感知差异，所以企业中普遍存在着刻板印象。[20]当员工可以同时认同不同的群体，并且考虑到对内群体的认同会驱动外群体刻板印象时，销售团队可以发展差异化和独特的群体内认同，培养激烈的子群体忠诚、群体间比较，以及随后的群体外刻板印象。同时指出，销售人员的工作团队和公司总部之间的物理距离促进了工作团队的认同，减少了组织认同。有相关研究表明[10]，当销售人员对组织认同较低，对企业总部的刻板印象越负面时，销售人员在很大可能上不会以客户为导向，同时以较小概率支持公司战略，由此，其销售额降低，消费者对销售互动的满意度下降，导致企业绩效下降。一方面，隶属于同一层级的员工（如销售与服务人员），他们感受到的组织认同感越强，越能够收集到更丰富的个人竞争情报，能够最大限度地将其充分利用，在此条件下，他们才能在工作中根据当时情况灵活采用销售策略，获得较高的个人绩效[21]；另一方面，当处于上下级员工关系中时，考虑到关系层面的重要人际认同过程，有研究发现，客户满意度和销售绩效最初随着销售经理和他们各自的销售人员之间的认同一致性水平的提高而提高，但会在过高的水平上降低，而人际过度认同和认同不一致则会对客户满意度和销售绩效产生负向影响。在人际认同不一致的情况下，当处于销售人员比销售经理更容易被认同的关系中，基于行为的控制方法可以减轻人际认同不一致带来的负面影响。[22]相反，结果控制比行为控制更有利于实现高水平的客户满意度和销售业绩。

2）自我分类理论与外部利益相关者行为

(1) 股票投资者的投资行为

消费者使用财产和品牌来创造他们的自我分类和社会身份，并将这些身份传达给自己和他人。[23]营销人员利用这一消费者行为偏好制定相关营销策略，有研究表明：营销人员经常尝试使用与身份相关的消息来将其品牌和消费者社会身份的某个方面（例如性别、种族和国籍）联系起来，[24]比如在股票市场上，当一个股票名称包含了国家名称的某些部分时，该股票很可能被本国投资者解释为带有某些特殊的语言含义。凭借这种心理认同，会使投资者对该股票的投资意向产生正面积极影响。

(2) 广告赞助商的赞助行为

自我分类理论的一个重要前提就是人们以某些社会分类的显著特征为基

础，将自己和他人归于这些社会分类中（获得社会身份），这一过程就会使人们产生了某些特定的态度、情感和行为。对于某个品牌的广告赞助商，需要充分了解所赞助品牌受众客户的特性，尤其是潜在客户的心理和行为，并对自己的赞助形式做出相应调整，从而提高赞助绩效。例如，马克·马兹迪（Marc Mazodier）等[5]研究表明，根据认同水平的不同，会引发不同的归属策略，突出了在粉丝群体中存在强粉丝和弱粉丝之间的关键差异。以球队相关品牌为例，球队认同宽泛地定义为一个人自我归类为某支球队球迷的程度，以及他从属于该队球迷社区中获得的广义情感意义和象征意义。而在球迷的孤立状态下，具有强烈身份认同的球迷会"加倍下注"，拥护与球队相关的品牌。相反，对于弱势粉丝来说，孤立状态会损害品牌绩效。此时，广告赞助商可以根据不同受众情况采取相应的赞助措施。

（三）理论运用中的研究方法

在营销领域的研究中，采用自我分类理论的论文主要使用实验法，有关自我身份划分一般采用两种方法进行研究，分别是情景操控和量表测量。

在特定情境下，可以根据一些常见社会特征，如年龄、性别等，对自我身份进行划分。[25]研究使用年龄、性别来操纵身份相似性，比较参与者在观察不同类型的MVP（单纯虚拟存在）时对一个不熟悉品牌的喜好。此外，研究表明，人们会对与自我相关的事或物更感兴趣。[19]实验通过将自我与未知的品牌配对，验证了创造的自我–对象关联会对这些物体产生积极的态度。例如，当广告中涉及的产品信息与自我概念关联度较高时，人们对该产品产生强烈的购买意愿；当广告中涉及的产品信息与自我概念关联度较低时，人们对该产品的购买欲望不高。[16]此外，也可以根据消费者对自身身份的认同度，来判断消费者的消费偏好。例如，黑人和白人参与者被要求对一系列被预先测试为高或低地位产品的积极程度进行评级，同时在对产品的评估中，参与者被要求报告他们的种族，并回答以下与认同有关的问题：你对自己的种族认同程度有多深，它是否是你身份的重要组成部分？

量表测量中，会涉及对于自我身份的认知。[26]如测量员工感受到与组织客户的一致性或同一性程度的员工–客户认同量表（Employee-Customer Identification）。对于每个问题，员工根据李克特量表进行选择自己的认同程度，例如，当我提到客户时，我会说"我们"而不是"他们"，由此来测量员工对于自身身份与客户一致性的认知程度。

（四）对该理论的评价

自我分类理论对个体的自我感知以及群际关系或行为的方式具有强大的

解释作用，它的提出为很多现象提供了新的理论基础[16]，例如，与分类相关的知觉转变可以解释群体极化现象。另外，它还为研究群体过程的社会心理学家和其他领域的学者提供了丰富的理论指导，其简单实用的原则也对更加微观的理论有所启发，在一般的社会心理学和行为学的理论中占据重要地位。由于自我分类理论能够有效地对个体或群体的行为予以引导，在个人或组织的心理与行为领域应用较为广泛，为理解消费者偏好[27]、企业员工行为[22]、刻板印象产生与消除[20]等方面提供了综合的分析框架。

虽然自我分类理论的应用已经十分广泛，但是它仍具有一些局限。首先，自我分类理论过于简化，随着学者们对子群体身份、关系身份、外群认同、个体身份和群体身份的关注增加，自我分类理论最初提出的社会分类显著性模型显得过于简单。由于很多实验结果和现象都可以被自我分类理论的框架所解释，从而被质疑这一理论解释力太强以至于变得不可被证伪。其次，自我分类理论始终强调内群成员的去人格化，没有考虑即使去人格化使得群内成员更具群体的典型性，从而导致群内成员间的异质性被忽视。此外，还有学者批判该理论更适用于解释群内偏爱，而不是群际间的行为。

（五）对营销实践的启示

自我分类理论能够很好地引导消费群体或者个人的心理和行为，在营销领域中，企业一直十分关注采取何种手段去影响企业员工和消费者。根据自我分类理论，身份感知的变化会对消费者的偏好、企业员工的行为以及群体中存在的刻板印象产生影响。在营销实践中，可以通过促进消费者对社会身份的自我意识，[28]从而影响他们对产品偏好的选择。如美国黑人和白人都认为黑人的社会地位更低，从而增加了低地位职业群体对高地位产品的欲望。[16]自我分类理论认为，刻板印象并不是固定不变的心理表征，实际上，它会因情境的不同而发生变化，因而为了减少群体间的刻板印象，组织身份应该提供一个共同的参考框架，平衡人们对包容性和独特性的需求。[10]总之，借助自我分类理论的相关研究，能对消费者特征识别（如消费者偏好、消费者心理）、企业的营销策略（如员工行为、长期发展、人际认同[21]）等方面提供参考。

参考文献

42 自我验证理论

庞　隽　李梦琳①

（一）理论概述与在营销研究中的发展

自我验证理论（self-verification theory）最初由斯旺（Swann）等人在20世纪80年代提出，其核心假设是人们通过寻求与自我认知相一致的反馈来确认和保持自我概念，目的是提升外界环境的可控性和可预测性。[1]自我验证理论是心理学领域的基础性理论，为解释人类基本行为动机提供了重要支撑，对理解人们的自我及社会行为至关重要。随着理论的不断深入，自我验证理论被广泛应用于社会心理学、发展教育学、组织行为学、营销学等。

在营销学领域中，该理论被广泛运用于消费者心理与行为、企业营销策略制定的相关研究中。我们分别展示了该理论在营销领域六大顶级期刊和年度的频率分布趋势（图42-1、图42-2），可以看出该理论在*Journal of Consumer Research*、*Journal of Consumer Psychology*两大期刊中运用最多。

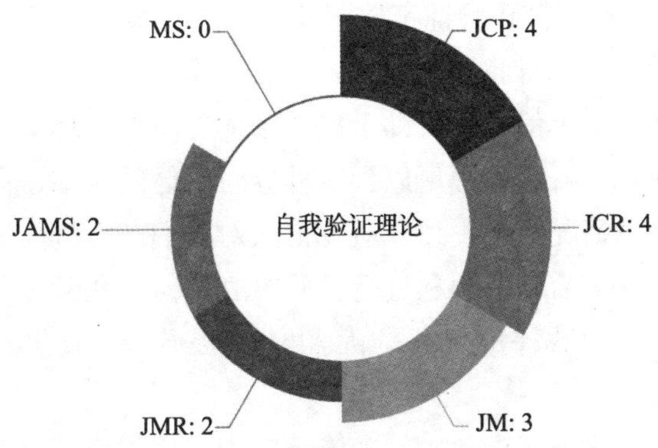

图42-1　六大期刊中自我验证理论频次分布

①庞隽，中国人民大学商学院副教授、博士生导师，主要研究领域为数智营销与消费行为。李梦琳，汕头大学商学院讲师，主要研究领域为消费者身份冲突、文化混搭消费。基金项目：国家自然科学基金项目（72072179）。

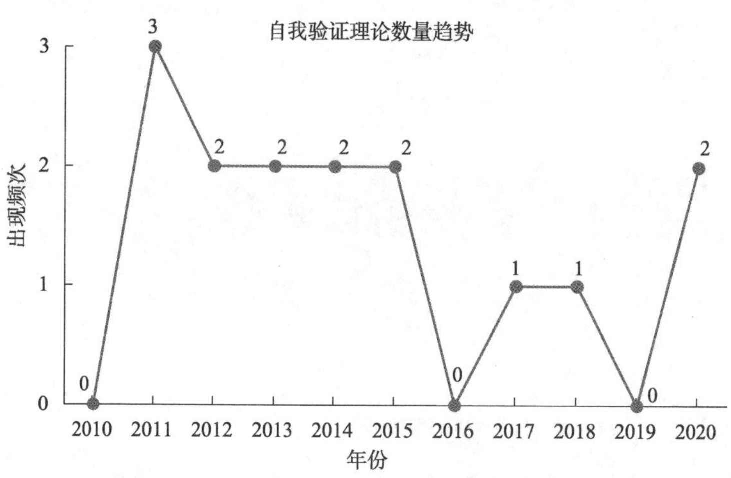

图 42-2　六大期刊中自我验证理论的年度频次分布

（二）理论的核心内容与在营销研究主题中的运用

1. 理论的核心内容

自我验证理论起源于早期自我一致性理论（self-consistency theory）和认知失调理论（cognitive dissonance theory）的发展，本质上是对个体行为动机的一种解释。[2-3]该理论认为，为了追求外界环境可控性和可预测性，个体会通过积极维护和保持自我概念的一致性与稳定性来获取外界的一致性反馈。自我验证可以从认知和实用两个层面帮助个体提升环境的可控性与可预测性。[4]从认知层面看，自我验证可以强化个体的原有自我认知，进一步巩固自我概念，有助于维护自我概念的一致性与稳定性。个体自我概念的一致性和稳定性可以增强个体信心，有助于提升个体在与外界环境交互中的能力表现。从实用层面看，自我验证可以影响外界对个体的认知，促使他人对我们的看法与我们自身情况保持一致，避免他人对我们产生过高的期待或过低的评价，进而保障社交活动的顺利进行。研究表明，自我验证可以产生一系列积极影响，如提升自我评价与自我满意度[5]、提升个体连贯性感知、降低焦虑情绪等[6]。

基于自我验证这一基本动机，个体倾向于寻找和相信与自我认知相符的外界反馈（尽管有时这些反馈是消极的），并做出一致的行为表现。学者斯旺将个体自我验证的途径概括为两种，即认知上对信息进行有意识的选择和加工、行为上营造自我验证的社会环境。[7]例如，在反馈寻求中，人们更关注外界对自身优点的积极评价和对自身缺点的消极评价。[1]在社交行为中，消极自我概念的个体更倾向于选择对自己持有消极看法的社交对象、[8]更喜欢与那些验证自我身份而非提升自我身份的人交往。[9]在组织生活中，个体对组织成员身份的认同程度越高，他们越倾向于在组织生活中表现出更多的帮助行为以实现自我验证的目的。[10]

尽管自我验证动机已经被学界广泛接受，但是其与自我提升动机的关系一直是学者争论的焦点。[11]自我验证动机与自我提升动机是解释个体行为的两大基本动机。[12]与自我验证动机强调个体做出与自我概念相一致的行为决策不同，自我提升动机认为个体倾向于做出提升自我概念与自尊水平的行为决策。[13]两个理论最重要的分歧点在于对持有消极自我概念个体的行为有不同的预测：自我验证理论认为持有消极自我概念的个体会寻求消极反馈，而自我提升理论认为他们会寻求积极反馈。

随着研究的不断深入，研究者发现这两种动机并不矛盾，而是相互合作，共同影响个体的行为选择。[1]例如，当个体可以自由选择外界对自我任一特征的反馈时，他们倾向于寻求积极反馈并偏好提供积极反馈的交往对象，表现出自我提升倾向。但是，当个体被要求关注自我的消极特征时，他们倾向于寻求消极反馈并偏好提供消极反馈的交往对象，表现出自我验证倾向。此外，两种动机的相对主导地位受到一系列个体因素和情境因素的影响。例如，长期具有消极自我概念、自尊水平较低的个体更倾向于自我验证而非自我提升；而临时启动的低自尊所引发的自我差异感则会促进个体的自我提升倾向。[14]认知资源更充足、外界评价的可信度越高，个体越倾向于自我验证。[15]

2. 理论在营销研究中的运用

自我验证理论很早就受到营销学者的关注，被用来解释各种消费行为，在营销研究中得到了广泛的运用。接下来，我们重点从产品偏好、品牌联结、广告态度和分享行为四个方面介绍自我验证理论在营销研究中的运用。

（1）自我验证理论与产品偏好

消费者通常将其购买和使用的产品视为自我概念的一部分，借助产品树立自我形象、传达自我概念，[16]因此产品选择是一种重要的自我验证方式。研究发现，自我验证动机促使消费者选择与自我身份和概念相一致的产品，因为这有助于他们表达真实自我。[17]例如，相比于高自尊者，低自尊消费者更倾向于购买低质产品。[12]相比于对自我外貌评价较高的消费者，评价较低的消费者更倾向于选择带有“丑陋”标志的T恤衫。[18]除了个体自我，消费特定的产品也有助于人们验证社会自我。例如，强化消费者的固有社会身份会提高他们对实体而非电子产品的偏好，因为实体产品更有助于验证他们的社会身份。[19]当消费者希望与外群体相区分时，他们偏好印有更大品牌标识的内群体品牌产品以实现内群体身份的自我验证。[20]此外，启动全球化身份促使消费者购买奢侈品，因为奢侈品有助于验证消费者的全球化身份。[21]

当自我概念受到威胁时，消费者也可以通过产品选择来恢复自我认知、重塑真实自我。例如，赠送给好友与自我身份相背离的礼物（如印有其他大学标识的水杯）会引发身份威胁感，促使消费者在后续产品选择中更偏好强化自我身份特征的产品（如印有自己学校标识的钢笔）。[22]

（2）自我验证理论与品牌联结

自我验证影响消费者与品牌之间的联结。与消费者现有自我概念一致的品牌能够帮助消费者实现自我验证，提升自我-品牌联结。例如，自我真实性需求高的消费者更偏好真实性高的品牌，两者在真实性上的一致性促进消费者对品牌的情感依恋。[17]消费者个人价值观与品牌价值观之间的匹配提升品牌忠诚度[23]，消费者个性与品牌个性之间的匹配则提升消费者的品牌热情[24]。

自我验证性动机对自我-品牌关系的影响也体现在品牌犯错的情境下。当消费者视品牌为自我概念的一部分时，他们会减少对服务失败的外部归因（归因为品牌）以满足自我验证的需要。[25]有学者将品牌与自我之间的一致性细分为理想自我一致与真实自我一致。他们发现，相比于理想自我一致性，真实自我一致性导致消费者与品牌产生更近的心理距离，从而提高他们对品牌的情感依恋。[26]此外，品牌与真实自我一致时，消费者追求自我验证。此时提升品牌形象会降低自我与品牌之间的感知相似性，导致品牌认同下降。相反，当品牌与理想自我一致时消费者追求自我提升，此时提升品牌形象会促进品牌认同。[27]

（3）自我验证理论与广告态度

自我验证影响消费者的广告态度。如果广告所呈现的内容或包含的情感与消费者的自我概念一致，那么该广告就有助于消费者实现自我验证，广告的说服效果因此得以提升。例如，对于在特定领域自尊水平较高的消费者（如外貌出众或学术表现优异），在广告中展示模特（而非产品）会强化其积极自我评价，达到自我验证的目的，提升广告说服力；而自尊水平较低的消费者则不喜欢带有模特图片的广告，因为这与他们的自我评价不符。[28]此外，某些特定的情感也与自我概念相关，如运动员身份与愤怒、环保主义者与厌恶、志愿者与悲伤。[29]研究发现，启动消费者的某一社会身份促使其在后续的广告评价中偏好带有对应情感的广告，这是因为与自我身份相匹配的情感可以帮助消费者实现自我验证。[30]

（4）自我验证理论与分享行为

自我验证是消费者分享行为的驱动力之一。个体希望他人了解真实自我（即自我验证动机），因此会主动进行自我揭露，包括在社交平台上分享自己的日常生活、发布口碑评论等。[31]同时，自我验证需求影响分享内容。例如，拥有高自我验证需求的消费者更注重表达自我的真实感受，因此更倾向于发布负向口碑，而高自我提升需求的消费者更注重提升自我社会形象，因此更倾向于发布正向口碑。[32]消费者分享行为所带来的社会反馈也会强化自我验证。研究发现，消费者在社交平台分享食物图片并获得较多的社会称赞（如点赞和评论）时，他们的自我验证动机得到满足，进而对食物和品牌给予更高的评价。[33]

（三）理论运用中的研究方法

营销学者通常将自我验证理论作为用来解释消费者行为的理论基础，采用操纵或者测量的方法验证自我验证动机或者过程。

对自我验证的操纵主要有两种方式。首先，研究者可以通过启动不同的社交对象进行操纵。由于个体倾向于在近关系群体（如家人和朋友）面前产生自我验证动机，在远关系群体（如泛泛之交）面前产生自我提升动机，[34]因此通过让被试写下一个重要的人（相比于一个仅仅认识的人）可以有效激发其自我验证动机。[35]其次，研究者可以通过阅读任务进行操纵。例如，布兰农（Brannon）与曼德尔（Mandel）在实验中让被试阅读一则有关求职技巧的文章，并在文章中提倡求职者在面试中做真实自己，从而成功激活他们的自我验证动机。[18]

对自我验证的测量也有两种方式。其一是测量自我验证倾向的强弱。例如，组织行为领域的学者开发了自我验证追求量表（self-verification striving scale），以测量组织员工的自我验证倾向（如“在面试一份工作时，我尽量坦诚自己的个性和工作风格”等8个测项）；[36]也有学者采用单一测项衡量自我验证动机，如“对我来说，准确了解自己的长处和短处是很重要的”。[37]其二是测量产品满足自我验证动机的程度，比如使用李克特量表测量产品是否有助于个体实现自我验证（如“该产品可以帮助确认我是谁”“该产品提醒了我是谁”“该产品有助于强化自我认知”）。[19]或者让被试直接写下其做出购买决策时的主要动机，并请编码者对其中包含的自我验证动机进行评估。[12]

（四）对该理论的评价

自我验证理论是关于人类自我行为动机的基础性理论，它的提出、发展与应用对于洞悉个体心理、解释个体行为具有重要意义和价值。自我验证理论源于自我一致性理论，认为个体倾向于通过强化现有自我概念营造和构建一个安全、可预测的外界环境以应对不确定性与风险。[4]基于这一基本假设，自我验证理论可以用来解释和预测营销领域中消费者的一系列行为表现，如产品偏好、品牌联结、广告态度、分享行为等，为理解消费者的心理和行为提供了重要的理论支撑。

不可否认的是，自我验证理论还存在一些局限性。首先，自我验证与自我提升两种动机的激活条件还需要更明确与严谨的研究论证。聚焦于消费行为领域，探究何时消费者表现出更多的自我验证倾向，何时表现出更多的自我提升倾向是未来重要的研究课题。其次，尽管自我验证理论在一定程度上脱胎于自我一致性理论，但两者存在本质不同，即自我一致性基于个体的认知过程，而自我验证则基于个体的动机过程。[38]现有许多消费行为研究把两者等同视之，因此有必要在理论上和实证上进一步厘清两者的区别与联系。总之，自我验证理论作为解释个体行为动机的基本理论在消费者行为领域的重要价值还有待进一步挖掘。未来研究可以将自我验证理论与消费者行为研究深度结合，不断丰富该理论在消费行为研究领域的运用价值。

（五）对营销实践的启示

自我验证理论为解释消费者所表现出的自我一致性行为提供了有力的理论支持，可以用来指导营销实践。首先，企业可以基于自我验证理论精准识别目标市场。例如，平价品牌应定位于自尊水平较低的消费人群，奢侈品品牌应定位于自尊水平较高的消费人群。[12]其次，企业可以基于自我验证理论恰当选择营销沟通方式。例如，向拥有强烈身份认同的消费者推送与身份相关的实体产品而非电子产品[19]；在广告设计中选择与消费者社会身份相符的情感诉求[28,30]。另外，自我验证理论启示企业需要灵活管理其品牌形象。尽管高端的品牌形象可以帮助企业赢得更多声誉，但是贸然提升品牌形象可能会削弱品牌对现有使用者的自我验证功能，导致顾客流失。因此，如果目标消费者具有较强的自我验证动机、追求真实自我，那么品牌形象提升策略可能会适得其反。[27]总之，随着关于自我验证理论研究的继续深化，该理论对营销实践的指导价值有待进一步挖掘。

参考文献

43

自我差异理论

杨德锋　雷　希①

（一）理论概述与在营销研究中的发展

自我差异理论（self-discrepancy theory，SDT）是心理学家希金斯（Higgins）于1987年提出的理论，该理论涉及个体对自我的评估和信念，以及这种评估对个体认知和情绪的影响。[1]自我差异理论自提出以来，在心理学、社会学、消费行为学等多个领域得到了不断丰富和扩展。[2]

该理论最初主要关注自我差异对动机和情绪的影响，研究者们继续深入探讨了自我差异对消费者认知、行为、社会联结等多方面的影响，并从补偿性消费等角度探究了消费者如何应对和减少自我差异。域内补偿和跨域补偿、反应性补偿和前瞻性补偿等多种形式的补偿性消费被研究者们所关注。[3]

研究者们还对自我差异理论的内涵和范围进行了延伸和发展。从自我差异的内涵来看，研究者们逐渐开始探究多重身份认同之间的自我差异及影响，对自我差异的内涵进行了补充，并对自我差异理论的深度进行了扩展。从自我差异理论的解释范围来看，研究者们探讨了消费者在能力、情感、社交、道德等多方面的自我差异，以及对消费者购买行为的影响。

在营销领域中，该理论被广泛运用于消费者心理与行为、企业营销策略制定的相关研究中。我们分别展示了该理论在营销领域六大顶级期刊和年度的频率分布趋势（图43-1、图43-2），可以看出该理论*Journal of Consumer Psychology*中运用最多。

（二）理论的核心内容与在营销研究主题中的运用

1. 理论的核心内容

（1）自我差异的基本假设

自我差异理论常用于解释自我评估如何影响个体的情绪和动机。自

---

①杨德锋，暨南大学管理学院教授、博士生导师，主要研究领域为市场营销、品牌管理与竞争优势的研究。雷希，汕头大学商学院讲师，主要研究领域为消费者行为与品牌管理。

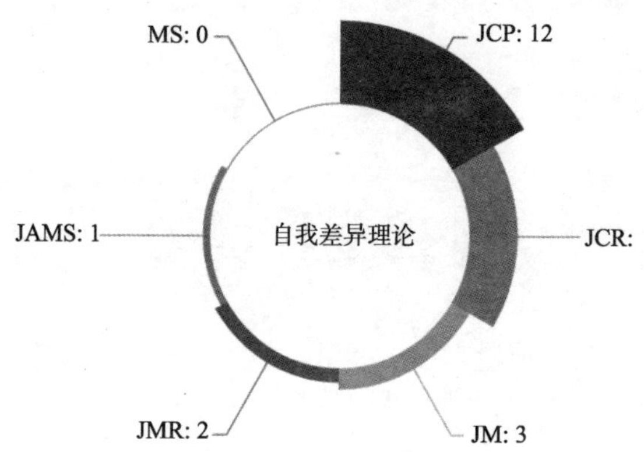

图43-1　六大期刊中自我差异理论频次分布

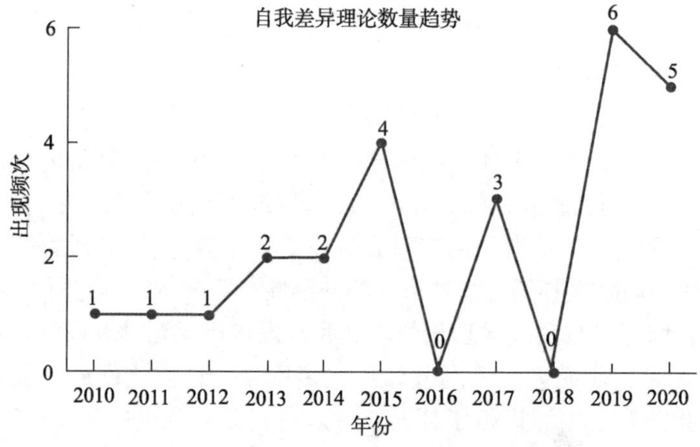

图43-2　六大期刊中自我差异理论的年度频次分布

我差异是指不同自我信念（如他人的期待、自我的期待）之间的差异和冲突。[1]该理论的基本假设是，在将不同类型的自我信念（self-belief）或自我状态表征（self-state representations）之间进行对照时，个体会经历自我差异并产生情绪问题（emotional vulnerabilities）。[1]

（2）自我信念的种类

既然自我差异来源于不同自我信念之间的比较和冲突，那么人们具体会有哪些自我信念？为了区分不同类型的自我信念或状态，希金斯等提出了两种心理认知参数——自我范畴（domains of the self）和评估自我的立场（standpoints on the self）。[1,4-5]自我范畴是指自我信念或自我表征所涵盖的范围，包括现实自我（个体自己或他人对个体实际拥有属性的自我表征主要涉及对现状的自我认知）、理想自我（个体自己或他人希望个体所拥有属性的自我表征，如期待、渴望或祝愿）和应该自我（个体自己或他人认为个体应该或必须拥有的属性的自我表征，如应该承担的责任和义务）。评估自我的立场则是指，个体在进行自我评估时所持的立场和视角，可以分为个体自身的立场（个体从自身的立场出发进行自我评估）和重要他人的立场（个体从他人的立场出发进行自我评估）。[1,4-5]

对自我范畴和评估立场的维度进行两两匹配后，可以得到六种基本的自我信念——自身立场对现实自我的认知、他人立场对现实自我的认知、自身立场对理想自我的认知、他人立场对理想自我的认知、自身立场对应该自我的认知、他人立场对应该自我的认知。[1,4-5]前两种属于个体的自我概念（self-concept），即对现状的自我认知，而后四种则是个体对于未来或预期自我的标准，即自我向导（self-guides）。以上六种不同自我信念相互之间的差异即为自我差异。[1,4-5]

在此基础上，曼德尔（Mandle）等对相关研究进行了汇总和分析，发现自我差异主要体现在六个方面——群体排斥、智力、个人自由、权力、社会排斥、系统威胁。[3]此外，自我差异还存在个性区别，不同个体会选择不同类型的自我向导作为努力的方向。有些人更希望达到他人心中的理想自我，例如成为父母眼里的好孩子，而有些人追求心中的理想自我，例如选择自己喜欢，而非父母期待的生活方式。因而不同的个体也将经历多样的自我差异，有些人没有相关经验，有些人则可能同时经历多种自我差异。

（3）自我差异的影响

自我差异具体会对个体产生哪些影响？希金斯等认为，不同类型的自我差异，将导致不同的心理状态，继而激发相应的情绪和动机问题。自我差异可能导致的消极情绪状态可以分为两种基本类型：①当预期的积极结果没有出现时，个体将产生沮丧类情绪（dejection-related emotions），如不满、失望、悲伤等；②当消极结果出现时，个体将产生与焦虑相关的情绪（agitation-related emotions），如恐惧、威胁、焦躁等。在经历现实自我和理想自我（自身或他人眼中）之间的差异时，因为未能得到预期的积极结果，个体将产生沮丧类情绪。而当经历现实自我和应该自我（自身或他人眼中）之间的差异时，个体将面临制裁或惩罚（消极结果出现），此时将产生焦虑等情绪。[1,4-5]曼德尔则将自我差异的影响分为三类——情绪反应、生理反应和认知反应。[3]

人们有减少自我差异，即推动自我概念与自我向导相匹配的动机。例如，自我差异常与目标追逐行为相关联，个体总是希望通过目标追逐行为，不断改善现实自我，接近理想自我。[6]从认知平衡的角度来看，自我差异将使个体处于认知失衡的矛盾状态，继而产生各种不良情绪，这种不愉快的体验又将驱使个体通过相应的改变来恢复平衡状态。[7]曼德尔进一步识别了应对自我差异的具体策略：①直接解决措施。寻找自我差异的来源并针对性进行解决，如自觉不够聪明的人，通过读书学习来让自己变得聪明。②象征性的自我完成。通过别的方式来显示自己很聪明，例如将自己的文凭证明挂在显眼的地方，或者购买许多书籍进行象征性的补偿。③解离。将自己与自我差异相关的产品或服务隔离，如不再订阅学术杂志。④逃避/转移。从事其它活动转移注意力。⑤流动性的自我补偿。在其他方面寻求自我满足，如不够聪明的人通过购买奢侈品来显示自己很富有，以获得补偿。[3]

2. 理论在营销研究主题中的运用

诸多学者探究了自我差异对于消费者心理和行为的影响。消费行为或选择能够体现消费者正在经历的自我差异，并且能够帮助消费者进行心理补偿，以减轻自我差异带来的不良体验。以下内容重点介绍自我差异对消费者心理和行为的影响。

（1）自我差异与消费者动机

自我差异导致消费者面临认知、生理、情绪等多方面的负面结果。这些消极影响将激发消费者减少自我差异、恢复自我平衡的动机。不同领域的自我差异可能激发不同的动机。研究发现，消费者在不同领域所面临的自我差异将造成不同的自我威胁，继而激发相应的动机和应对方式。例如，智力和死亡威胁将激活个体的趋近动机，继而引发问题聚焦的应对方式，即直接应对和改变压力的来源；而控制感缺失和社会排斥将激活回避动机，继而引发情绪聚焦的应对方式，即调节压力源所带来的情绪反应。[8]自我差异也将激发消费者自我肯定的动机，推动消费者在其他方面对自我价值进行肯定，以缓解自我差异所带来的威胁感。[3]经历自我差异还可能激发消费者的自我提升动机[9]，如促使消费者制定更高水平的目标[10]，提升消费者在任务当中的努力程度等。[11-12]

（2）自我差异与消费者情绪

希金斯将自我差异可能导致的消极情绪状态分为两种基本类型：①当预期的积极结果没有出现时，个体将产生沮丧类情绪（dejection-related emotions），如不满、失望、悲伤等；②当消极结果出现时，个体将产生与焦虑相关的情绪（agitation-related emotions），如恐惧、威胁、焦躁等。[12]在面临关于知识的自我差异时，将导致消费者的沮丧情绪，继而引发其补偿性行为。[13]此外，当激活消费者现实自我和应该自我之间的差异时，消费者将开始担心后续的消费选择可能造成的内疚，即产生预期内疚情绪（anticipated guilt），继而倾向于选择具备道德属性的产品。[14]情感自我差异，如孤独感，还可能激发消费者的怀旧情绪。[15]具体来看，理想-应该自我差异与焦虑、抑郁症状都存在关联，而现实-应该自我差异只和焦虑症状有关。[16]此外，自我差异将促使消费者寻求情感共鸣，继而偏好消极情感诉求广告。[17]

（3）自我差异与消费者认知加工

自我差异还可能影响消费者的信息加工水平，控制感缺失带来的自我差异将导致消费者在更具体的层面上加工和解释信息。与之对应，控制感较高的消费者将倾向于在更抽象的层面上加工和解释信息。[18]此外，自我差异还可能导致个体陷入反刍思维当中，继而导致各种焦虑、抑郁等负面情绪。[16]

（4）自我差异与补偿性消费

补偿性消费是应对自我差异的重要手段，能够帮助消费者缓解自我差异所带来的负面影响。补偿性消费的含义是：由减少自我差异这一愿望所驱动的，任何购买、使用、消费产品或服务的行为。[3]

根据补偿消费领域和被威胁领域的关系，可以将补偿性消费划分为域内补偿（within-domain compensation）和跨域补偿（across-domain compensation）。[19]域内补偿是指，通过消费在被威胁领域内象征着成就的产品，来进行自我补偿的行为。例如，当消费者发现自身对产品知识的掌握程度存在理想-现实自我差异时，将更加愿意投入和分享自己对产品的评价，通过该方式，象征性地补偿自身所感知到的知识缺乏。[13]关于身材的自我差异导致人们花费更多时间和精力用于自拍照的编辑，继而可能导致其对社交媒体使用成瘾。[19]道德自我差异可能促进捐赠行为。[20]而跨域自我补偿，则是通过与被威胁领域无关的，在其他方面象征着自我成就的产品进行补偿。例如，理想型的广告模特将激发消费者关于自我形象的自我差异，消费者将通过提升消费决策中的表现（寻求最优选择，抵制放纵性选择），来补偿前述自我差异。[21]强烈的感官消费能够提升自我唤醒，也有助于缓解消费者的自我差异。[22]布兰农（Brannon）进一步提出，在面临自我差异时，自我验证动机较高的消费者倾向于选择域内补偿消费。[23]

基姆（Kim）和拉克（rucker）根据补偿性消费的主动性，将其划分为反应性补偿（reactive compensatory consumption）和前瞻性补偿（proactive compensatory consumption）。[24]反应性补偿消费发生在遭遇自我差异之后，是一种事后补偿措施。例如，在经历智力威胁后，消费者通过选择与智力相关的产品进行自我补偿。而前瞻性补偿措施是一种预防手段，是消费者为了应对将来可能面临的自我差异所做出的准备措施。例如，为了应对即将发生的智力测验，预防潜在的智力威胁，消费者也可能选择与智力相关的产品。

补偿性消费也并不总是能够发挥积极作用，减轻自我差异所带来的威胁。例如，补偿性消费的作用可能存在性别差异，女性可能对道德自我差异更加敏感，因而更容易选择补偿性消费，同样的补偿性消费措施对男性可能难以发挥作用。[20]此外，域内补偿性消费也可能产生消极作用，导致消费者陷入对自我差异的反刍之中，继而导致不利于其自我控制。[25]当域内补偿性产品与自我威胁之间的关系太过明显时，也将导致消费者陷入对自我差异的反刍之中，不利于其自我概念的修复。[26]

（三）理论运用中的研究方法

在营销领域的研究中，关于自我差异的研究一般采用实验法和问卷调查法。实验法中主要通过情境操纵的方式来启动被试的自我差异，问卷调查法则采用量表测量的方式。

1. 实验操纵

实验法中，对自我差异的操纵主要有三种方法。

（1）回忆启动。要求被试回忆经历过的自我差异。例如，在进行关于能力的自我差异操纵时，要求被试回想他所经历过的一个情境，在该情境下，他的表现不尽如人意，没有他期望中那样聪明能干。启动关于社交的自我差异时，则要求被试回想他所经历过的一个情境，在该情境下，他的表现不如人意，没有他期望中那样合群和友好。[25]

（2）材料启动。要求被试观看图片、文字、视频等相关材料，激活其自我差异。例如，通过不同的广告模特形象来启动自我差异。要求实验组被试观看六张外表吸引力较高的商务职业模特（三男三女）照片，这些模特都穿着西装，正在从事与商业相关的活动。控制组被试则观看六张吸引力一般的学生模特（三男三女）照片。吸引力较高的模特照片将激发被试关于形象的自我差异。[21]

（3）任务反馈。要求被试参与真实的任务，并通过任务结果反馈激发其自我差异。例如，在对与智力有关的自我差异进行操纵时，要求被试参与一项与智力相关的游戏任务，任务结束后告知被试其表现较差。[24]在对问题解决能力相关的自我差异进行操纵时，要求被试参与一项问答比赛，并在结束后告知被试其表现处于所有参赛者中的后5%，以激发其自我差异。[22]

2. 问卷测量

测量自我差异的经典量表是希金斯等开发的自我调查问卷（selves questionnaire）。[1,27]自我调查问卷目的在于对个体的自我差异进行全方位评估，包含“理想自我”“现实自我”和“应该自我”三种自我范畴，以及“自身立场”“父亲立场”“母亲立场”和“好友立场”四种评估自我的立场，互相匹配后得到12种角度的自我评价，如“在我的眼中，我应该是什么样的人”“在父亲眼中，我应该是什么样的人”等。在每个自我评价的角度中，被试需要填写10个自我特质。在计算特定的自我差异分数时，例如计算“自身立场下的理想自我”和“父亲立场下的理想自我”之间的差异时，需要将被试在这两个角度下填写的特质进行匹配，用相互符合的特质数量减去不符合的特质数量。

上述量表较为复杂，因此研究者们在操作时，往往根据研究主题选择相关的特质，和特定的评估角度进行自我差异的测量。例如，从自身立场出发，测量被试关于音乐知识方面的理想自我和现实自我差异。通过“我对音乐有普遍的了解”等题项测量被试的现实自我，而通过“我希望我对音乐有更多的了解”等题项测量理想自我。用理想自我的分数减去现实自我分数，即为自我差异分数。[13]

（四）对该理论的评价

自我差异理论从自我评价的角度，对个体的自我概念发展、动机、情绪、行为等提供了分析和诊断的框架，与自我一致、自我扩展等经典理论相互补充和完善。[28]自我差异对个体行为的解释范围和解释力度都较大，因而被学者们所广泛应用，是营销领域中最为重要和基础的理论之一。大量研究自我差异理论进行了扩展和延伸。然而自我差异理论仍存在一定的不足。

1. 关于自我差异的内涵

自我差异理论可以用于解释单个身份认同或角色内的自我差异，例如，作为学生，要面临自身理想与现实的自我差异，面临父母期待和现实的自我差异，面临社会要求和现实的自我差异等。上述自我差异均存在学生这一角色或身份认同之内。缺乏对多重角色/身份认同间自我差异的关注，例如，作为运动员，需要具备一定的攻击性，而作为志愿者，则需要温和体贴，当同时具备运动员和志愿者身份时，也可能遭遇自我差异。[29]而现有的理论缺乏相关的解释。

2. 关于自我差异理论的应用

多数研究偏向于对个体自身立场和理想–现实自我差异的关注，然而自我差异的范畴远远不止这些视角。较少研究探究重要他人立场下的自我差异，以及理想自我–应该自我差异等其他类型的自我差异。其他类型的自我差异对消费者也会产生重要的影响，因此未来的研究中，应该更全面地探究个体自我差异地来源和影响。

（五）对营销实践的启示

对于品牌或企业而言，自我差异理论可以帮助其有的放矢地制定营销策略，更好地满足消费者对于产品的需求，并引导和帮助消费者通过适当的消费行为来缓解自我差异所造成的负面影响。研究者就如何缓解消费者的自我差异及威胁，为品牌提供了相应的实践建议。[30]

1. 减轻消费者自我差异

营销实践中，企业可以识别经历不同自我差异的消费者，并预测其动机如趋近动机、自我提升动机等，继而为其提供相应的产品和服务。[8,10]例如，为经历自我差异的消费者提供能够帮助其自我提升的产品。

2. 预防消费者自我差异

除了关注已经遭遇自我差异的消费者，还应该关注消费者将面临的潜在自我差异。针对消费者可能遭遇的自我差异情境，提供具备防御功能的产品和服务。[24]

3. 适度、恰当地运用补偿性措施

企业还应注意，补偿性的产品和服务也并非总是有效，也可能适得其反。例如，如果过于宣传产品的补偿作用，反而会引起消费者的反刍，不利于其自我概念的修复。[25]因此在进行产品宣传时，应该遵循适度原则，不应过于直白。

参考文献

第四部分

目标与动机

44 恐惧管理理论

刘建新①

（一）理论概述与在营销研究中的发展

恐惧管理理论（terror management theory，TMT）的雏形来源于贝克尔（Becker）的《拒斥死亡》，[1]后来格瑞博格（Greenberg）等人基于此提出了理论构想和主要框架。[2]恐惧管理理论认为，一方面人类拥有必死性（mortality）的意识，称为死亡意识（death awareness），另一方面人类拥有保证个体生存的本能，两者的冲突导致了死亡焦虑以及较低的幸福感。[3]其核心观点是人们意识到必死性后，会启动心理防御机制，改变认知和行为来缓解死亡焦虑。早期的恐惧管理理论提出了两种死亡焦虑缓冲机制（buffer mechanism），包括世界观防御（worldview defense）和自尊寻求（self-esteem striving），[1]后来将其进一步深化为近端防御（例如否认、合理化和分心等）与远端防御（维护世界观、增强自尊和促进亲密关系等），前者属于意识层面的防御，而后者属于无意识层面的防御。[4]随着认识的拓展和研究的深化，恐惧管理理论相继提出了三种假设予以解释，即死亡凸显假设、死亡思维提取度假设和与焦虑缓冲假设。[5]死亡凸显假设认为死亡凸显后，人们会增加对焦虑缓冲机制的需求；死亡思维提取度假设认为如果一种心理机制能充当死亡凸显后的焦虑缓冲机制，那么对于这种机制的威胁会使阈下死亡思维的活跃程度，即死亡思维提取度上升，反之则会下降；而焦虑缓冲假设认为，如果在死亡凸显之前强化缓冲机制，死亡凸显效应将不再明显。经过多年的发展，恐惧管理理论已成为死亡心理研究的经典范式，促使了诸多看似不相关领域的整合（如临终、亲密关系、自尊、创造力和消费者行为等）。[6]

①刘建新，西南大学经济管理学院副教授、硕士生导师，主要研究领域为消费者行为学。基金项目：重庆市自然科学基金面上项目“消费选择虚位诱导效应的生理影响与神经反应研究”（cstc2021jcjy-msxmX1067）、重庆市社会科学规划项目“突发公共危机情境下社会公众恐慌性购买的心理机制与干预措施研究”（2022NDYB64）；西南大学研究阐释党的二十大精神专项“二十大”共同富裕视域下扶贫产品消费的心理机制与促进策略研究”（SWU2022028）。

在营销领域中，该理论被广泛应用于公共危机管理、消费者心理与行为、消费者幸福感等相关研究。我们分别展示了该理论在营销领域六大顶级期刊和年度的频率分布趋势（图44-1、图44-2），可以看出该理论在*Journal of Consumer Research*、*Journal of Marketing Research*两大期刊中运用最多。内容主要围绕公共危机下社会公众的应对反应、死亡凸显的心理防御机制、消费者面对死亡或威胁时的消费决策或选择、灾难威胁或死亡凸显时消费者的幸福感等主题，研究方法主要是实验法、调查法、访谈法和日志法等，近年来神经反应检测法也日益增多。

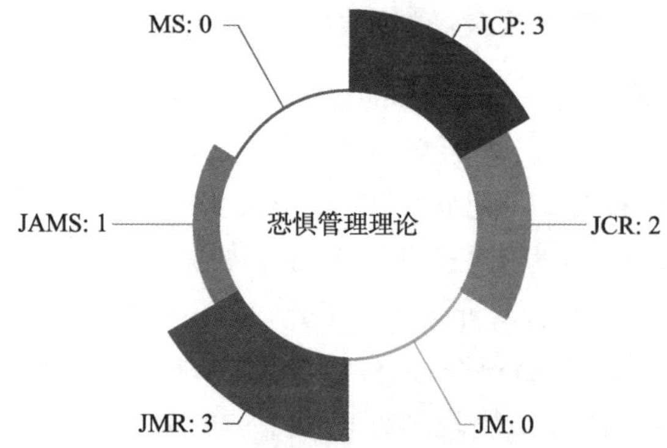

图44-1　六大期刊中恐惧管理理论频次分布

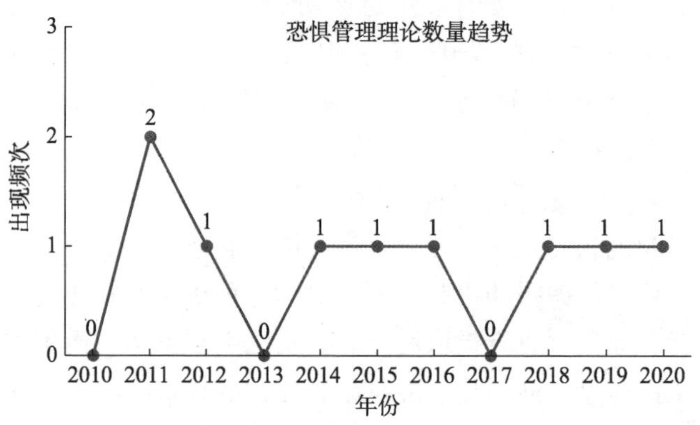

图44-2　六大期刊中恐惧管理理论的年度频次分布

（二）理论的核心内容与在营销研究主题中的运用

1. 理论的核心内容

恐惧管理理论认为，人类所有的焦虑，究其根本都来源于对死亡可能导致的绝对毁灭的恐惧。[1]当出现死亡凸显或威胁时，人类就会启动心理防御机制加以应对。面对求生本能和必死性意识造成的生存困境，人类会通过一系列防御机制来缓解这种存在焦虑，使得自己不在日常生活中时常为这种焦虑所困扰。恐惧管理的核心观点是当意识到自身的必死性时，人们会产生一系列的防御行为，来缓解死亡焦虑。[2]早期的恐惧管理理论认为，人们建立的死亡焦虑防御机制主要包括两种：一种是世界观，即通过建立庞大的观念体系，对世界进行解释和规范，将注意力和精力从内部存在困境转投至外部世界中；另一种是自尊增强，通过遵守世界观体系的诸多标准，获得个人价值感。[7]后来进一步提出了亲密关系防御机制，即通过与他人建立和保持亲密的关系，寻求与他人在一起，从而缓解存在焦虑的机制。[8]但这三种防御机制都是远端防御，而实质上面对死亡凸显时人们首先启动的是近端防御，即否认、合理化和分心等。同时，早期的研究认为三种远端防御机制是“流动代偿”的，即当个体某一防御机制的使用受限或受到威胁时，其他防御机制就会启动并进行补偿；但后来的研究发现它们存在优先级效应，即三种防御机制地位并非平等，而是存在优先级：亲密关系优先于世界观和自尊，世界观优先于自尊。[9]优先级效应是源于防御机制的发展顺序和衍生关系。

2. 理论在营销研究主题中的运用

恐惧管理理论已经成为解释死亡凸显效应的主导理论，其关注度与影响力持续上升。在营销研究领域，恐惧管理理论也颇受重视，经常被用于广告说服、消费者情绪、消费选择和消费者幸福感等领域。通过对国内外30多年的心理学与营销学领域学术期刊的相关文献进行全面梳理，以下重点介绍恐惧管理理论在营销研究主题中的运用。

（1）恐惧管理理论与广告说服

广告说服是指通过大众媒体，旨在促进消费者对特定商品产生积极的态度和购买行为。它已经成为厂商进行产品促销、形象提升、品牌宣传和社会公关等的重要手段。“广告的根本是说服。”厂商等机构也经常利用恐惧管理理论进行广告说服，从而增强消费者的关注或兴趣、转变观念或增强购买等。已有研究发现，恐惧管理理论的广告说服研究主要有以下几个方面：一是研究广告恐惧诉求对消费者态度与购买意愿的影响，包括存在恐惧诉求与不存在恐惧诉求、自我受害与他人受害、主动受害与被动受害等，经常应用于保险购买、烟酒销售和遵守交规等[10]；二是研究广告恐惧诉求对消费者冲动性、恐慌性购买或强迫性购买等，研究发现有恐惧诉求的广告会增强消费者的这些行为，但会受到一些调节因素的影响；三是研究广告恐惧诉求对消费者认知加工的影响，有的研究认为恐惧广告诉求会弱化消费者的认知加工，而有的研究却与之相反，认为它会增强消费者的认知加工，以及也有研究认为它并不会对认知加工产生任何影响；四是研究恐惧广告诉求的呈现形态的影响，例如文本、图片或视频，第一人称或第三人称，直陈式、隐喻式或叙事式等，以及呈现的次数或强度等，例如采用视频、第一人称、叙事式或高强度等，更容易增强消费者的唤醒与冲动性[11]；五是研究广告恐惧诉求的国别文化差异，例如有学者研究了美国、德国、荷兰、印度、中国、日本等国家恐惧广告诉求的影响，结果发现效果各异[12]。

（2）恐惧管理理论与消费者情绪

虽然恐惧本身属于情绪范畴，但恐惧管理是否会产生情绪却存在争议。兰伯特（Lambert）等人的“无情绪假设”认为情绪并没有在死亡凸显效应的认知过程中扮演角色[13]，相关的理论解释是死亡凸显的双重加工理论等[14]，并且得到了神经印象学fMRI的佐证[15]。但后来的研究也发现，恐惧管理理论的死亡凸显也可能会诱发焦虑、恐惧与厌恶情绪[16]，但尚待实证结果的验证。目前，恐惧管理理论对消费者情绪的影响主要有以下几个方面：一是恐惧管理与紧张、沮丧、焦虑、恐惧和厌恶等消极情绪的影响，例如通过传播恐惧信息促发或增强消费者的唤醒并诱发消费者的消极效价情绪等；二是恐惧管理与激动、兴奋、好奇、惊喜和心流等积极情绪的影响，已有研究发现，死亡提醒或凸显和恐惧管理不仅仅会唤起消费者的消极情绪，也会唤起消费者的积极情绪，但其强度或边界会因特质、情境或环境而定[17]；三是研究恐惧管理与消费者情绪调节之间的关系，由于人类有情绪调节的特质与情境特性，无论是消极情绪还是积极情绪，都会通过情绪调节恢复到平衡状态，因此恐惧管理诱发的消极或积极情绪都会通过情绪调节进行恢复，直至平衡[18]；四是研究恐惧管理与情绪传染之间的关系，即死亡凸显或恐惧管理唤醒的消极或积极情绪是否会传染给其他人，传染的网络或强度是怎样的？[19]

（3）恐惧管理理论与消费选择

消费选择是指消费者面对由多个选项构成的考虑集、选择集和品牌集时进行挑选的过程。已有研究表明，恐惧管理也会影响消费者的消费选择，其主要影响表现在以下四个方面：一是恐惧管理会影响消费选择的虚位诱导效应，例如当出现死亡提醒或恐惧管理时更容易产生折中效应而非吸引力效应，因为死亡凸显或恐惧管理会增强消费者的风险厌恶，从而让其更容易选择属性平衡选项；二是恐惧管理会影响消费者的品牌偏好，例如研究表明死亡凸显或恐惧管理会增强消费者的怀旧或心理安全感，因而会增强对怀旧产品、原生品牌或国货产品等的偏好[20]；三是恐惧管理会影响消费者对物质产品而非体验产品的偏好，因为物质产品更具有实体性或更容易带来安全感，更能满足消费者的依恋需要。当然也并非所有的消费者都如此，有时消费者面对死亡凸显时也会追求从未尝试过的体验产品的消费，从而不给自己的人生留遗憾[21]；四是恐惧管理会增强消费者的节俭消费倾向，而不是奢侈或放纵消费倾向，原因可能源于利他动机，即消费者想把更多的资源留给后代或他人，或印象管理动机，即给周围的人留下好的印象从而增强他们的怀念[22]。此外，还有研究发现，死亡凸显或恐惧管理会增强消费者的人际消费、责任消费、仪式消费、道德消费和亲社会消费等。

（4）恐惧管理理论与消费者幸福

"我们的一切努力都是为了幸福。"[3]追求幸福是人类社会的永恒主题，也是人类发展的终极价值和根本动力。无论是从伊壁鸠鲁的享乐主义理论发展而来的主观幸福感理论（subjective well-being theory）还是从亚里士多德的幸福实现理论发展而来的心理幸福感（psychology well-being theory）都强调"幸福的终极性"。恐惧管理理论认为，"死亡是幸福的天敌"，死亡会摧毁一切意义，破坏一切关系，泯灭一切欲望。[23]目前，有关恐惧管理理论在消费者幸福感的研究主要有以下几个方面：一是死亡凸显或恐惧管理是否一定会消极影响消费者幸福感，目前绝大多数的研究得出了以上结论，认为死亡恐惧或痛苦、意义消散、忧虑后代、责任凸显等会让消费者幸福感降低[24]，但也有少数研究者发现，如果消费者认识到"生老病死"是人之规律，或已经长寿，又或责任已经履行完成（例如赡养父母或抚养子女等），则不会受到消极影响；二是死亡凸显或恐惧管理是否会增强消费者的"快乐"或"愉悦"，面对死亡威胁时消费从未消费过的产品或怀旧的产品有时会产生"含泪的笑容"，产生源自内心的满足；三是已有研究表明信仰宗教的消费者更容易坦然面对死亡凸显，宗教在起着"镇静剂"作用[25]，当然，具体的影响可能会受到死亡凸显情境、宗教信仰类型或强度、死亡防御机制等因素的调节影响；四是死亡凸显或恐惧管理影响消费者幸福感中安慰或共情的作用到底有多大，绝大多数的研究发现安慰和共情都会起着积极作用[26]，但也有研究发现如果消费者发现安慰者或共情者的目的，其积极作用会降低。

（三）理论运用中的研究方法

在营销领域的研究中，恐惧管理理论的应用主要采用实验法、调查法、访谈法、日志法和神经检测方法等，其中前三种是主导研究方法。

实验法是指在既定条件下，通过实验对比，对市场现象中某些变量之间的因果关系及其发展变化过程加以观察分析的一种调查方法。由于其能够有效检测两个或多个变量之间共变的因果关系，因此被广泛采用。实验法也是恐惧管理理论最基本和最广泛的研究方法，早在2010年，伯克（Burke）所做的恐惧管理元分析就分析了400多项实验[6]，而后恐惧管理理论发展兴盛，因此其实验研究会更多。绝大多数实验采用情境操控与实验控制对比的研究方法，其中实验情境启动包括给被试呈现自己面临死亡凸显或他人面临死亡凸显的实验刺激（包括文字、图片或视频），或者回忆自己曾经面临死亡的情境，然后将其与控制组进行对比分析，控制组有时会呈现安慰剂刺激，有时会什么也不做，而为了控制干扰影响，有时会插入分心任务或填充材料。[27]

调查法是通过考察了解客观情况直接获取有关材料，并对这些材料进行分析的研究方法。它也是恐惧管理理论广为应用的方法。例如弗里奇（Fritsche）等的研究发现死亡提醒可以增加德国人生育后代的意愿，且男女之间没有显著差异。[28]虽然调查法无法揭示变量之间的因果关系，但它对描述性、探索性、预测性研究都具有较好的揭示作用。

随着质性研究方法的盛行，访谈法也日益被广泛应用于恐惧管理理论的营销研究中。[29]访谈法是指通过访员和受访人面对面地交谈来了解受访人的心理和行为的心理学基本研究方法。访谈的资料如果进行开放性编码、主轴性编码和选择性编码，构建相应的概念模型，也能反映事物之间的内在逻辑联系。通过对近年来恐惧管理相关文献的梳理和总结，无论是深度访谈还是焦点小组访谈的使用也与日俱增，成为揭示消费者面临死亡凸显或恐惧管理时真实想法或情绪反应的有效方法。

此外，日志法尤其是网络日志法的使用也越来越多，随着Python等数据挖掘技术的发展，网络日志通过记录被调查者面对或经历真实死亡或恐惧管理时的真实反应而大受欢迎。同时，随着神经网络技术的发展，功能性核磁共振成像（fMRI）、近红外光谱成像技术（fNIRS）和事件相关电位技术（ERP）等神经影像技术的应用也越来越广泛，它们能够有效揭示被试的生理反应。[30]

（四）对该理论的评价

恐惧管理理论提出之后，经过多年发展，已经成为心理学领域极为重要的理论，在解释死亡提醒或死亡凸显领域具有主导地位。[23]它提出人们在面临死亡提醒或死亡凸显时，会产生具有意识层面的近端防御（例如否认、合理化和分心等）与无意识层面的远端防御（维护世界观、增强自尊和促进亲密关系等），其解释的核心理论框架主要包括死亡凸显假设、死亡思维提取度假设和焦虑缓冲假设。目前它不仅在偏见、刻板印象、临终、亲密关系、自尊、创造力、生产行为、亲社会行为等领域应用广泛，而且在营销领域也日益得到关注和应用，例如广告说服、消费者情绪、消费选择和消费者幸福感等。

任何理论的发展都是循序渐进的过程，恐惧管理理论虽然形成了较为完整的理论架构和极为丰富的实证研究，但它仍然存在一些亟待回答或解决的“疑惑”或问题：一是恐惧管理理论与不确定管理理论是否存在交叉或重叠，先前的研究认为二者是相互独立的，但越来越多的证据显示，二者在某些方面是相互联系的，存在相互影响，因此它们之间的联系亟待澄清[27]；二是恐惧管理中是否存在情绪反应，先前的研究普遍认同的是“无情绪假设”，但同样也有越来越多的证据显示个体在面临死亡提醒或凸显时情绪反应会“热启动”，未来需要明确所检测到的紧张、焦虑、沮丧、恐惧和厌恶等情绪是原生性还是衍生性情绪反应[9]；三是尽管目前恐惧管理背后的解释机制相继提出了认知闭合学说、意义维持学说、极化防御学说、联结动机学说和控制动机学说等，但是否还有其他的理论或者更具整合性的理论进行根本性诠释，从而解释个体恐惧管理背后的内在机理；四是恐惧管理理论框架的三个主导假设即死亡凸显假设、死亡思维提取度假设和与焦虑缓冲假设到底是会产生“流动补偿机制”还是“优先级假设”，前者获得了广泛认同，但后者还亟待大量的实证研究检验[9]；五是宗教对个体或群体恐惧管理的影响显而易见，但对于不同宗教类型的影响及其强度的研究还远远不够，未来需要进一步探明基督教、伊斯兰教和佛教及其他宗教的具体影响[25]；六是不同文化背景的人们对于死亡凸显或恐惧管理的态度或反应截然不同，但目前绝大多数研究都是西方文化背景下的实验或调查研究，对于强调“生死轮回”的东方国家是如何面对死亡的研究甚少，因此未来要积极探索和检验恐惧管理的跨文化效度，甚至需要发展东方文化背景下的恐惧管理理论体系[6]；七是目前对于恐惧管理理论的神经反应研究还较少，还无法有效揭示恐惧管理的生理反应[30]，未来需要进一步探明当个体面临死亡凸显时脑岛、伏隔核、尾状核、前额叶皮层、眶额叶等脑区或皮质的生理反应，从而构建一个完整的恐惧管理生理反应框架。

（五）对营销实践的启示

死亡是每个人都不得不面对的问题，生存渴望性与死亡必然性伴随着每个人人生历程的始终，恐惧管理理论为人们正确看待生死、积极进行身心健康干预提供了有效的理论基础，同时也为营销实践提供了重要的管理启示。具体而言，主要如下：一是厂商等机构可以适度利用消费者的恐惧管理进行产品销售和品牌建设，例如保险销售、安全防护、健康护理等，但一定要注意商业伦理，过度恐惧的消费者会适得其反；二是已有研究表明死亡凸显或恐惧管理会增强消费者对物质产品消费、仪式消费、节俭消费、人际消费、责任消费、亲社会消费、道德消费等[31]，厂商可以针对性地开发或提供相关产品或服务，从而觅取商业机会；三是恐惧管理并非全都是产生消极情绪，有时也会产生积极情绪，无论是西方的“万圣节”还是我国某些地方盛行的“鬼节”都深深地吸引了消费者的兴趣和参与，厂商可以因势利导加以利用，开发相关的产品或项目，满足消费者的好奇探险需求；四是死亡凸显或恐惧管理可能会损害消费者的身心健康，造成沮丧、抑郁、高血压、心脏病等[29]，厂商可以积极开发相关的药品或诊疗方案，进行有效的身心健康干预，促进消费者身心健康；五是恐惧管理是具有文化差异性的[32]，不同国别或文化背景下消费者对待死亡的态度或反应存在显著差异，因此厂商在进行恐惧管理时应因国因人而异，防止出现“跨文化陷阱”。

参考文献

45 保护动机理论

郭　锐　罗　杨①

（一）理论概述与在营销研究中的发展

保护动机理论（protection motivation theory，PMT）是由罗杰斯（Rogers）于1975年提出的一种行为改变理论。该理论认为，当个体感知到某种危险发生的可能性并认识到它的严重后果时，为了维护自身利益可能会选择采取行动避免威胁。[1-2]保护动机理论的研究，最初集中于影响因素的探索及理论框架的确定，随着理论的发展成熟，该理论的研究重点逐渐偏向于在各学科领域的指导和应用。其相关研究最早集中于医学与健康领域，而随着内涵的不断拓展，该理论被广泛应用于环境保护、网络安全、市场营销等领域。

在营销领域中，该理论多被运用于消费者心理与行为、消费者沟通等的相关研究中。我们分别展示了该理论在营销领域六大顶级期刊和年度的频率分布趋势（图45-1、图45-2），可以看出该理论在*Journal of Marketing*期刊中运用最多。

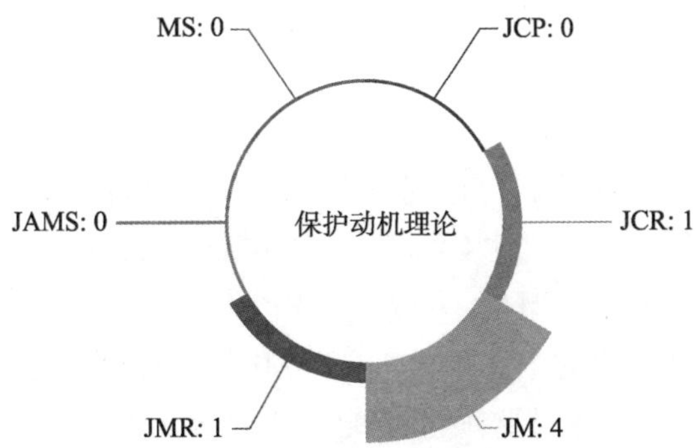

图45-1　六大期刊中保护动机理论频次分布

---

①郭锐，中国地质大学（武汉）经济管理学院教授、博导，主要研究领域绿色品牌、民族品牌国际化、奢侈品管理。罗杨，中国地质大学（武汉）经济管理学院博士研究生。基金项目：国家社科基金后期资助项目（23FGLB012）、国家重点研发计划子课题（2022YFC3301604）、国家自然科学基金面上项目（71272063）、湖北省高等学校人文社会科学重点研究基地开放基金重大项目（CJHIXM-01-202001）。

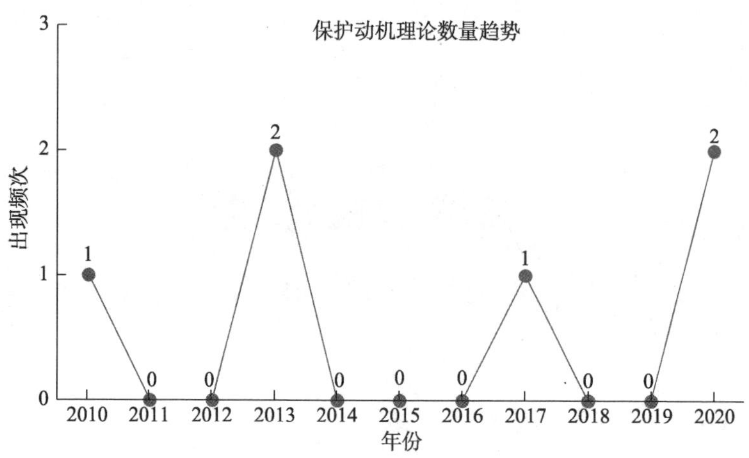

图45-2　六大期刊中保护动机理论的年度频次分布

（二）理论的核心内容与在营销研究主题中的运用

1. 理论的核心内容

罗杰斯（Rogers）等人在1975年提出保护动机理论。1983年，完整理论形成。1996年，博埃尔（Boer）和赛德尔（Seydel）确定了该理论的主要组成部分：严重性（severity）、易感性（vulnerability）、反应效能（response efficacy）、自我效能（self efficacy）、保护意愿（protection willingness）、保护行为（protection behavior）。保护动机理论认为保护动机的形成是人们通过对危险评估（threat appraisal）和应对评估（coping appraisal）两个方面的评估综合作用而形成的决策。[3-4]

保护动机是潜在和不易测量的，但已有研究证明将保护动机形成过程的各个部分进行分解量化后，可得到一个比较合理的测量指标。[5]保护动机理论认为健康相关行为来自个体对结果的预期（expected consequences）和感知价值（perceived value），但由于社会经济条件、个人经历和外在环境的不同，认知水平存在显著的个体差异，导致健康相关行为也会不同。当面对潜在危险时，个体首先会对这项危险的严重性及易感性进行评估（危险评估），然后会对个体所能采用的预防措施进行评估（应对评估）。[6]保护动机假设保护动机是个体所认知威胁的严重性（Sev）、个体对威胁的易感性（Vul）、保护行为在抵御威胁方面的有效性（Res）和个体采取保护行为的能力（Sel）四个个体认知因素的线性函数。[7]其中，减少不良行为反应的因素包括健康威胁的严重性和易感性，而反应效能和自我效能可促进个体健康行为的出现。

危险评估是个体对危险性的认识，是在平衡了危险因素带来的严重性和易感性两个因素后形成的，这一认识会引起个体对“威胁”产生恐惧。[8]

环境中存在着一些威胁个体健康的潜在危险因素，个体面对这些危险因素时，以什么方式做出反应，又受到个体对这些因素“危险评估”和“应对评估”的调节。[9]危险评估包括严重性和易感性，应对评估包括自我效能和反应效能。其中，减少不良行为反应的因素包括健康威胁的严重性和易感性，在应对评估过程中，反应效能和自我效能可以有效地促进个体健康行为的出现。[10]

在分析个体面对健康威胁所表现出的保护行为和保护意愿时，有研究证实保护动机理论比单个变量具有更好地解释力度，该理论为个体怎样处理健康保护选择行为提供了更科学、更系统的一系列变量，为更好地了解健康保护行为提供结构性的表达工具。[11]

2. 理论在营销研究主题中的运用

保护动机理论早期更多应用于公共健康领域，然而随着网络技术的发展，网络欺骗手段对于消费者来说亦是层出不穷，消费者面对网络诈骗如何保护自身的财产成为热点问题；除此之外，世界工业的快速发展给环境带来了不少负面影响，保护地球，保护人类居住环境，绿色消费不断上升。保护动机理论在营销研究主题中出现的身影越来越多。

（1）保护动机理论与风险感知

许多警告通信的目的是提高消费者的风险认知，以使感兴趣的行为或多或少具有吸引力。例如，增加吸烟的感知风险应该会降低它的吸引力，并促进戒烟或减少吸烟。同样，增加不受保护的紫外线照射的感知风险应该会让防晒霜的使用更有吸引力，促进它的使用。[12]保护动机理论[13]将风险概念定义为由两个不同的组成部分——感知脆弱性和感知严重性。[14]感知脆弱性是风险感知的可能性组成部分，是指经历负面健康结果的机会。感知严重程度是风险的影响成分，是个人对健康结果严重程度的信念。[15]个体对风险的感知可能不同[16]，并导致显著的行为变化。[17]

（2）保护动机理论与健康食物

研究发现患者的性别可能影响反应。[18]男性比女性表现出更多的风险和更少的健康行为[19]，在选择食物时对健康的重视程度较低[20]。男性依赖于图式和启发式线索，而女性倾向于仔细检查和处理详细的信息。[21]因此，于马（Yu Ma）等人认为当患有糖尿病的家庭成员是女性时，更多类别的不健康食品摄入量会有更大的减少。[18]最后，虽然糖尿病是一种严重的慢性疾病，但症状和后果的严重程度存在差异。根据保护动机理论，消极结果的严重程度增加了改变行为的动机。因此，当疾病更严重时，不健康摄入量会有更明显的减少。

（3）保护动机理论与亲社会行为

虽然保护动机理论首先用于与健康相关的风险行为的研究，[22]但它现在被广泛应用于其他领域，例如描述亲环境行为。例如，布鲁贝克（Bubeck）等人应用保护动机理论来调查德国莱茵河沿岸易受洪水影响的家庭的缓解行为。[23]他们的研究结果证实，威胁和应对评估，特别是反应效率和自我效能，是缓解行为的重要变量。卡诗瓦拉（Keshavarz）和卡拉米（Karami）发现，反应效率，感知严重性，响应成本，感知脆弱性和自我效能作为保护动机理论的主要结构是伊朗农民在干旱下亲环境行为的重要预测因素。[24]此外，金姆（Kim）等人在他们的研究中发现，保护动机理论的结构，如感知的严重性，反应效率和自我适应气候变化的自我效能，是美国和韩国学生参与环保行为意图的重要预测因素。总体而言，保护动机理论在分析亲环境行为方面具有明显作用。[25]

（4）保护动机理论与在线支付

在在线支付的警告领域，雷内（Rene van Bavel）和努利亚（Nuria Rodriguez-Priego）为了更好地理解网络行为，在德国、瑞典、波兰、英国和西班牙进行了一项在线实验测试了不同的网络安全威胁预警方式对人们安全行为的影响，他们将保护动机理论作为改变广告信息架构的助推理论，在这项研究中参与者必须在模拟的网上商店购物，他们的行为通过四个行为测量来观察，结果表明正如保护动机理论所描述的那样，让用户意识到他们可以采取哪些措施来尽量减少风险，对于产生更安全的行为是有效的。一些研究已经评估了保护动机理论和计划行为理论在威胁、恶意软件、用户界面等领域的效果，以确定其对信息安全行为的影响。[26]

（三）理论运用中的研究方法

在管理领域的研究中，采用保护动机理论的论文主要使用实验法。保护动机理论认为，人们要对潜在可能发生的威胁信息进行评估，然后决定是否采取保护的动机，最终产生态度（包括认知、情感和行为）的改变。[27]

首先，在选取自变量时，可以从知觉的严重性、知觉的脆弱度和不适应奖励这三个维度来进行考虑，选取相应的“威胁变量”。

其次，围绕该“威胁变量”来设计预实验与正式试验等相关实验，选取相应的被测试者，从多个角度对被测者的害怕、反应效能、自我效能、反应成本、保护动机等进行测试衡量，并以此进行威胁评估和应对评估。其中，威胁评估主要包含易感性和严重性两个维度，易感性往对应的是发生可能性（possibility of occurrence，PO），它是指人们认为自己所担忧或不喜欢的事情的发生概率，或事件发生后可能造成的负面影响的可能性的主观判断和接受程度；而严重性则对应的是严重程度（severity，SV），是指人们对可能发生的不好的事情的严重性的判断。另外，应对方式主要包含反应效能（response efficacy，RE）和自我效能（self-efficacy，SE）。反应效能RE是指个体对所采取的某种保护性行为的有效性认知。简单来说，人们采取一个行动是因为他们相信这个行为对其自身是有益、有意义的，并衡量有利行为的可能性，提高个体对良性行为益处的认知，以避免不良结果的发生。自我效能SE是指个体对采取健康行为的信心，即个体采取某种保护行为能力的知觉。

最后，可采取对比分析法与内容分析法将得到的实验结果进行处理。通过采用对比分析法，将不同的威胁变量与被测试者不同的态度进行对比考量，得出威胁变量的改变与被测试者的态度相关程度的结论。通过采用内容分析法，提炼理论的核心观点，来对所挑选的威胁变量进行分类，在内容分析的基础上，对比被测试者前后的态度（即说服力），分析各个变量的分值得出研究结论。[28]

（四）对该理论的评价

首先，保护动机理论对于认知评估过程的前因变量缺乏系统的认识。现有关保护动机理论的应用研究大都从个体对威胁事件的识别、应对评估开始，直到其改变或继续原有行为，少有研究能结合特定的情境去解释不同的事件是如何引起个体的恐惧感，以至产生威胁。[29]因此，引发个体认知中介过程的不同要素之间是否存在共性？它们在促进个体的认知评估过程中是否能起到等同的作用？这些问题对于构建、梳理保护动机理论的前因变量有着重要的指导意义。

其次，有关保护动机理论的研究对于威胁评估和反应评估之间的关系，以及评估过程中各个要素之间是否存在交互作用缺乏实证检验。[30]目前关于保护动机理论应用的实证研究比较多，但是仍存在主要的两个问题：一是威胁评估和应对评估中各个因素在个体行为意向变化的解释力度方面是否存在差异尚不清晰，每个因素在决定个体的保护动机时是否存在交互作用仍有待深入剖析；二是威胁评估和应对评估这两个过程的整体性概念尚未得到充分认识，它们的发生是否存在着时间上的先后顺序仍需要实证检验。[31]

最后，保护动机理论在组织管理、市场营销领域仍有较大的应用空间。如消费者在参与信息流广告以获取精准的信息推送，还是回避广告以保护个人隐私之间如何取舍，消费者在线上购物时如何应对营销策略，组织员工在遵守企业规章制度与默认职场潜规则之间如何选择等，保护动机理论均可以为解决此种问题提供理论视角。[32]

（五）对营销实践的启示

保护动机理论能够系统地解释消费者在消费过程中评估威胁和应对威胁的心理与行为，在营销领域中，如何消除消费者在消费过程中产生的，或对于产品或服务本身所具有的恐惧，是营销人员必须关注和考虑的议题。根据保护动机理论，威胁评估和应对评估都会影响消费者的行为选择，因此在营销实践中，可以通过降低威胁的风险或帮助消费者积极应对危险等方式，来影响其消费选择。比如，在后疫情时代，旅游行业可以通过积极制定并宣传完善的防控措施以减轻游客对风险的感知，从而提振游客消费信心[33]；医疗行业可以将健康检测行为的结果呈现为长期良好的健康，以此来减轻患者面对健康检测的恐惧[34]；而食品行业可以通过多种方式畅通与消费者的食品安全风险沟通渠道，帮助他们积极认识并应对食品安全问题，进而减轻消费顾虑[35]。总之，深入研究保护动机理论，对于消费者沟通、消费风险管理等都有重要意义。

参考文献

46

归因理论

谢菊兰　贺筱星　骆　亚①

（一）理论概述与在营销研究中的发展

归因是人类的一个基本认知过程，常被用来阐明个体对于“行为或事件为什么会发生”的解读。归因理论（attribution theory）认为归因对于人们后续的态度和行为有着重要影响。该理论由海德（Heider）于1958年在其著作《人际关系心理学》中首次提出，而后，凯利（Kelly）、韦纳（Weiner）等学者对其进行了完善。凯利进一步确定了归因时采用的信息类型；韦纳则更加关注因果维度如何影响个体后续的情绪和行为。归因理论一经提出就备受学术界青睐，并在心理学、教育学、组织行为学和消费者行为学等众多领域取得了丰硕的研究成果。

在营销领域中，该理论被广泛运用于消费者心理与行为、企业营销策略制定的相关研究中。我们分别展示了该理论在营销领域六大顶级期刊和年度的频率分布趋势（图46-1、图46-2），可以看出该理论在*Journal of Academy Marketing Science*中运用最多。

（二）理论的核心内容与在营销研究主题中的运用

1. 理论的核心内容

归因理论（attribution theory）阐述了个体如何推断“行为或事件为什么会发生”，以及这些推断将会如何进一步影响人们后续的态度和行为。[1]由于个体认知资源有限，在面对不确定的环境或出乎意料的情况时，人们倾向于利用先验知识对自身及他人的行为结果进行因果解释，并调整自身行为以适应环境。[2-3]

---

①谢菊兰，中南大学商学院副教授、博士生导师，主要研究领域为消费者心理与行为。贺筱星，中南大学商学院博士研究生，主要研究领域为消费者心理与行为。骆亚，中南大学商学院博士研究生，主要研究领域为消费者心理与行为。基金项目：国家自然科学基金面上项目（72172160）。

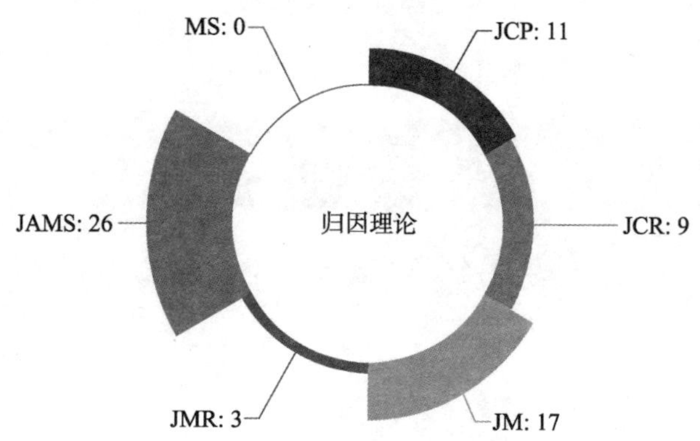

图46-1　六大期刊中归因理论频次分布

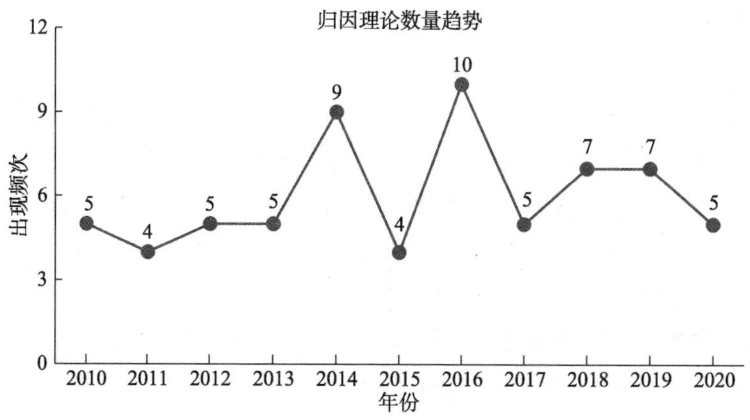

图46-2　六大期刊中归因理论的年度频次分布

导致某一行为或事件发生的因素有两大类，一类是个体内部因素，另一类是外部环境因素。人们往往根据行为或事件的区别性（distinctivcncss）、一致性（consensus）和一贯性（consistency）来对其发生原因进行推断。[4]区别性是指行动者是否对其他情境产生相似反应；一致性是指其他人是否也对此情境做出了类似的反应；一贯性是指在相同的情境下，行动者是否会产生相似的反应。当某一行为或事件具有高区别性、高一致性和高一贯性特征时，人们更倾向于对该行为或事件的产生进行外部环境归因；当某一行为或事件具有低区别性、低一致性和高一贯性时，人们则更容易将其发生归结于个体内部原因。[5]例如，如果小明每天上班都喝咖啡（高一惯性），他的同事上班期间也都喝咖啡（高一致性），而且他只在上班期间喝咖啡（高区别性），此时小明更容易将喝咖啡的原因归于工作太累（外部归因）；如果小明每天上班都喝咖啡（高一惯性），他的同事上班期间都不喝咖啡（低一致性），而且他平时周末也会喝咖啡（低区别性），小明更容易将喝咖啡归因于自己喜欢（内部归因）。

人们往往基于某种因果维度对行为或事件的发生做出解释。控制点、稳定性和可控性是评价因果维度的三个重要方面。[3,6]控制点是指影响行为或事件结果的位置，即行为或事件是源于个体内部原因还是外部环境原因。稳定性反映了影响行为或事件结果的因素是否稳定、是否会随着时间推移而发生改变。可控性则反映了个人意志是否能控制行为或事件的结果。例如，与成就相关的因果维度包括能力、努力程度、任务难度和运气等，其中能力和努力程度是个体内部因素，而任务难度和运气则是外部环境因素；努力程度具有可控性，而运气不具有可控性；能力具有相对稳定性，运气则不具有稳定性。[7]

个体对行为或事件结果的不同归因不仅会影响随后的认知和情感反应，还可能会影响人际关系。愤怒、内疚和挫败感作为回顾性情绪，常受到责任归因的影响。当人们把与目标不一致的事件归因于外部环境时，往往会将责任归咎于他人，进而助长愤怒情绪；若将负面事件归因于自己，则更容易产生挫败感、羞耻感和内疚。在人际关系方面，若个体认为责任主体是其他人，他们会展现谴责、报复、抱怨等负面行为；而当他们将责任归因于自己或者非可控性因素，他们则会对他人产生帮助、补偿等行为。[8]

2. 理论在营销研究主题中的运用

（1）服务失败情境中的归因

归因理论可以较好地解释消费者在经历服务失败、产品伤害、服务挽救等事件时的情绪与行为。

一方面，对服务失败的不同责任归因，将导致消费者产生不同的后续行为。在遭遇品牌伤害后，当消费者将该伤害归因于公司时，他们更容易产生品牌破坏行为。[9]当消费者认为恢复失败的原因在于公司并且可能遭受不公平对待时，他们会产生报复行为和攻击性行为。[10]当客户认为是合作方稳定可控的过错导致了合作解除时，越难以修复合作关系。[11]

另一方面，当消费者经历服务失败后，公司为服务失败提供的解释可能引发消费者不同的行为。商家采用防御性反馈能够很好地降低消费者享乐性产品抱怨的负面影响，但是针对功利性产品防御性反馈的效果将大打折扣。[12]公司提供的前瞻性解释能够缓解消费者由于内部归因而产生的无助感，而回顾性解释能够缓解消费者由于外部归因而产生的愤怒感，进而减少消费者的报复行为。[13]

（2）企业社会责任归因

归因理论常被用来解释消费者对企业社会责任行为背后原因的解读及其对后续消费心理和行为的影响。当消费者对企业社会责任行为进行外部归因时，他们通常会认为公司参与社会责任活动是为了服务企业的战略或出于财务动机等；但是当他们对其进行内部归因时，他们会认为企业社会责任行为是利他的、善意的。[14]只有当消费者认为企业社会责任参与具有内在动机时，才会增加他们对价格公平的感知，进而提高支付意愿和忠诚度。[15]消费者会对企业的捐赠频率和捐赠金额产生不同的归因，他们往往认为捐赠频率与公司对参与企业捐赠的长期承诺相关，而捐赠金额可以反映公司的能力。因此，对于拥有大量慈善预算并希望在目标消费者中树立良好形象的公司，注重金额的捐赠策略可能更有效；而对于慈善预算相对有限的公司来说，注重频率的捐赠策略可能是更好的选择。[16]

（3）消费者说服过程中的归因

归因理论常常被用来解释口碑、评论对消费者说服效果的影响。[17]当消费者将产品的好评归因为产品内在的实际功效时，他们将对评论中所提及的产品功效产生更坚定的信念，从而更容易被该产品评论说服。而当消费者将好评归因于其他外部刺激因素（如环境因素）时，他们对产品实际功效的评价更容易打折扣。[18]同时，呈现多方面信息（即同时呈现有利信息和不利信息）比只呈现完全有利信息（即单方面信息）的评论更有说服力[19]，因为主张双面评论的商家常被消费者认为是“真实的”。

（4）不确定促销情境中的归因

近年来学者们将归因理论拓展到了不确定促销情境中。[20]当消费者难以在自身的认知范围内将行为或事件合理归因时，他们更有可能将行为或事件的结果归因于运气。对于特定物品，如果个人将好运归因于这个物品本身，会更加喜欢和欣赏它，也愿意为其支付更多费用。[21]研究表明，当商店采用幸运抽奖而不是直接打折的营销方式时，消费者的幸运感知更高，并且会将幸运归因于商店给予的抽奖机会，进而提高对商店的情感态度。[22]

（三）理论运用中的研究方法

情景实验和问卷法是归因理论研究最常用的两种研究方法。

1. 情景实验

（1）内–外部归因操纵

内部归因组的参与者被要求回忆“由于自己的原因所造成的事件”，而外部归因组的参与者被要求回忆“由于他人原因所造成的事件”。例如，在自我归因排斥实验条件下，参与者被要求回忆“因为自己的原因而被朋友、家人或他们关心的人排斥的经历”，并描述独处时的感受和想法，以及他们为所发生的事情责怪自己的原因。相比之下，在他人归因排斥实验条件下，参与者被要求回忆一次“原因应该归咎于他人的排斥经历”，并描述独处时的感受和想法，以及为什么他们会因为所发生的事情责怪别人。[23]在服务失败研究中，常通过操纵产品归因和自我归因来探讨自我威胁在产品失败中的作用。[24]

（2）企业社会责任归因操纵

在内部归因条件下，告知参与者，某商店参与企业社会责任活动是出于对社会福利的真正兴趣；而在外部归因条件下，将该商店参与企业社会责任活动描述为出于利润和形象的考虑。最后，让参与者想象，当他们在该商店购物时，发现一个适合他们需求的外置硬盘（提供了硬盘的信息，包括价格），请他们对硬盘价格和企业社会责任进行评价。[15]

2. 关键测量量表

现有研究主要从动机归因、归因方式、责任归因等方面对归因理论中涉及的变量进行测量。

（1）动机归因量表

动机归因通常采用七点量表进行测量，包含价值驱动、利益相关者驱动、利己主义驱动三个维度，共计13题。[25]其中，价值驱动维度共5题，如“该公司认为在道义上有必要提供帮助”；利益相关者驱动维度共4题，如“该公司认为客户期待他们这么做”；利己主义驱动维度共4题，如“他们从非营利组织获益以帮助自己的企业”。

（2）归因方式量表

归因方式方面，研究者开发出了21题的归因方式量表。该量表采用九点计分，共分为产品（如“这辆汽车是劣等的”）、外部环境（如“出售存货以避免存货而产生的高额成本”）、经销人员（如“刺激新业务，吸引新客户”）三个维度，每个维度均包含7题。[26]在此基础上，后续研究者将该量表简化成了12题。[27]

（3）责任归因量表

以往研究常常采用单维量表衡量服务失败情境中的责任归因。[28]该量表采用七点计分，共3题，如“在多大程度上，你认为某公司要为你面临的问题负责”。此外，研究者开发了一个多维量表衡量人们对服务失败情境的归因，该量表采用六点计分，包含努力归因（如“我还不够努力”）、能力归因（如“我的知识和能力难以保证我能够较好地应对此类电话”）、任务归因（如“大多数销售代表发现此次销售难以完成”）、策略归因（如“我选择了错误的策略来应对客户”）、运气归因（如“我只是运气不好”）五个重要维度，每个维度均包含5题，共计25题。[29]此外，该量表也可以被用于衡量服务成功情境中的归因。

（四）对该理论的评价

尽管学者们围绕归因理论展开了系列研究并取得了丰硕的成果，但该理论的发展仍然存在着一些局限。首先，因果维度尚未达成共识。有研究者认为，因果维度主要包括控制点、稳定性和可控性三个方面。[3]也有研究者认为因果维度包括控制点、稳定性、整体性、可控性、故意性和可变性六个方面。[30]其次，大多数归因研究侧重于关注自我或他人的责备归因，鲜有研究检验多个第三方之间的责备归因。[31]这将不利于解释日渐复杂的商业环境中消费者的归因。此外，尽管归因理论的实验研究已取得了一系列的研究成果，但是不难发现相关的情景实验可能与消费者真实经历仍存在差异。未来可以考虑开展现场实验或利用大数据挖掘UGC文本信息，为归因理论的发展提供新的证据。

（五）对营销实践的启示

归因理论研究提示，在营销实践中，可以通过引导和改变消费者不同维度的归因方式，进而影响他们的偏好与选择。[32]借助归因理论的相关研究，能对消费者归因识别、企业的营销策略（如服务失败补救措施，善因营销，营销广告与在线评论）等多方面提供参考。

首先，在产品或服务失败情境中，企业应了解服务失败的原因，选择科学有效的服务补救策略进行危机响应和管理，以降低对组织的道德谴责。[13]其次，在善因营销中，需要引导消费者感知企业的利他动机，从而让消费者确信企业承担社会责任并不是以提高价格或降低产品质量为代价。[15]此外，营销人员应利用消费者的不同归因方式和倾向来制定营销策略，引导消费者对企业的广告做出积极的归因，善于利用多面信息（包括有利信息和不利信息），提高口碑和评论的真实性和价值性，[19]进而提升消费者的品牌评价和购买意向。最后，营销人员需了解消费者个体归因方式在不确定性促销中的作用。已有研究将因果信念与消费行为相结合，发现有着共同属性的信念能够引导人们对潜在结果的感知归因，进而影响日常决策。[33]这一发现对产品零售定价、产品评价和满意度都具有重要的营销意义。

参考文献

47

调节定向理论

任星耀　陈飞燕①

（一）理论概述与在营销研究中的发展

调节定向理论（regulatory focus theory）由爱德华·托里·希金斯（Edward Tory Higgins）于1997年提出。调节定向理论的提出，挑战了学者们长期以来以享乐原理（hedonic principle，即人们不断地追求快乐和避免痛苦）为潜在假设对人类动机的理解。调节定向理论的前提假定是：人们追求快乐和避免痛苦的不同方式对理解动机和情感比享乐原理本身更重要。[1]随着研究推进和深化，调节定向理论得到了广泛运用，从心理学领域不断扩展，延伸到了市场营销（尤其是消费者行为方向）、组织行为学、医学等多个领域。随着理论内涵的不断丰富，在市场营销领域，调节定向不断被用来研究消费者的长期和暂时调节定向特征、产品特征、营销信息特征等。在营销领域中，该理论被广泛运用于消费者心理与行为、企业营销策略制定的相关研究中。我们分别展示了该理论在营销领域六大顶级期刊和年度的频率分布趋势（图47-1、图47-2），可以看出该理论在*Journal of Consumer Psychology*和*Journal of Consumer Research*中运用最多。

（二）理论的核心内容与在营销研究主题中的运用

1. 理论的核心内容

调节定向理论指出，每个人都有一套独特的动机系统，为达到某一特定目标，会改变或控制自己的行为以获得预期的结果，这一过程称为自我调节，在调节过程中所展现的特定行为倾向即为调节定向。由于人们在目标追求期间采用的战略不同，调节定向可以区分为两种类型：促进定向（promotion

---

①任星耀，南开大学商学院教授，主要研究领域为数字营销、客户关系管理、平台战略、营销渠道管理。陈飞燕，南开大学商学院硕士研究生，主要研究领域为数字营销。基金项目:国家自然科学基金面上项目（72072095）。

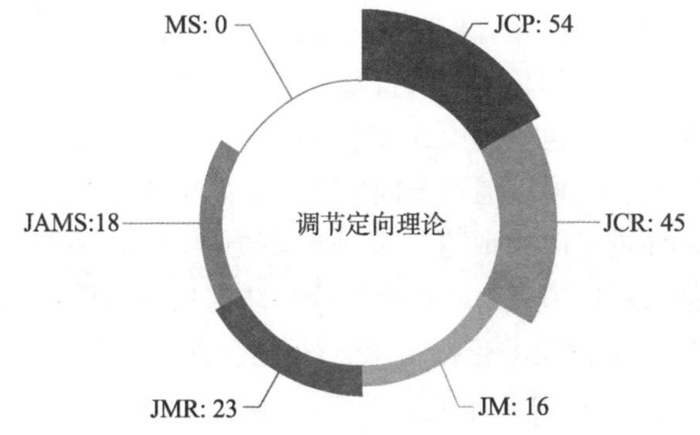

图47-1 六大期刊中调节定向理论频次分布

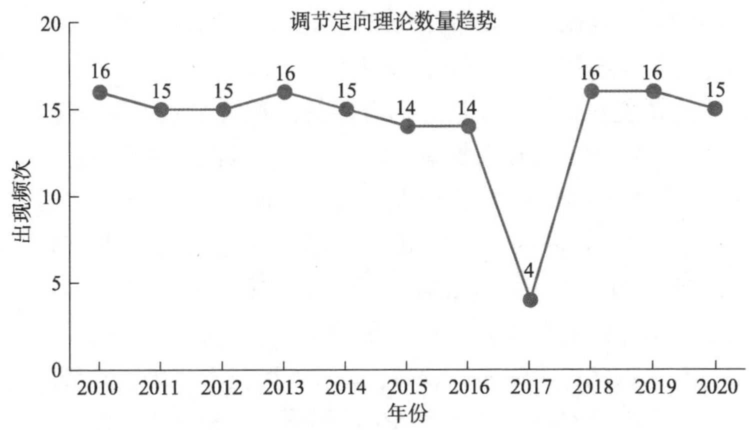

图47-2 六大期刊中调节定向理论的年度频次分布

focus)，强调积极进取的心态，追求进步与成长，注重个人提升，致力于实现个体理想。预防定向（prevention focus），强调谨慎防御的心态，追求安全，避免出现错误，注重履行自己的责任与义务，努力回避消极结果。[2]例如，个体希望拥有健康的身体，为达成这一目标，促进定向的个体会倾向于采用加强锻炼、多吃健康食物等方式，预防定向的个体则会采用避免晚睡、少抽烟少喝酒等方式。

那么，什么会影响个体的调节定向呢？这就要追溯到调节定向理论的基础——自我差异理论（self-discrepancy theory）。该理论认为，个体的自我概念包括三个部分：理想自我（the ideal-self）、真实自我（the actual-self）和应该自我（the ought-self）。理想自我代表着希望与期待，应该自我则代表着责任与义务。人们对理想自我和应该自我的不同期待和追求，决定了个体会采取怎样的自我调节方式。[2]在自我差异理论中，理想自我引导和应该自我引导在不同的人之间长期存在差异。区分于自我差异理论，调节定向理论并不是人格理论，它所关注的是不同的自我调节状态，这种状态会由于个体或情境的不同而存在差异。也就是说，调节定向既可以是个体由其生活经历形成的长期的人格特质，也可以通过不同的情景激发个体进入暂时的调节定向之中。由此可知，促进定向和预防定向所带来的情绪体验并不局限于个性。任何人在特定时刻都可以追求一个以促进或预防为焦点的目标。如果一个处于促进状态的人达到了自我的目标追求，他/她会获得与快乐（cheerful）相关的感觉；如果失败了，则会体验到与沮丧（dejected）相关的感觉。相比之下，一个处于预防状态的个体，则会沿着与平静（quiescent）相关的感觉和与焦虑（agitated）相关的感觉体验成功和失败，并在此情感基础上评价世界上的其他事物。综合来看，调节定向理论对个体的动机来源、作用机制、实现方式都进行了详细的阐述，为人类动机相关研究提供了新的解读方式。

此外，由于促进定向和预防定向分别关注积极结果和消极结果的有无，使得不同调节定向的个体在面临同一目标时，更倾向于采用自己所偏好的自我调节行为策略，调节匹配也由此产生。[3]调节匹配理论（regulatory fit theory）指出，促进定向的个体更倾向于接近与期望的最终状态相匹配的自我状态的策略（即渴望—接近策略），预防定向的个体则更倾向于避免与期望的最终状态不匹配的自我状态的策略（即警惕—回避的策略）。[4]当个体的调节定向与其采取的行为策略一致时，调节匹配就形成了。并且，调节匹配的一致性，使得个体对自身的行为产生认同感，不断形成正面反馈，从而增强了个体的行为动机。[5]

2. 理论在营销研究主题中的运用

调节定向理论在营销研究中得到了广泛运用。作为重要的动机理论，一方面，该理论能够用于了解消费者心理与行为，涉及消费者的认知方面（如目标动机、信息加工等）与情感方面等；另一方面，该理论也能用于企业的营销战略/策略（如产品及营销沟通策略等）。以下重点介绍调节定向理论在营销研究主题中的运用。

（1）调节定向理论与消费者偏好

消费者不同的调节定向特征会影响其偏好。根据调节定向理论，人们在追寻目标时可以采用两种不同的方式，其对应不同的调节定向；促进定向的个体将目标视为理想追求，他们对积极结果的存在与否更为敏感，而预防定向的个体强调谨慎与保护，将目标视为责任和义务，对消极结果的存在与否更为敏感。[6]这种内在的差异使得不同调节定向的个体在偏好上展现出差异。例如，促进定向的个体普遍表现出对开放性的变化的偏好，而预防定向则表现出对稳定的一致性的偏好。[7]促进定向的个体倾向于寻求创新，拥抱变化，而预防定向的个体则更倾向于采取保守的回避风险的谨慎行为。当消费者以促进为焦点时，比起微笑，大笑更能增强消费者对营销者的温暖感知；而当消费者以预防为焦点时，他们倾向于将营销者的大笑解释为缺乏能力的信号。[8]偏好差异在消费者进行产品选择时也有所体现，研究发现[9]消费者的产品偏好会随着上一次收到工资的时间距离而变化，在刚刚收到工资时，消费者在产品偏好中表现出促进的动机，随着时间距离越远，消费者在产品偏好中呈现出预防的动机。值得注意的是，企业徽标的完整性将会影响消费者对公司的整体态度，这点在以预防为焦点的消费者身上较为明显，不完整字体的徽标将会引发预防定向个体对公司产生负面的态度，对以促进为焦点的消费者则没有该影响。[10]

（2）调节定向理论与消费者信息加工

消费者不同的调节定向会影响其对信息的敏感度和对信息的加工方式。促进定向的个体倾向于依赖风险更大的启发式信息处理，而预防定向的个体倾向于依赖更安全的系统性信息处理。[11]促进定向相比预防定向增强整体加工，整体加工促使人们做判断时关注最相关的信息，较少关注次要的信息。[12]此外，在高（相比低）信息负载下，个体的处理能力是有限的，会选择性地依赖与其调节定向一致的信息，即促进定向（相比预防定向）的个体更依赖积极（相比消极）信息；在低（相比高）信息负载下，个体具有较高的认知能力来处理不一致的信息，会更依赖与其调节定向不一致的信息，即预防定向（相比促进定向）个体更依赖积极（相比消极）信息。[13]

（3）调节定向理论与消费者情绪

调节定向理论将四种特定的情绪与两种动机状态联系起来：快乐和沮丧被认为是促进型情绪，而平静和焦虑被认为是预防型情绪。[2]当个体处于促进定向时，随着目标的实现会产生更大的快乐–沮丧反应，当个体处于预防定向时，随着目标的实现将产生更大平静–焦虑反应。[14]消费者在对事物做出反应的过程中，不同的调节定向将影响其评估事物的关注焦点，促进定向的个体在评估事物对其产生的快乐或沮丧情绪的影响时反应更快，而预防定向的个体则在评估事物对让其感到平静或焦虑的程度时更快。[15]

（4）调节定向理论与产品特征

不同的产品属性可以区分出不同的调节定向特征。例如，清新口气、美白牙齿的牙膏被视为具有促进性特征，而阻止牙菌斑堆积和防止蛀牙的牙膏则被认为是具有预防性特征。[16]金融产品也可以按照促进与预防进行分类。如普通股被认为更具促进特征，政府债券被认为更具预防特征；同样，与账户中持有的资产类型无关，经纪/交易账户往往被视为更具促进特征，而储蓄和退休账户被认为更具预防特征。[17]将具备不同调节定向属性的产品呈现给消费者，会有不同的效果。促进定向的消费者会更喜欢具有促进定向属性的产品（如富含维生素C和铁的高能量葡萄汁），而预防定向的消费者则会更喜欢具有预防定向属性的产品（如富含抗氧化剂的减少患癌和心脏病风险的葡萄汁）。[17]

（5）调节定向理论与信息框架

营销研究中通过在营销沟通中呈现不同的信息框架，探究企业的营销沟通策略的作用效果。独立自我观的个体更容易被促进框架信息说服，促进框架信息与接近目标一致；互依自我观的个体更容易被预防框架的信息说服，预防框架信息与规避目标一致。[18]内疚诉求与获得框架相结合时更有效，而羞愧诉求与失去框架相结合时更有效。框架效应的产生是因为获得框架促使使用以问题为焦点的应对策略来减轻内疚；而失去框架促使使用以情绪为焦点的应对策略来减轻羞愧感。与情绪相匹配的框架有助于激活与情绪相一致的应对策略，从而提高流畅性和信息的有效性。[19]此外，以支持为导向（包含“援助”“支持”等描述关键词）的非营利机构能够激发消费者的促进定向，而以战斗为导向（包含“反对”“对抗”等描述关键词）的非营利机构则会激发消费者的预防定向，前者更有可能生存更长时间，并获得更多的捐赠。[20]

（三）理论运用中的研究方法

在营销领域，采用调节定向理论的研究主要使用实验法和问卷调查法，主要涉及实验情景操控与量表测量两种方式，也有个别研究采用观测数据来测量调节定向。

1. 实验情景操控

调节定向的实验操控方法有很多，目前最常使用的是以任务框架和情绪启动方式操控。任务框架法常常会将一个相同的事件以不同的信息呈现方式传达给被试，使被试进入到不同的调节定向中。以强调任务有无收益以及进步与成长空间来使被试进入促进定向，以强调任务有无损失以及责任和义务来使被试进入预防定向。例如，在一项研究中[21]，被试被要求想象自己是一名即将毕业的大学生，找到了一份工作。一组被试被告知这份工作是其梦寐以求的工作，将这份工作描述成为被试个人成长和提供巨大帮助的机会（促进定向信息框架）；而另一组被试则被告知这份工作是自己非常需要的工作，将这份工作描述成为被试提供安稳舒适生活的保障（预防定向信息框架）。通过这两种不同的呈现方式使被试进入到不同的调节定向中。情绪启动则是利用包含情绪体验的情境来启动定向。通过让被试回忆自己过去生活的真实经历或感受，来启动不同的调节定向：如让被试写下过去自己的梦想和希望以启动促进定向，写下过去的责任和义务以启动预防定向。[4]

2. 量表测量

通过量表可以测量个体特质性调节定向，目前已有多个测量方式，如有调节定向问卷（regulatory focus questionnaire，RFQ）、自我问卷（selves questionnaire）、调节定向强度测量（regulatory strength measure，RSM）、行为抑制系统（behavioral inhibition system，BIS）/行为激活系统（behavioral activation system，BAS）量表、洛克伍德量表（lockwood scale）。这些测量方式各有其优劣势，研究人员在选择评估个体特质性调节定向时应该仔细考虑其研究目的，以选择最适合的测量方式。[22]

3. 观测数据测量

目前在营销领域使用调节定向理论的研究，只有少数采用观测数据的方法，如皮特森（Petersen）等[23]将营销沟通努力类型区分为促进和预防定向，并使用金融服务公司在一定时间内为鼓励客户增加其资产/负债产品（资产产品有储蓄账户、投资账户、保险账户；负债产品有车辆贷款账户、住房贷款账户、信用卡账户）而产生的总支出来分别量化促进/预防定向。

（四）对该理论的评价

调节定向理论自提出至今已有二十余年，在多个学科领域获得了广泛运用。在营销领域中，该理论在消费者心理与行为方向的运用最为广泛，有助于我们更好地理解消费者偏好与决策、营销沟通的说服效果等。

调节定向理论在不断扩展和应用过程中也存在一定局限性。首先，该理论深入剖析了人们如何趋利避害，但以往研究大都采用的是横截面式的研究视角和测度方式，未来有必要以动态的视角考察消费者调节定向的变化与波动，反映出动机的动态性特点。例如，探讨消费者看到不同定向方式的信息会怎样影响他们之前的调节定向，是完全影响还是部分影响，两个长期调节定向差异极大的消费者在看到相同的信息后，其调节定向是否会趋同，信息相关性是与长期调节定向联系更紧密，还是与暂时调节定向联系更紧密。其次，促进定向和预防定向在同一消费者身上或同一营销沟通策略（如广告）中有可能同时存在，因此“促进-预防定向的权衡”“调节定向策略的结构和顺序”等多维度的概念尚待探索、界定和测量。最后，进入大数据时代，营销研究中采用观测数据和现场实验的方法越来越多。当前，大部分调节定向理论相关的文章采用的方法是实验室实验法，有个别研究采用观测数据的方法。[23]今后可通过用户行为数据（如浏览、点击、搜索、购买、评论数据等），去识别消费者的调节定向（预防和促进），通过文本、图像、音频和视频等多模态数据去识别营销沟通内容（如广告标题、广告文本内容、话题标签）的调节定向，为调节定向理论在营销管理中的应用开辟一条新的研究途径。

（五）对营销实践的启示

调节定向理论对营销实践具有重要意义。一方面，消费者的长期和暂时调节定向特征会影响消费者的偏好、信息加工方式、情绪等，这有助于企业洞察客户在不同客户旅程阶段因受到调节定向影响而表现出的差异。另一方面，企业可以将调节定向与营销战略策略结合起来，如呈现不同调节定向的营销沟通信息给匹配的目标客户，为客户打造适配的消费场景。基于调节定向理论的相关研究发现有助于企业洞察目标客户的特征、制定匹配的营销沟通和产品策略等。

参考文献

48 目标设定理论

谌飞龙　蓝金鑫①

（一）理论概述与在营销研究中的发展

目标设定理论（goal-setting theory，GST）是由洛克（Edwin Locke）于1976年提出的一个理论，其强调所设定目标的特点会影响激励水平和工作绩效，属于过程型激励理论，在管理学领域，尤其是人力资源管理领域得到广泛的运用，该理论也被评为最有效和最实用的工作动机理论。[1]目标设定理论的研究重点主要有四个方面：一是高效率目标的主要特性，如目标的明确度、目标的困难水平等；二是对学习目标和成绩目标的恰当应用；三是影响目标效应的因素；四是不同目标来源的影响，如分配的目标、自我设置的目标或参与设置的目标等的影响。[2]在营销方面，该理论已经在广告、消费者决策、产品偏好和品牌忠诚度等领域均有被讨论，近些年，研究者们也在更多领域探讨该理论，使得理论内涵越发丰富。

在营销领域中，该理论被广泛运用于消费者心理与行为、企业营销策略制定的相关研究中。我们分别展示了该理论在营销领域6大顶级期刊和年度的频率分布趋势（图48-1、图48-2），可以看出该理论在*Journal of Consumer Research*中运用最多。

（二）理论的核心内容与在营销研究主题中的运用

1. 理论的核心内容

目标设定理论认为目标本身就具有激励作用，目标能把人的需要转变为动机，使人们朝着一定的方向努力，并将自己的行为结果与既定的目标相对照，及时进行调整和修正，从而实现目标。该理论强调设置目标会影响激励水平和工作绩效，其中提到的使需要转化为动机，再通过动机支配行动以达

---

①谌飞龙，教授，博士生导师，江西财经大学工商管理学院副院长，研究方向为创业营销、品牌金融、量化营销。蓝金鑫，江西财经大学工商管理学院硕士研究生，研究方向为品牌管理。

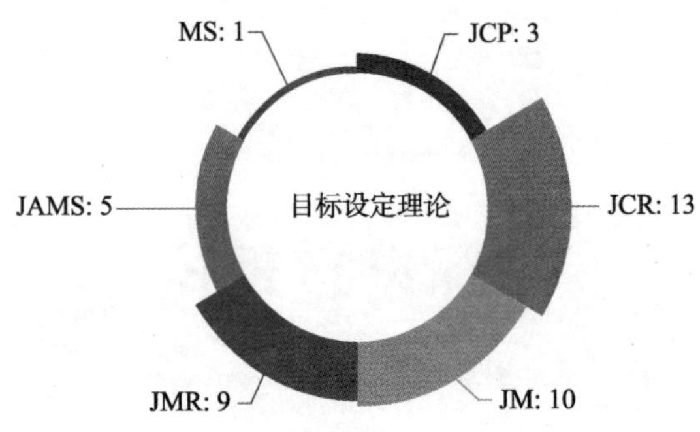

图48-1　六大期刊中目标设定理论频次分布

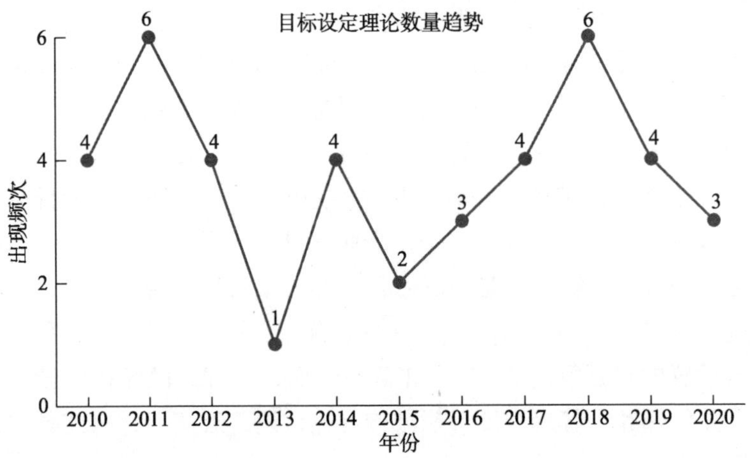

图48-2　六大期刊中目标设定理论的年度频次分布

成目标的过程便是目标激励，目标激励的效果受目标本身的性质和周围变量因素的影响。

这一理论的提出基于“生命是一个目标导向行动的过程”。[2-3]里安（Ryan）指出：“人类行为受有意识的目标、计划、意图、任务和喜好的影响。”[4]此后，越来越多的学者针对目标和绩效水平之间的关系开展了进一步的研究，这也为目标设定理论的内容丰富、体系完善奠定了基础。洛克等回顾了关于目标理论的研究成果，针对目标的特征、机制、功能、影响因素及实践意义等方面，做了88种不同任务的目标设置研究，这些研究召集了将近4万名被试，最终提出了一种操作性较强的关于工作动机的目标设定理论。[2]

目标设定是指开发、协商和建立对个体形成挑战的目标的整体过程。目标呈现多样性，大多从困难度和明确度两个维度划分目标的特征，一般而言，无论何种形式的目标，都对于个体合理安排其时间和努力有所帮助。目标的难易程度可以分为容易、中等、难、不可能完成（50秒内跑完100米、25秒内跑完100米、10秒内跑完100米、5秒内跑完100米），在设定目标时，应当使目标具有挑战性，同时又要确保能够达到。正如班杜拉（Bandura）所言："那些易如反掌的目标不足以引起很大的兴趣和努力；适当困难程度的目标可以维持高的努力和通过该目标成就产生满足感，而力不能及的目标会因为产生失望和非效能感而降低动机。"[5]目标的具体内容可以是模糊的也可以是明确的（完成这件事和通过访谈50名某商场消费者得出数据信息）。工作任务的内容和方向、最后完成期限和应达到的绩效标准等方面都需有相应的清晰度说明，不能够让个体猜测他需要做什么，目标清晰而具体才能有效地引导个体付诸努力，这样个体就知道他要干什么，[3]蒙特（Mento）等研究发现，"尽最大努力去做"这种模糊的目标具有很大的弹性。[6]对于尽最大努力而言，人们没有准确的标准来衡量，这使得人们在判断绩效时存在很大的弹性，如有可能对低等的或中等的绩效也能够感到满意，然而这会导致他们没有足够的动力去追求最好的绩效。

自我效能感是目标设定理论中一个重要的概念。自我效能是由班杜拉提出的一个心理概念，指人们对自己能否有效地实现特定行为目标的自我认知，通过个体对能力、经验、以往的绩效、与任务目标相关的信息等多种资源的感知作为评估的基础。[5]因为高自我效能感有助于个体长期坚持在某一个活动上，尤其是该活动需要克服困难、战胜阻碍的情况下，所以如果个体对某个任务的自我效能感强，其目标承诺也会有所提高。被指定完成中心目标（很重要的目标）的任务能够增强个体的自我效能感，因为在这个过程中个体认为得到了他人对其能力的信任，这些个体表现出的自我效能感要比那些接受边缘目标（不太重要的目标）任务的人明显强很多。不仅如此，高自我效能感的个体设定的目标的难度更高，其更愿意设计目标、寻找并使用最佳的策略以达到目标、对负面的反馈信息作出积极反应。[7]

对于目标而言，其影响因素有哪些，又是如何造成影响的呢？莱瑟姆（Latham）等人提出了目标设定理论的基本元素和高绩效循环模式，[8]从图48-3中可见，目标和绩效之间的关系受目标承诺、目标重要性、反馈、任务复杂度、努力、策略等的影响，这也和洛克等人的研究达成一致。洛克等认为，影响目标发挥作用的因素主要有三个：目标承诺、反馈信息、任务的复杂程度。[3]

目标承诺是指个体要达到目标的决心，个体认为目标具有重要性，持续地为完成目标而努力的程度。洛克等指出，如果没有目标承诺，目标就没有动力作用，目标设定将毫无意义。[9-10]目标承诺的主要结果是缓冲目标难度与绩效之间的关系，当个体全身心投入某目标时，此时目标与绩效之间的关系达到峰值。研究表明，只有在挑战性目标出现的情况下，目标承诺对绩效才具有主效果。[11]

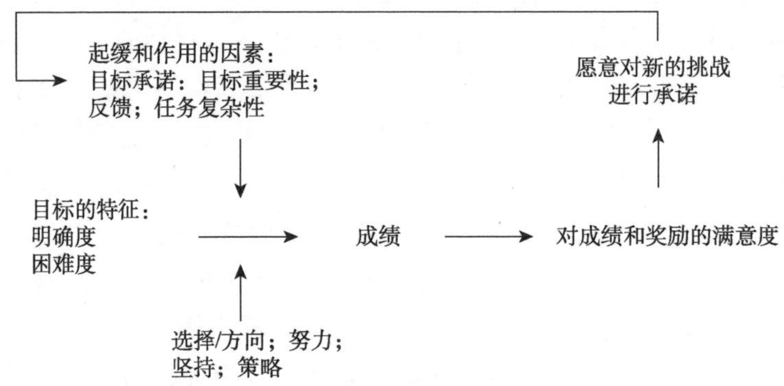

图48-3 目标设置理论的基本元素和高绩效循环（high performance cycle）模式

反馈是目标设定与个体对目标达成效果的反应之间的一种动力过程。如果说目标是评判绩效的标准，那么反馈则是总结个体为达到这些标准的进展状况，哪些地方做得好，哪些地方有待于改进。尽管有目标，但若不清楚自己所做工作怎么样了，则很难调整下一步需要努力的水平和方向。目标设定在给予反馈信息的条件下，绩效达到最高水平[9]，这也说明结合了目标的反馈比纯粹的目标本身要更有效。

由于个体之间的能力存在差异，与简单的任务相比，复杂任务情况下，如果个体未能想到合适的策略和方法以执行，那么目标设定的效果可能较弱。[12]一般而言，绩效与目标难度水平之间存在着线性关系，即目标越难，绩效越高，尽管接受困难目标的受试者达到目标的频率远低于接受容易的受试，但前者的表现始终高于后者。[9]当然，目标难易与否取决于人们的能力大小和经验多少，不过通常目标的绝对难度越高，人们就越难达到它。

2. 理论在营销研究主题中的运用

目标设定理论在营销研究中得到了广泛的运用，在消费者心理与行为方面，或是品牌的经营策略方面均有被讨论，通过对文献的梳理，这里筛选了以下四个角度来介绍目标设定理论在营销研究中的运用。

（1）目标设定理论与感知目标进展

感知目标进展（perceived goal progress）是指消费者为缩减当前状态与

理想状态之间的差距而向设定目标靠近，从而产生的对目标进展程度的感知。个体对目标进展的感知不仅会受到自我与他人比较的影响，也会受到理想目标变化的影响。[13-14]如高感知目标进展速度会激发更强的动机[15]，感知目标进展水平低时，消费者不确定的目标承诺会增强其对目标承诺的感知，从而增加追求目标的努力。[16]目标的具体化会调节感知目标进展水平对动机的影响。如果产品中有目标进展监测功能的设计，那么消费者可以感知自身的目标进展情况，进而调整其消费动机和行为[17]，例如打车软件显示预约车所在位置，用户基于此能明确地了解车辆到达情况。

（2）目标设定理论与消费者动机

与其他行为一样，消费者行为也是以目标为导向的。[18]目标追求是一个动态过程，消费者感知目标进展的动态变化，同样影响其动机[15,19,20]，前文也有所提及。

与目标设定理论和消费者动机之间的有不少的理论，如动机期望价值理论、控制理论、目标梯度假说、动态自我调节理论等。动机期望理论是基于多目标追求情境提出的，该理论认为目标进展和动机之间的关系是曲线关系，即高水平和低水平的目标进展都会降低动机，处于中间值范围的目标进展时，个体的动机水平最高。[21]控制理论认为在目标追求过程中，个体通过评估当前状态和参考状态之间的差异来感知自己目标追求的进展状况，从而调节自己的行为。[22]目标梯度假说认为个体越接近目标就越有动力追求目标。该理论最初是由基维茨（Kivetz）等基于前景理论和敏感性递减原则引入消费者行为领域的。[19]不过，博内奇（Bonezzi）等对其进行了修正，发现目标动机的变化并非简单线性的，它会随着目标距离的不同而不断调整。[23]动态自我调节理论认为目标追求过程中目标承诺和目标进展会影响消费者动机，消费者将已完成的目标任务判别为目标承诺还是目标进展，会对其后续为追求这一目标而愿意付出的努力造成不同的影响。[20]

（3）目标设定理论与消费者努力

购买前产品信息的搜寻，购买中不同方案的对比，购买后的评价与反馈，这些都属于消费者决策过程中的努力。消费者在其整个购买过程中会设定相应的目标，如买一件宽松的黑白线衣等。有目标指向的行为会影响着消费者努力，而正向情绪能够增强目标指向行为，即快乐的消费者更可能采用与情境启动目标一致的行为。[24]因此，如果长期自我改进目标是可接近的，快乐的消费者就会在实现这一目标的任务上投入更多努力。又因为追求内在驱动目标是令人享受和满足的，而追求外在驱动目标是为了避免惩罚或获得外在认可，消费者倾向于为内在驱动目标付出更持久的努力。[25]目标难易度、目标进展速度等因素会影响消费者对于目标追求的努力水平。一般而言，消费者对于更具挑战性的目标会投入更多的努力，是因为当目标达成时，他们感到更大的成就感。[26]高水平的目标进展会使个体认为已完成大部分目标，所以其认为只需要较少的努力便能完成目标，因而将更多地关注其他进展缓慢的目标；而低水平的目标进展会使个体觉得完成目标比较困难，与其他目标相比可能需付出更多努力，因而转向易完成的目标。[15]

（4）目标设定理论与广告设计

不同目标框架的广告设计对消费者购买意向产生不一样的影响，这里以绿色消费为例，广告是促进消费者购买绿色产品最直接的方式，在绿色产品广告营销中，获得框架和损失框架是两种常用的信息策略，获得框架强调做一件事能得到的积极结果，如有机食品的安全性，生产过程对环境无污染；而损失框架强调不做一件事可能带来的消极后果，如生产过程需要砍伐树木等。个体在阅读获得框架广告时，绿色消费意向更高。[27]

消费者一般会接触到很多广告，但他们也可能只追求一个特定的目标，如了解有关广告品牌的新信息或确定广告的吸引力。[28]但这些广告是很多元素组成的，而不仅仅是一个单独的场景，在一则广告中能够同时引起消费者视觉刺激的数量超出了他们的处理范围，实际上消费者只注意到特定的刺激及其包含的元素。[29]品牌、图片、标题和正文是广告中具有特定功能的设计对象，[30]这些广告对象的显著性取决于其与其他对象在基本感知特征上的局部对比，如表面大小、形状、颜色和亮度，[31]如果消费者的目标是了解广告所给出的感知特征时，图片引起的记忆效果是极大的。[32-33]在品牌评估目标下，正文给出的信息量更大；品牌学习的目标下，正文信息量更多，图片信息量更少；在广告记忆目标下，正文、图片和品牌信息量都比较大，这也表明每一种过程目标的注意力模式都存在差异，[34]在广告设计中应根据实际需求进行调整。

（三）理论运用中的研究方法

在营销领域的研究中，采用目标设定理论的论文主要运用实验方法进行研究，大多利用情节操控的方式开展研究，并结合多元方差分析（MANCOVA）和协方差分析（ANCOVA）的统计分析方法的使用。[35]

目标设定理论相关研究的情境操控中，可以根据目标的类型、目标难易度、有无意识的目标、目标是否具有同一性等划分维度来进行操控，以目标的单位差异为例，可以设计跑步场景（10千米和10000米）、完成指定任务场景（8小时和480分钟）等。或者又如具定数字的目标和一定范围的目标（如花费5000元购置一台电脑和花费3000~7000元购置一台电脑）对于消费者成就感和目标设定的态度的影响研究。[36]有的研究从总体目标与子目标的角度研究消费者动机，参与者被分为需要燃烧200卡路里和四组各燃烧50卡路里的目标，其中参与者又被分配了不同的锻炼时间（5分钟或15分钟）以区分目标的高低水平进展（1/4或3/4），最终通过研究得出，子目标在目标追求的早期阶段因为提高了感知目标达成率，能创造更大的动机，但在后期，对总体目标的关注更具激励性。[37]除此之外，有学者从距离目标远近和目标可视化程度的角度切入，他们告知被试五个月内需要节省出750美元去度假，参与者分成两组，一半的参与者被告知已经节省了225美元（远目标），另一半参与者被告知已经节省了525美元（近目标），同时参与者的目标可视化程度不同，一组是可以看到0至750美元的条形图（条形图有30%阴影部分表示远目标，剩下70%表示近目标），另一组只能看到文本内容，对于近目标参与者，可视化程度高的参与者要比可视化程度低要更投入，尽管所有参与者都知道自己节省了多少钱，目标可视化程度高的参与者判断目标更接近，更致力于实现目标。[39]

除了从目标本身角度出发，学者们还常从投入时间、消费者特征等角度切入进行研究。如时间期限对目标追求的影响，有研究表明，过多的时间会导致人们设定较为容易的目标，从而减少努力[40]，由于时间长会放慢人们的工作节奏，降低工作效率，相关学者通过一定手段控制了参与者提交纳税申报表的截止日期长度，来测试他们在提交纳税申报表一事上需要花费多少钱，结果是日期越长，投入的资金越多。[41]

（四）对该理论的评价

目标设定理论在许多领域的研究中都发挥着重要作用，从体育活动动机到职员行为，该理论也已被证明对职业及个人的成功都有所帮助。尤其是在工作氛围、员工工作满意度和绩效方面的研究中，该理论表现出关键作用。[42]

自洛克1976年提出目标设定理论，从目标设定的观点来研究激励是有效的，该领域的成果层出不穷。但是目标设定理论仍存在较多问题需要进一步的研究。目标设定理论认为在任何情境下，目标设定都能奏效，可实际情况并非如此。同时该理论注重强调目标须足够具体和明确，但要注意过于具体的目标可能会使人们专注目标本身，而缺少灵活性和弹性以应对动态的外部环境。不仅如此，目标有挑战性并非一定能产生积极效果，目标设置的难度应该与职员的实际能力相适应，不能太简单，但要有挑战性，可企业往往设定难度较大的目标，而这就会造成单位内部出现弊端，如弄虚作假、恶性竞争等。[43]组织一般将目标达成能力分为四个级别（容易、有挑战性但可实现、困难和极其困难），然而这样分类极具主观性，员工或消费者性格、能力、经验等的不同对于动机和内在驱动的价值判断也有所不同，这些因素对于组织客观准确地把握员工或消费者目标达成能力造成了一定阻碍。

（五）对营销实践的启示

目标设定理论能够很好地解释消费者的心理和行为，包括消费者决策、消费者动机、消费者满意度等，具体的营销实践活动有很多方面可以采纳该理论。例如当消费者接近他们的储蓄目标时，使用视觉表示（进度条或其他形式的图形描述）可以提高储蓄，银行或许可以利用这种表述来提高消费者的储蓄。当消费者在线等待时添加进度条可以增强可视性，若进度条增强了对速度的感知时，消费者对需要等待的在线服务的满意度可能会更高。[44]目标设定理论与感知目标进展的关系在消费者反应方面的研究可为企业提供营销实践启示，企业可根据消费者对目标进展的感知程度科学地设计产品的广告信息，同时企业可以设置产品的目标反馈信息，如让消费者在使用产品时能清晰地了解到目标进展状况，从而及时作出消费判断和决策，以提升消费者的满意度、忠诚度和购买意愿。

参考文献

49

补偿性控制理论

柳武妹①

（一）理论概述与在营销研究中的发展

补偿性控制理论（compensatory control theory，CCT）由亚伦·查尔斯·凯（Aaron C. Kay）及其合作者于2009年提出。尽管补偿性控制理论提出仅有十余年，但其得到了心理学及营销学领域众多学者的广泛应用。目前该理论已发展成为营销及消费者行为领域非常重要的理论基础，可以解释消费者在日常消费情景中表现出的众多行为反应。补偿性控制理论早期的观点主要集中于个体的泛化结构确认（nonspecific structure affirmation），即个体在丧失控制感后会从外部世界寻求结构、规律和秩序，以恢复自身控制感。[1]近年来，关于补偿性控制理论的研究已将个体丧失控制感后的补偿性行为扩展到更加丰富的层次，一切可以帮助个体获取控制感的事物或行为都可以归为补偿性控制的范围。

在营销领域中，该理论被广泛运用于消费者心理与行为、企业营销策略制定的相关研究中。我们分别展示了该理论在营销领域六大顶级期刊和年度的频率分布趋势（图49-1、图49-2），可以看出该理论主要在*Journal of Consumer Research*中运用。

（二）理论的核心内容与在营销研究主题中的运用

1. 理论的核心内容

根据补偿性控制理论，当个体处于自身无法控制的情境时，会产生焦虑不安且厌恶环境中的随机性（randomness）和无序性（disorder），进而迫使他们通过一种特殊的途径——泛化结构确认（affirming nonspecific structure）来补偿控制和缓解焦虑感，即当缺乏控制感时，个体更加追求客观世界的秩

---

①柳武妹，兰州大学管理学院市场营销教授，博士生导师。参与者：杨巧英，兰州大学管理学院市场营销方向在读博士生。张恒，兰州大学管理学院市场营销方向在读博士生。

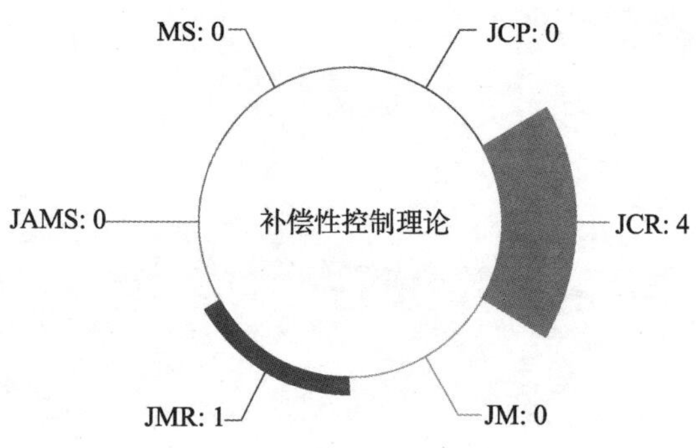

图 49-1　六大期刊中补偿性控制理论频次分布

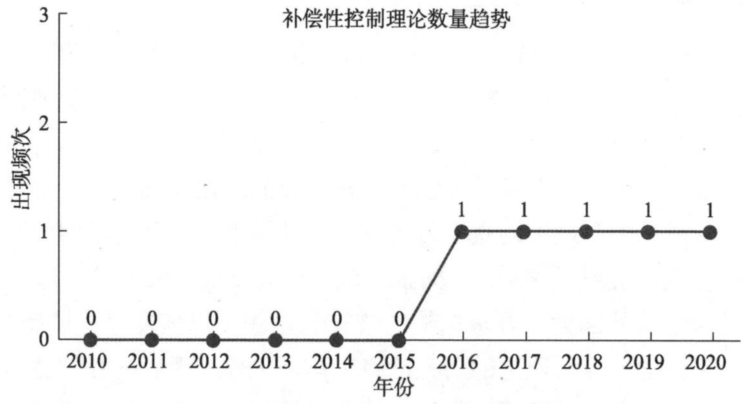

图 49-2　六大期刊中补偿性控制理论的年度频次分布

序和结构，对于具有秩序性、确定性、可预测性的客观或抽象事物表现出强烈的偏好与需求。[1-3]长期以来，追求和维持自身的控制感一直被视为一种关键的人类动机。[4]但是由于生活环境和情境的限制，人们往往处于现实的、具有不确定性的社会之中，使得个体控制感常常处于缺失状态。针对这种情况，凯（Kay）等人[1]指出，为了使自己远离不确定性感知所引发的焦虑，个体会在心理上为其所处的社会和物理环境“构建”秩序和结构，这种过程被称为补偿性控制。

由此可见，补偿性控制理论的核心观点就是当个体的控制感因某种原因出现下降或受到威胁时，个体会表现出一种秩序需求的倾向。其背后的核心逻辑是在环境不确定与控制感缺失的状态下通过寻求某种客观上的秩序性作为个人控制感缺失的补偿。所谓“秩序”，是指一切能够给个体认知带来秩序性、确定性和可预测性的社会或物理事物。[5,6]过往研究发现，控制感丧失所导致的秩序寻求会体现于个体的知觉、信念、政治行为、经济行为等多个方面。[5]例如，被暂时剥夺控制感的个体会更倾向于寻求他们所观看视觉图形的规律性[7]，更喜欢那些能为他们的生活提供秩序性和可控性的产品[8]。这些现象背后，都体现了缺乏控制感的个体对于秩序性、规则性、确定性和可控性的强烈需求，且这种需求不仅体现于客观的物或人，也体现于抽象的社会环境。

值得注意的是，补偿性控制理论最初认为个体在进行控制感补偿时，往往倾向于借助强大的外部系统（external system）（如政府）来代理个人控制，从而借助外部实体的强大力量来恢复秩序和结构。[1]寻求强大的外部系统的控制来代理个人控制的确是一种有效的补偿策略，但这种阐释也限制了补偿性控制理论向其他领域的拓展和整合。基于此，补偿性控制理论提出了一种特殊的补偿途径——泛化结构确认，来提高该理论的普适性和可推广性。[6]人们在丧失控制感后会通过寻求外部世界的结构和秩序来补偿所缺失的控制，即便客观的结构不存在，人们也会构建主观的结构来恢复控制感。[6]

2. 理论在营销研究主题中的运用

随着研究不断发展，学者们提出消费行为可以补偿个体在其他领域的控制不足或失败。[9]补偿性控制理论在营销领域的广泛应用，不仅有助于了解消费者在面临控制感威胁时的心理和行为变化，而且可以为企业制定营销策略提供参考。具体而言，补偿性控制理论在营销研究中的运用主要涉及以下几个主题。

（1）补偿性控制理论与消费者边界寻求

前文提到，补偿性控制理论的核心观点在于秩序寻求，而这种秩序在消费环境下同样可以获得。研究发现，那些丧失了控制感的被试会格外偏好具有清晰设计轮廓的壁画、餐盘、鞋柜等，因为他们认为这些具有清晰边界设计的产品同样代表了秩序性，并且使用这类产品会使得生活变得更加简约有序。[10]此外，消费者的这种边界偏好还会延伸至对一些产品标识（logo）的评价和态度方面，他们会更加偏爱那些带有边框的产品标识，因为边框象征了一种控制。[10]值得注意的是，低控制感消费者的边界寻求还涉及对品牌延伸的态度。即这类消费者会更加在意不同商品品牌间的定位与界限，并且会对品牌的低关联延伸（指企业将某一知名品牌扩展到与其成名品牌或原产品不尽相同的产品上）持负面态度。[11]总体而言，对消费环境中的秩序寻求在于消费者会将所处消费环境中的一些元素与秩序的象征性和功能性意义之间建立起微妙的联系，从而通过消费领域中的秩序获得来弥补自身控制感的不足。

（2）补偿性控制理论与消费者权力追求

当个体感知自身对所处环境失去控制时，会激发对权力（power）和地位的寻求，因为权力感可以帮助个体体验掌控的感觉，而更高的社会地位也代表着更多的话语权和掌控能力。[12]例如，低控制感的消费者更愿意为能够象征社会地位的产品支付更高的价格，更喜欢强调地位象征意义的广告和大的品牌标识等。[13]在此基础上，拉克（Rucker）等人[12]指出产品的大小也象征着地位的高低，因此购买“大”的产品也被视为消费者的一种控制补偿行为。类似的，低控制感消费者也更倾向于与品牌领导者（brand leaders）建立联系。[14]这是因为品牌领导者拥有巨大的能动性和市场权，与这样的品牌建立联系会给消费者一种个人代理感知（即他们也代表了品牌领导者），从而恢复他们的控制感。[14]

（3）补偿性控制理论与消费者自由寻求

自由受限（loss of freedom）是引发个体低控制感的一个重要因素，包括心理自由（即个人选择自己结果的能力）与身体自由（能够自由行动的能力）。[15]自由感的缺失常常使个体感觉对周围的环境没有控制感，在这种情况下个体会通过从其他方面来获取自由以此恢复受损的控制感。有研究发现，低控制感条件下消费者会更倾向于寻求多样化的产品种类[16]，因为产品选择自由能够让消费者感到他们有个人控制权[17]。除此之外，类似的研究也指出，低控制感条件下消费者会表现出高触摸需求，这是因为触摸产品可以帮助消费者对产品施加身体控制，并且可以触摸产品也代表了一种身体行动的自由。[3]有研究表明，由感知隔离带来的自由受限会促使消费者寻求体验型消费，例如产生更高的旅游和酒店消费意图。[18]这一研究结果再次证实了控制感缺失会导致跨领域的补偿寻求。

（4）补偿性控制理论与消费者自我调节和多任务处理

在儿童社会化过程中，父母不断培养孩子对自身行为的控制能力，并教导孩子要自我调节，因此，成年消费者从父母那里学习到控制感和自我调节的重要性。[19]当消费者面临控制感威胁时，他们可以通过儿童社会化过程中学习到的自我调节行为来进行补偿，并且消费者进行自我调节的行为与父母在孩童时期的教导是一致的。此外，消费者在控制感缺失时表现出的多任务行为也是一种自我调节的结果。[20]多任务处理可以帮助消费者提高时间资源的利用效率，消费者可以主动运用自身的能力和付出较多的努力来提高最终结果的确定性，从而提高自身控制感。

（5）补偿性控制理论与消费者认知和产品评估

控制感受损的个体会在认知上重建他们对秩序和结构的感知，并且会基于这种认知去指导他们后续的行为反应。[6]他们会更加相信世界是有序的，事件不是偶然的。这种信念进一步可以表现为对行为和结果之间因果关系的内隐信念——“没有付出就没有收获”（no-pain，no-gain）原则的采纳。这一原则可以帮助个体预测并且控制自己行为所产生的结果。[21]陈等人发现，消费者会通过购买实用产品（utilitarian products）来弥补他们控制感的缺失。内在机制在于，人们认为实用产品往往具有解决问题的属性，使用这类产品可以帮助他们达到想要的结果，这种过程控制感知可以有效促进消费者的个人控制感。[22]其次，这种因果信念还可以预测消费者对高努力产品和服务（high-effort products and services）的偏好，即低控制感会促使消费者偏好需要自身付出努力的产品或服务。这是因为个体倾向于相信努力和结果可实现之间存在必然的联系，付出努力会让个体感到自己对结果具有控制。[23]

（6）补偿性控制理论与口碑传播

口碑传播可以补偿消费者控制感的缺失。口碑（word of mouth）是对产品的相关信息进行在线分享或线下交流。消费者通过口碑传播进行产品信息的分享，并且通过分享有用的信息（如向他人推荐产品等）进而影响他人的看法。研究表明，控制感缺失的消费者更有可能通过口碑来分享信息。[24]这是由于口碑传播属于消费者的自主行为，意味着消费者可以通过自己的主动行为来掌控结果。

（三）理论运用中的研究方法

1. 实验法

补偿性控制理论自从提出以来，大部分的研究证据均出自实验室研究，研究者通过在实验室暂时剥夺被试的控制感，来揭示被试各种层面的补偿现象。[6,10,23]实验研究中控制感的操纵方式主要有两种——情境回忆法与情境想象法。情境回忆法也被称为自传体回忆任务（the autobiographical recall task），即让被试回忆并写下曾经发生在自己身上的自己可以控制的事情，通过调动过去情境发生时个体的控制状态来暂时启动被试的控制水平。[23]情境想象法就是让被试通过阅读材料，例如“人们如何比最初预期的更高地控制自己的成绩/健康/学术水平”来间接启动被试的高控制感。[25]

2. 二手数据法

除了采用实验研究外，一些研究也试图借助现实世界中的二手数据来验证低控制感所导致的一些补偿行为。例如，贝克（Beck）等人[14]就通过联邦调查局（FBI）获得了2011年全美财产和暴力犯罪率的县级报告数据，并通过计算各个县的总体人均犯罪指数来衡量个体控制感（personal control），犯罪指数越高，表明这个地区的人们控制水平越低。另一个借助二手数据研究的例子是，通过使用金融危机（雷曼兄弟宣布破产）来作为控制感的代理衡量，并通过比较金融危机之前与之后人们的消费行为来检验控制感降低所引起的补偿反应。[26]近期也有研究使用是否遭受疫情影响（例如停课）来作为个体低控制感的衡量指标，并检验了在这种低控制感情况下个体是否会采用多任务行为来作为控制补偿。[20]

3、调查法

对于个体一般控制感的衡量可以借助现成控制感量表[24]，该量表包含9个题项。要求个体报告自己对各种结果的控制程度，例如："我可以控制我是否接触到某种疾病"等。此外，补偿性控制理论运用过程中还可能会涉及控制需求量表（need for cotrol，NFC），该量表用来衡量个体一般的控制需求水平（例如"我喜欢掌控自己的命运"）。[27]因为控制需求高的个体在丧失控制感后往往会产生较强的恢复控制感的动力，因此控制需求通常作为调节变量出现在补偿性控制的相关研究中。

（四）对该理论的评价

补偿性控制理论自提出以来，经过不断地发展和完善，已经从社会领域向其他领域（如营销领域）进行延伸，表现出强大的生命力。不同于传统控制感研究（更多关注丧失控制感后给个体身心带来的直接影响），补偿性控制理论提出个体在丧失控制感后会采取补偿路径，即倾向于从其他领域重新获取控制感。建立在这一理论基础上的大量研究也发现了许多有趣的社会现象和消费现象。同时，借助补偿性控制理论，有助于我们更好地理解遭遇控制感缺失后消费者的认知、态度、评价、决策等方面的变化。

尽管补偿性控制理论得到了不断补充和完善，该理论在未来的发展仍然面临着一些局限。首先，该理论广泛用于解释个体控制感缺失后的补偿手段和途径，但是目前研究对补偿性控制效应成立的边界条件的关注较少，导致该理论在解释社会现象时缺少深度。其次，导致个体失去控制感的影响因素目前并未明确归类和界定。现有运用补偿性控制理论的研究所关注的控制感前因涉及权力感、无助感、自由感等众多因素，具体哪些因素可以纳入补偿性控制研究领域，还需要进一步界定与划分。最后，现有补偿性控制研究关注的不仅是个体的秩序寻求行为，同时还涉及了众多非秩序寻求行为，如多任务行为、转基因食品采纳行为等[20,28]，这些研究已超出补偿性控制理论所提的泛化结构确认观点。因此，未来还需要明确界定补偿性控制理论的内涵和适用范围。

（五）对营销实践的启示

补偿性控制理论能够很好地解释消费者面对控制感缺失时的心理状态和行为变化，而消费者心理和行为的变化直接决定了企业所采取的营销策略。在营销实践中，企业可以通过提供能够增强消费者控制感的产品和服务来满足消费者对控制感的渴望。如在广告中使用确定性的用语来描述产品的功能和特性（如蛋白质含量100 g）[8]，为消费者提供多种类型的产品选择[16]，鼓励消费者分享消费体验[24]等。除此之外，企业可以通过鼓励消费者参与生产，或使生产过程透明化，来增强消费者的过程控制感知。最后，企业在开展低关联品牌延伸时，可以考虑向消费者解释延伸的必要性和规则性，通过让消费者明白这种延伸是基于某种原则所采取的策略，可以有效减轻低控制感消费者对企业低关联品牌延伸所产生的负面态度。综上，依托补偿性控制理论在营销领域中对消费者心理和行为的研究结果，可以为企业识别消费者特征、制定营销策略等方面提供指导。

参考文献

50 意义维持模型

肖皓文　陈彦旭　王　凯①

（一）理论概述与在营销研究中的发展

意义维持模型（meaning maintenance model，MMM）由海涅（Heine）、普罗克斯（Proulx）和特拉维斯（Travis）于2006年提出。[1]意义维持模型不仅高度整合了以往关于意义、自尊、不确定性、归属感、恐惧管理理论等多个方面的研究，其核心内容——流动补偿（fluid compensation），更是为理解意义威胁的应对方式提供了新的框架。[2]意义维持模型具有极强的解释力，在社会学、心理学等研究领域得到广泛应用。近年来，该模型在营销领域引起了较多的关注和讨论，有助于理解和解释消费者在应对意义威胁时的心理和行为。[3,4]

在营销领域，该理论被广泛运用于消费者心理与行为、企业营销策略制定的相关研究中。我们分别展示了该理论在营销领域六大顶级期刊和年度的频率分布趋势（图50-1、图50-2），可以看出该理论主要在 *Journal of Consumer Psychology* 期刊中运用。

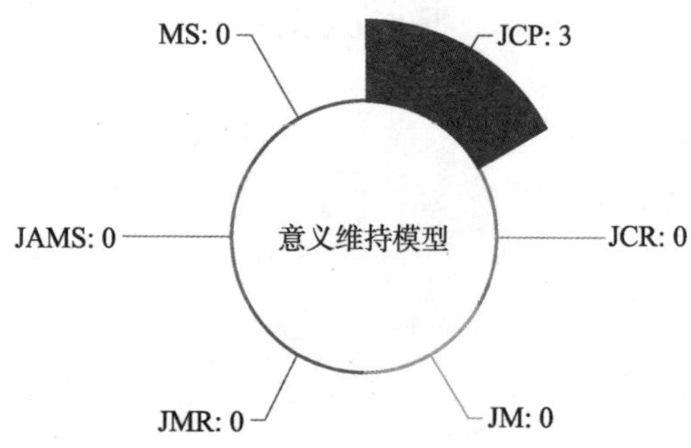

图50-1　六大期刊中意义维持模型频次分布

①肖皓文，海南大学国际商学院讲师，主要研究领域为消费者行为、品牌管理。陈彦旭，海南大学天工书院助教，主要研究领域为消费者行为。王凯，海南大学国际商学院博士研究生，主要研究领域为消费者行为。基金项目：海南省自然科学基金项目（722QN291，623RC453）。

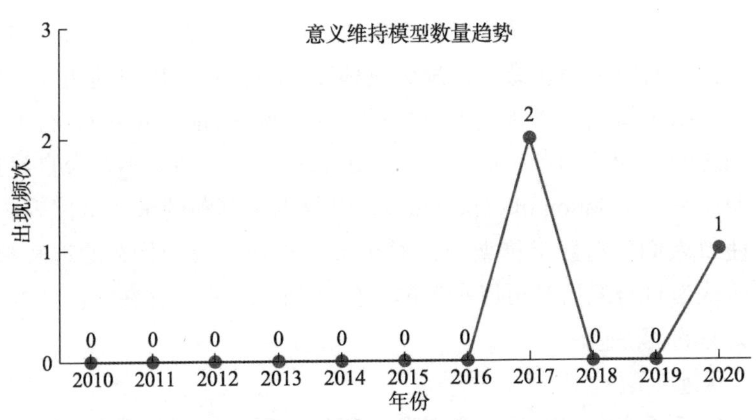

图 50-2 六大期刊中意义维持模型的年度频次分布

（二）理论的核心内容与在营销研究主题中的运用

1. 理论的核心内容

大量研究关注意义威胁（自我差异、意义违反或预期不一致）下的心理防御和补偿行为，例如，探讨个体如何应对死亡凸显、无意义感、不确定和控制感缺失等。[5-7]并由此类“威胁–消极影响–行为补偿”现象发展出众多理论框架，例如，认知失调理论（cognitive dissonance theory）、恐惧管理理论（terror management theory）、控制补偿理论（compensatory control theory）、意义维持模型和意义感构建模型（meaning making model）等。[7]在这些理论中，意义维持模型由于具有广泛解释力而备受关注。

意义维持模型认为维持意义感是人类的普遍需求。意义是指一种关系或联系的心理表征（mental representations），它能够将人、地点、物品和想法用一种期望的、可预测的方式连接起来。[1,8]而意义框架（meaning framework）是人们构建出来的并施加于周围世界的信念体系，可以帮助个体理解自身的经历和行为。当遇到与自身意义框架体系不一致或相冲突的经历，即意义违反（meaning violation）时，机体会产生一种令人厌恶的唤醒状态（在体征上表现为皮肤电增加、瞳孔放大、血管收缩和心脏活动改变等），进而促使人们采取意义维持行为，即通过流动补偿方式在其他不同领域中获取意义。[1, 7]意义维持过程可以分为意义违反、厌恶唤醒和意义维持行为这三个阶段。[9]

（1）意义违反

意义违反是指违背个体意义框架信念体系的一种经历体验。[10]例如，超现实主义画作中将钟表变成柔软、有延展性的物体，挂在树枝上。这种以不同寻常的方式去展现人们熟悉的元素极大挑战了人们的意义框架，引发意义违反。在营销研究中引发意义违反的具体变量包括：难以对周边环境或是与自我相关的结果做出准确判断而产生的不确定感（uncertainty）、行为与个体自我认知之间不相符而产生的不一致（dissonance）、结果不符合自我预期判断的预期违反（violation of expectancy）以及无法判断的未知事件等。[10, 12]这些情形使得人们原有意义框架内，对于事情是什么或为什么的理解被打破，个体先前认为自身经历是可以理解的、熟悉的感觉不复存在，由此产生出一种令人厌恶的荒谬感。

（2）厌恶唤醒

当人们经历意义违反后，会引发心理和生理上的不适感，即厌恶唤醒状态。[13]在心理层面，意义违反会引发焦虑情绪，且通常个体自身难以察觉这种唤醒状态。这种心理变化可由生理上的表现反映出来，比如肾上腺素的释放、皮肤导电性的增加、血管收缩、心脏活动明显变化。经历意义违反时，大脑前扣带皮层中的多巴胺水平会产生相应变化。当事情比预期的更糟糕时，多巴胺会下降。[13]为了缓解意义违反唤醒的厌恶状态，个体会试图进行补偿，从而表现出意义维持维持行为。

（3）意义维持行为

意义维持行为是个体为缓解厌恶唤醒和应对意义违反所采取的趋近动机行为（approach-motivated behaviors），希望通过构建的意义框架去理解自身经历，维持事物之间的预期联系。[14]传统观点认为，个体维持意义的方式主要有两种：修正原有意义框架，或者重新解释意义违反事件使其符合意义框架。[15]区别于这两种方式，意义维持模型提出，还存在第三种应对意义违反、进行意义维持的方式——流动补偿。这种补偿方式并不对遭受意义威胁的领域进行直接回应，而是在其他替代领域对意义体系或联结进行重新肯定。[1]意义违反事件在人们现存意义框架体系里找不到对应解释，可能会迫使人们寻求附着于现存框架之外的其他联结框架，即使这些联结与遭受威胁的意义领域并不相关。流动补偿并不局限于某一具体领域，它可以是任意替代领域内的任何意义框架。只要这种意义联结是完整的、一致的、令人信服的、能被肯定和确认的，就可以补偿受损的意义框架。

2. 理论在营销研究主题中的运用

虽然意义维持模型整合多个方面的研究，但是其在营销研究中的直接运用尚且较少。通过对营销六大顶级期刊近十年文献的梳理，发现意义维持模型在营销研究中的运用仅有两篇实证研究，主要涉及对产品或品牌偏好的影响。

第一篇研究发现古老物品（vintage items）消费是一种应对意义威胁的有效途径。古老物品是指在早些年份被其他人拥有过的物品。作者认为受到意义威胁的消费者（例如，提醒他们每个人的死亡终将来临）会更加偏好古老物品。这是由于意义框架体系的破坏会激发消费者建立跨时期联结的意愿，而古老物品能够传达这种象征意义，让消费者感知到与过去、现在和未来之间的联结，从而缓解意义违反带来的消极反应。[16]另一篇研究则发现新产品常常是有悖于消费者的预期的，这极有可能挑战消费者意义框架，引发焦虑并导致消极评价。基于流动补偿逻辑，新产品带来的极度不一致的体验会使消费者在其他不相关领域强化已有的图式，具体表现为更加偏好主导品牌（dominant brands）、绿色消费（green consumption）、种族产品（ethnocentric products）等。因此企业在推出新产品时（尤其是极端创新产品）可能会伴随着消费者的补偿消费行为。[4]

（三）理论运用中的研究方法

营销领域研究中运用意义维持模型的相关研究主要采用实验法。涉及核心变量的具体研究方法包括对意义威胁进行情景操控和对生命意义感进行量表测量。

意义威胁可以通过多种方式操控。首先，可以通过阅读虚无主义（nihilistic）的文章来操控意义威胁，文章主要阐述的观点是人生是没有实际意义的。[17]其次，可以通过自尊、不确定感、社会排斥和死亡凸显（mortality salience）等多种心理威胁来操控。例如，提醒被试生命终将走向死亡的事实，让被试思考并写下自己死亡时的想法和情景。[16]此外，还有一些其他违反个体意义框架信念体系的操控方式。例如，给消费者展示极度不一致的产品（an extremely incongruent product）也能够违反个体期望，引发焦虑，从而带来意义威胁。[4]

量表测量中，目前较为常用的是生命意义感量表（meaning in life questionnaire，MLQ）。[18]该量表包含10个题项，采用7级量表。具体而言，让被试先想想人生中重要的事物，然后报告对这10个题项陈述（例如："我理解自己生命的意义"）的同意程度。1表示完全不同意陈述，7表示完全同意陈述。其中还包括一个反向测量题项："我的人生没有清晰明确的目标。"

（四）对该理论的评价

自意义维持模型提出以来，研究者不断完善理论阐述，同时尝试在行为和生理层面寻找能够支撑其核心理论的证据，但其理论发展仍然存在以下有待解决的问题。

首先，“意义”的概念定义还需进一步明晰。起初意义被定义为人物、地点、物体和思想之间，以预期的和可预测的方式，组建而成的关系。[1]因其定义对预期作用的强调，有的学者提出应当进一步阐释意义是否等于期望。如果两个概念是相同的，那么为了进一步简化现有理论，需要舍弃冗余的概念。[14]尽管意义和预期之间存在密切联系，但二者并不是完全对等的。意义的概念中还涉及生命意义（meaning in life）、现实幸福感（eudaimonicwell-being）等理念，强调个体因观念的更新、内在潜能的实现而获得的充实感。[9,14]因此，进一步明确意义的概念是推进意义维持模型的理论发展面临的首要问题。

其次，意义违反的边界也较为模糊。意义维持模型主要关注的是消极的意义违反，聚焦于事情比预期更糟糕或是更反常的情景。但事实上，意义违反应当是介于“比预期更差”到“令人愉快的惊喜”之间的任一位置。[14]例如，相比于中性的意义违反，如斯特鲁普效应（Stroop effect），消极的意义违反（如社会排斥）对个体意义感所产生的威胁程度是不同的。另外，将意义违反导致的意义维持行为与意义寻求导致的意义维持行为进行区别也可以帮助理解意义违反的边界和影响。寻求意义感也是人类的基本的动机之一，深刻影响消费行为。例如，最近的研究发现，相比于追求愉悦，追求生命意义会导致消费者更多地考虑其他使用金钱的可能，即机会成本，从而使得他们更偏好价格便宜的产品。[19]

最后，意义维持模型与其他理论模型也存在一定程度上的概念重叠。例如，在提出意义维持模型时，学者们着重论述了该模型与恐惧管理理论的对比。恐惧管理理论认为人们可以通过文化价值观和自尊两种方式应对死亡凸显，而意义维持模型的提出者则认为人们对死亡凸显的反应只是意义维持现象的一种特定实例。[8,20,21]死亡凸显、文化价值观、自尊都包含在人们意义框架之中，个体可以通过流动补偿的方式在其他领域重新建立意义感。[8]两种理论对相同的社会现象有着不同构建方式。再如，补偿消费行为模型和意义维持模型联系也十分紧密。[5,16]流动补偿是意义维持模型的核心内容，但它在补偿消费行为模型中，仅被视为应对自我差异的五种补偿方式中的一种。而且，补偿消费行为模型主要关注自我相关的领域受到威胁时个体的应对策略，这些领域和意义维持模型所论及的自尊、确定性、归属感等心理动机有重叠，无法完全对应或是区分开来。考虑如何将意义维持模型与相关理论模型进行整合和区别，将有助于推动意义维持模型的发展和完善。

（五）营销实践的启示

意义维持是人类基本动机，与消费者福祉息息相关。[18,22]消费活动是人们日常生活中寻求意义的重要方式和载体。因此，企业可以通过各种营销沟通策略帮助消费者进行意义建构，提高消费者福祉。一方面，根据意义维持模型，当消费者受到意义威胁时，企业可提供具有某种特征或某些类别的产品进行补偿。例如，古老物品消费能够促进构建过去、现在和未来的心理联结，缓解意义威胁带来的消极影响[16]；在消费过程中还可以通过提供高音频的感官体验来满足消费者的意义寻求倾向[3]。另一方面，企业在营销实践中还应注意特定广告诉求可能引发意义威胁。例如，提供死亡相关的媒体信息[23]，引发社会排斥感（拒绝 VIP 会员申请、客服或销售人员的忽视）等[24]。类似地，特定产品也可能引发意义威胁。例如，极度不一致的产品会冲击消费者原有的信念体系，产生意义威胁并带来状态性焦虑。此类产品需要考虑如何预先为消费者提供心理补偿，从而改善产品评价。[4]

参考文献

第五部分

组织与战略

51

动态能力理论

王　锐　顾　晗[①]

(一) 理论概述与在营销研究中的发展

动态能力理论（dynamic capabilities theory，DC）是与资源基础观（resource based view，RBV）有着紧密联系的理论。不同于资源基础观对企业自身资源禀赋的关注，提斯（Teece）等学者在1997年所提出的动态能力理论强调企业与外部环境的匹配，即企业通过整合、构建、配置内外部资源和能力来快速适应环境的变化，企业的这种动态能力构成了企业竞争优势的来源。动态能力理论自提出以来，被广泛应用于战略管理、营销战略等领域的研究中，并在随后二十多年的发展过程中不断得到丰富和拓展。[1]

在营销领域中，该理论被广泛运用于消费者心理与行为、企业营销策略制定的相关研究中。我们分别展示了该理论在营销领域六大顶级期刊和年度的频率分布趋势（图51-1、图51-2），可以看出该理论在*Journal of Consumer Psychology*中运用最多。

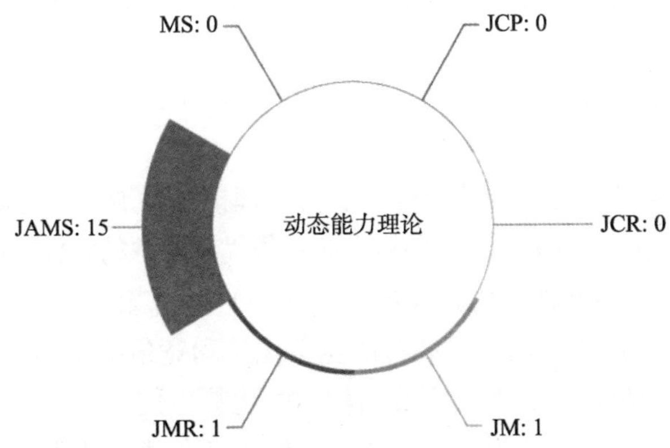

图51-1　六大期刊中动态能力理论频次分布

① 王锐，北京大学光华管理学院副教授、博士生导师，主要研究领域为营销战略、B2B营销、数字营销。顾晗，北京大学光华管理学院博士研究生，主要研究领域为营销战略。基金项目：国家自然基金项目（72072004）。

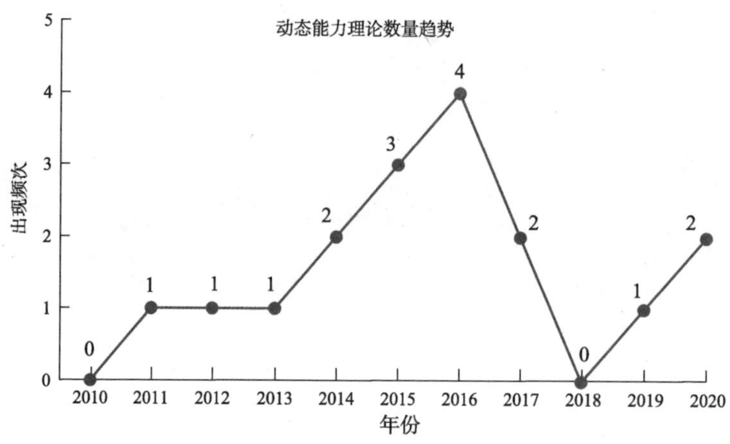

图51-2　六大期刊中动态能力理论的年度频次分布

（二）理论的核心内容与在营销研究主题中的运用

1. 理论的核心内容

动态能力理论作为战略管理学科的核心理论之一，解释了企业如何获取并保持竞争优势。在众多能够解释企业竞争优势的理论流派中，动态能力理论侧重于强调企业在动态外部环境中的适配性。动态能力是企业所具有的能够快速吸收、整合、构建、应用自身资源和能力的一种新能力，企业根据外部市场的变化和出现的新市场机会不断对自己的资源和能力进行整合与调配，使得企业自身的资源禀赋能够持续与动态变化的环境相匹配。[1,2]根据该理论，相较于具有较低动态能力的企业，一个具有高动态能力的企业将能够快速适应环境的变化，在动态的、复杂的、高度不确定性的环境中创造并维持竞争优势。

要全面理解动态能力理论，还需要对该理论的发展过程有所了解。从战略管理理论的发展历史来看，人们对企业竞争优势来源的解释经历了从外部结构视角到内部资源视角的演化。以波特（Porter）为代表的产业组织学派从“结构-组织-绩效”范式出发，以波特的竞争优势和竞争战略为核心分析框架，认为企业竞争优势源自企业在产业结构中的优势地位。[3-5]巴尼（Barney）等学者提出的资源基础观认为，企业的竞争优势来自其自身掌握的特异性资源和能力，这种资源和能力具有“有价值的（valuable）、稀缺的（rare）、无法复制的（imperfectly imitable）、难以替代的（non-substitutable）”四种属性，这些特异性的内部资源和能力决定了企业的竞争优势。[6-8]基于资源基础观进一步发展出的“核心能力理论”认为企业配置和使用资源的能力构成了企业竞争优势的来源。[9]

然而，上述对于企业竞争优势来源的各种解释都假设外部环境是静态的，企业的特异性资源和核心能力也不会发生变化，这一假设受到很多学者的挑战。在当今世界，经济飞速发展，技术快速变革，市场需求不断变化，企业在静态环境中获得的竞争优势很容易就会被动态环境中强有力的市场竞争侵蚀掉。在动态环境下，只有那些能够快速整合、重构其内外部资源、技术和能力的企业（即具有高度动态能力的企业），才具有竞争优势。[10]因此，很多学者认为动态能力理论是对资源基础观的补充和进一步拓展。

企业动态能力的获取意味着企业在原有资源和知识储备的基础上，获得了新的资源与能力的整合、配置方式。[11-12]动态能力理论中所指的企业资源包括实物资源、人力资源以及组织资源等；企业的能力包括技术的内部适应性（technical internal fitness）以及进化的外部适应性（evolutionary external fitness），前者指的是企业在一定成本条件下技术被有效发挥的程度，后者指的是企业通过创建或者调整其资源超过其他竞争对手实现生存的能力。[10,13]动态能力本身是一种稳定的行为模式，企业利用这种快速适应环境变化并做出调整的模式提高企业面临高度动态环境时的效率。[14]

从本质上来看，企业的动态能力是由企业资产位置（position）、资源进化路径（path）所塑造的组织过程（process）。其中，过程指的是企业的“惯例”，即企业一直以来做事情的方式；位置指的是公司具体的资源结构，例如企业所拥有的技术、产权、客户基础等资源禀赋，以及他们可能与外部其他互补性资源的潜在联系；路径指的是公司可以使用的战略选择，以及与之相关的路径依赖。根据提斯的观点，企业过去的历史以及先前所采用的路径会影响企业当前的资产结构和未来的路径选择。企业为了适应不断变化的环境，不断整合和重新配资组织内外部的资源和能力，而这种资源积累的过程还会影响后续的组织学习过程和发展进程的方向选择，整个动态能力的发展呈现出路径依赖的特性。[1-2,15]

动态能力作为企业知识获取和组织学习的过程，企业应该做到：①感知和分析外部环境变化，发现、解释甚至创造来自内部或者外部的发展机遇；②制定能够快速响应新机遇的战略并不断进行调整，更好的选择前进方向；③使用自身学习能力来修改、重构、协调、配置现有组织资源和能力（内部调整），或者寻找合适的合作伙伴实现关键资源的获取（外部调整）；④在新环境下建立竞争优势，并继续密切关注内外部环境的变化，动态重复上述

过程。[16-18]

2. 理论在营销研究主题中的运用

动态能力理论作为经典理论，在营销研究（尤其是营销战略领域的研究）中得到较为广泛的应用。一方面，动态能力理论能够帮助研究者理解在动荡变化的市场环境中，企业如何利用动态能力更好地适应动态环境、调整市场战略；另一方面，该理论能够指导研究者在丰富的营销情境中进一步挖掘动态能力的更多维度，进而更好地指导企业的营销能力构建与营销战略选择。以下介绍动态能力理论在营销研究中的三方面应用。

（1）动态能力理论与市场环境

动态能力理论的价值突出体现在高度动态性的市场环境中，客户偏好、产品标准、营销实践和技术革新等内容构成了动态环境的关键市场要素，市场要素的快速变化会给公司的实际运营和业绩表现带来重大挑战。[19]在进行营销决策时，企业凭借强大的动态能力可以参与以市场环境为基础的学习活动中，并利用由此产生的市场洞察力重新配置企业资源，这涉及产品设计、产品组合、生产工艺或资源使用等多个环节，动态能力提高了企业资源配置的灵活性，增强了企业面对动态市场环境时的能力和绩效表现。[20-21]例如，IBM利用其在技术和质量方面的现有能力，在面临变化的市场环境时，通过学习过程提升了满足客户需求的能力，从一家产品公司转变为一家以解决客户需求为导向的集成系统公司。[22]

（2）动态能力理论与营销能力

专门化的、成体系的、跨职能的、动态的过程在营销研究中被称为营销能力，通过该过程，企业获取、组合营销资源并转化为面向目标市场的价值产品。[23]动态能力使公司能够不断调整自己，持续高效地为某些细分市场提供市场产品，运用动态能力理论解释企业营销能力，有助于更好理解企业的营销实践。[24]动态的营销能力强调以下几个动态能力维度——市场学习、资源重构、能力强化。市场学习能力（有的研究使用市场感知能力这一概念）指的是公司积极和有目的地了解客户、竞争对手、渠道成员和更广泛的商业环境的能力，这不仅可以帮助企业深入了解当前的市场状况，还可以预测未来的市场变化，使企业策略与市场环境保持一致。资源重构能力指的是企业以符合市场环境要求的方式调整旧资源和获取新资源的能力，这不仅包括企业内部的资源重构，还包括更高级别的新资源创造。动态市场能力还包括能力的强化。变化的市场环境带来新的市场问题，企业通过学习与创新改进现有能力、开发新能力，通过“边做边学”和“模仿学习”在竞争环境中更好地向客户提供更具有价值的产品或服务。上述动态市场能力能够影响企业在市场划分、市场定位、市场选择等决策过程，进一步对企业产品、服务、定价、渠道等多个环节产生影响。[20,25]

（3）动态能力理论与市场导向

市场导向关注企业与市场环境的互动性，以市场为导向的企业能够更好地洞察市场变化，处理市场信息，使公司能够比竞争对手更好地将其资源部署与市场条件结合起来，更加有效地管理动态环境。[26]市场导向与动态能力的互动效应使得二者形成一种互惠关系，动态能力使企业能够掌握技术变化和市场发展，结合市场需求更好配置其资源，进而帮助企业在制定和实施其市场导向战略时采取恰当的措施。[27]除此之外，动态能力使企业能够调整资源配置、创造新资源，这种动态能力使企业不仅能够有效应对环境变化，而且能够塑造新的商业环境。动态能力通过直接影响市场的各个方面，产生新的利益相关者内部资源联系网络，进而推动创新等活动的进行，发现新资源的潜在价值，从而形成新市场。企业的动态能力理论对于强调市场变化、关注资源配置具有很好的解释力，有效地促进了关于市场导向的研究。[28]反之，动态能力与市场导向的相互结合能够帮助动态能力理论突破企业预测市场变化时的能力限制，增强动态能力理论在高度波动性和高度复杂性环境中的弹性。[29]

（三）理论运用中的研究方法

对于动态能力理论的评价中，部分学者认为动态能力本身的概念具有模糊性，因此企业的动态能力难以测量、难以直接检验，这种模糊性成为限制动态能力理论发展的一个重要原因。[10,18,30]针对这一问题，该领域的学者在如何量化动态能力上做出了不同的努力，对动态能力的测量主要涉及两类方法，分别是问卷测量法和定性研究法。

第一，问卷测量法。尽管动态能力的概念比较抽象，但已经有许多研究者尝试使用问卷测量法分析企业动态能力。学者基于动态能力的定义将其划分为若干维度，并开发量表对其进行测量。对于动态能力维度的划分主要依据其理论回顾部分对于动态能力的理解与阐释，不同研究中常使用不同的测量维度，开发不同的量表。通过量表对动态能力各个维度进行测量之后，研究者可以通过因子分析方法进行动态能力理论模型的构建，或者通过结构方程模型来研究动态能力与其他变量的因果关系。[18,31-33]例如，动态能力可以分为感知能力（环境洞察能力）、学习能力（变革创新能力）、整合能力（技术柔性能力）和协调能力（组织柔性能力）四个维度，进而通过结构方程模型探究与企业其他变量的相关性。[18]

第二，定性研究方法，如案例研究。研究者使用现象观察、深度访谈、文本分析等方法对企业实践进行记录和分析，从而获得具有深度的研究结论。由于动态能力本身的内涵不够清晰，使用案例研究方法可以帮助学者深入考察与动态能力有关的各个方面，例如动态能力的特征、过程、机制等。[34-36]例如，研究者通过文件法和访谈法对科罗娜公司进行分析，评估企业在资源获取、资源利用、资源创造、资源释放四个方面的动态能力表现，解释了动态能力发挥作用的具体过程。[35]

在上述主流研究方法之外，部分学者使用仿真等方法分析企业动态能力。[36]在未来，对动态能力的研究方法的探索依然有较大发展空间。

（四）对该理论的评价

经过二十多年的发展，学者们对动态能力的研究不断深入，动态能力理论对于理解企业在动态环境中如何进行快速调整并获得竞争优势具有很好的解释力。然而，动态能力本身还有一些争议问题尚未解决。该理论对于“动态能力”这一概念的内涵依然没有达成统一的界定，动态能力概念本身的抽象性使得更多的学术研究只能够聚焦于理论研究层面，理论与实践的连接相对较弱，动态能力概念的模糊性可能会约束该理论的进一步发展。[10]此外，动态能力概念上的抽象性增加了动态能力的测量难度，不同的研究常常采用不同的划分维度和测量方法，增加了以动态能力理论为基础的实证研究的难度。[10,18,30]

尽管存在上述局限性，但学术界仍然认可与动态能力理论相关的以下结论：首先，动态能力是一种组织内部的抽象能力，强调对外部环境的感知，以及组织内部快速整合、构建、配置其内外部资源的能力，这使得动态能力与组织学习能力、组织创新能力产生了本质的区别。[1-2,10-11,33,35]其次，尽管有一系列具体的、可以观测到的组织能力或者组织过程能够反映动态能力的具体维度，例如前文提到的感知能力、学习能力、整合能力、协调能力，但是上述概念均不能直接替代动态能力做出理论层面的解释。[37,38]

在未来，关于动态能力理论研究不仅可以从理论上丰富动态能力的构建维度，通过不同维度的分析增加动态能力的具体内涵及其边界条件；在研究方法上，针对动态能力的研究可以尝试构建统一的多维度测量体系，拓展与动态能力有关的因果关系的研究；与动态能力有关的研究还可以与当代快速变化、丰富多彩的现实情境相结合，探究动态能力理论在新研究情境下的适用性。

（五）对营销实践的启示

动态能力理论考察企业在动态变化的环境中如何有效整合、构建、调配其内外部的关键和能力，这种能力使得企业可以不断适应快速发展变化的环境，超越其他竞争对手获得长期竞争优势。在真实的市场环境中，机会与风险并存，动态能力理论能够帮助企业管理者更好的感知环境变化、整合组织资源、强化组织学习来与环境变化相匹配，帮助企业在行业的突破性变革中保持领先地位。在营销实践中，企业把动态能力视为组织重要的能力，可以帮助企业更好地洞察市场变化、增强营销能力，制定准确的市场营销战略，以不断革新的产品和服务为客户创造更大的价值。总之，与动态能力有关的研究能对市场结构分析、市场营销策略制定等多个方面提供理论参考。

参考文献

52

交易成本理论

钱丽萍　王懿瑶①

（一）理论概述与在营销研究中的发展

交易成本理论（transaction cost theory，TCE）是由英国经济学家罗纳德·H. 科斯（R. H. Coase）于1937年在其重要论文《论企业的性质》中提出来的，是经济学领域中至关重要的理论。在交易成本理论提出的85年里，诸多学者对其进行探索、挖掘和发展，并将其从经济学领域拓展到企业管理、营销、供应链管理等不同领域之中。迄今为止，交易成本理论已经成为经济和管理领域最具影响力的理论之一。

在营销领域中，该理论被广泛运用于企业营销策略制定的相关研究中。我们分别展示了该理论在营销领域六大顶级期刊和年度的频率分布趋势（图52-1、图52-2），可以看出该理论在*Journal of Academy Marketing Science*和*Journal of Marketing*中运用最多。

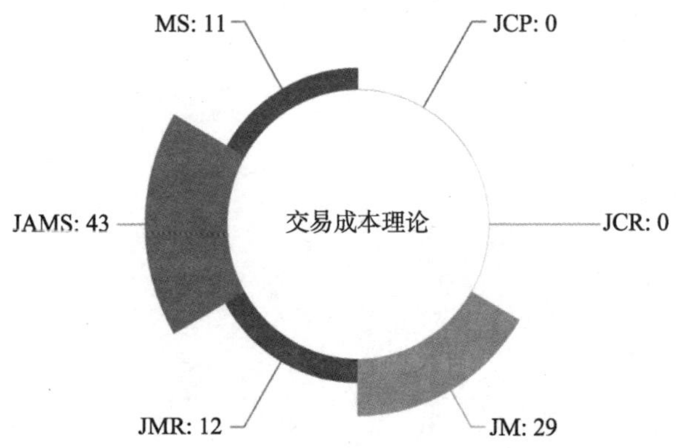

图52-1　六大期刊中交易成本理论频次分布

---

① 钱丽萍，重庆大学经济与工商管理学院，教授，主要研究领域为营销战略，组织间关系管理、客户关系管理。王懿瑶，重庆大学经济与工商管理学院博士生，主要研究领域为组织间关系管理。基金项目：国家社会科学基金项目（23BGL124），教育部人文社会科学研究规划基金西部和边疆地区项目（21XJA630006）。

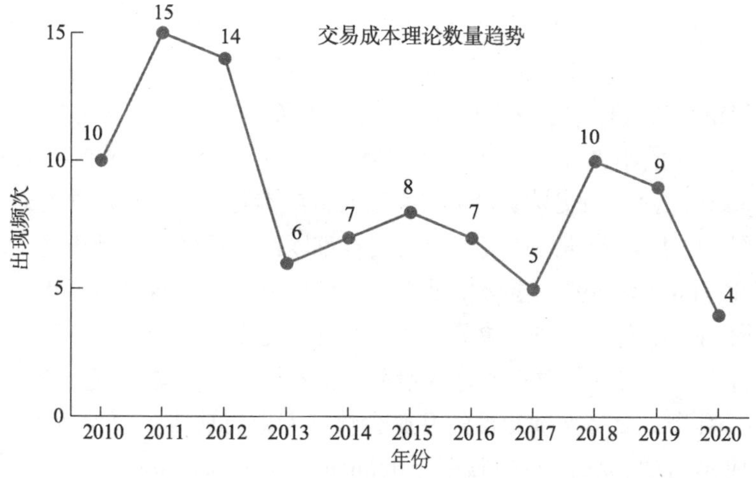

图52-2 六大期刊中交易成本理论的年度频次分布

（二）理论的核心内容与在营销研究主题中的运用

1. 理论的核心内容

交易的发生来源于某种商品或服务从一个组织转移到另一个组织，伴随着交易，商品的所有权也跨越组织边界发生了转移。交易成本理论主要关注的是上述组织间交易所产生的成本。交易成本理论假定交易双方风险偏好相同、平等、业务经验同等丰富，在此基础上，交易成本理论侧重于探讨交易双方在交易过程中涉及的成本，而不是关注交易双方的特征差异。[1]

交易成本发生的原因来自人性因素与交易环境因素交互影响下所产生的市场失灵现象。[2]六项交易成本来源有：①有限理性（bounded rationality），指交易进行参与的人，因为身心、智能、情绪等限制，在追求效益极大化时所产生的限制约束。②机会主义（opportunism），指参与交易进行的各方，为寻求自我利益而采取的欺诈手法，同时增加彼此不信任与怀疑，因而导致交易过程监督成本的增加而降低经济效率。③不确定性与复杂性（uncertainty and complexity），指由于环境因素中充满不可预期性和各种变化，交易双方均将未来的不确定性及复杂性纳入契约中，使得交易过程增加不少订定契约时的议价成本，并使交易困难度上升。④专用性投资（specific investment），指某些交易过程过于专属性（proprietary），或因为异质性（idiosyncratic）信息与资源无法流通，使得交易对象减少以及造成市场被少数人把持，使得市场运作失灵。⑤信息不对称（information asymmetric），指因为环境的不确定性和自利行为产生的机会主义，交易双方往往握有不同程度的信息，使得市场的先占者（first mover）拥有较多的有利信息而获益。⑥气氛（atmosphere），指交易双方若互不信任，且又处于对立立场，无法营造一个令人满意的交易关系，将使得交易过程过于重视形式，徒增不必要的交易困难及成本。

上述交易成本源于交易本身的三项特征：①交易商品或资产的专属性（asset specificity），即交易所投资的商品或资产本身不具市场流通性，或者契约一旦终止，投资于商品或资产上的成本难以回收或转换使用用途。②交易不确定性（uncertainty），指交易过程中各种风险的发生概率。由于人类有限理性的限制使得面对未来的情况时，人们无法完全事先预测，加上交易过程买卖双方常发生交易信息不对称的情形，交易双方继而透过契约来保障自身的利益。因此，交易不确定性的升高会伴随着监督成本、议价成本的提升，使交易成本增加。③交易的频率（frequency of transaction）。交易的频率越高，相对的管理成本与议价成本也升高。交易频率的升高使得企业会将该交易的经济活动内部化以节省企业的交易成本。[3]

因为交易活动会产生交易成本，因为组织必须进行对其治理和设计，以降低成本和促使组织以最优的方式运营。交易成本理论的核心思想是管理者致力于通过合适的治理机制来降低交易成本，并保护自身免受交易对象带来的危害。[2,3]由此M. 威廉姆森（M. Williamson）提出组织间交易应当设立契约，以正式的书面协议来规制交易双方的行为和避免交易中的风险。[1]

2. 理论在营销研究主题中的运用

交易成本理论在营销研究中得到了广泛的运用。一方面，该理论能够用于了解交易成本的产生和组织间交易行为（如机会主义、资产专用性投资等）；另一方面，该理论可以指导企业进行契约治理（如契约设计和契约执行等）。以下介绍交易成本理论在营销研究主题中的两方面运用。

（1）交易成本理论与交易风险

交易风险主要产生于资产专用性投资和合作伙伴的机会主义行为。

一方面，资产专用性会导致机会成本增加。[4]一般情况下，专用性资产一旦投入，若不能发挥作用，其价值就不可能全部收回。如果契约不能如约履行或者提前终止，专用性资产的所有者就不可能在毫不牺牲生产价值的条件下改变这种资产的用途。[4]另外，一旦做出专用性投资，企业在一定程度上就锁定了与合作伙伴之间的关系，契约关系就会发生“根本性转变”，可能导致发生要挟行为。[5]也就是说，资产专用性提高了对合作伙伴的依赖性，资产专用性程度越高，对交易伙伴的依赖性就越大，专用性投资较多的一方更容易因交易另一方的要挟或威胁等行为而损害自身利益。[5-6]

另一方面，合作伙伴的机会主义行为也会产生交易风险，增加交易成本。机会主义行为是一种狡猾的自我利益追求行为，包括隐瞒或扭曲关键信息和故意逃避契约中规定的义务。[3]产生机会主义行为的原因有二：一是只想实现自己的目的，而不考虑合作的共同目标；二是避免因未能实现共同目标而受到惩罚或制裁。[6]合作伙伴间的目标不一致会导致某一方只顾自身利益，而信息不对称会导致某一方隐瞒或扭曲关键信息，极大增加交易风险、损害企业的利益和增加交易成本。[4,6]

（2）交易成本理论与契约治理

一份详尽而明确的契约明确了交易各方的责、权、利，有助于减少歧义，消除误解，抑制机会主义行为，从而减少交易不确定性，降低交易成本，并确保合作的顺利进行。[7-9]由于契约的作用主要在于协调和控制合作伙伴的行为[7-8]，在事前合作各方设计契约时，契约条款也通常包含协调功能的条款和控制功能的条款。突出协调功能的契约条款通常涉及交易中信息共享、决策和反馈机制的规范和操作，并以富有成效的方式组合合作伙伴的资源。[8,9]契约的控制条款规定了交易各方的权利和义务，通过使用包含了惩罚和制裁的具有法律效率的条款来尽量减少交易各方的机会主义行为和降低交易风险。[9]另外，为了应对突发情况，契约中还需要包含一些应急条款，企业预测可能会出现的突发状况，并将应对措施录入契约中。[8]然而，因为企业无法预料到所有可能出现的突发事件，并且设计一份非常完备的契约需要耗费大量的人力物力财力，所以完备的契约也常常被质疑不够“经济”。[8]

实际上，契约治理是一个多维度的概念，不仅包含事前的契约设计，还包括事后的契约执行。[9]具体来说，一些学者认为对合作伙伴违约行为的惩处是契约事后治理的重要方面，强制执行（enforcement）可以利用契约中的控制条款对违反契约的合作伙伴进行惩罚和制裁，从而达到震慑对方、保护己方利益的目的；监督（monitoring）也是控制合作伙伴行为的重要手段，通过观测和监控合作伙伴的行为和活动，及时反馈和纠正不当行为，以降低交易中的不确定性和提高绩效。[10]契约执行可能产生约束效应（disciplining effects），即上文提及的事后控制的好处。[9]契约执行可能产生挤出效应（crowding out effects），如惩罚过重或制裁过严可能导致合作伙伴产生畏惧心理和反抗心理；监督可能会限制合作伙伴的自由裁量权，从而导致“信任危机”和不公平的感知，合作伙伴可能会出现不满和反抗情绪，导致不配合和不服从。[9-10]

（三）理论运用中的研究方法

在营销领域的研究中，采用交易成本理论的研究主要使用问卷调研方法和二手数据分析方法。

首先，在问卷调研方法中，因为交易成本理论主要关注组织间的交易行为和交易成本，所以与交易成本理论相关的研究通常面向B2B（business-to-business）企业进行深入访谈和问卷调查，问卷调查的对象通常是企业高管和负责组织间交易关系的员工，通过受访者对问卷中量表和题项进行打分来获得相应的数据。与交易成本理论相关的关键变量包括：①资产专用性，其测量维度包括地理区位的专用性（site specificity）、人力资产的专用性（human asset specificity）、物理资产专用性（physical asset specificity）、完全为特定协议服务的资产（devoted assets specificity）以及名牌商标资产的专用性（brand asset specificity）。[6]②机会主义行为，主要关注交易各方的利己行为、隐匿信息行为和义务逃避行为。[6]③交易不确定性，一般包括行为不确定性和环境不确定性的测量。[7]④契约治理，其测量主要包含契约完备性[8-10]和契约执行[9-10]，其中契约执行包括强制执行和监督。

其次，在二手数据分析中，学者可以通过成熟且权威的数据库来获取研究所需的数据，也也可以自行搜集和整理数据，如通过企业年报、企业新闻报道进行编码等。目前常用的权威数据库包括国内数据库（如CNRDS、CSMAR、CCER）和国际数据库（如CompuStat、Bloomberg、Mergent、Thomson Reuters、FactSet、Security Data Corporation’s alliance database、Factiva database、LexisNexis、WIND），以及政府官方数据（如国家统计局、Design-Build Institute of America、Ghazimatin）。与交易成本理论相关的关键变量主要包括：①契约特征（如契约持续时长）[11]；②合作项目特征（如项目规模[11]、合资经验[12-13]）；③企业特征（如市场价值、[14]研发强度、[15]渠道战略、[14,16]研发能力[17]）；④组织间关系特征（如关系时长、[11]联盟经验[12,14]）；⑤环境特征（如环境不确定性[12]、环境多样性[15]、市场集中度[15]、竞争强度[16]、制度距离[18]）。

（四）对该理论的评价

交易成本理论的出现是经济学理论研究的重大转变，因为在此之前，学界主要关注生产过程中所产生的成本，交易成本被认为几乎是零。交易成本理论明确指出了交易成本的六大来源和交易的三大特征，并强调了企业可以利用契约来降低交易成本。其为人们理解组织间交易的特征、交易风险的产生和企业间治理方式的选择提供了夯实的理论基础和明晰的研究框架，使得学者们可以依托于交易成本理论在企业战略管理、组织间关系治理等领域展开研究，探索企业长期适用的生存发展之道、合作经营之本、效率管理之念。

然而，到目前为止，尽管有大量工作与研究都支持交易成本理论，但从文献上看仍然存在一些不足。[19-20]首先，对于交易成本理论中的关键术语和概念目前仍然缺少一致定义，且在测量诸如机会主义、资产专用性和不确定性具有多种定义，不一致的定义和测量很难统一解释各种冲突的研究结果。其次，交易成本理论的假设指出人总是表现出机会主义行为，交易伙伴总是会为了自身利益而互相伤害，而且事后发现这种伤害往往代价昂贵，所以交易必须始终被严苛细致的契约所约束。[2]也有学者质疑交易成本理论中的自我实现预言问题，即机会主义总是存在的，且常常不可预测，这种情况下交易双方就会倾向于认为它会出现。[21]最终的结果就是，交易双方始终不能互相信任，并且拟定出尽可能严苛的契约来促使双方在交易中表现得更好。[21]最后，一些学者指出交易成本理论对一体化和显性合约保护的解释存在偏差。[5]该理论无法解释某些异常现象，如在没有典型治理结构的条件下企业仍然可以生存得很好的问题。[22]

（五）对营销实践的启示

交易成本理论能够很好地解释交易成本的来源以及组织间交易行为。在营销领域中，企业一直十分关注如何通过降低交易成本来获得更高的企业绩效。一方面，企业管理者在为项目做预算时，可以明确预算包含与产品和服务生产不直接相关的所有额外成本，如信息搜索、谈判、监控、执行协议的费用。另一方面，管理者可以根据自身情况来选择合适的契约治理机制来降低交易成本。例如，为了防止合作伙伴的机会行为，是否需要在契约中尽量增加一些严格控制和约束的条款？是否必须严格监控交易伙伴的行为？在发现合作伙伴的不当行为时，是否一定给予严惩？也可能存在另一种较为理想化的情形：企业自身与交易伙伴非常亲近，已经建立了不需要契约约束的合作关系，双方都秉承着互利共赢的观念进行交易。对于企业来说，对交易伙伴及维持关系所需要的成本了解得越多，管理者就能越有效地降低成本，同时更好地营造一种合适的交易环境，使各方都从中受益。

参考文献

53

代理理论

李纯青　朱玉丹　王倩楠　郝日艳①

（一）理论概述与在营销研究中的发展

代理理论（agency theory，AT）是由简森（Jensen）和梅克林（Meckling）于1976年提出针对代理关系研究的理论，该理论通过将公司所有者描述为雇用代理（经理）来执行组织运行业务的委托人来解释公司治理，主要关注解决代理关系中可能出现的两个问题——代理问题（agency problem）和风险分担问题（problem of risk sharing）。[1]由于代理关系在不同研究情境下普遍存在，代理理论得以在不同领域广泛适用。特别是近年来，随着该理论内涵的不断丰富，研究者们越发重视探讨代理理论在各个研究领域的应用。

在营销领域中，该理论被广泛运用于消费者心理与行为、企业营销策略制定的相关研究中。我们分别展示了该理论在营销领域六大顶级期刊和年度的频率分布趋势（图53-1、图53-2），可以看出该理论在*Journal of Academy Marketing Science*中运用最多。

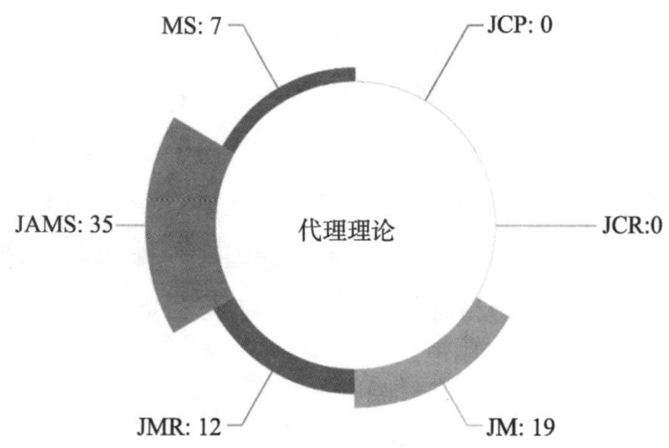

图53-1　六大期刊中代理理论频次分布

① 李纯青，西北大学经济管理学院教授，主要研究领域为新兴技术驱动的营销创新。朱玉丹，西北大学经济管理学院博士研究生，主要研究领域为新兴技术驱动的营销创新。王倩楠，西北大学经济管理学院博士研究生，主要研究领域为新兴技术驱动的营销创新。郝日艳，西北大学经济管理学院博士研究生，主要研究领域为新兴技术驱动的营销创新。

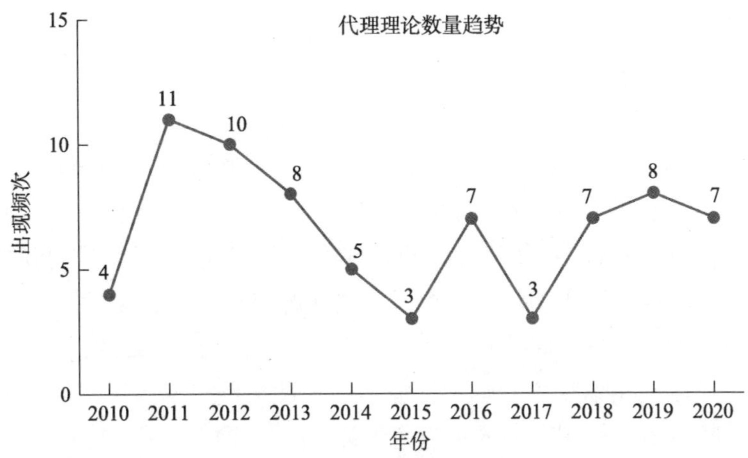

图 53-2　六大期刊中代理理论的年度频次分布

(二) 理论的核心内容与在营销研究主题中的运用

1. 理论的核心内容

代理理论（agency theory）是对代理关系（agency relationship）进行研究所产生的理论。代理关系是一个或多个人（委托人）聘请另一个人（代理人）代表他们执行某些行为的服务，包括将某些决策权委托给代理人。[2]例如，在商业环境中，为实现企业利润最大化，企业实际所有者（股东）会作为委托人，邀请或授权给企业管理者作为代理人来管理组织以实现利润最大化目标。简单来说，雇员与雇主的关系就是代理理论的最好代表。但需要指出的是，依据代理理论，经济资源的所有者是委托人，负责使用和控制这些资源的经理人员是代理人，而当经理人员本身就是企业资源的所有者时（如企业资源的所有者与企业资源的使用和控制者为同一人时），他们会努力地为自己工作，代理便不存在了。

那么，什么情况下会产生代理呢？代理理论具有两大基本前提：一是委托人和代理人都是理性的“经济人”，他们通过签订代理合同以最大化各自利益；二是存在信息不对称，即代理人拥有比委托人更多的信息。[3]例如，当委托人和代理人之间存在利益的分歧时，委托人可能无法完全控制他们的代理人，后者可能会以牺牲委托人利益的方式行事，或无法有效激励他们以实现自身期望。代理人也会就自身的不良表现推卸责任，但代理人可能向委托人表示，其不良表现是由于市场力量（如竞争加剧、需求减少）而并非其推卸责任所致。代理理论的一个核心目标就是确定交换协议的类型，以最大限度地减少如代理人推卸责任等情况发生的可能性。因此，代理理论关注的重点是如何有效地控制拥有决策权的代理人的活动，以及如何有效地使委托人以成本效益的方式激励代理人达到交换协议的期望。[4]

代理理论主要研究三种常见情况下能够有效激励代理人的协议类型：①委托人和代理人有不同的目标（目标不一致）；②委托人没有关于代理人的完整信息（信息不对称）；③代理人的表现可能受到代理人无法控制的因素影响（环境不确定性）。[5]由于这三个因素之间的相互作用，委托人很容易受到"道德风险"的影响，即代理人不仅可以在履行交换协议的过程中推卸责任，而且可以利用信息不对称和环境不确定性来掩盖推卸责任的行为。[6]市场营销研究者用"控制"一词来描述各种委托—代理类型之间的代理协议的目的。代理理论通常将代理人的控制分为两种类型——基于过程（行为）的控制和基于结果的控制。[3]每种类型都描述了委托人对代理人所赋予的特定权力水平。在基于过程（行为）的控制中，委托人为代理人指定一套活动，监督代理人是否执行了这些活动，如果没有执行，则实施惩罚。经典的基于过程（行为）的协议是一种全职的雇佣关系，在这种关系中，代理人被给予固定的报酬来履行特定的职责，而不考虑结果。基于过程（行为）控制的主要目的是激励代理人接受委托人的"权威和指导"，因而代理人具有相对较少的独立性。与此相反，在基于结果的控制中，委托人规定了代理人必须交付的产出，委托人通过衡量产出来确定代理人的报酬。典型的基于结果的协议是一个独立的销售代理，他只获得完成销售后的佣金。在基于结果的控制中委托人不必监督或过多的指导代理人，而是给予代理人更多的自由，让他们决定他们认为可能产生预期结果的行为。在代理理论研究中，这种显著的权力下放有时被称为分权。[4]

此外，还存在双重代理问题。双重代理视角整合了代理理论和角色理论研究，将销售人员塑造为卖方的显性代理人和客户的隐性代理人。[7]在双重代理下，每位负责人对销售人员动机的怀疑都会加剧，因为两位负责人都想知道销售人员真正服务的是哪位主人。例如，将销售人员视为卖方的代理人，如果销售人员通过提倡折扣来积极促进客户利益，就可能会被视为其逃避了代表卖方的责任。但销售人员也可以通过合理代表客户和卖家，从而避免冲突，为每个委托人取得更好的结果。

2. 理论在营销研究主题中的运用

代理理论在营销研究中得到了广泛的运用。一方面，该理论能够用于了解营销组织的控制与激励，涉及营销组织的控制（如过程/行为控制和结果控制）、营销决策制定、激励（销售激励、渠道激励、组织激励）等；另一方面，该理论也能用于指导品牌创收与企业社会责任。以下介绍代理理论在营销研究主题中的四方面运用。

（1）代理理论与营销组织管理

控制是指组织对代理人（如雇员、贸易伙伴）进行监控、指导、评估和补偿的一系列程序。[3]有效的控制系统激励代理人更为努力，并减少机会主义行为给代理人带来的好处。[5]同时刺激代理人通过调整他们的努力，使之更加有效地工作。过程控制（行为）和结果控制通常会产生积极的结果（如提高绩效和减少机会主义），企业可以选择使用过程（行为）控制、结果控制，或两者的结合来影响结果目标的实现。[8]研究还发现，组织控制的结果可能是积极的，也可能是消极的，这取决于组织环境（即组织间与组织内的环境，如关系质量）。[4]此外，代理问题还会对营销决策产生影响。如果委托方与代理方的目标能够保持一致，组织决策过程中的摩擦就会越低，决策速度也会越快，重点活动或产品就能越快推出。一般来说，调整目标有助于制定行动蓝图，从而通过“防止偏差”提高效率，当合作伙伴之间出现冲突时，可以根据这些提高决策速度的预订协议迅速解决。

（2）代理理论与营销组织激励

销售人员与企业作为雇员与雇主关系的代表，是代理理论研究的重点，企业可以根据工作/任务的概况，以及任务特征对销售人员的吸引力与销售人员拟定不同的代理协议，从而对销售人员产生激励作用。企业可以向销售人员提供不同的薪酬计划以起到鼓励销售人员努力和分配风险的作用。例如，在不稳定的环境中，公司将不得不向规避风险的代理人支付大量风险溢价。然而，如果高激励的薪酬计划有助于企业吸引和留住那些更愿意承担风险的代理人，那么在保持激励力度不变的前提下，其所需的风险溢价就会减少。除上述销售激励外，代理关系还存在于渠道激励之中。具体地，除了正式协议中的激励措施外，委托人还可以向其代理人提供合同外的激励措施，以促进其品牌的额外努力。例如，为了吸引加盟者与特许经营商（代理人）的具体营销活动合作，除明确的协议外，企业（委托人）还会采取合同外激励（如在明确的协议之外向特许经营人支付货币），以激励其采取具体行动来代表特许经营人的品牌。[9]此外，还存在矛盾的激励效果。研究发现，代理理论与授权具有高度的相关性。例如，在服务背景下，授权在主管和员工之间建立了一种代理关系，使得前者（委托人）授权后者（代理人）为客户服务，但却会产生矛盾的激励效果。这是因为，尽管授权唤起了员工的自由和尊重感知，但这种权力下放也产生了更多的期望和责任，可能会增加员工的工作量，这使得他们履行服务的成本很高。因此，代理人（员工）会机会主义地行事，尤其是在委托人（主管）无法轻易衡量或观察的任务上，这反而导致了员工服务绩效的下降（如感知的工作量会降低员工的客户投诉处理绩效）。[10]

（3）代理理论与品牌许可

代理理论涉及协议后的机会主义风险，从许可人的角度来看，强调了在许可一个品牌时需要平衡品牌保护和创收，被许可人获得的洞察力使其能够在许可协议中保护其利益。[2]代理问题会因委托人与代理人之间目标的不一致、风险偏好的不同和信息的不对称而产生。而在品牌许可中，许可人和被许可人之间利益完全一致的情况很少。例如，许可人的目标是保护和提高品牌，同时赚取额外收入，而在许多情况下，许可人会认为收入是次要的，确保品牌不因不合适的许可而被稀释是主要的。但相较于许可人，被许可人对保护品牌的重视程度可能更低，且机会主义的被许可人可能会利用许可人对品牌的投资，逃避维护品牌质量的努力。总之，代理理论提供了一个有用的框架来解决如何在事前构建协议以减少机会主义行为的事后成本。[9]例如，一个国家的知识产权保护使被许可人能够从较低的使用费率中获益，而市场规模使许可人能够要求较高的使用费率。[2]

（4）代理理论与企业社会责任

新古典主义经济学家运用代理理论，认为企业社会责任代表了一个代理问题，即管理者将稀缺的组织资源转移到与公司业绩没有直接联系的社会事业上，并减少股东财富。企业社会责任涉及股东的高成本，因而在企业社会责任与股东财富间存在代理关系。企业社会责任被认为是管理者作为代理人将稀缺的公司资源转移到非生产性活动中。然而，由于企业社会责任的结果可能很难被股东验证和评估，因此，管理者和他们的委托人（即股东）之间信息不对称的加剧很容易被管理者滥用，而导致股东财富减少。[11]例如，管理者有机会参与慈善活动，这些活动可能会提高他们在社区中的个人地位，而不是增加公司的财务底线。此外，对企业社会责任的投资也可能表明，经理们（代理人）拥有可支配的闲置资源，但却没有能力为它们找到经济上的用途，从而降低投资者对公司的评估。也就是说，企业社会责任对企业的预期现金流水平和变化性有负面影响，这意味着股东（委托人）财富的减少。[12]

（三）理论运用中的研究方法

在营销领域的研究中，学者们基于不同的问题对代理理论的两个分支，即实证代理理论和委托代理理论，采用不同的研究方法。其中，实证代理理论可识别各种可供选择的契约，而委托代理理论是在一系列代理变量的基础上识别哪个契约更有效。具体而言：

在实证代理理论研究方面，营销学者主要探讨组织所有权和控制权分离的问题，强调大型公有企业的所有者（委托人）如何通过激励条款、外部劳动力市场和资本市场来约束销售经理（代理人），揭示了解决代理问题的控制机制。先调查研究，再用文字表述是营销学者研究实证代理理论的主要方法。具体而言，在运用实证代理理论的研究过程中，营销学者首先明确公司所有者与销售经理在政策和行为上的利益差异，然后论证公司所有者通过采用不同的控制机制（如基于结果的激励）是如何协调销售经理的经济行为并使其按前者的利益行事，即解决代理问题。对于激励效果的衡量，营销学者们常用工具评价方法，即代理人考虑与追求激励投资组合的收入和成本变化相关的经济机会。这一方法能够描述代理人对激励方案对其财务直接贡献程度的理性感知。因此，相较于工具评价低的激励，工具评价高的激励能够激励代理人，因为代理人可以明确感知自身努力与回报之间的联系，直接计算出自己从完成的工作中获得的经济收益。[9]

在委托代理理论研究方面，营销学者主要使用定性研究与定量研究相结合的方式探索品牌授权、特许经营、营销交易、营销联盟等问题。[2,8,9,13]由于在具体研究中可能会涉及不同数学模型的推演与应用和对相关变量的测量，因此与实证代理理论研究相比，委托代理理论的研究具有更为抽象的数学模型和严密的逻辑推理。

（四）对该理论的评价

代理理论对代理问题具有强大的解释力，阐释了委托人如何以有效的方式控制代理人的行为，是契约理论的重要分支，明确规定了补偿所需的激励和行动,可用于解决如何在事前构建合同以减少机会主义行为的事后成本。[3,9]代理关系发生在涉及授权的各种情况和背景下，已被学者广泛应用于会计、经济、金融、政治学、组织行为和社会学等领域。[14]在市场营销领域也有着广泛的应用，为营销组织管理与销售渠道的激励问题、服务授权、可持续性等相关研究提供了独特的研究视角和综合的理论分析框架。

虽然代理理论已经有了较为成熟的发展成果，但是该理论仍存在一定的局限性。目前，该理论明确了激励问题和自利当事人的假设，但目标集并不总是发散的。在这种情况下，代理理论的预测不被支持。[15]同时，代理理论采取了一种以委托人为中心的方法，关注委托人提供激励的事前原因，对事后反应的关注相对不足。[16]因此，代理理论的实际应用过程中需要将管理理论等理论作为补充，与更多的理论相结合来分析具体的研究问题，从而更好地显示问题的真实情况，降低理论与现实之间的偏差，最大限度地剖析现实问题。同时，在该理论的未来研究中也可以更加关注在数字化、人工智能等新发展情境下代理理论对于营销问题的解释力度；探索新营销情境下更广泛的代理类型以及代理人的不端行为；分析在代理关系中个体态度（焦虑、否认等）的作用，以及代理关系在环境不确定性加剧的时代背景下如何反应。[4]在研究方法上则可以结合虚拟方法，有更多新的尝试。

（五）对营销实践的启示

代理理论很好地解释了委托人和代理人之间的关系，以及关系中的核心问题——代理问题和风险承担。[17]在营销领域中，企业需要考虑如何构建良好的激励机制，赋能营销团队，从而更好地服务于企业的可持续性。根据代理理论，营销实践过程中，不论是正式组织还是越来越多的临时营销组织都可以通过激励手段和监控程序来解决信息不对称问题，实现对代理人的有效约束和激励，达成交换协议的期望。如品牌许可过程中，对许可人和被许可人的机会主义行为的担忧影响了使用费率，可借用代理理论视角，进行许可背景下的权衡，构建事前协议从而降低事后成本。[2]总之，在实际研究过程中借助代理理论，能够给营销领域中的各种代理问题提供参考和借鉴。

参考文献

54 信号理论

李小玲①

（一）理论概述与在营销研究中的发展

信号理论（signaling theory）由斯宾塞（spence）于1973年首先提出。信号理论是在信息不对称的前提下发展起来的，对于描述当双方（个人或组织）获得不同信息时的行为具有重要意义。学者应用信号理论来帮助解释信息不对称在各种研究背景下的影响。信号理论在包括战略管理、企业家精神、人力资源管理和市场营销在内的各种管理领域中具有突出地位。[1]阿克尔洛夫（Akerlof）、斯宾塞、斯蒂格利茨（Stiglitz）这三位美国经济学家由于在逆向选择理论、信号发送和信号理论方面的开拓性贡献，获得了2001年度的诺贝尔经济学奖。

在营销领域中，该理论被广泛运用于消费者心理与行为、企业营销策略制定的相关研究中。我们分别展示了该理论在营销领域六大顶级期刊和年度的频率分布趋势（图54-1、图54-2），可以看出该理论在*Journal of Academy Marketing Science*中运用最多。

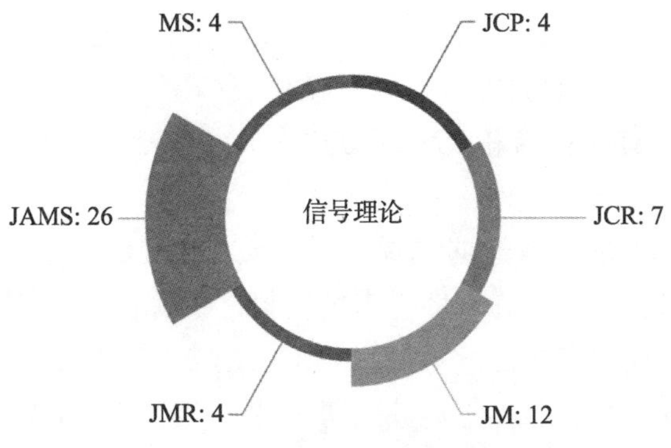

图54-1　六大期刊中信号理论频次分布

---

① 李小玲博士，重庆大学经济与工商管理学院教授、博士生导师，研究领域为网络平台的市场治理。基金项目：国家社科基金重大项目（21ZDA026），国家自然科学基金项目（71972021）。

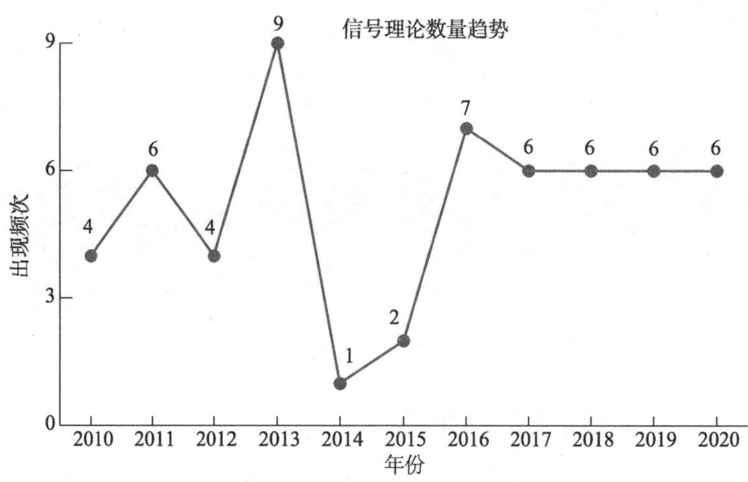

图54-2　六大期刊中信号理论的年度频次分布

（二）理论的核心内容与在营销研究主题中的运用

1. 理论的核心内容

（1）信息不对称与逆向选择

信息影响家庭、企业和政府中的个人决策。人们根据免费可得的公共信息和仅对一部分公众可用的私人信息做出决策。在社会、政治、经济等活动中,某一参与者比对方拥有更多影响其决策的信息，这就是信息不对称(asymmetric information)。斯蒂格利茨解释说，当“不同的人知道不同的事情”时，信息不对称就会发生。[2]掌握信息比较充分的人员，往往处于比较有利的地位，而信息贫乏的人员，则处于较为不利的地位。一般而言，卖方比买方拥有更多关于交易物品的信息，如二手车的买卖，卖方比买方更了解出售的车辆。但有时恰恰相反，买方比卖方掌握更多信息，如医疗保险买卖等。

不对称信息可能导致逆向选择（adverse selection)。1970年，阿克尔洛夫在《柠檬市场：质量不确定性与市场机制》中以二手车市场为例，说明在市场交易中买卖双方存在信息不对称问题。在二手车市场中，买方仅仅知道交易商品的质量分布，而不知道其确切质量，这样卖方就会以次充好，而买方由于只知道二手车的平均质量，因此只愿以平均质量出中等价格，最终将会导致劣质商品在市场中交易而优质商品因高于中等价格而退出市场的结果。接下来，由于上等车退出市场，买方会继续降低估价，次上等车会退出市场。演绎的最后结果是市场上成了破烂车的展览馆，成交量小于实际均衡量，这个过程称为逆向选择。[3]

（2）信号理论

信号理论从根本上讲是为了减少双方之间的信息不对称。斯宾塞对劳动力市场的开创性研究表明，求职者可以采取措施来减少阻碍潜在雇主选择能力的信息不对称。斯宾塞举例说明了高质量员工如何通过严格的高等教育这一代价高昂的信号将自己与低质量的潜在员工区分开来，从而解决了劳动力市场的逆向选择问题。[4]斯宾塞的模型与人力资本理论形成鲜明对比，因为他不强调教育对提高工人生产力的作用，而是将教育作为传达求职者不可观察特征的手段。

信号理论中的关键要素分别为信号发送者、信号和信号接收者。海尔（Heil）和罗伯逊（Robertson）认为在竞争市场上信号接收者对信号的解读和反应过程主要受到信号发送者的特征、信号自身的特征和信号接收者的特征的影响。[5]

信号发送者是内部人员，他们能够获取外部人员无法获得的个人、产品或组织的信息。这些信息可能包括产品或服务的细节、早期研究和开发结果，或销售代理报告的初步销售结果等。简单地说，这些私人信息为内部人士提供了有关个人、产品或组织某方面潜在质量的特权视角。[1]此外，良好的信号声誉是信号发送者的一种资产，高感知的承诺会促使接收方较少地选择其他潜在方案。[5]

信号主要指内部人员为了有意传达积极、不易察觉的个人、产品或组织属性而采取的行动。内部人员可能会用可观察到的行动淹没外部人员，但并非所有行动都是有用的信号。有效信号有两个主要特征。一是信号的可观测性，这是指外界能够注意到信号的程度。如果局外人不容易观察到内部人员的行为，那么很难使用这些行为与接收者进行沟通。二是信号成本。信号成本是信号理论的核心，一些学者将其称为“高成本信号理论”。[6]为了维持信息的可信度，人们会选择用高成本的行为来传递某类重要信息，这些信息往往意味着高价值。行为的高成本将使得“打肿脸充胖子”或“滥竽充数”的代价高于所能因此获得的收益。比如为了维持颜面而选择高消费的人，就要承担他所难以承担的花费；又如慈善行为往往意味着“我”是一个可信赖的，诚实且有资本的社会成员。[7]如果不具备与信号相匹配的质量的信号发送者也能发出同样有价值的信号且所付出的代价很小，欺骗就会盛行，信息的质量就会下降，直到接收者学会识别它们。

信号接收者是信号理论中的第三个要素。接收者是缺乏有关组织的信息但希望接收这些信息的外来者。同时，信号传递者和接收者也有部分利益冲突，因此成功的欺骗会使信号传递者受益，而接收者却因此受损。[6]具有专业知识的信息接收者能够更准确地进行信号解释。[5]财会研究将股东和债务持有人等作为接收者。营销研究将客户作为接受者。这些外来者可以根据从这些信号中获得的信息做出决策。例如，股东从购买预示着未来更有利可图的公司股票中获利。同样，顾客也会从购买与高质量信号相关的商品和服务中获益。[1]

2. 理论在营销研究主题中的运用

信号理论在营销研究中得到了广泛的运用，首先，该理论能用于指导企业与品牌的营销策略（如在线购物、品牌延伸、营销组合等）。其次，该理论能够解释消费者心理与行为，涉及消费者的动机（社会认同等）、认知（价格感知、热情和能力推断等）与消费者情感等。最后，该理论在企业社会责任等公司治理问题上也有应用。以下介绍信号理论在营销研究主题中的五方面运用。

（1）信号理论与在线购物

买家的不确定性是由于卖家和买家之间的信息不对称而产生的，这些问题在在线环境中被放大，在线环境的空间和时间分离造成了额外的信息不对称，几乎任何人都可以以非常低的成本在互联网上建立零售店。[8]信息不对称使得买家更加关注可观察到的信号。

例如，研究表明，买家使用双边沟通（买家和卖家之间的直接信息交换）、体现卖方质量的卖方声誉和关系观察（买家观察社区成员与卖家的关系选择）这三种信号来降低网上购物的风险。随着买家经验的增多，信号的重要性会逐渐降低，这时买家可以利用自己不断扩展的知识做出决策。[9]马拉普拉加达（Mallapragada）调查了消费者正在购买的产品类别和在线零售商网站的特性如何影响消费者在线购买花费的金额，例如，购买享乐产品时，由于其本质上更具体验性或审美性，网站沟通和交互的功能会提升购买金额。相反，对于实用性产品，消费者购买金额会因与通信和交互相关的网站功能而降低，因导航和布局等功能而提高，这是因为对于功能性更强的实用型产品，能够在相关页面上获得产品手册、技术规范等额外信息是一种标志着产品质量的信号，从而可以增强产品的吸引力。[10]

（2）信号理论与品牌延伸

品牌是产品质量的特别有力和有效的信号。品牌延伸已经成为企业推出新产品时的一种常用并且有效的营销模式。由于信号的溢出效应，品牌延伸策略可以使新产品借助成功品牌的市场信誉在节省促销费用的情况下顺利地占领市场。有研究表明，在采用品牌延伸策略时，品牌全球性和品牌起源是两个重要的质量信号。这是因为消费者认为全世界接受的品牌应该是高质量的，此外，消费者可能会依赖于来自同一国家的品牌的整体形象来评估其他品牌。[11]从消费者的角度来看，收购本土品牌对于外国品牌企业集团来说不是一个明智的策略，由于信号的溢出效应，消费者倾向于在收购后期望更高的质量，但可能不想为质量提高支付更多费用。[12]但这种溢出效应会受到文化等因素的调节，有学者发现在个人主义文化中，电影续集和其票房表现之间的积极关系在减弱。[13]

（3）信号理论与营销组合

产品质量和性能的不确定性会产生风险。为了应对这种风险，客户在购买时依赖信号来指示产品质量和性能。先前的研究表明，价格、广告、赞助和保修等营销组合元素是可靠的信号。有研究发现消费者品牌信任受到营销组合活动的影响。[14]

消费者研究文献将低价保证概念化为市场信号。低价保证的主要目的是告知消费者，零售商的价格接近于某一产品的市场价格的最低端，如果报价不是市场上最低的，将对买方进行补偿。这种自我施加的惩罚为信号所传达的信息提供了可信度，理由是提供真实信息以避免惩罚符合卖方的最大利益。研究发现，如果消费者将此类承诺视为零售商价格状况的信息来源，当卖家的报价高于市场最低价时，由于信任被侵犯，即使退款后，消费者仍会感到后悔。[15]怀特（White）等人研究了价格匹配保证（PMG）和每日低价（EDLP）两种低定价策略对消费者信任信念和购买意愿的差异信号影响，发现这两种定价政策都表明商店有能力提供更低的价格。当价格离散度高时，与提供EDLP的卖家相比，消费者对提供PMG的卖家的感知仁慈和购买意图更高。[16]

促销层面，电影文学从某种程度上采取了信号理论的观点，来自营销人员的广告和来自消费者的评级可以大大减少新电影不可观察质量的不确定性，有效地影响消费者做出对营销人员有利的选择。[17]赞助曝光对品牌影响力、品牌信任和品牌忠诚度也有积极影响，因为赞助需要大量的费用，所以宣布赞助可能是公司财务状况良好的信号。[18]此外，研究发现捆绑销售可以传递附加组件具有广泛的吸引力的信号。许多卖家将附加组件（如机上娱乐、酒店设施）与核心服务（如交通、住宿）捆绑在一起，尽管捆绑价格与累计价格相等，消费者通常认为捆绑式销售比同等的非捆绑式销售（10美元>9美元+1美元）提供了更大的价值。[19]

（4）信号理论与炫耀性消费

炫耀性消费，是指以表现财富或收入为目的而花费于商品或劳务的消费行为。人们购买奢侈品不仅仅是出于它们的实用性，也是为了满足社会需求。因此，一些消费者选择购买假货。社交环境为观察者提供了评论假货的机会，假货被认出为假货（低真实性信号）比假货被接受为正品（高真实性信号）引发更高水平的社交焦虑，导致消费者对假冒奢侈品的购买意愿和实际支出降低。[20]

品牌通过可见的标志和明确的图案来帮助信号传递，如博柏丽（Burberry）的格纹和香奈儿（Chanel）的双C标志等。然而一项研究发现，虽然不太明确的品牌会增加错误识别的可能性（例如，观察者将高端购买混淆为更便宜的选择），但在特定领域拥有更多文化资本的人更喜欢这种不显眼的信号，因为它们提供了与主流的区别。这类业内人士具备必要的鉴赏力，能够解读这些信号的含义，有助于“在已知范围内”与他人交流。[21]此外，不合规的行为，比如穿着运动服而不是优雅的服装进入豪华精品店，或者在职业场合穿着红色运动鞋，作为代价高昂且可见的信号，可以作为炫耀性消费的一种特殊形式，并在他人眼中导致对地位和能力的积极推断。一系列研究表明，人们赋予不合规的人更高的地位和能力。[22]

卖家也存在炫耀性消费，消费者对其是如何解读的呢？研究发现卖家的炫耀性消费减少了消费者对卖家的热情推断，进而减少了在公共规范下对卖家的行为意图；相反，它增加了能力推断，进而增加了交换规范下的行为意图。[23]

（5）信号理论与企业社会责任

企业社会责任作为企业一种具有社会声誉性质的优质信号，能够强化企业外部利益相关方对企业的认同效应以及社会支持效应。研究发现，企业社会责任参与对客户感知价格公平的影响机制可以从客户对企业社会责任成本的推断来解释。如果客户认为公司高度参与企业社会责任，他们倾向于推断企业社会责任成本高，从而认为公司拥有足够的资源，能够有效地支持目标社会事业。[24]

除了传统的企业社会责任外，如今许多利益相关者期望公司通过表达对党派社会政治问题的支持或反对来展示自己的价值观，这一现象被作者称为“企业社会政治行动主义”（CSA）。无论公司的潜在动机如何，参与CSA都表明其社会政治价值观。这一信号通过向利益相关者告知公司持有的社会政治价值观，减少了公司与其利益相关者之间的信息不对称。然后，利益相关者将进一步评估公司在CSA中的参与程度，以帮助缩小他们对公司的已知信息和期望信息之间的差距。[25]

（三）理论运用中的研究方法

在营销领域的研究中，采用信号理论的论文主要使用二手数据法和实验法。通过二手数据集和实验设计，获得营销组织和消费者所发出的丰富信号，如商家采取的新产品预先发布、广告、赞助、销售网站的设计等营销策略，消费者对产品的评级和评价等，顾客作为信号的接收方，会对这些信号产生如热情推断、能力推断、质量感知等各种判断，研究者往往使用量表的方式对顾客的心理、感知和情感进行测量，最终顾客根据信号做出决策，这些决策在二手数据集中往往体现为产品的销量、顾客的消费金额等数据，在实验设计中则表现为顾客的购买意愿等。

（四）对该理论的评价

从斯宾塞的开创性研究至今，作为信息经济学的一个分支，信号理论已经有了长足的发展，以往许多困惑经济学界的微观经济现象和宏观经济问题得到了较为清楚的解释和分析。信号理论有它固有的缺陷。在一产品市场尚处于发展初期时，由于消费者对市场款悉程度较低，市场上产品的性价比不定，这时价格和质量是消费数量的主要变量，信号理论是适用的。而随着市场的成熟，市场竞争使得产品的性价比趋于稳定，此时影响消费者决策的是消费者偏好，信号理论将不再适用。此外，当前的商业环境正在发生重大变化，不确定性增加，信息由不对称转向冗余和过载。此时，信号的主要作用可能不再是解决信息不对称问题，未来的研究方向是如何在不确定性和信息过载的情形下，传递清晰、有吸引力的信号。[1]

（五）对营销实践的启示

信号理论在营销组织向其市场中的另一方传达有意义的市场、产品或服务信息中具有广泛的应用。由于消费者很难判断市场上的产品与服务信息，在这种情况下，营销组织可以使用各种营销策略来表明他们的组织类型和出售的产品情况，[26]例如低价保证、广告投放、忠诚度计划等，来减少信息不对称。消费者可以对收到的信号进行甄别和解读，如推断卖家推出低价策略背后的意图，根据其他消费者的评论形成产品质量感知，通过企业社会责任判断企业能力等。当然，消费者也可以作为信号的发送者，如通过消费奢侈品来传递社会地位和身份的信号。

参考文献

55 制度理论

曾伏娥①

(一)理论概述与在营销研究中的发展

制度理论(institutional theory)基于罗伯特·默顿(Robert K. Merton)和塞尔兹尼克(Selznick)关于组织的研究。经过社会科学多年的积累和马奇、西蒙(March & Simon)等学者的创造性见解,制度理论逐渐完善。制度理论回答了这样一个问题:为什么同一领域的所有组织容易看起来和行动起来都一样?[6]制度理论常被用在经济研究、社会研究等领域。近几年来,研究者们较为重视该理论,并就理论应用范围进行探讨,即侧重讨论制度理论在多个研究领域的应用。

在营销领域中,该理论被广泛运用于企业行为的相关研究中。我们分别展示了该理论在营销领域六大顶级期刊和年度的频率分布趋势(图55-1、图55-2),可以看出该理论在*Journal of Academy Marketing Science*期刊中运用最多。

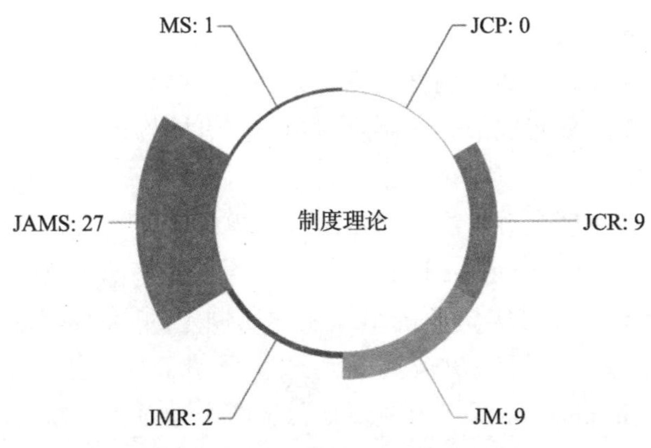

图55-1　六大期刊中制度理论频次分布

① 曾伏娥,武汉大学经济与管理学院教授,主要研究领域为新产品开发、渠道管理。基金项目:教育部重大攻关项目(22JZD012),国家自然科学基金重点项目(71832010)。

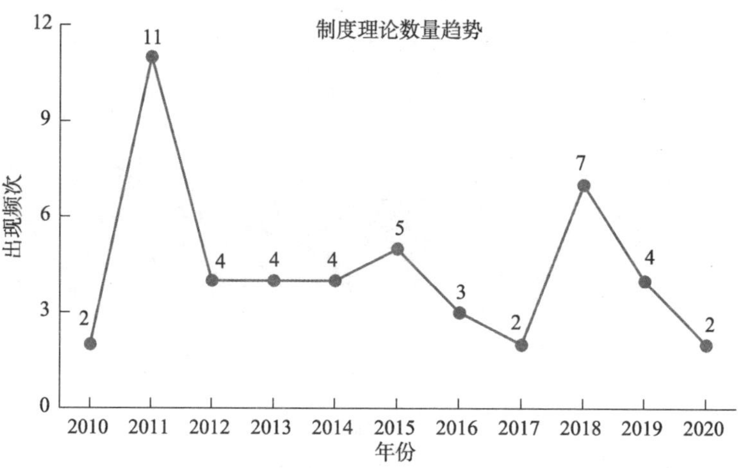

图55-2　六大期刊中制度理论的年度频次分布

（二）理论的核心内容与在营销研究主题中的运用

1. 理论的核心内容

制度理论的核心概念认为，组织倾向于通过其结构和流程实现组织稳定并获得意义，而不是仅一味完成组织目标、达成预期效果和实现效率。[7]在组织成立的初期，同一领域内的各组织之间的差异比较明显，但不久之后组织的流程、结构和实践会趋于一致。

为什么同一领域的所有组织最终会表现得趋于一致呢？制度理论认为这来源于制度的同构作用。制度是一种为社会行为提供稳定性和行为意义的，具有规制性、规范性和认知性三种性质的结构和活动，[8]包括法律法规、社会规范、社会文化认知等。制度理论认为环境是影响组织的重要因素，而制度是环境中一个重要组成部分，制度对组织具有同构作用，会迫使处在同样制度影响下的组织趋于一致。

具体而言，制度会对组织施加强制性、模仿性和规范性三种类型的同构压力。[6]强制性同构（coercive isomorphism）主要是来源于政府、行业协会和权威机构等拥有企业必需资源的组织实体所制定的、具有强制性的各种规则、法律和制裁等。组织决策会受到这些强制工具的指导。规范性同构（normative isomorphism）的压力主要来源于两个方面：一方面是来自由正式教育和专家学者所赞同的认识基础，另一方面是来源于各个专业组织之间形成相互沟通交流的关系网络。总之，企业的行为受到职业和行业已建立的规范的影响，即规范性同构的影响。模仿性同构（mimetic isomorphism）体现在企业为了应对经营环境中的不确定性和风险，选择通过学习其他企业的成功经验、模仿其他企业的经营模式、流程或者企业策略等，以达到减少不确定性、降低企业风险的目的，即企业会模仿成功同行的行为实践。

除了对组织施加三种类型的同构压力外，制度还是组织合法性的外部评定标准。合法性是指组织行动受到内外部利益相关者认可的程度以及与组织所处环境中的法律、规范和文化认知等相一致的程度。[9]组织要想获得较高的合法性和社会资源支持，就应该服从制度压力并且遵循相应的组织结构和流程规范。

但是，组织并不只是被动地接受外部环境的压力，组织在改变它们所面临的制度环境方面具有一定自主性和能动性，这一过程被命名为“制度创业”。面对制度压力和内外部的一致化趋势，组织可以采用逃避、反抗、操纵等抵抗程度不一的措施。[1]

2. 理论在营销研究主题中的运用

制度理论在营销研究中已得到了广泛运用。依据制度理论，我们将外部制度环境看作一个系统，而处于这个系统中的个体（包括组织和个人）都会受到该系统的影响。可见，制度环境对企业有多层次的影响，一方面，它影响组织行为与结构，要求组织行为要符合制度环境的制约（法律法规、产权规则等）；另一方面，它影响着企业内外个体（如员工和消费者）的价值观与决策（合法性、员工道德等）。

（1）制度理论与国际化视角

随着全球化的发展与技术的革新，越来越多的企业走上国际化道路，不同国家间存在的自然环境与制度环境差异也越来越成为困扰企业经营发展的重要问题，也是制度理论的研究热点所在。其中，制度环境是指那些企业需要遵守的，与某一社会或地区紧密联系的法律政策、社会规范和文化体系，[3]而制度距离则反映了企业母国与其所进入的东道国之间法律规范、规则等制度环境的差异程度。[11]

从制度理论视角研究企业国际化战略的研究，大致可按国际化进程不同阶段划为三个流派。首先，在准备阶段，制度环境影响跨国公司对东道国的选择。例如有研究从制度变化的视角出发，探讨了外部制度变化与内部组织结构对跨国企业进入动机的影响。[12]其次，在实施阶段，制度环境也影响着跨国企业对经营模式的选择。有学者从监管控制、政治民主、资本投资三方面研究了制度环境对企业战略的影响。[13]最后，在运营阶段，制度环境与跨国企业海外市场经营绩效密切相关。例如，部分学者利用中国38家上市公司跨国并购的数据，分析了企业所有权结构与跨国并购绩效的关系。[14]

（2）制度理论与创新创业视角

作为一个国家或地区政治、经济、社会发展的综合，制度环境是影响企业所从事创新创业活动成功与否的重要因素。目前关于制度环境与企业创新的关系研究可划分为两类。一类研究是从经济学角度出发，分析制度因素对于企业创新创业的投入与产出的影响。例如有学者研究认为，高水平的制度环境具有恰当的激励结构与产权保护特征，这样的环境会促进企业对新产品的开发。[15]也有研究通过实证表明，制度支持对创新产出有着显著的积极作用。[16]还有一类研究是从合法性的角度，说明制度环境对创新创业行为的影响。例如有研究探讨了环境管制压力对企业的环境创新的影响，研究者统计分析了美国326家污染行业企业所申请的环境相关专利数量，发现制度压力可以激发创新。[17]

（3）制度理论与渠道治理视角

在渠道治理中，机会主义行为因其普遍性和有害性，引起学者的广泛关注。已有研究指出，制度环境对机会主义行为有较大影响。[2]例如，有学者发现，企业主要采用合同治理和关系治理两种方式解决企业面临的机会主义问题。在治理方式选择上，正式制度，如法律等，能对渠道双方施加强制性压力，为合同治理和关系治理构成了基本的制度保障，促进企业采用合同治理和关系治理；而非正式制度，如社会网络依赖，降低渠道双方采用合同治理的动力，更倾向于关系治理。[18]

除机会主义外，在全球化加速的今天，“一带一路”倡议的深化以及企业国际化水平的提高，我们也愈加关注影响企业跨国渠道建设和渠道绩效的因素。有学者深入剖析了企业跨国渠道建设的外部制度环境对渠道经营绩效的关系。具体来说，他们发现，当东道国制度环境更好时，企业更容易在特定的制度环境下取得合法性，并且企业为减少信息不对称性的努力更少。因此，企业会相应减少产品定制化的战略投资，产品定制化对跨国渠道绩效的促进作用减弱。[4]

除组织结构和组织行为外，制度也影响着企业内外部个体的价值观和决策行为。在渠道治理中，除机会主义行为外，渠道成员行为的合法性也影响渠道治理效果。提高渠道成员合法性也是渠道管理中的关键问题。[19]例如，生产制造商有时需要跨越边界管理经销商销售人员，并对他们进行培训。这种跨组织培训和管理行为的合法性，影响着管理和培训的效果，并影响着企业渠道营销的效果。[20]

(4) 制度理论与消费者行为视角

理解市场的一种方式，是将市场视为一种由制度构成的组织领域。[21]如果我们将消费者市场也视为一种由各种制度构成的组织领域的话，在组织市场中存在的制度因素也可能存在于消费者市场，并对消费者行为产生一定影响。例如，在组织市场中，企业面临着获得并维持合法性的问题；[22]而在消费者市场中，消费者也面临着合法性的问题。有研究发现，媒体的信息框架可以通过引起内隐态度的关联性来改变认知的合法性。具体来说，向用户提供合法性相关的信息，基于内隐态度的关联性，用户会将这一信息与其他合法领域相结合，从而提高认知合法性[23]，并采取相应的行为。更有趣的是，消费者市场中，也存在着主动破坏消费者合法性认知的现象。例如，以减少西班牙斗牛活动为例，有学者发现病态污名化的情感性语句可以降低消费者对积极群体身份和个人价值的认知，即降低对这种行为的合法性的认知。进一步，这种语句可能造成羞耻和社会排斥，降低消费者对规范合法性等其他合法性维度的认知。最终，由于合法性认知的降低，消费者参与斗牛活动的意愿也随之下降。[24]除合法性外，组织领域中的制度逻辑、制度工作、制度边界等因素也是消费者领域的营销学者们思考的关键。例如，有学者在一项定性研究中发现，当一群对同一领域感兴趣的消费者相互联系并分享想法时，他们突破了原先的交易者的制度逻辑，并引入了使用者的制度逻辑、促进了关于制度边界的广泛讨论。[25]

(三) 理论运用中的研究方法

在营销领域的研究中，制度理论的研究多应用于组织行为领域，该领域论文主要使用问卷调查法，并采用量表测量。也有少部分论文在操作化定义变量后，收集二手数据完成研究。除此之外，制度理论也被部分学者应用于消费者行为领域，该领域的论文广泛采用质性研究的方法，也有少量研究采用实验法进行定量分析，通过情景操纵配合相关量表测量。

在组织行为研究中，目前的研究更多采用问卷调查法进行分析。较为经典的制度环境测量方法是借鉴经济学与社会学的测量方式，分别从规制、规范和认知三个维度出发，对企业所在制度环境状况进行定义和测量。[26]其中，规制包括如支持公司发展业务、帮助公司减轻创新风险的法律政策，规范包括企业活动的合法性以及人们的认可，认知则包括人们拥有的业务知识与技能等。当然，为了进一步提高量表质量，也有学者对初始量表进行评估和改进。例如，有学者在考察中国管理关系及企业能力的演变与相互作用时，就根据前人的量表进行改编，以对企业政治关系和商业关系进行测量。[27]

也有学者采用二手数据法进行研究。在收集二手数据时，学者们需要解析构念，并进行操作化定义。例如，有研究用法律效力代表正式制度带来的强制性压力，而采用网络支出水平代表非正式制度带来的规范性压力。进一步，作者采用NERI指数衡量法律效力，并采用年度娱乐费用占公司收入的百分比来衡量网络支出。[18]

在消费者行为研究中，不少学者利用消费者评论的文本内容，结合扎根理论的方式，进行质性研究。例如，有研究通过分析大量边缘消费者的博客内容，找到他们关注的领域、话题、帖子，得到如何动员边缘消费者的结论。[21]学者们通常构造合法性情景，并利用合法性量表进行测量。例如，学者们在特殊的媒体事件后，邀请被试回答是否进行在线赌博行为，并解释采取或者不采取该行为的原因。随后，学者们利用埃尔斯巴赫（Elsbach）提出合法性量表测量被试的合法性感知。[23]这是一个包含十二个题项的李克特量表。被试需要阅读每一句陈述句并选择自己的认同程度。

（四）对该理论的评价

制度理论为环境与组织之间的关系提供了重要研究视角，在其发展过程中为学者们的学术研究奠定了一个重要的知识基础。在市场营销领域，其研究对象及研究范围均从单一扩展至多元化，研究内容涵盖了企业所面临的环境不确定性、创新与创业、渠道治理等方面，极大地丰富了近年来制度理论的研究框架。

虽然制度理论在多年的发展过程中已经形成了完整的研究体系，然而制度理论本身仍旧存在局限性。具体而言，制度理论所聚焦的是制度化的作用以及其所产生的效果，对于制度具体的实施过程的关注程度不够。[28]在经典制度理论转向新制度理论的过程中，如何将二者的优势进行有机结合也成为目前亟待研究的重要课题。除此之外，已有研究发现，在中国的制度背景下，中国企业和西方企业会采取不同的行为来获得合法性。[29]因此，在制度理论相关的未来研究中，可以从制度的区域差异性展开立足于中国制度情境之下的分析，并在其基础之上整合资源基础观、产业基础观等理论，对中国企业的发展与变革进行深度剖析，为中国企业的营销管理实践提供参考。[5]在研究方法上，以往研究多采用问卷调查法进行分析，而问卷调查法本身所存在的局限性也较为明显（如存在自我报告偏差等问题），因此未来的研究可以进一步搜寻更加科学的二手数据，拓展数据来源。同时，消费者领域的研究多采用定性方法展开分析，在后续研究中可以通过定量分析的方式结合此前定性研究所得结论展开进一步论证。

（五）对营销实践的启示

在市场营销领域，制度理论能够从制度规范的角度分析环境不确定性下的企业行为，是战略学者在研究中需要重点关注的部分。在制度理论旗帜下进行研究，能够发现制度对于企业创业实践以及创新绩效的影响，从而为企业如何更高效开展创新创业活动提供参考。同时，通过制度理论研究企业进入新环境所面临的机会与挑战，厘清不同制度环境之下的企业营销活动的差异，能够丰富企业开拓新市场的营销实践。最后，制度理论对企业如何针对性开展渠道策略具有启示作用，管理者应当充分利用当前所面临的制度环境下的机会空间，从自身利益角度出发设计渠道战略并提升治理效率。

参考文献

56

资源基础理论

崔登峰　白　玲　王楠楠①

（一）理论概述与在营销研究中的发展

资源基础理论（resource-based Theory）研究最早可追溯到1959年，潘罗斯（Penrose）在《企业成长理论》一书中提出了资源是企业竞争力基础的概念，并认为企业是资源的集合。[1]此后，较长一段时期内学者们对于资源基础理论研究开始丰富起来，但依然是分散且不统一的，直至1991年巴尼（Barney）聚焦资源特性并提出“拥有具备价值性、稀缺性、不可模仿性和不可替代性的资源是企业获取竞争优势的重要基础”这一框架[2]，才标志着资源基础理论作为一套理论体系正式诞生。20世纪90年代，只有19篇营销文章明确提到资源基础理论，而在21世纪第一个十年里就增加到104篇，2010年至2012年三年时间就有50多篇概念性和实证性营销文章引用了资源基础理论的观点（根据Business Source Premier数据库中对营销期刊摘要的搜索，明确引用了该理论），这些上升趋势表明学者对资源基础理论在市场营销研究中的重要性与日俱增。

在营销领域中，该理论被广泛运用于消费者心理与行为、企业营销策略制定的相关研究中。我们分别展示了该理论在营销领域六大顶级期刊和年度的频率分布趋势（图56-1、图56-2），可以看出该理论在*Journal of Academy Marketing Science*中运用最多。

（二）资源基础理论的核心内容及在营销研究主题中的运用

1. 资源基础理论的核心内容

资源基础理论强调稀缺的、不可替代的、不可模仿的、有价值的资源是

---

① 崔登峰，石河子大学经济与管理学院教授、博士生导师，品牌营销研究中心主任，主要研究领域为品牌管理、消费者行为与企业社会责任。白玲，石河子大学经济与管理学博士研究生，主要研究领域为品牌管理、数字营销能力。王楠楠，石河子大学经济与管理学博士研究生，主要研究领域为创新与企业社会责任。同时感谢张家宁、李锦秀、陈咪咪、李敏锐、李浩然、廖雨婷、刘春娟、张婷茹等同学资料翻译与整理工作。基金项目：国家自然基金项目（72362030）。

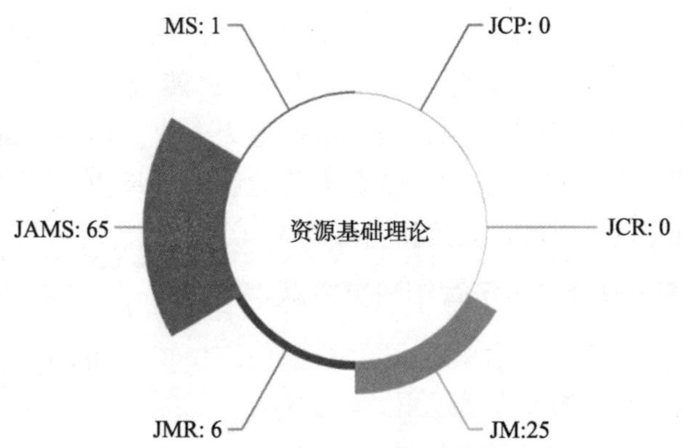

图 56-1 六大期刊中资源基础理论频次分布

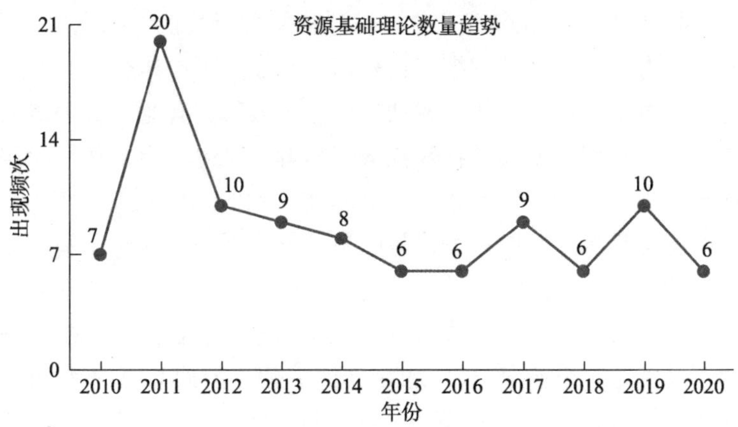

图 56-2 六大期刊中资源基础理论的年度频次分布

企业构建核心竞争力的重要来源，企业管理的任务就是改善和充分利用这些资源。[3]资源和能力是资源基础理论的核心概念。资源是指“企业用来构思和实施其战略的有形和无形资产”[4]，是一个组织可以用来实现其目标的东西，可归纳为四类，分别是物质、财务、人力和组织[5]。能力是指“一种组织嵌入的不可转让的特定资源，其目的是提高其拥有的其他资源的生产率”，通常是基于信息使企业能够更有效地部署其他资源，从而提高这些资源的生产率。因此，能力是特殊类型的资源，是组织资源的一个子集。[3]

资源基础理论也可用来解释为什么一些企业能够持续优于其他企业。企业将资源转化为可持续竞争优势分为三个步骤：资源发展为能力，能力发展为竞争优势，竞争优势可以发展成可持续的竞争力优势。这使企业能够更有效地利用其资源和能力，并创造竞争优势。[6]在竞争激烈的市场环境中，竞争优势会被迅速地创造或侵蚀，企业不应该仅仅从以往竞争优势中获取价值，而应该强调“在短暂的机会浪潮中冲浪”的能力[7]，要求管理人员以动态的方式组织和利用企业资源，最大限度地为企业提供持续的竞争优势[8]。在一个暂时居于优势的环境中，企业需要能够不断地重新配置和升级其优势，通过重新配置，资产、人员和能力，从一个优势转变为另一个优势。[9]

2. 资源基础理论在市场营销研究主题中的运用

资源基础理论被广泛运用于市场营销研究中。以下介绍资源基础理论在市场营销研究主题中的五方面运用。

（1）资源基础理论与营销能力

资源基础理论认为营销能力在企业竞争优势形成中起着重要作用。资源基础理论的核心要义是组织基于自身资源和能力与其他组织竞争，[2]将企业看成资源和能力的一种特殊捆绑，这种资源和能力可以通过企业的业务单元获得，但竞争对手又难以模仿，成功的企业正因其拥有竞争对手所缺乏的独特资源与能力组合而占据某种特殊优势。学者们普遍认为，获得和维持企业竞争优势与卓越绩效的关键在于企业必须在关键职能领域发展能力，[10]而营销能力的发展正是企业获取竞争优势的主要方式之一。因此，基于资源基础理论框架，营销能力在战略营销领域的作用被重视起来，并为理解商业战略及其竞争优势提供了一个有价值的视角。具体地，学者们从最初仅关注于识别关键的营销资源对企业卓越绩效的影响[11]，逐步发展为以4P和市场调研为代表的专业化营销能力[12,13]、以营销战略及策略计划和执行为代表的建构式营销能力[13]、以渠道绑定和顾客关系为代表的组织层面跨职能营销能力[14]，以及数字化时代的当下所衍生出的电子商务营销能力[15]、数字营销能力[16]等对企业卓越绩效的影响。

（2）资源基础理论与客户关系

资源基础理论认为客户关系是企业竞争优势的重要来源。企业花费大量资源维护与管理客户关系，目的是降低交易成本、降低库存成本、提高生产率，提升客户忠诚度，进而获得更好的业绩。学者研究发现，企业与主要客户建立良好关系可以减少相关费用，如广告、销售和管理费用，以及通过更好的库存管理来降低成本以提高企业业绩[17]，这种合作关系也可以通过制定企业间规范和管理机会主义来降低交易成本，从而提升企业业绩[18]。比如，企业与政府建立良好客户关系是具有价值性的，可以给企业带来更大的资源，如政府财政税收支持、政策倾斜等，这种政府客户关系所带来资源往往具有稀缺性和重要性，有助于企业提升价值，提高效率，获得核心竞争力；此外良好的政府客户关系有助于企业积累相关规则、法规和采购需求等的特定领域的知识，这可能创造出一种有价值的、稀有的、不可模仿的、不可替代的资源，可以提高绩效。[19]良好的消费者-品牌关系也是一种重要的资源，消费者敌对行为会对品牌和企业造成的损害，管理者应重视消费者敌对行为，引以为戒，在管理过程中要及时发现消费者敌对行为，采取针对性的手段使这种风险降到最低。[20]建立良好的客户关系对年轻企业尤其重要，因这些企业资源有限，通常依赖这种关系获取外部资源，并通过创造新产品、增强技术独特性和降低销售成本来获得竞争优势。[21]此外，由于建立客户关系需要投资大量的组织资源，企业通常只与一小部分关键客户建立并维护这一良好的关系。[22]

（3）资源基础理论与企业社会责任

企业社会责任代表企业旨在改善社会福祉的、自由支配的商业实践。[23]企业社会责任营销已成为市场营销研究的重要领域。企业社会责任满足资源基础理论提出的有价值、稀缺、难以模仿且有组织性等要求特征，是企业获取持续竞争优势的一项重要资源。首先，企业社会责任不是随手可得的资源，且不能通过交易获得，企业社会责任资源需要企业付出长时间的培育和开发，同时由于其包含经济、法律、道德、慈善等多种层次，容易导致企业社会责任资源相对稀缺和难以模仿。同时，企业社会责任也为组织提供了解决与其利益相关者之间构建利益共同体战略关系的手段，[24]通过承担企业社会责任在利益相关者之间产生良好的企业形象和联系，有利于积极聚拢优质资源，实现长期发展。[25]由此产生的优势允许有价值的资源在企业间不可模仿、不可替代和异质地分布。[26]资源基础理论可以解释体育赞助的形成与更新，赞助者需要被赞助者的无形资源（如品牌形象、知名度、客户群体和商誉），而被赞助者则需要赞助者的资源（如财政支持）。资源基础理论表明，具有这些属性的资源是竞争优势的来源，[27]这表明企业承担社会责任对其是有积极影响的。企业不仅是“经济人”也是“社会人”，企业必须承担一定的社会责任，其市场营销行为应当受到社会的约束和规范。为了满足消费者和其他利益相关者（如员工、渠道合作伙伴等）对企业日益增长的企业社会责任期望，许多企业已经将企业社会责任作为其总体战略的一个关键组成部分。[28]

但是长期以来，对于企业承担社会责任的性质与意义，一直存在两种主要观点的对立，关键问题在于履行企业社会责任是否能为企业带来现实的经济价值。[29]新古典经济学把利润最大化作为企业存在唯一的目标，而企业一切资源配置都是围绕实现这一目标。[30]从企业资源利用角度，企业社会责任可能会涉及高股东成本和低经济价值，具体表现为企业社会责任会可能被认为是管理者作为代理人将稀缺的企业资源转移到非生产性活动中，也就是说管理人员拥有闲置的资源，但没有能力为这些资源找到经济上有效的用途。[31]

（4）资源基础理论与营销创新

资源基础理论为营销创新研究提供了一个框架，在该理论框架内营销人员可以整合多个不同的资源来提升企业绩效，这些资源包括有形的资源（如设备）和无形的能力（如建立品牌联系或者感知环境变化的能力）等。比如，卡利卡（Kaleka）基于资源基础理论研究了诸如产品开发、客户关系和获取信息的能力等不同的资源对创新绩效的不同影响。[32]在营销创新领域出现了不同的市场资源（如营销能力、人际关系、技术和研发能力、创新双灵活性），但学者们仅对感知环境变化（主要是对客户和竞争对手的感知）以及对此做出响应的资源（如技术执行、组织资源）研究得较为频繁。[33]在大约85%的研究中，营销资源和结果变量之间的联系取决于无形的资源或能力[34]，而此类研究通常基于一系列理论基础（组织学习理论、沟通文化理论）。

资源基础理论在营销创新领域的研究应用较少，尽管研究人员认为，资源和能力对于营销创新至关重要，但是在营销创新方面的研究中资源和能力的相关研究仍然匮乏。[35]在营销创新领域大多数研究将资源和能力作为调节变量检验对结果的影响作用，这表明资源和能力对营销创新的影响相对较弱。[36]

（5）资源基础理论与营销战略

资源基础理论也常用于营销战略研究。虽然许多营销学者可能一次调查或研究一种资源（如品牌、关系）、企业功能（如销售、研发）或现象，但营销战略学者往往同时关注多种资源和现象，以理解公司整体业绩的驱动因素。例如，在战略领域，使用资源基础理论的研究人员在同一框架下同时检查的资源数量几乎是创新营销等领域研究人员的两倍，这种差异突出了使用资源基础理论的主要动机及其在战略领域的优势，因为它为整合多种资源提供了一个理论框架，以解释其对企业绩效的协同及差异影响。资源基础理论在战略领域的研究40%聚焦在公司多个职能资源对绩效营销差异[37]，总的来说，战略领域90%的研究涉及多种资源和绩效之间联系的相对比较。

在营销战略领域研究最多的市场资源是品牌[38]、关系[39]和知识[40]资源。大多数研究评估资源如何直接影响公司业绩，通常以盈利能力[41]、市场份额[39]和投资回报[42]来衡量。超过一半的研究利用资源基础理论或其他理论原理，调查了机构或环境调节因素在资源-绩效联系中的作用。[43]此外，许多文章均指出在创建和/或捕获客户价值方面的不同资源和能力之间的协同效应。[44]

（三）理论运用中的研究方法

在营销领域的研究中，采用资源基础理论的论文主要使用定量研究方法

（如二手数据法、问卷调查法等）和质性研究方法（如案例研究方法等）。由于关于资源基础理论的文章成果丰硕，以下仅选择部分代表性研究进行介绍。

定量研究被广泛应用于营销能力的相关研究。部分学者通过上市公司获取二手数据，选取企业营销有关的有形资产（产品、销售人员比例）及广告支出等财务绩效来衡量营销能力，并运用回归分析来量化其对企业绩效的影响，[45,46]也有学者基于“投入–产出”模型考察企业营销资源和能力转化效率。[47]运用二手数据量化研究法虽然容易观测、量化，但这些数据对于私营企业是不公开的，即使对于上市公司，通常也只有一些替代变量可使用，这在测量营销能力时会产生测量误差。一般来说，二手数据法对于理解能力机制是有限的[48]，也有不少学者采用问卷等调查方法，通过邀请知识渊博、经验丰富的管理人员对企业营销能力进行评级[49]，或者要求管理人员评估其公司相对于主要竞争对手的营销能力[50]，有将市场营销能力分为市场感知、客户关系、渠道关系、客户需求四个维度[51]，也有将其分为营销文化、营销战略和营销运营三个维度[52]。

质性研究被广泛应用于资源对可持续发展优势的研究。[53]一般来说，案例研究法需要从大量的证据和多种数据来源中总结经验，进而发现其潜在规律，具体而言，主要通过实地调查、访问和档案记录等多种途径收集案例企业的定性或定量数据，进而通过一定的数据处理过程探明变量之间的关系。[54]值得注意的是，模糊集定性比较分析（以下简称fsQCA法）是一种在多案例研究中具有独特优势的研究方法，尤为适合基于资源基础理论的研究。在采用资源基础理论的论文中，fsQCA法可以帮助研究者理清涉及资源基础理论的多个前因变量与结果变量之间的复杂因果关系。[55]

（四）对资源基础理论的评价

资源基础理论被广泛地运用在多个领域，是管理科学的一个基础理论，是营销战略分析框架的主导范式，在相近领域以及互补领域中越来越受到重视，比如人力资源管理、绩效管理、营销创新管理等研究领域。[56]资源基础理论对企业如何实现并保持其竞争优势具有强大的解释力，其价值在于从企业内部的资源而不是企业外部的环境条件来寻找企业在产品市场上获得竞争优势的根源，能够有效解释企业竞争优势来源于企业独特的异质性资源（例如品牌、顾客关系、社会关系、智力资产、营销能力等）。因此，许多营销学者都将资源基础理论看作是市场营销的理论核心。[10]

不可否认，资源基础理论的出现为营销管理开拓了新的研究方向，对于营销战略的思考方向具有广泛而深远的影响，但该理论的发展仍然存在一些局限性。其中包括这一理论观点的静态性质，资源基础理论中的“静态”资源只有在相对稳定的市场环境中才能发挥作用，未能考虑动态市场环境的影响，这便导致在日益动荡的外部环境下资源基础理论与实践脱节。由于数字化正以迅猛态势改变着经济社会发展形态，资源无法发展以适应市场不断变化的需求，从而造成组织僵化，阻碍组织对环境变化的适应，造成较低的价值结果，因此，将市场变化与关键资源的变化直接联系起来是一个值得探讨的问题。资源基础理论也淡化了资源通过管理指导转变为对客户有价值的东西的基本过程。同时，资源基础理论过分强调企业所拥有的异质性资源对于构建核心能力与竞争优势的重要意义[57]，却忽视了对资源形成与演变过程以及如何获取和配置关键资源以提升企业能力进而塑造竞争优势的深入探讨。

（五）对营销实践的启示

资源基础理论能够很好地解释一个组织可以通过获取稀缺的、不可替代的、难以模仿的、有价值的资源获取持续竞争优势。在营销实践中，可以通过识别并获取这些能够获取持续竞争优势的资源，并改善和充分利用这些资源，这些资源可以是有形资源，比如仪器设备、人才队伍，也可以是无形资源，比如品牌、客户关系等，来获取竞争优势。员工是企业不可或缺的重要资源，留住核心员工可能会释放可用于改进产品或提供辅助服务以提高客户满意度的资源，从而提升企业价值。资源基础理论对管理层、普通员工如何塑造核心竞争力提供指导，也有助于打造学习型组织。资源的可得性有利于提高企业的竞争优势，资源的限制性也会抑制消费者的行为；消费者的资源限制（如时间、金钱）抑制了消费者的购买冲动，营销人员可以专注于设计策略来减少资源限制的影响（如快速融资和快速结账可能有助于缓解信贷和时间限制）。总之，借助资源基础理论的相关研究，能对企业的营销战略制定、持续竞争优势（如品牌、客户关系、情感依赖、技术创新等）获取等方面提供参考。

参考文献

57 利益相关者理论

付晓蓉　王家蕾　贺　瑶①

（一）理论概述与在营销研究中的发展

利益相关者理论（stakeholder theory）是由弗里曼（Freeman）于1984年在《战略管理：利益相关者方法》（*Strategic Management: A Stakeholder Approach*）中首次提出，是战略管理领域中十分重要的理论。当时公司的商业环境在发生巨变，地方、国家和全球的问题和团体正在对各组织产生深远的影响，现有的理论难以解释这些影响。在这种背景下，弗里曼将公司的商业环境动荡归为两个来源：内部变化和外部变化，并提出了一个利益相关者的框架来解决公司面临的困境。[1]利益相关者理论作为一种全面的、具有整合解释力的理论，在不同的领域中得到了广泛运用。利益相关者理论起源于战略管理，随后发展到金融、会计、组织管理、营销、法律、医疗健康、公共政策和环境等领域。[2]利益相关者理论现已进入成熟阶段[3]，其理论内涵不断在丰富，受到越来越多的学者关注。

在营销领域中，该理论被广泛运用于消费者心理与行为、企业营销策略制定的相关研究中。我们分别展示了该理论在营销领域六大顶级期刊和年度的频率分布趋势（图57-1、图57-2），可以看出该理论在*Journal of Academy Marketing Science*中运用最多。

（二）理论的核心内容与在营销研究主题中的运用

1. 理论的核心内容

利益相关者理论的核心观点是公司应该关注所有利益，相关者的利益而不仅是股东利益，公司需要平衡所有利益相关者的需求和期望，最大化这些利益相关者的收益，从而才能建立公司的竞争优势。[1][4-7]利益相关者理论代表

① 付晓蓉，西南财经大学工商管理学院教授，博士生导师，主要研究领域为平台营销、社会媒体营销。王家蕾，西南财经大学工商管理学院博士生，主要研究领域为消费者决策、在线评论。贺瑶，西南财经大学工商管理学院博士生，主要研究领域为虚拟现实营销、感官营销。

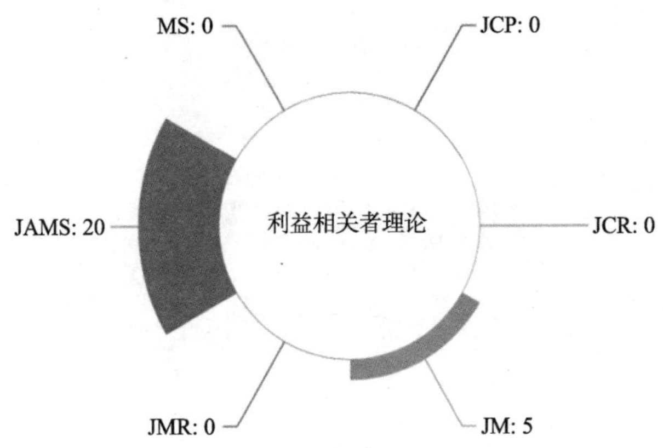

图 57-1　六大期刊中利益相关者理论频次分布

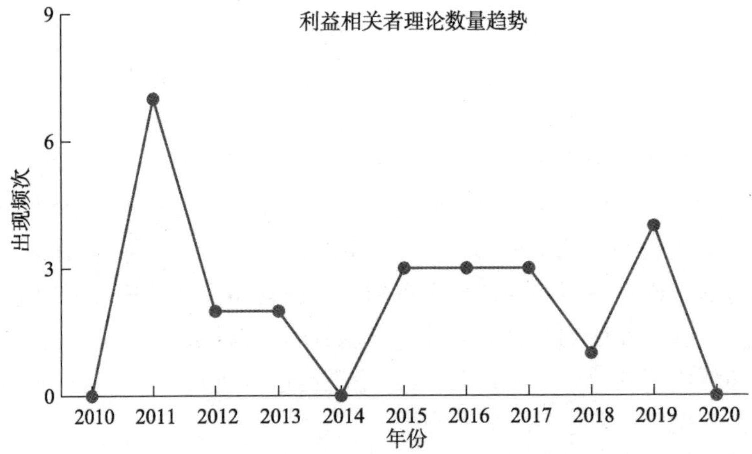

图 57-2　六大期刊中利益相关者理论的年度频次分布

了一种从股东范式的概念转变，扩大了管理层的注意力，从只关注股东，到关注组织的各种利益相关者。[8]

利益相关者的观念必须识别特定的群体和个人作为“利益相关者”。利益相关者理论将利益相关者定义为任何能影响组织目标实现或者被组织目标所影响的个人和团体。[1]弗里曼在一开始提出利益相关者框架的时候就将利益相关者分为两类：内部利益相关者和外部利益相关者。内部利益相关者包括所有者、顾客、雇员和供应商，外部利益相关者包括政府、竞争者、消费者倡导者、环境保护者、媒体和特殊利益群体等。后来的学者进一步将利益相关者分为主要利益相关者和次要利益相关者。主要利益相关者是组织生存所依赖的对象，离开这些实体，组织将无法继续运行（例如股东、员工、客户、供应商、监管机构和当地社区）。次要利益相关者群体被定义为影响或者受到组织影响的，但不与公司进行交易，对公司的生存不是必需的对象（例如媒体和特殊利益群体）。[9]一个公司的生存和持续的成功取决于其管理人员为所有主要利益相关者群体创造足够的财富、价值或满意度的能力。这也意味着，在制定市场营销组织的战略时，主要利益相关者的影响权重更大。[10]此外，有研究还将利益相关者的识别和组织生命周期相关联，认为组织所处的生命周期不同，其关键利益相关者也不同，组织应该使用不同的策略来处理这些关键利益相关者和其他利益相关者群体。[11]后来的学者给出了更加一般的识别利益相关者的方式，认为要使一个特定的群体或个人被确定为利益相关者，它必须至少具有以下关键属性之一：权力、合法性或紧迫性。[12]

利益相关者理论具有三个特性。第一，利益相关者的理论是描述性的。它将公司描述为一个具有内在价值的合作利益和竞争利益的集合。第二，利益相关者理论是工具性的。它建立了一个框架，用以检查利益相关者管理的实践与各种公司绩效目标的实现之间的联系。第三，利益相关者的理论还是规范性的。它认为利益相关者是在公司活动的程序或实质性方面具有合法利益的个人或团体，所有利益相关者都具有其内在价值。利益相关者理论的三个方面是相互嵌套。这个理论的外壳是它的描述方面，该理论提出并解释了在外部世界中观察到的关系；第二层是工具方面，通过其工具价值和预测价值，如果进行了某些实践，那么就会得到某些结果；该理论的核心内容是规范，它假定经理和其他代理人的行为就好像所有利益相关者的利益都具有内在价值，对这些最终的道德价值观和义务的承认使利益相关者管理具有基本的规范基础。

利益相关者理论旨在解释和指导现有公司的结构和运作，以多种方式呈现和使用。该理论被用来描述，有时也被用来解释特定的公司特征和行为。它描述了公司的本质、管理者管理的方式、董事会成员如何看待公司支持者的利益等。使用传统的统计方法或者基于直接的观察和访谈，它被用来识别利益相关者管理和实现公司目标之间是否存在关系。它被用于解释公司的功能，包括确定对公司经营和管理的道德或哲学准则。利益相关者理论的每一种使用都有一定的价值，但每种使用的价值都有所不同。[13]

2. 理论在营销研究主题中的运用

利益相关者理论在营销研究中得到了广泛的运用。一方面，它作为一种战略管理框架和视角指导营销管理人员应该怎么做才能实现组织目标、建立竞争优势；另一方面，它与其他组织管理理论相结合不断拓展该理论应用的边界和可能性，解决越来越多的管理问题。以下重点介绍利益相关者理论在营销研究主题中的四方面运用。

（1）企业社会责任与利益相关者理论

传统的企业理论关注的是股东利益最大化，而利益相关者理论关注组织中各个利益相关者的利益，具有丰富的企业社会责任思想。[14]将企业社会责任作为商业目标的最佳实现方式是将无形的社会和环境问题转变为有形的利益相关者利益。[9]

1984年，弗里曼率先运用利益相关者理论回答了企业经营活动承担社会责任的对象问题，认为利益相关者是可能影响企业目标实现的团体或个人[1]，突破了股东利益至上的传统观点，为企业社会责任的实施提供了一个新的分析平台。

利益相关者的工具性为企业社会责任对公司财务绩效的积极影响提供了理论证据。[13]利益相关者的工具性表明，企业社会责任通过建立利益相关者的信任，形成企业竞争优势。[15]信任指对某人的可靠性和正直的信心，包括对某人行为道德正确的信念。[16]承担企业社会责任标志着企业的可信赖性，并表明该企业关注社会问题和利益相关者的福利。[17]反之，根据企业的社会责任活动，利益相关者会形成与企业关系的预期，并作为是否支持企业的判断依据。因此，通过增加利益相关者之间的信任，企业社会责任最终推动企业绩效，包括提升企业价值。[18,19]

（2）利益相关者理论与公司治理

在公司治理方面，利益相关者理论是对传统的委托代理理论的突破，该理论将公司经营的目标从股东利益最大化转为追求各利益相关者利益的平衡，这一理念转变既是一种伦理要求，也是一种战略资源。[20]

根据利益相关者理论，公司治理应着重于对长期目标的追求和持续的发展，而不囿于股东利益目标，只注重短期效益。同时，企业在管理决策中必须考虑多方利益相关者的利益，不同利益相关者群体的目标、优先事项和要求不同，于企业的价值也不同。[21]首先，当利益相关者（包括股东、董事、高管、债权人、职工、消费者、供应商等）的利益得到了维护，他们与企业形成更加信任的长期关系，将减少交易成本和由于信息不对称带来的机会主义行为，且良好的声誉、独特的组织文化是竞争对手难以模仿的无形资产，为企业创造了超越竞争对手的优势，形成企业的核心竞争力。[22]其次，对于社会和政治利益相关者（如非政府组织、活动家、社区、政府、媒体和竞争对手），他们在获得商业信誉和进行商业活动方面发挥着重要作用。[23]

（3）利益相关者理论与企业可持续性

利益相关者理论与企业可持续性研究是两种不同的理论，但其核心概念有不少交集，学者常常将二者结合进行研究，以相互促进理论的发展。

首先，这两个理论都在回答商业的目的和范围到底是什么。[24]利益相关者理论将范围扩大到更广泛组织的社会嵌入性及其与社会环境的相互依赖性。它假设商业的目的是为所有的利益相关者创造价值。[2]同样，公司可持续性研究强调社会和生态环境以及组织与其社会和自然环境之间的相互依存关系。其要求公司“为经济和社会的可持续发展做出重要贡献”。[25]因此，这两个概念都超越了短期股东价值最大化或基于会计的利润，且在公司的嵌入性、依赖性、义务、能力和可能性方面更有相似理解。其次，基于对商业目的的共同理解，利益相关者理论和可持续性管理认为商业和道德并非相互冲突的，而是从根本上相互关联的。社会和环境问题必须与公司的核心业务联系起来，为利益相关者创造真正的价值，或者促进可持续发展。[2,26]

（4）利益相关者营销

利益相关者营销是指通过组织的各种利益相关者关系来创造价值的活动和过程[22]。随着客户、员工、供应商、股东、监管机构和社区的角色等在当今商业环境中变得越来越重要，组织必须不断地与广泛的利益相关者进行互动，并有效地管理这些利益相关者关系，对于营销价值创造和价值提供至关重要。

利益相关者营销超越了顾客作为营销活动的目标，关注利益相关者关系在营销职能和组织中的作用。利益相关者可能是价值的受益者，也可能参与价值的创造，而不仅仅是价值交换。[27]利益相关者营销要求组织与多个主体（而不仅仅是客户）建立关系并达成价值共识。

因此，营销人员必须从管理的角度认识到，利益相关者的反应对营销活动有何影响，以及利益相关者如何影响组织执行的营销活动。一方面，从产品开发、广告、促销、定价、分销和社会责任活动都可以对不同的利益相关者产生影响。例如，强调产品开发的汽车制造商可能会影响消费者（销售具有创新功能的汽车）、监管机构（通过满足监管要求和标准）和社区（通过开发对环境友好的节能汽车）。同样，具有社会维度的营销活动，如向慈善机构捐款，不仅影响社区（通过受益于捐款），而且也对客户产生影响，因为这些活动增加了他们的支持。另一方面，利益相关者可以向组织发出信号，告知他们的意见。例如，客户可以通过继续购买组织的产品、不再购买、积极或消极的口碑传播、向组织抱怨等方式来表明他们对组织及其产品的态度。

综上，利益相关者营销是一种能够最大限度地提高社会和经济效益的方法。

（三）理论运用中的研究方法

在营销领域的研究中，利益相关者理论的文献主要使用调查法和实证研究方法，采用定量定性相结合的方法进行研究，关于理论所包含的变量主要采用量表测量和代理变量测量。

在量表测量中，主要涉及利益相关者的识别、组织采用利益相关者视角以及在利益相关者框架下利益相关者绩效或者价值等相关变量的测量。其中关于利益相关者识别的测量包括利益相关者影响等级量表和价值关怀的重要性等级量表。[28]组织采用利益相关者视角的测量包括以利益相关者为中心的组织学习（重点关注利益相关者的知识获取、重点关注利益相关者的信息分发、重点关注利益相关者的信息解释、关注利益相关者的组织记忆）、关注利益相关者的绿色营销组合等。[8]在利益相关者绩效和价值方面包括对利益相关者管理知觉和满意度、利益相关者知识、利益相关者互动和适应行为的测量，对顾客忠诚的测量等。[20]

在代理变量测量中，主要涉及对利益相关者绩效和价值和组织采用利益相关者视角的衡量。涉及对利益相关者绩效和价值指标包括公司的财务绩效，例如异常回报（abnormal returns）、股票收益、资产回报率（ROA），风险（idiosyncratic risk）等。也可以通过数据涵盖与市场交易相关的主要利益相关者(即客户和员工)以及面向社区和非营利机构的活动反映企业与相关利益相关者合作的普遍关注。[18]涉及组织采用利益相关者视角的测量包括对企业参与社会责任等相关指标的测量，例如KLD评级、原因营销。

（四）对该理论的评价

利益相关者理论与传统的战略理论只关注股东利益不同，它强调关注所有利益相关者的利益。此外，它还强调不仅关注企业的财务价值还应该关注企业伦理和道德问题，为管理活动提供了新的管理思维的理论视角，是在营销战略领域中的重要理论，在经济全球化和价值共创的背景下越来越得到重视。正是因为利益相关者理论的这些价值观让它在企业社会责任、战略管理、商业道德、绿色和可持续营销等方面提供了理论支持和综合分析框架。[2]

尽管利益相关者理论已发展十分成熟并得到管理者和学术界的广泛应用，但也有很多学者对其持批判态度，该理论仍然存在一定的局限性。首先，对利益相关者的识别和界定尚未清晰并且缺乏可操作性。目前对企业利益相关者的界定较为泛化，将许多的群体都纳入利益相关者之中，最终使企业无所适从。换言之，对于谁是企业的利益相关者这一问题，利益相关者理论迄今为止并没有给出确切的回答。利益相关者的识别和操作化测量问题也很明显，目前在实证研究中可操作化使用的量表和指标较少。其次，利益相关者理论实施相对困难，受到诸多因素限制。由于其关注多个利益相关者的利益，利益相关者管理也被认为在本质上难以实施，并且可能不适合中小企业。[29]该理论因其关注商业企业中所有参与者的利益而受到限制，因此有学者认为“试图发展一种供商业使用的‘特殊’道德理论是不切实际的，应该放弃”。营销研究通常应用利益相关者理论检验单一利益相关者关系，但未能采用整体视角。最后，关于“利益相关者理论”是否真的是一种理论，人们进行了大量讨论。在目前的形式中，它显然不是一个（单一的）理论，即具有一组可检验的命题和明确边界条件的概念之间的一系列联系，因此利益相关者理论的主要支持者将其描述为“一种流派”。[30]此外，利益相关者理论的描述性、规范性和工具性分支已经发生了暂时的分歧，需要将这些分支重新结合起来。

（五）对营销实践的启示

利益相关者理论为营销管理者提供了以利益相关者为中心的战略视角。在营销实践中，企业不仅必须考虑为股东和利益相关者创造的经济价值，还需要考虑非经济的价值创造。此外，利益相关者理论建议企业需要平衡股东、消费者以及其他利益相关者之间的潜在冲突。[31]一个组织要实现基于市场的可持续性，就必须在战略上与消费者的市场化产品需求以及涉及经济、环境和社会层面的社会责任问题的多个利益相关者的利益相一致。总的来说，利益相关者理论有关的研究证明了以利益相关者为中心的营销对卓越绩效的重要性。[32]世界上最具创新性的公司，始终提供满足利益相关者需求的创新解决方案，并在商业模式和流程上胜过竞争对手。因此，借助利益相关者理论的相关研究能为企业的营销战略、商业道德等方面提供参考。

参考文献

第六部分

社会互动

58 社会认知理论

孟朝月[①]

(一) 理论概述与在营销研究中的发展

社会认知理论（social cognitive theory）是由班杜拉（Bandura）于1986年正式提出[1]，是社会心理学领域中十分重要的理论。社会认知理论用于分析人类活动产生的原因，因其对人类活动有较强的解释性和预测性，被广泛应用于组织管理、心理学、人力资源管理和市场营销等领域的研究中。社会认知理论提供了一个研究人类活动的统合性分析框架，发展至今，框架本身并没有发生太大变化，但是其理论内涵在不断丰富。

在营销领域中，该理论被广泛运用于消费者心理与行为、企业营销策略制定的相关研究中。我们分别展示了该理论在营销领域六大顶级期刊和年度的频率分布趋势（图58-1、图58-2），可以看出该理论在*Journal of Academy Marketing Science*中运用最多。

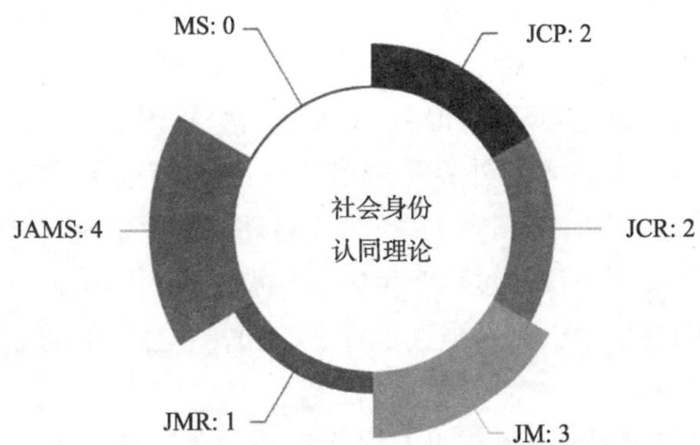

图58-1　六大期刊中社会认知理论频次分布

① 孟朝月，中国海洋大学管理学院营销与电子商务系讲师，主要研究领域为品牌管理、创新创业管理。

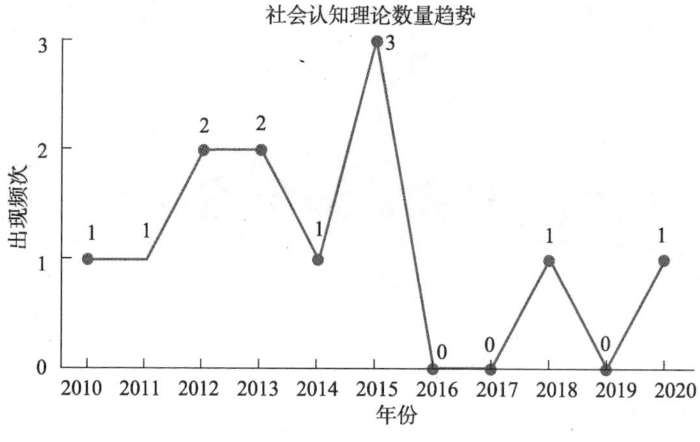

图58-2　六大期刊中社会认知理论的年度频次分布

（二）理论的核心内容与在营销研究主题中的运用

1. 理论的核心内容

社会认知理论提出的初衷是为了更全面系统地分析人类活动，在其提出之前，对于人类活动产生的原因存在着两种解释：一种是"内因决定论"，即认为人类的心理特质主导着他们的活动，忽略了外部客观环境对人类活动产生的影响；另一种是"外因决定论"，即认为人类活动是应对外部环境刺激而产生的结果，对于这些刺激人类只能被动地应对，无法主动进行重组或改变。[2]班杜拉提出的社会认知理论整合并发展了上述两种观点，认为人类活动是一个复杂的建构过程，并非由环境或人类心理特质简单决定，而是由环境、个体心理与认知过程、个体行为三种因素交互作用的结果。[1]人类面对某种环境刺激，首先会从认知层面对其进行分析评估，其次采用某种行为模式来进行应对，最后才向外界呈现出某种具体的活动。"交互作用"强调个体心理与认知过程影响着行为，行为又对环境产生影响，同时行为和环境因素也会对个体心理与认知过程产生影响。需要说明的是，上述因素间的相互影响既不会同时发生，作用强度也存在不同，并且影响的显现时刻也存在着滞后性。

社会认知理论特别强调人的主观能动性。在对待外部环境上，社会认知理论认为个体不是环境刺激的被动接受者，"个体能够积极选择生活环境"。[3]这种主动性体现在个体对环境刺激和行为的选择上。例如，面对着工作压力，个体既可以选择变换工作环境来缓解压力，也可以选择变化工作方法（例如借用他人的资源或者和他人协作）来缓解工作压力，当然也可以尝试对压力进行重新评估，通过放大压力的积极一面来缓解工作压力。社会认知理论区分了三种能动性：直接人格能动性（direct personal agency）、代理能动性（proxy agency）和集体能动性（collective agency）。[4]直接人格能动性是指人们能够自己掌控自己的愿望，能够妥善应对人生的低谷和高峰；代理能动性是指个体可以借用他人的资源、权力、影响力与专业技能，以促进自己的行为；集体能动性指个体可以通过和他人合作协力来实现目标。[5]

在个人心理和认知层面，社会认知理论提出了两个特别重要的概念：自我效能（self-efficacy）和结果预期（outcome expectancy）。[6]自我效能感是指个体对自己能够在什么水平上完成特定行为活动所具有的信念、判断或主体感受。自我效能感能够影响个体任务完成过程中的努力程度和行动模式，高自我效能的个体聚焦于如何掌控当前任务，当感到个人表现与目标完成有差距时，会投入更多地努力，更加坚持不懈；低自我效能的个体则聚焦于哪些地方可能出错，当感到个人表现与目标完成有差距时，会减少努力，容易中途放弃。而结果预期是个体对所需的行动将导致预期结果的信念或主观概率，在健康行为学领域，“结果预期”又被称为反应效能（response efficacy）。[7]简单来说，自我效能指的是“能不能干成”，而反应效能（结果预期）指的是“值不值得干”。

社会认知理论反对“内因决定论”，认为自我效能和反应效能并不是个人特质而是个体的一种主观感受，会随着具体任务和情境的变化而变化。[8]此外，班杜拉认为个体自身的经验和个体之间的互动也会影响效能感，个体先前的成果经验、学习他人的成功经验、言语上的鼓励和唤醒积极情绪都能够有效提高个体的效能感。[9]

在行为模式上，社会认知理论强调个体的行为模式可以通过观察学习来形成，观察学习包括注意、留存、复现和动机四个过程。[1]注意过程包括选取行为来观察、准确认知该行为并从中提炼信息。留存过程包括记忆、存储和自我演练所习得的行为。复现过程包括实施新习得的行为，并获取该行为成功或失败的反馈。动机过程包括各种针对新习得行为的正向激励。对个体来说，学习新行为与实施新行为是两个截然不同的事情，正向强化是促使个体复现已习得行为的必要条件。[1]

2. 理论在营销研究主题中的运用

由于社会认知理论能够准确预测个体的行为，因而该理论在消费者行为研究中得到了广泛应用。然而整体来看，将社会认知理论作为核心解释理论的文章占极少数，通常与其他理论配合使用，其中引入自我效能这一构念是文章引用社会认知理论的主要目的。社会认知理论在营销研究中具体有以下两方面的应用。

（1）提供研究框架，引出其他理论

由于社会认知理论认为外部环境能够对个体的心理和行为产生影响，因此，在分析其他外部因素（例如服务人员相貌[10]、社会阶层[11]、虚拟代理人[12]、任务结构[13]、商务沟通中的口音[14]等）如何影响消费者行为的文章中，常常率先引用社会认知理论来说明研究的合理性，然后再结合研究内容，引入核心的解释理论。

例如，李（Lee）在研究社会阶层如何影响消费者的产品评价时，首先基于社会认知理论得出个体的认知加工方式受到社会和经济资源的影响。然后引入社会阶层（social class），认为不同社会阶层的个体具有的社会和经济资源不同，进而推导出处于不同社会阶层（高vs.低）的消费者会形成不同的思维模式（分析性思维vs.整体性思维），进而影响他们对产品（服务）的评价方式。[11]庞德斯（Pounders）等基于社会认知理论将服务人员外貌归为可以影响消费者认知的环境刺激因素，然后引入社会比较理论（social comparison）进一步解释消费者对服务提供者之间外貌相似性的反应方式。[10]

（2）引出效能感这一构念

在绝大多数的营销文章中，引用社会认知理论的目的是为了引出效能感这一概念。涉及的主题包括广告效果[15]、目标结构[16]、知识分享[17]、员工角色内（外）行为[18]等，研究者们通常将效能感设定为消费者（或员工）行为的重要前因变量。

例如休斯（Hughes）在研究品牌广告对销售人员绩效的影响时发现，销售人员感知的广告数量和质量通过影响他对结果的期望（outcome expectancy）来提高他们的努力程度，进而提升他们的工作绩效。[15]严（Yim）等在研究顾客和员工在服务价值共创过程中的体验提升问题时，引入了自我效能感和他人效能感（other-efficacy），证明二者能够有效提高顾客和员工的参与体验，并能进一步提高员工的工作满意度与顾客的服务满意度。[19]布莱恩（Brown）等在研究任务完成方式时发现将任务分成更小的部分，并按照从小到大的顺序完成，可以有效提高个体的自我效能感，从而提高完成任务的可能性。[16]

由于个体的效能感不是一个总体性的、去情境化的个人倾向（context-free dispositions），会随着具体情境而发生变化，这使得效能感这一概念被其他领域的学者所采纳，例如在创新创业研究中，衍生出了创业自我效能感和创新自我效能感等概念。

（三）理论运用中的研究方法

在营销领域的研究中，采用社会认知理论的文章主要使用调查法和实验法。测量与操控的对象主要是个体的效能感，分别采用情境操控和量表测量。

在情境操控中，由于效能感是高度情境化的，因此并没有统一的标准的操控方法。但总体而言，可以通过强调某项活动容易完成来激发个体的自我效能，通过强调某项活动完成后给个体带来的收益来激发个体的反应效能。例如，利用“该项活动容易完成”“该项活动对你来说十分容易”“你之前完成过类似的活动”“你具备完成该项活动的技能和经验”等描述激发个体的自我效能感；利用“完成该项活动后会获得一定奖励”“完成该项活动后会提升自己的名气”“完成该项活动有助于提高技能水平”“完成该项活动有助于提高生活品质”等描述来激发个体的反应效能。

量表测量中，对于自我效能感，一般可参考施瓦茨（Schwarze）等人提出的量表。[20]该量表包含10个题项。对于反应效能，可参考凯勒（Keller）等人提出的量表。[7]该量表包含5个题项。在具体采用时，研究者可根据自身研究情境进行语义上的调整。此外，学者们也总结出了一般自我效能感的测量方式，具体可以参考陈（Chen）等人提出的量表。[21]该量表包含8个题项。

（四）对该理论的评价

社会认知理论对个体的行为活动具有强大的解释力，不仅在社会心理学领域占据重要地位，也被广泛应用到其它研究领域中。由于消费者行为研究不仅涉及消费者的认知和心理，还涉及影响消费者决策的外部环境因素，因此消费者行为的研究为社会认知理论的发展和进步提供了土壤。

虽然社会认知理论涉及的观点众多，对观察学习、能动性、反应效能、正向激励等都有独到的见解，但是学者们却更多地将注意力投入到了“自我效能感”中，并将其作为影响个体行为的重要变量。有大量的研究探究了自我效能感和个体行为绩效之间的关系，但是结果并不统一，这使得有些学者开始质疑自我效能这一概念，认为个体对自身的信念不能决定其行为绩效。[22]事实上，这一结果并没有否定社会认知理论，社会认知理论强调环境、个体心理与认知过程、个体行为三种因素共同塑造个体活动，因而在考察自我效能感与个体行为绩效之间的关系时，应尽可能考虑相关的环境因素和个体行为模式产生的影响。

有关自我效能感的研究比较丰富，有学者在“自我效能感”的基础上提出了“他人效能感”，即在合作完成任务过程中，个体对自我的信念与个体对合作者的信念共同影响任务的完成。[19]但与之相对的“反应效能感”的研究却较少，事实上，面对某项任务，个体会从“能不能做”和“值不值得做”两方面进行考虑。因此未来可将自我效能感和反应效能感纳入统一研究框架中，探讨二者对个体行为产生的不同影响。

（五）对营销实践的启示

依据社会认知理论，个体可以通过学习来习得行为。企业可以考虑聘请代言人来为消费者提供学习的对象，并通过一定的正向激励（例如促销折扣、跟踪服务等）来引导消费者养成一定的行为习惯，从而增强其对企业产品的依赖。此外，由于效能感是消费者决策的重要前因变量，因此企业在投放广告时可以考虑通过激发消费者的自我效能或反应效能来提高广告效果。例如培训机构在宣传某项培训计划时，可以通过“从易到难”“梯度设计”和“易于上手”等词语来激发消费者的自我效能感，也可以通过“提高收入”“改变生活状态”“带来美好生活”等词语来激发消费者的反应效能[23]，从而吸引更多的消费者参与。

参考文献

59 社会身份认同理论

周志民　汪昱程[①]

(一) 理论概述与在营销研究中的发展

物以类聚，人以群分。身处不同群体的个体，表现出不同群体行为特征。泰弗尔（Tajfel）1972年从学术上开始关注这一现象，并于1979年与其弟子特纳（Turner）正式提出了社会身份认同（social identity）理论。这一来自欧洲本土的社会心理学理论，意指个体基于对社会群体成员身份的归类而产生的一系列认知、情感和行为。这当中既包括对于内群体的偏好，也包括对外群体的偏见，其核心是自尊的提升。由于社会身份认同理论很好地解释个人心理与群体行为的关系，搭建起个体与群体的桥梁，因此很快成为群体心理学的主流理论，被广泛运用于社会心理学、组织行为学、消费者行为学等领域。

在营销领域中，该理论被广泛运用于消费者心理与行为、企业营销策略制定的相关研究中。我们分别展示了该理论在营销领域六大顶级期刊和年度的频率分布趋势（图59-1、图59-2），可以看出该理论在*Journal of Consumer Research*中运用最多。

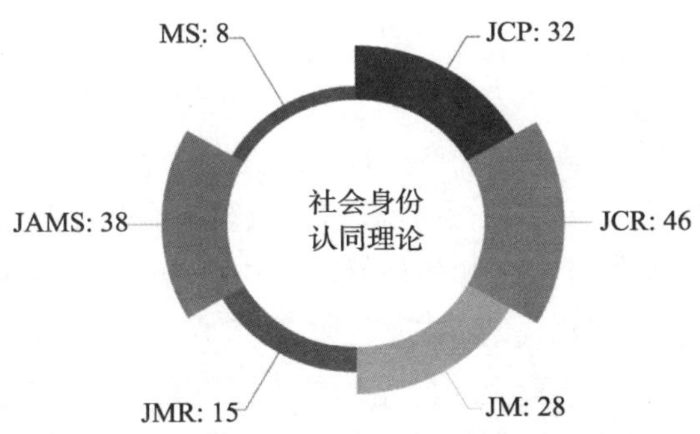

图59-1　六大期刊中社会身份认同理论频次分布

---

① 周志民，深圳大学管理学院教授、博士生导师，主要研究领域为品牌管理、消费者行为。汪昱程，香港浸会大学商学院研究助理，主要研究领域为品牌管理、消费者行为。基金项目：国家自然科学基金项目(72172093)。

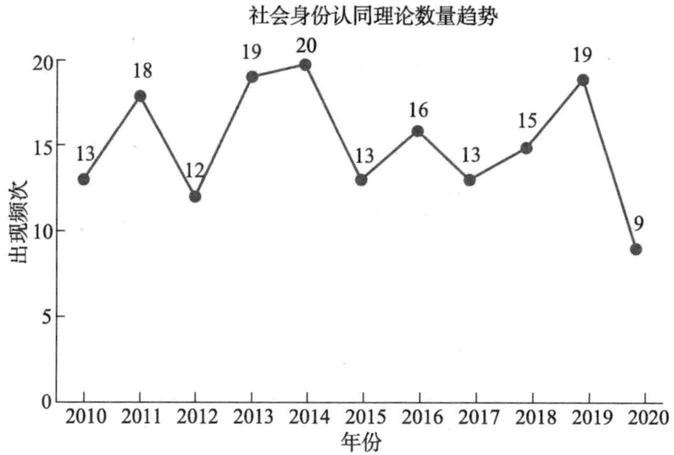

图59-2　六大期刊中社会身份认同理论的年度频次分布

（二）理论的核心内容与在营销研究主题中的运用

1. 理论的核心内容

社会身份认同被认为是个体自我概念的一部分，该部分源于个体对所属社会群体成员身份的了解，以及该成员身份所带来的价值和情感意义。[1]例如，阿根廷足球队球迷、素食主义者、观澜高尔夫球会会员等社群身份都帮助个体界定了自我概念。

从应用对象来看，认同可以分为个体认同和社会认同两个层次。[2]个体认同以个体为参照点，侧重个体特征的独特性和差异性，而社会认同则以群体为参照对象，强调群体特征的相似性和共享性。个体认同与社会认同既对立又有联系。在一定程度上，个体认同的个体性和差异性也是基于其不隶属于群体的特征体现出来的，若个体隶属于与自己具有相似特征的群体便会产生归属感和共同的意义感，进而产生社会认同。

社会身份认同理论具有社会分类、社会比较和积极区分原则三个基本过程。[3]社会分类是个体基于感知相似性将群体分为群内人和群外人。在分类过程中，人们通常会将自我纳入其中一个群体中，并将内群体的特征赋予自我。群体间的社会比较会产生差异化的群体评价和行为。在比较过程中，人们倾向于在特定维度上放大群体间的差异，偏向于自己所属的群体，对群体内成员给予更加积极的评价。社会身份认同理论认为人际和群际行为都是由自我激励和自尊两种基本需要决定的。积极区分原则是指个体为了满足自我激励或自尊的需要而突出自己某方面的特长，使自己在群体比较的相关维度上表现得比外群体成员更为出色。这种积极区分会带来积极和消极两种结果：一方面，通过提高内群体成员的社会身份认同以提高其自尊；另一方面，外群体成员面临低自尊或自尊遭受威胁的处境，进而便会产生群体间的偏见、敌意和冲突。

2. 理论在营销研究主题中的运用

社会身份认同的本质是建立自我概念，自我概念的建立有赖于社会分类的标准，比如性别、国别、阶层，甚至组织、品牌、道德等都可能作为建立自我的依据。在营销研究当中，这些标准与身份认同相结合，成为个体行为的成因。另外，不处于理想群体的个体，就容易受到身份认同威胁，营销学领域对此亦有研究。

（1）产品和品牌认同

人们的拥有物是其延展的自我，而能够体现消费者社会身份认同的产品更是如此。[4]人们会通过消费自我表达型产品来与理想社会身份建立关联[5]，同时也可以购买、拥有并使用一些产品来疏解受威胁的身份认同[6]。品牌可以作为构建社会认同的象征资源[7]，消费者会将感知的品牌认同整合到自我认同中。品牌与社会身份认同相结合，就形成了“消费者品牌认同”的概念，其含义是指消费者感知、感受和重视自己对品牌归属的心理状态。消费者品牌认同可以很好地预测消费者行为，如重购意愿、口碑和符号传递。[8]

（2）组织与社群认同

阿什福斯（Ashforth）和麦尔（Mael）将社会身份认同理论扩展到组织当中，提出了“组织认同”的概念，其内涵是组织成员身份会给个体带来自我概念的强化与提升。[9]例如，成为世界500强公司的一员会让员工感到自豪。营销领域的组织认同研究主要集中在销售人员方面。例如，有文献探究了销售人员业绩如何受到其对组织认同的影响[10]，以及经销商的销售人员对自身组织认同和制造商品牌认同如何双重影响制造商的品牌绩效。[7]此外，组织认同在虚拟组织中也有体现。哈格希默（Algesheimer）等[11]将组织认同应用于品牌社群（汽车俱乐部）中，提出了“品牌社群认同”的概念。因为品牌社群认同的存在，成员们会更多地参与社群集体活动，更多地颂扬他们所钟爱的品牌。[12]

（3）社会阶层认同

社会阶层代表了社会分层和财富不平等。[13]消费者对某些社会阶层的认同会影响他们的判断、偏好和选择。[14]一项有关假冒奢侈品的研究表明，当内群体使用假冒奢侈品牌时，人们更倾向于奢侈品正品；而外群体使用假冒奢侈品牌时，便会产生不对称现象，即较低阶层消费者使用假冒品牌时，假冒品牌会被诋毁，但较高阶层消费者使用假冒品牌时，假冒品牌则不会被诋毁。[15]社会阶层认同也影响着人们的道德行为。晏（Yan）等[16]研究发现，社会阶层对绿色消费的影响是倒“U”型的，即中产阶级比下层和上层阶级有更大的绿色消费倾向性；威兰德（Vriend）等[17]研究表明，获得更高职位的愿望会增加下层阶级的不道德行为，同时增加的权力感导致上层阶级相比中产阶级有更多的不道德行为。

（4）地点（文化）认同

地点认同被定义为一个人的自我形象与一个地方的物理和社会方面之间的一致性。[18]一个特定的地方会成为个人自我概念的一部分，如大都市白领、小镇青年等。个体可以依靠特定的地点来支持他们的社会认同，从而创造一种地方认同感。[19]例如，口音的社会认同效应描述了接收者将说话者归类为内外群体的现象，消费者通常会贬低带有外国口音的销售人员，因为他们属于外群体。[20]国家文化认同会对消费行为产生影响。以法国为例，食物是法国文化认同的重要组成部分。基于文化认同视角，一项研究考察了消费者如何解释食品中看似良性的营养信息。[21]结果表明，相比于美国消费者，具有显著文化认同的法国消费者对食物健康风险感知更敏感，并对显示（与不显示对比）营养信息的食物评价为更负面。此外，享乐食品消费是法国文化认同的一个核心方面。一项在美国进行的研究证实了用法语发音的品牌名称被认为比用英语发音的品牌名称更符合享乐型食品。[22]

（5）性别认同

性别认同是指一个人标识自己为男性化或女性化，是自我概念的组成部分。[23]研究发现，绿色行为与女性气质之间存在关联，与男性阳刚气质关联不大；消费者从事绿色行为被其他人视为更女性化。[24]当遭遇性别认同威胁，人们会迅速采取补偿行动。比如，威胁男性的性别认同可能导致对女性的贬损和对男性更明确的认同。[25]然而，当男子气概被肯定时，男性通过一项自我反思的任务后会更倾向于选择典型的女性食物菜单中列出的选项。[26]有趣的是，与女性相比，男性的心理会体验到更多的性别不一致行为所带来的损害。[27]因此，男性可能会更多地通过颜色、形状、声音、数字和食物等方式来表明自己的性别认同。[26]在乳腺癌传播中，女性性别认同显著性的提高会导致更高的乳腺癌风险估计，从而触发防御机制。[28]

（6）道德认同

道德认同会带来道德消费行为。比如，当消费者认同自己为“有机产品消费者”或“绿色消费者”，则更可能会购买有机产品或绿色产品。[29]此外，道德认同可以通过减少心理距离来增强外群体（而不是内群体）的品牌态度。[30]如果想要激励捐助者的行动，可以借助于道德认同的两个维度（内在化和象征化）的共同影响。[31]研究表明，当处于高道德认同水平时，象征性对慈善行为起作用；当处于低道德认同水平时，内在化对慈善行为起作用。

（7）社会认同威胁

当内群体的象征价值或地位被外群体破坏时，社会认同威胁就会出现。[32]当一个内群体品牌（即与社会群体相关的品牌）出现了负面信息，会威胁到内群体成员的社会身份认同，也会负面评价与外群体无关的产品（即与外群体相关但与危机中的品牌无关的产品）。[33]比如，相比于三星品牌，当美国消费者接触到戴尔的负面信息时，他们有可能反驳，因为戴尔是一个美国品牌。当消费者的社会身份被污名化了，公司的态度显得非常重要。如果公司也表现出对于消费者身份污名化的认同，将会降低公司的吸引力和消费者的忠诚度，甚至还会导致消费者抵制等反消费行为。社会认同威胁可以通过确认群体共享的价值观或者个体的动机遗忘来化解。[34,35]研究表明，社会认同威胁对消费者偏好的影响是由自我解释调节的，独立性较高的人表现出对与认同相关的产品的分离反应，而依存性较高的人表现出对与认同相关的产品的关联效应。[34]

（三）理论运用中的研究方法

在营销学领域，关于社会身份认同的研究主要采用实验法，其他会涉及结构方程模型和一些一手、二手数据的应用。实验法一般采用情景操控和量表测量。在情境操控中，研究者通常会选择一则主题契合的已发生的事迹材料或者根据已选择产品或品牌材料来操控实验环境或研究变量，然后再根据社会身份认同相关的量表来测量。若涉及需要对新构造的认同构念（如消费者-品牌认同）进行量表改编或开发，则会涉及一手数据和二手调研数据的获取，再进行实验或数据模型构建。此外，一些研究也会通过问卷收集横截面数据进行研究，如先前研究探究了品牌社群认同对品牌认同的影响机制。[36]

关于社会身份认同构念的测量，麦尔（Mael）和阿什福斯（Ashforth）[37]以及贝尔加米（Bergami）和巴戈齐（Bagozzi）[38]提出的组织认同量表是最为经典的量表。其中，麦尔和阿什福斯提出的组织认同量表共计六个测项，侧重了情感和评价因素，忽视了认知因素。与之相反，贝尔加米和巴戈齐提出的认同量表是包含视觉和语言两个量表，注重认知因素而忽略了情感和评价要素。此外，一些研究也采用埃雷默斯（Ellemers）等[39]开发的包含为群体自尊、自我分类和群体承诺三个维度的社会认同量表，或者直接使用卢赫塔宁（Luhtanen）和克罗克（Crocker）[40]集体自尊量表中的集体内部自尊分量表，测量个体对群体身份的内部认同程度以及身份认同重要性。[47]在虚拟组织领域，哈格希默等[11]基于品牌社群的独有特征，开发出了具有认知、情感、评价三个因素的品牌社群认同量表，被广泛使用。

（四）对该理论的评价

作为社会人，个体的心理与行为会受到社会的影响。社会身份认同理论从内群体和外群体的角度来了解个体与社会的关系，体现出“因为归属所以认同”的理念。该理论也表明，要理解一个人的行为，不能孤立地从个体特征来看，还要结合其所处的群体特征来分析。理想群体提高了个体的自尊，促进了个体的行为，而规避群体给个体带来身份认同的威胁，从而使个体采取一些行为来维护群体的声誉，或者弱化与群体的关联。正因为社会身份认同理论对社会心理的深刻把握，所以成了社会心理学的主流理论之一。

社会身份认同理论在营销研究当中之所以应用广泛，是因为消费者可以从性别、国别、组织、品牌甚至道德等多个角度来定义身份，从而产生各种各样的心理与行为。企业也可以据此来强化消费者的社会身份认同，建立品牌与消费者的关系。社会身份认同理论为理解消费者的群体行为做出了很大贡献。

社会身份认同理论也存在一些滥用。比如，个体通过贬低外群体来抬高内群体，但自尊不能建立在对其他群体的身份歧视上，这不利于社会和谐；刻板印象给一些群体先天带来不公平性，处于这些群体的个体与生俱来地受到歧视；品牌被污名化，也导致使用该品牌的群体受到非议（如使用一些奢侈品的人被认为是暴发户）；等等。

（五）对营销实践的启示

社会身份认同理论告诉我们，品牌是消费者延展的自我，消费者不只是通过产品性价比来选择品牌，而且还会选择符合其身份和形象的品牌。这在产品同质化程度日趋严重的今天，显得格外重要。为此，在营销实践中，管理者需要为目标消费者设定社会身份，针对性地打造品牌个性，将品牌与社会身份建立关联，使得品牌能够彰显消费者的自我形象（比如江小白的文艺小青年形象）；培育品牌社群，让品牌社群成员成为消费者一个特定的社会身份，拉进消费者与品牌的关系（比如魅族的魅友会）；积极从事善因营销和绿色营销，建立负责任的道德品牌形象，吸引有社会责任感的消费者（比如全棉时代的环保理念）。如果消费者所处的社群处于社会身份认同威胁，企业也应当想办法扭转品牌形象，比如哈雷摩托车的消费者群体早年被视为一群纹身壮汉，是社会隐患，后来哈雷公司突出了追求自由的品牌形象，才重塑了哈雷品牌精神。

参考文献

60

社会网络理论

陈怀超　吴慧超①

（一）理论概述与在营销研究中的发展

社会网络理论（socialnetwork theory）起源于20世纪30年代，成熟于20世纪70年代，是一种新的社会学研究范式。“社会网络”概念最早由英国人类学家布朗（Brown）提出，并由韦尔曼（Wellman）将其具体定义为“由某些个体间的社会关系构成的相对稳定系统”。国内学者边燕杰在1999年通过研究中国社会的特殊之处，提出了适合解释东方社会的强关系假设，为社会网络理论的发展做出了重要贡献。随着应用范围的不断拓展，社会网络的概念已经超越了人际关系范畴，其核心是基于关系视角研究社会现象和社会结构，并在社会学、心理学和管理学等学科中得到较多应用。

社会网络理论已被广泛用于分析营销问题[1]，涉及企业营销策略、沟通策略、口碑传播等相关研究。我们分别展示了该理论在营销领域六大顶级期刊和年度的频率分布趋势（图60-1、图60-2），可以看出该理论在*Journal of Academy Marketing Science*中运用最多。

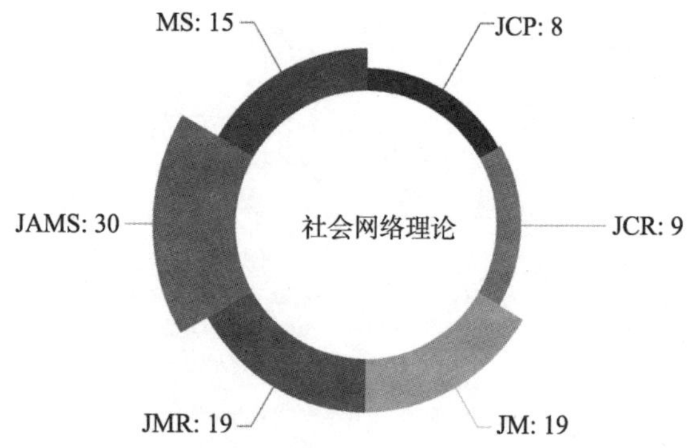

图60-1　六大期刊中社会网络理论频次分布

① 陈怀超，太原理工大学经济管理学院教授、博士生导师、副院长，主要研究领域为创新管理、国际商务管理。吴慧超，南开大学商学院博士研究生，主要研究领域为数字营销。

图60-2 六大期刊中社会网络理论的年度频次分布

（二）理论的核心内容与在营销研究主题中的运用

1. 理论的核心内容

人作为社会生物，嵌入朋友、同事和熟人的网络中。[2]任何个人或组织都与外部环境存在或多或少的联结，形成一种社会网络。[3]社会网络理论提供了一个简明的理论框架，描述了在一个全面的、多层次的网络中，多个社会实体（如个人、部门、公司等）之间的互动和联系[4]以及社会网络对于社会实体行为的影响。更具体地说，社会网络理论将社会结构视为系统或关系网络，社会实体通过一系列关系进行相互连接，这些关系可以用一组由线连接的节点进行图形化表示。[5]社会网络理论指出，二元关系并非孤立发生，相反，其嵌入在更广泛、复杂的社会网络中[1]，并且在这种情境下，社会实体由于具有相同或类似的关系基础会以相似方式思考和行事。该理论在理解社会实体间的关系方面做出了显著贡献，有助于了解社会实体在网络中的角色，确定该网络中的关键影响者。[4]

社会网络的研究主要从关系和结构两个方面展开。基于关系的研究主要关注社会实体之间所建立联系的性质，即一对社会实体之间关系的强度。关系强度的概念反映了一个社会实体或多或少参与某一特定社会关系的程度、与其他实体的亲密程度以及对该关系的重视程度，[6]这会影响关系的互惠性、亲密性和持续时间。[7]格兰诺维特（Granovetter）[7]将社会关系分为强关系和弱关系。强关系通常是指牢固的主要关系，如配偶或亲密朋友之间的关系，而弱关系则是脆弱的次要关系，如与很少接触的熟人之间的关系。[8]任何社会网络中的信息流通常不太依赖关系的数量（即朋友的数量），而是取决于这些关系的强度。[6]虽然社会网络的成员之间相互信任[9]，并允许彼此访问不容易获得的信息，以此应对信息不确定性[2]；但是不同强度的关系适用于不同信息的传递，并会以不同的方式发挥作用。[7]弱关系更有可能传递新颖的信息，因为建立弱关系的社会实体在不同的社会网络中相互作用，[2]能够将不同的网络连接在一起，交换差异化信息，进而增加新颖信息的传播概率。而强关系更有可能传递重叠的信息，但其传播效率更高。因为越相似的人，彼此之间的影响越大，社会实体更有可能与类似的实体分享经验，并且对有共同偏好的实体更加信任。[8]

除关系外，社会网络中的结构也很重要，其影响着社会实体信息和资源获取能力的大小。基于结构的研究关注社会实体在社会网络中所处的位置，以及这种位置的形成和演进模式。通过挖掘社交网络的结构特征，可以更全面地了解其内容[5]，找到社会网络中最有可能带来竞争优势的位置。社会网络可以分为自我中心网络和整体网络[10]，自我中心网络注重考察个体在社会网络中的位置特点。例如，通过中心性这一基本的概念确定社会网络中的关键影响者。[4]中心性是社会网络中个体节点权力的量化指标，反映了个体节点在网络中的重要程度，并通常与社会个体的地位、权力、威望等属性相联系，一般包括程度中心性、接近中心性和中介中心性三种。整体网络关注社会网络的整体形构。例如，通过测算网络密度、网络关联度和网络等级度刻画整体网络的结构特征。此外，对于整体网络结构，美国学者布尔特（Burt）在1992年提出了结构洞的概念，即社会网络中的某个或某些社会实体与一些社会实体发生直接联系，但与其他社会实体不发生直接联系，使得网络结构中出现了洞穴，故称作结构洞。结构洞概念是社会网络理论研究中最常见的视角，其可以看作是强弱关系观点的进一步发展和深化。

2. 理论在营销研究主题中的运用

社会网络理论在营销研究中得到了广泛应用。一方面，该理论被运用于了解营销人员行为和消费者行为，主要涉及营销策略和消费者感知（如消费者情绪性品牌依赖、消费者心理状态、购买意愿）等方面。另一方面，该理论也被用于指导企业营销行为（如口碑营销、利益相关者营销、网络营销等）。以下重点介绍社会网络理论在营销研究主题中的四方面运用。

（1）社会网络理论与营销策略

社会网络中个体网络中心性会影响营销策略的实施。企业中销售人员的网络中心度越高，意味着销售人员在处理复杂客户关系和复杂销售流程时可以充分利用网络关系来获取有效信息，保障营销策略实施。[11]企业销售人员内部社会网络的多样性和关系强度也会影响高效营销团队的建立。具有高网络中心性的行为者可以塑造同伴的组织态度和行为，从而建立高效的营销团队。此外，销售人员内部网络关系的多样性和强度会对客户解决方案的开发产生影响。[12]随着客户相关问题复杂化，销售成员无法依靠自己解决，需要借助内外部网络关系寻求专业信息，通过社会网络关系吸引专家参与，加快网络节点之间的信息共享，进而影响社交网络成员对营销策略的态度、选择和期望，保证营销策略的顺利实施。

（2）社会网络理论与消费者心理

社会网络中的关系强度影响消费者心理。网络中不同关系强度传递的信息会使消费者产生不同的心理状态。[2]社会网络中个体之间的关系较强意味着人际关系重叠度较高，消费者在社会网络中能够感受到较强的信任感。[13]当营销信息来自于社会网络中有紧密联系的个体时，消费者认为依据该信息做决策的风险程度更低，进而做出积极反应。有研究发现，进行产品推荐时，若有关产品的消息来自与消费者有紧密关系的熟人，则产品推荐更可能成功。[14]而当营销信息来自于社会网络中有较弱联系的个体时，消费者在解读信息时会产生消极的心理。因此，依据消费者不同的心理状态，网络中有弱联系的个体适合传递新颖信息，有强联系的个体适合传递品牌正向信息，进而使消费者产生更强的品牌认同感。

（3）社会网络理论与口碑营销

社会网络会影响信息交互和口碑传播。在营销过程中，拥有良好社会网络关系的消费者在产品的研发、生产和营销过程中发挥着重要作用。一般而言，拥有专业知识或特殊魅力的意见领袖在产品促销过程中有更高的营销影响力，意见领袖对产品的认可和推荐容易使产品拥有良好的口碑，更可能获取社会网络中其他消费者的信任，进而影响他们的消费决策。为了产生有价值的推荐，企业可以在客户中找出意见领袖，并制定相关的传播策略。[14]例如，企业可以系统地识别并鼓励意见领袖和有影响力的人（如博主）采用并谈论他们的产品，进而产生更好的口碑效应。另外，社会网络中的平民化中心也会对周边消费者产生影响。这类消费群体是外向型顾客，他们健谈且热情，积累了较多的社会联系，拥有更大的社会网络，能够传递更积极的情绪，进而形成更积极的口碑。并且在网络中嵌入程度高，形成了强关系社会网络的消费者，也可以通过熟人网络（亲密朋友或者家人）发挥更强的口碑传播效力。[15]

（4）社会网络理论与利益相关者营销

利益相关者的社会网络是连续的，在复杂的利益相关者网络中，不能孤立看待不同利益相关者之间的关系。利益相关者之间会产生直接或间接的相互作用，满足特定利益相关者的需求会同时影响其他利益相关者的需求。有研究指出[16]，基于社会网络的营销要关注整个利益相关者群体的利益，例如索尼在推出电子书阅读器时只关注到消费者的利益，没有关注出版商的利益；相比之下，亚马逊意识到出版商会担心电子版阅读内容被非法复制和传播，进而决定禁止打印或共享电子版内容，因此，出版商更愿为亚马逊的电子阅读器提供服务。另外，企业可以通过满足社会网络中利益相关者的需求，影响利益相关者感知，进而提升企业品牌声誉。康维尔（Cornwell）和权（Kwon）[17]指出，企业可以通过一些活动（如赞助）为利益相关者提供相关信息，关注所有与利益相关者的接触点，以此树立企业品牌形象。

（三）理论运用中的研究方法

在运用社会网络理论分析营销领域的相关问题时，主要采用问卷调查法和实验法获取一手数据。

在采用问卷调查法的研究中，常从亲密程度和沟通频率方面开发题项对关系强度进行测量。例如，"你与每个人的关系有多密切"和"平均而言，你与每个人（任何社会或商业讨论）的沟通频率是多少"。[18]此外，对于社会网络相关变量（网络嵌入、商业嵌入、政府嵌入和商业联系等）的测量主要从合作关系和合作内容方面开发题项以反映合作伙伴间良好关系的程度。如"我们公司与该供应商一个或多个合作伙伴之间的合作非常紧密""我们公司与该供应商一个或多个合作伙伴之间的关系非常密切"等。[19]

在采用实验法的研究中，一方面，计算亲密朋友的比例是衡量社交网络关系强度的标准方法。[20]例如，在被试浏览脸书时，被要求指出他们在脸书上非常亲密的朋友、有点亲密的朋友、熟人、疏远的熟人和陌生人的比例，以此判断被试与脸书上的朋友是强关系（非常亲密和有点亲密的朋友的占比高）还是弱关系（疏远的熟人和陌生人占比高）。[6]另一方面，可以通过创造虚拟情境，将被试随机分配到实验设计的不同情境中，通过被试的认知对社会网络关系强度进行衡量。[21]

（四）对该理论的评价

社会网络理论能够认识社会实体在社会中的位置，继而将每一个社会实体的关系综合形成社会网络，并强调网络的动态性。社会网络理论的适用性广泛，为理论和实证研究提供了杠杆和新视角，能够揭示社会网络中实体之间的互动模式，并确定这些模式产生的条件以及造成的后果。[22]社会网络理论在众多理论中占据十分突出的地位，已被广泛应用于市场营销的相关研究，包括营销策略、消费者心理、口碑营销和利益相关者营销等，为更好地理解企业营销过程和消费者心理状态等提供了分析框架。

尽管社会网络理论兼备理论和应用深度，但是该理论在发展和应用过程中还存在一些局限性。当前，该理论在解释社会实体行为时主要从社会网络的关系和结构两方面阐述社会实体行为的形成机制，即从社会网络关系的强弱和网络中心性的高低解释消费者行为并应用到营销实践活动中。但是在这种解释机制中，强调的是如何将网络中的一些而不是所有参与者联系起来[23]，这将导致难以全面把握社会网络的全貌，不利于进行全面考察。

（五）对营销实践的启示

在营销实践中，企业应该重点关注如何充分利用社会网络驱动营销水平的提升。具体而言，首先，企业内部网络特征会影响销售人员的工作态度和行为，进而影响企业营销策略。因此，优化内部关系网络应是营销实践需要重点关注的问题。管理者可以利用激励策略提升销售人员的积极性并获得他们对企业营销策略实施的支持，发挥销售人员社会网络的优势，通过协调公司范围内的活动（如将销售人员分配至不同部门或地区）鼓励销售人员之间建立有价值的联系[24]，为企业带来更丰富的营销经验和信息，以提升企业营销绩效。其次，营销人员应尽可能多地获取消费者社会网络数据，了解消费者心理，增强口碑传播效应。社会网络中的成员会相互传递和沟通信息，这会对消费者购物产生影响。因此，企业可以通过多种方法了解消费者心理，并通过意见领袖和社交网站推荐等方式引导其消费行为。最后，社会网络是企业收集信息的重要渠道，企业要主动与外部实体建立积极社会网络关系和价值共创网络，例如，积极地与其他企业和政府当局建立联系，以此促进与利益相关者的信息共享和协作，提升企业营销水平。总之，社会网络理论的相关研究可以对企业制定营销策略、了解消费者偏好和与利益相关者建立关系等方面提供参考。

参考文献

61 社会冲击理论

蒋玉石　苗　苗　张红宇①

（一）理论概述与在营销研究中的发展

社会冲击理论（social impact theory，SIT），又名社会影响理论。是由比布·拉塔内（Bibb Latané）在1981年提出的关于群体影响个体的著名社会心理学理论，在目前的社会学研究中地位十分重要，尤其在从众研究、行为规范与群体决策研究中有着十分广泛的应用。社会冲击理论最初在群体对个体的影响与态度改变维度构建了静态模型，而后逐步发展到动态社会冲击理论。[1]近年来，在动态社会冲击理论的基础上，各国学者又逐步将该理论与消费者决策流程结合，从多个维度讨论了社会冲击理论在整个消费者决策阶段的重要性。[2]

在营销领域中，该理论被广泛运用于消费者心理与行为、从众与社会影响、企业营销策略制定的相关研究中。我们分别展示了该理论在营销领域六大顶级期刊和年度的频率分布趋势（图61-1、图61-2），可以看出该理论在*Journal of Academy Marketing Science*和*Journal of Marketing*运用最多。

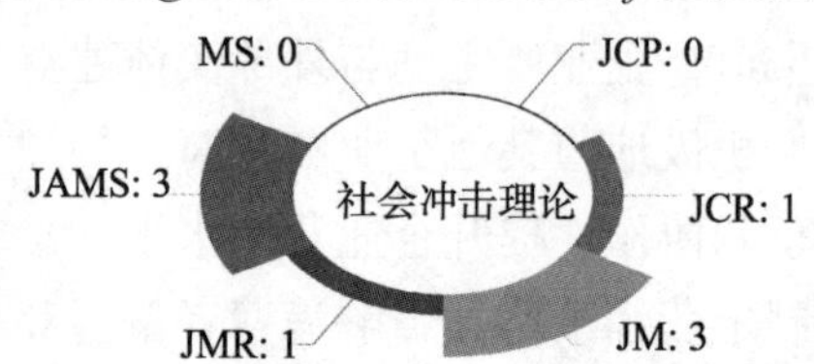

图61-1　六大期刊中社会冲击理论频次分布

---

① 蒋玉石，西南交通大学经济管理学院教授、博士生导师。主要研究领域为网络广告、数字经济与商业模式创新。基金项目：国家自然科学基金（72172129），教育部人文社科项目（21YJA63003），川酒发展研究中心项目（CJZ21-03），四川省科技厅项目（2022JDR0150）。苗苗，成都师范学院经济与管理学院教授。主要研究领域为创新创业管理、消费者行为研究。基金项目：福建省自然科学基金项目（2022J01380），福建省社会科学基金项目（FJ2022B088），一般项目四川白酒整体品牌塑造及发展研究（CJY21-07）。张红宇，西南交通大学经济管理学院讲师，硕士生导师，主要研究领域为网络广告、数字经济与商业模式创新。基金项目：国家社会科学基金项目（20BSH103）。

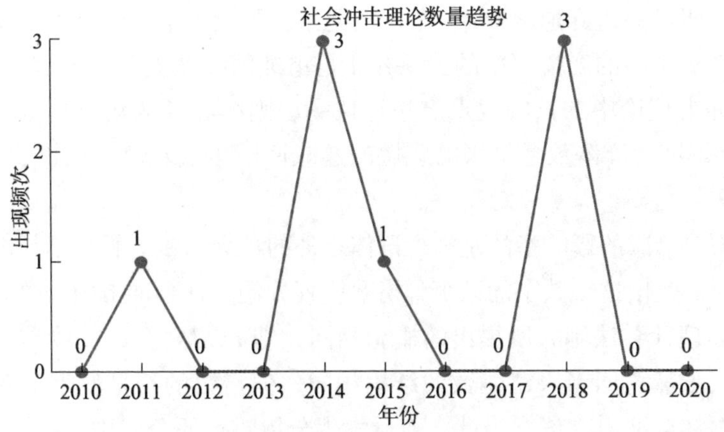

图61-2　六大期刊中社会冲击理论的年度频次分布

（二）理论的核心内容与在营销研究主题中的运用

1. 理论的核心内容

社会冲击理论（SIT），是对群体对个人产生影响大小的一种量化解释。该理论提出了三项基本法则——社会力量法则、心理社会法则与倍增倍减法则。

社会力量指的是社会个体在面对社会影响时所受到的冲击大小，当社会资源作用于目标个体时，个体所受的影响量应该是强度S、即时性I与存在的资源数量N的乘积函数，即$I=f(SIN)$。所谓强度S，指的是某一特定来源对目标的显著性、影响力、重要性或强度，通常这取决于信息来源的地位、年龄、社会经济地位、与目标的先前关系或对目标的未来影响力等维度；即时性I，是指在没有介入障碍的空间或时间上的距离大小；[3]对于社会力量的描述，最初起源于阿希（Asch）认为的群体压力对个人的影响。[4]拉塔内将社会力量描述为社会学中的灯泡理论，灯泡所带来的冲击力等于落在表面上的光量大小（即照耀在表面上灯泡的瓦数或强度）、与表面的距离以及灯泡的数量的乘积，所以个人所经历的影响是强度、即时性以及影响人数乘积。[3]

社会心理法则指的是社会影响量I将等于影响数量N的某个幂次t与标度常数s的乘积，即$I=sN^t$，而指数t的值应小于1。而社会影响量I将与在场人数的某个指数成比例增加，也就是说，社会影响量与在场人数的数量并不是线性相关关系。例如，赫尔曼（Herman）在其研究中指出了在有他人在场的情况下，人们往往比独自一人时吃得更少，而人数增加，食用量的减少往往也会产生明显的边际递减效应。[5]与之类似，张旭等采用研究也发现消费者密度与其对产品的触摸频率的关系并非是单纯的线性关系。[6]社会心理法则是社会冲击理论中的核心观点之一，这一法则解释了从众与模仿效应的边际递减原因[7]、群体数量带来的尴尬的递减原因[8]以及新闻在社会传播中的形式。[3]

倍增与倍减的影响指的是来自群体之外的社会力量的影响不是由实际人数划分，而是由这个数字的某个幂指数所划分的。社会冲击的分散同样与法则二（心理社会法则）所提出的概念相同，即 $I=s/N^t$，这在数学上等价于 $I=sN^{-t}$，虽然这两者乘法函数的结构相同，但指数的符号发生了变化。因此，根据社会冲击理论，当社会力量发生分散时，原公式中的指数 t 应为负值，绝对值应小于1。[3]例如，莱文（Levine）在研究应急紧急机制时发现，群体规模的扩大会使得群体中的个体产生逃避反映，[9]这也是达利（Darley）等发现的应急机制下的社会抑制以及责任分散现象。[10]除此之外，倍增与倍减法则解释了电梯骑士精神[11]、餐厅小费[12]以及社交懒散现象的成因。[13]

2. 社会冲击理论在营销学中的应用

社会冲击理论（SIT）在营销中存在广泛地应用。一方面，该理论可以用于分解消费者的认知过程（如决策过程与路径、口碑传播等）；另一方面，该理论对于消费者决策（如冲动性消费等）也存在一定的预测能力。本文通过对前文提到的营销六大顶级期刊上十年的文献梳理，重点筛选出以下几个方面来介绍社会冲击理论在营销研究主题中的运用。

（1）社会冲击理论与消费决策过程

消费者的消费过程往往存在诸多社会力量的影响。莱蒙（Lemon）等人强调在消费过程中“拥有”不同接触点的各种利益相关者，而这些不同接触点的消费者会构成消费者的偏好比较。[14]整个消费过程中，消费者会频繁进行自我偏好与群体偏好比较，并考虑自己的消费决策会带来他人怎样的评价（如身份符号、群体归属等感知）。[15]汉密尔顿（Hamilton）基于社会冲击理论提出，消费者的群体决策过程可以划分为动机、信息搜索、评估、决策、满意度和决策后共享这六个过程，同行消费者可能会在各个阶段之间加入（joint journey），也可以在任何阶段退出，以便稍后重新开始消费过程。[2]陈（Chen）等人也从群体决策影响角度指出，在整个消费过程中决策者的消费动机很可能会对社会的其他独立决策个体（decision-making unit，DMU）产生影响。[16]总而言之，消费者在目前的消费环境中受他人的影响随着信息传播技术的发展变得越来越复杂，而社会冲击理论则能一定程度上很好地诠释这些现象的成因。[2]

（2）社会冲击理论与口碑传播

消费者在每日的信息检索与社交生活中，会频繁受到外来信息的影响与冲击，这些信息（如口碑、品牌评价等）对消费者行为有重要影响。[17]例如，巴拉斯克（Barasch）研究发现不同群体规模会影响到消费者感知到的规模焦点，从而对自我呈现产生的口碑传播效果造成影响，这一过程往往会受到亲密度与感知有用性等因素的调节。[18]徐（Xu）等人通过消费者购后的群体内互动关系模式与群体投诉行为的研究表面，在一个大的群体中，个人对自己的身份认同变得不那么确定，更容易受到其他群体成员的影响，因此更倾向于服从群体的投诉决定。[19]一般来说，由于消费者个体在社会中往往都会被视作一种独立决策DMU[16]，其不仅可以被视为口碑传播的发起者，也同样可以被视为口碑传播的接收者。[20]此种情况下，社会冲击理论的社会心理法则就可以根据消费者所接收到的信息量做出更加合理的预测。[3]

（3）社会冲击理论与消费意愿与行为

已有许多研究表明，消费者在发生购买行为时并不是单纯依靠自己的主观意愿，同样也会受到外部社会群体的影响。张（Zhang）等人在研究消费者实地消费行为时的发现表明，互动的社会影响（例如，销售人员接触、购物者对话）往往会减缓购物者的速度，鼓励更长时间的商店访问，并增加产品互动和购买。[6]当购物者是更大群体的一部分时，他们更多地受到与同伴的讨论的影响，而较少受到第三方的影响，而社会群体的影响因销售人员与购物者的人口相似性以及所购买产品类别的类型而异。[21]除此之外，迈克弗兰（McFerran）在研究VIP消费行为时发现，当VIP能够与随行人员一起享受优惠待遇时，即使这会导致与待遇相关的收益变得更少，他们仍然会感觉到更高的地位，这种效果是由与客人的联系感增加所驱动的。[22]这也即是社会冲击理论的社会力量原则，消费者的实际购买行为处处与社会群体的影响相关，不同的关系强度等因素也对其购买意愿与实际发生行为存在密切联系。

（三）社会冲击理论运用中的研究方法

在营销领域的研究中，采用社会冲击理论的论文主要使用实验法与数据跟踪，实验法通常采用的是情境操控，数据跟踪通常采用的是视频捕捉。

在情境操控中，可以采用主动操控与被试自由控制两种操纵方式进行。

例如可以通过由实验者主动操控被试的交流对象数量，进而获得其交流的信息。具体来说，可以通过告知被试，今天对方将会负责一场广播，需要阐述你的一天生活，而后控制不同数量的群体规模从而获知被试在不同规模群体下的广播内容。[18]还可以通过描述情境的方式，要求被试想象他们被邀请与自己选择的政治人物共进晚餐，然后向他们展示了四种不同的可能情况，随行人员规模各不相同，用于判断消费者的选择。[22]

数据跟踪捕捉的使研究人员能够记录时间和空间上的购物活动，并测量购物过程中每个阶段和商店物理位置的社会影响。例如，在服装领域，影响购物者接触产品可能性的社会因素可能与影响购买的因素不同。同样，影响购物者是否购买新产品的社会因素可能与影响购买商品或清关物品的社会因素不同[21]，但是可能会存在活动的手动编码和自动客户跟踪的验证耗时等缺点。除此之外的数据跟踪方法还包括射频识别标签法、计算机视觉法以及点击流分析等方法，都可以用于进行实地调研判断消费者的消费决策。[6]

（四）对该理论的评价

社会冲击理论对于社会群体的从众、群体懒散、群体归属等行为提出了一个新的量化视角[3]，在社会心理学领域拥有十分突出的地位。虽然目前社会冲击理论在营销界应用并没有非常广泛，但是其提出的三项社会冲击法则在社会影响（social impact）领域、联合行为（joint journey）领域等领域有着举足轻重的地位。

尽管该理论将社会影响的概念进行了量化，同时能够对大部分的情况作出解释，但是其仍然存在一定的局限性。首先，该模型将消费者视为社会影响的被动接受者，而不是积极寻求者，也即将外界的信息如口碑等因素的传播作为一种消费者非主动寻求的信息，因此可能没有将人的自我控制等因素纳入考量。其次，虽然社会冲击理论经过了多阶段的发展，从静态社会冲击理论[3]到动态社会冲击理论[23]，再到如今的联合消费分析[2]，但是该理论往往都是一种概括型的理论，其解释能力往往存在一定不足，例如处理个人在社会影响敏感性方面的差异或者是个人在质量、惰性或对冲击的抵抗力是否会影响社会冲击的结果，这些都有待讨论。

（五）对营销实践的启示

社会冲击理论对联合消费具有较高的预测与概括能力，在企业进行营销行为时往往会侧重于促销、广告、口碑建设以及品牌等维度，而社会冲击理论则能够很好地应用于这一系列营销策略。例如，企业可以通过在设置 VIP

身份时强调增设的附属群体，进而提高消费者的消费意愿。[22]再比如企业在进行口碑建设时可以采取更有利于消费者进行自我呈现的方式，进而提高消费者的口碑传播意愿。[18]而在处理消极的评价反馈时，可以考虑进行更有针对性的服务补救，同时与消费者建立更密切的亲密型互动关系，进而降低企业的负面评价。[19]总之，社会冲击理论的应用能够有效改善企业在处理消费群体的相关问题，为企业制定更有效的营销策略提供参考。

参考文献

62

社会学习理论

张　昊　范雨昕[①]

（一）理论概述与在营销研究中的发展

社会学习理论（social learning theory）是关于人类学习塑造行为的理论，认为人类的行为不仅可以通过自身参与习得，还可以通过观察和模仿其他人习得。该理论整合了有关学习的行为理论和认知理论，提出了一个模型用以解释现实世界发生的各种学习体验。社会学习理论着眼于观察学习和自我调节引发人类行为的作用，并重视环境和人类行为的交互影响。阿尔伯特·班杜拉（Albert Bandura）是社会学习理论的奠基人和集大成者，其在1963年提出社会学系理论并通过系列“波波娃”实验进行印证，之后不断进行理论完善，于1977年出版专著《社会学习理论》（*Social Learning Theory*）完整论述了社会学系理论的核心观点。目前社会学习理论已经应用于心理学、管理学、教育学、护理学等多个领域。

在营销领域中，该理论被运用于消费者心理、消费者信任、消费者购买行为、新产品定价、企业营销推广、口碑营销等的相关研究中。我们分别展示了该理论在营销领域六大顶级期刊和年度的频率分布趋势（图62-1、图62-2），可以看出该理论在 *Marketing Science* 期刊中运用最多。

（二）理论的核心内容与在营销研究主题中的运用

1. 理论的核心内容

社会学习理论的核心观点概括起来有以下五个方面：①学习并不是纯粹的行为，相反，它是一个发生在社会环境中的认知过程；②学习可以通过观察行为或观察行为的后果（替代强化）实现；③学习包括观察、在观察中进行的信息提取和对行为表现做出的决策（观察学习或建模），因此，学

① 张昊，东北大学工商管理学院教授、博士生导师，主要研究领域为自动化心理学、新产品开发管理。范雨昕，东北大学工商管理学院研究生，主要研究领域为消费者行为。基金项目：国家自然科学基金面上项目（72172030）。

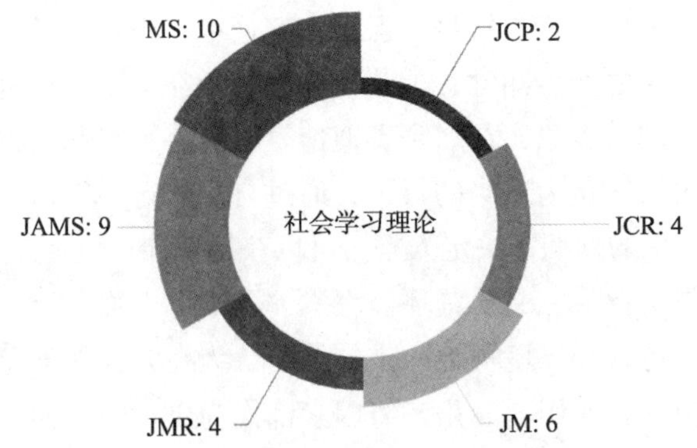

图62-1　六大期刊中社会学习理论频次分布

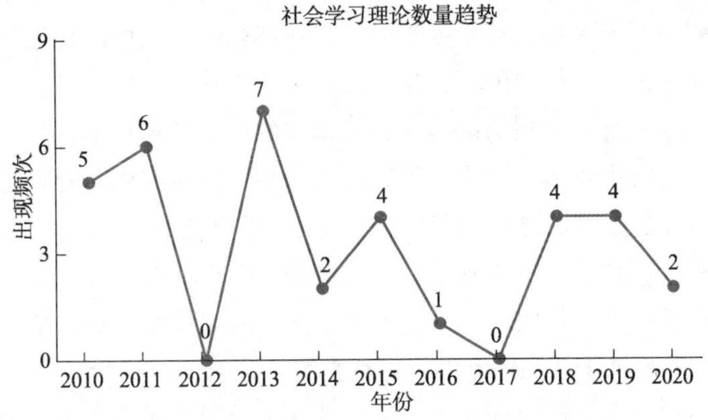

图62-2　六大期刊中社会学习理论的年度频次分布

习可以在没有明显变化的情况下进行；④强化在学习中起重要作用，但是不能完全影响学习效果；⑤学习者并不是信息的被动接受者。认知、环境和行为彼此相互影响（三元交互论）。在社会学习理论中有一些重点内容需要关注。

首先，社会学习理论认为通过直接经验获得的学习，也可以通过观察榜样的行为来获得。[1]观察学习是指人可以无须直接参与学习活动而通过观察替代参与从而获得学习经验，并把这些间接学习到的内容转化为一种符号，从而指导自己的日常行为。班杜拉将观察学习分为四个阶段：注意、保持、再现、动机。注意是指在大量的示范参考中选择哪一个作为观察对象，并决定从正在进行的示范事件中汲取哪些信息，因此选择性注意在观察学习中起着关键作用。[2]能够影响注意过程的因素有很多，主要包括三种：示范原型的特点、观察者本身的特征，观察者人际关系的结构特征。[2]保持就是把示范经验，转化成表象或言语符号，保留在记忆中。当示范学习引起观察者注意后，观察者会对之产生知觉，示范行为的刺激在脑海中反复出现，观察者会逐步形成可复现的表象，在遇到类似情景时就会被唤起。再现就是把刺激形成的符号和表象转化为适当的行为，通过自身的行为得以再现。动机是指观察者对行为结果的预期，决定人是否可以获得新知。[2]

其次，不同于行为主义强调环境因素、人本主义强调个人因素，社会学习理论把认知、行为和环境视为一个整体，认为在人类在学习过程中并非是其中一类因素独立起作用，而是三组因素都作为决定因素相互起作用，三者密切相连、互为因果。[1]一方面人的行为可以改造客观环境并改变个体认知，另一方面受到所处环境和个体认知的影响。比如，一个人的成长受到了社会、家庭、学习等外在环境的影响，外在环境的奖惩机制会强化个体行为的发生。而个体认知层面因素，包括潜在意识、本能、性格等也会改造个体行为。但是，环境和认知的影响并不是单向的，反过来个体行为也会其所处的环境和认知产生改造，形成一种“你中有我，我中有你”的状态。虽然三者相互关联，但是三者之间的相互作用不可能绝对平等，任何一个都可能占据主导地位。例如，在书店买书时，书店提供的环境对于每一个消费者都是固定的但却不起主导作用，一个读者对于图书的选择则受到了个人背景、知识结构、职业特征等认知因素的决定性影响。

最后，社会学习理论认为学习的心理变化受到认知的作用。因此，学习者可以通过自我调节来改变学习效果。而自我调节直接导致学习者产生自我效能，即个人对自己在特定情境中，是否有能力去完成某个行为的期望，是人对自己的主观判断。自我效能包括两个部分，即结果预期和效能预期，其中结果预期是指个体对自己的某种行为可能导致什么样结果的推测；效能预期是指个体对自己实施某行为的能力的主观判断。班杜拉指出自我效能主要受四种因素的影响：成败经验、替代性经验、言语劝说以及情绪和生理状态。[2]一般来说成功的经验会增加自我效能，反复失败会降低自我效能。他人的言语鼓励能够提高自我效能，但由于与自身经验联系不大，经由劝说形成的自我效能感在面临困境时会比较容易消失。在面临困难时，平静乐观的心态会更加镇定自信，而焦虑不安则会导致对自我的怀疑。

2. 理论在营销研究主题中的运用

社会学习理论在营销研究中已经得到一定的应用。一方面，该理论能够用于研究消费者认知方面（如观察学习、自我效能等）与消费者行为之间的联系；另一方面，该理论也能用于指导企业营销策略（如口碑营销、新产品定价等）。通过对前文提到的营销六大顶级期刊上的文献梳理，重点介绍社会学习理论在营销研究主题中的四方面运用。

（1）社会学习理论与消费者购买行为

社会学习理论强调个体通过观察获得新的信息和行为模式，将观察到的信息内化，然后反应在个体之后的行为上。由于个体所获得的信息有限，无法从产品介绍中进行检查、接触、确认，因此在各种消费活动中，消费者还会观察他人行为或听取他人意见来作为购买的参考条件。消费者从自身经验和他人的行为中进行社会学习，根据获得的经验和参考，可以清楚商品是否符合自己的需求、什么值得购买，以及购买体验如何。当消费者对产品不确定，信息不完善，并通过观察他人先前的决定来推断产品对自己的效用时，这种观察学习效果更强。例如美国肾脏移植行业的数据表明，在队列中等待肾脏供应的患者会从肾脏被排位靠前患者的拒绝行为中，对肾脏质量做出负面推断，即使病人本身并不了解肾脏的质量。[3]同样的情况在餐饮业也有应用，例如在餐馆中展示菜肴的受欢迎程度会增加这些菜肴的订单。因此，社会学习理论相关研究指出，影响消费者购买行为的决定因素包括来源的可信度、来源吸引力、产品匹配和意义转移等。

（2）社会学习理论与口碑营销

在电子商务和现代社会生活中，人们常在观察他人的行为后做出决定，消费者可以在个人网络层面或社区网络层面上受到他人采纳行为的影响。营销文献将基于意见或偏好的社会互动定义为口碑，指人与人之间的交流所传播的信息，如意见和建议。[4]产品口碑是消费者是否会产生购买意愿以及购买行为的重要影响因素。张（Zhang）等研究表明，当网络规模较小时，朋友的行为提供了更多的信息，而陌生人的行为随着网络规模的扩大变得更加有效。[5]米娜（Mina）等证明社会学习在不同网络层次上存在相对重要性，从社区网络的社会学习比从个人网络的社会学习对消费者产品的采用有更大的影响。[6]而在考虑口碑的效价时，负面口碑往往比正面口碑对消费者采纳决策的影响更大。[4]但是，陈（Chen）等的研究发现尽管负面口碑比正面口碑更具影响力，他人正面的产品采纳会显著提升销售额，而负面产品采纳则没有影响。[4]同时陈等研究发现口碑的影响随着产品生命周期的推移而减弱，这表明为了企业应该关注产品的导入期和成长期，以提高社会互动的有效性。[4]

（3）社会学习理论与新产品定价

消费者的购买行为本身就是一种学习，特别是对于价格较低、重复购买频率较高的消费品来说，更是如此。[7]当消费者购买新产品时，他们事先不确定产品与其的匹配程度。当一些消费者在新产品上市时第一时间购买，剩下的消费者就可能会通过社会学习发现产品的真实价值。当新产品上市时，企业会为新产品定价，尚未购买的消费者会根据价格决定是否进行购买，企业通过价格可以操控刚上市时新产品的销量，也可以控制信息的传播速度。[7]新产品上市时，企业想要实现贴现利益最大化，而消费者想要实现预期效用最大化。消费者在第一次购买新产品时往往面临以下权衡：立即购买意味着不知情的购买，但会很快获得新产品的体验；而推迟购买则会推迟体验，但会带来潜在的知情购买。因此，消费者会在优先体验和潜在知情购买间进行选择。由于社会学习的外部性，大多数消费者自然倾向于推迟购买，以便通过社会学习转化为知情购买，这种情况会迫使企业降低新产品第一阶段的价格，从而使早期购买变得同样有吸引力。即当消费者认为新产品上市价格会低于后期的价格时，有些人就会选择提前购买。[7]

（4）社会学习理论与健康行为

社会学习理论中的自我效能感是预防健康行为的重要决定因素，更高的自我效能感会增加参与预防行动的可能。[8]与低水平的思维相比，高水平的思维会通过提升自我效能感增强对健康行为的参与，如疾病预防。同时，自我效能也是预防疾病行为的一个重要障碍，对完成某种行动的困难感知会降低自我效能感，并破坏健康结果。预防行为的参与取决于人们对遵循预防建议的难易程度感知。因此，对健康推广人员的启示是，在倡导检测和预防等健康行为的同时，应该鼓励人们思考如何（与为何）参与检测（与预防）行动。这有助于健康营销人员更有效地说服大众采取健康（但令人恐惧）的检测行为。[8]在新冠疫情期间，以上启示会变得更为重要。

（三）理论运用中的研究方法

在营销领域的研究中，采用社会学习理论的论文主要使用的是实验法，在涉及自我效能的论文中主要采用量表进行测量。

在实验法中，田野实验是被推荐的重要方法。首先，选定实验的场景，在某些特定的网站中，消费及点击会被记录下来，商品评价会在网站中显示出来，如亚马逊会在商品主页会提供评论信息，以及其他顾客在查看此商品后的最终购买决策，此时，消费者就可以从中观察到“在所有考虑该产品的顾客中有百分之多少的顾客实际上购买了该产品”。[4]研究人员可以收集同一时期不同商品和下一时期这些商品的数据，通过消费者的选择来判断社会学习的影响，同时通过其他无法进行社会学习的网站，收集同类产品这些实验时期的数据，排除其他社会情境因素的干扰，进行控制变量。最后通过收集到的数据资料，构建模型进行数据分析。

量表测量中，自我效能一般通过量表进行测量，目前在国际上广泛使用的是由斯沃泽（Schwarzer）和泽如撒勒姆（Jerusalem）编制的一般自我效能感量表（GSES），整个量表共10个问题，如“如果我尽力去做的话，我总是能够解决问题的”“即使别人反对我，我仍有办法取得我所要的”“对我来说，坚持理想和达成目标是轻而易举的”“我自信能有效地应付任何突如其来的事情”“以我的才智，我定能应付意料之外的情况”“如果我付出必要的努力，我一定能解决大多数的难题”“我能冷静地面对困难，因为我可信赖自己处理问题的能力”“面对一个难题时，我通常能找到几个解决方法”“有麻烦的时候，我通常能想到一些应付的方法”“无论什么事在我身上发生，我都能够应付自如”。研究者多在此量表的基础上根据具体的研究情境进行改编。[9]

（四）对该理论的评价

社会学习理论在行为主义的基础上发展起来，将认知因素引入影响人类行为的研究中，解释了人类的观察学习现象，提出了三元交互论，在心理学研究中具有重要地位。一般认为班杜拉的社会学习理论是行为主义的继承和发展。社会学习理论指明了观察学习的重要作用，强调认知和行为相结合，强调人本主义，表明个体在行为中的重要作用，体现了人的主动性和自我效能。人们会通过认知改变自己的行为模式，解释了观察学习和行为反应的过程。广泛应用在消费者心理和行为的研究中，为解释消费者知觉，消费者行为决定提供了一个分析的逻辑框架。

尽管社会学习理论在心理学发展中具有举足轻重的作用，但该理论发展仍具有一定的局限性。社会学习理论强调认知的作用，指出人们在观察到某一行为后，通过社会学习、自我认知，转化为私人信息，更新自己的观念，从而表现出相应的行为。但在现实生活中，很多观察者并没有表现出强烈的模仿行为，也并没有将被观察者视为榜样，存在一定的边界条件。观察者仅能观察到榜样的行为及后果，对榜样的认知及思考过程并没有了解，学习到的行为未必适用于自身所处的情境。同时社会学习理论可以解释模仿性的学习行为，但对复杂理性的思维以及行为的形成缺乏解释力。另外，关于自我效能感的判断，也主要依赖于个体的自我判断，当出现可能影响到个体自我效能感的陌生情境时，个体可能会意识不到自我效能感的变化。

（五）对营销实践的启示

社会学习理论在营销活动中的应用非常广泛，尤其是在互联网情境下，其应用更为多元。互联网创造了一种新的学习文化，这种文化本质上是社会性的，使消费者能够在互动中发现、讨论、影响和学习，而不是被动地进行行为模仿。社交媒体的爆炸式增长极大地扩大了消费者社交学习的范围和影响。社会学习理论从个体、环境、行为三个方面强调了对消费者的影响，根据社会学习理论，环境中他人的反应会对消费者造成影响。因此，企业在利用社会学习理论时可以从以下四个方面进行实践：首先，企业在营销活动中可以借助影响者（如意见领袖）进行营销，进而影响消费者的感知，改善产品购买情况以及创造价值。研究表明观察学习和信息共享塑造消费者的选择。最佳营销策略应该考虑影响消费者如何向他人学习。营销人员在评估个人的影响力时，还应该考虑环境、社区特征、传播媒介和产品领域。其次，企业可以尝试控制消费者的学习方式和进度。尤其是在新产品的导入时期，企业可以利用新媒体渠道通过多种方式引导、教育消费者，实现新产品的快速渗透。再次，企业可以尝试利用品牌社区、网络平台等操控消费者的自我效能感，以达到改变消费者认知、影响消费者行为的目的。最后，随着人工智能、大数据、元宇宙等相关技术的发展，个体、环境都发生了极大的变化，例如学习的对象可能从人转变为机器人，消费的环境从现实环境转变为虚拟环境，因此，企业可以积极适应上述变化，利用社会学习理论构建新的三元交互，探究影响消费者行为的新方式。

参考文献

63

社会资本理论

寿志钢[①]

（一）理论概述与在营销研究中的发展

社会资本（social capital）的概念最早是由汉尼芬（Hanifan）于1916年率先提出。法国社会学家布尔迪厄（Bourdieu）首次清晰地定义了社会资本并对其进行了系统性分析。[1]20世纪90年代以来，“社会资本”一词受到了来自到经济学、社会学、政治学等许多学科研究学者的广泛关注。总体而言，政治学和管理学注重用它来分析组织管理和社会网络；社会学和人类学注重用它来分析社会规范；经济学和法学则注重用它来分析契约和制度。

在营销领域中，该理论被广泛运用于消费者心理与行为、企业营销策略制定的相关研究中。我们分别展示了该理论在营销领域六大顶级期刊和年度的频率分布趋势（图63-1、图63-2），可以看出该理论在*Journal of Consumer Research*、*Journal of Academy Marketing Science*中运用最多。

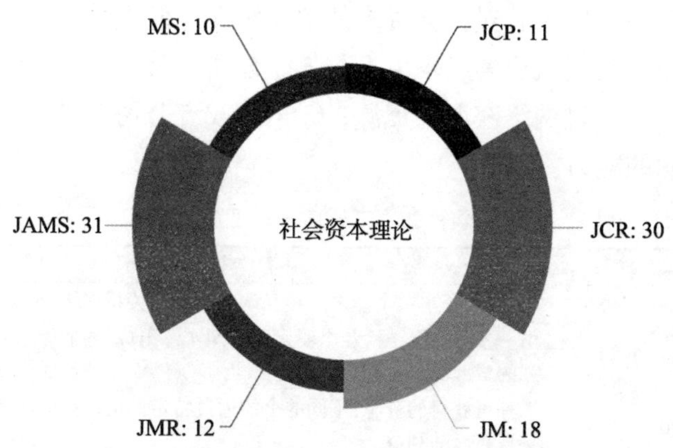

图63-1　六大期刊中社会资本理论频次分布

① 寿志钢，武汉大学经济与管理学院教授，主要研究领域为营销战略、零售管理、新媒体营销。基金项目：国家自然科学基金（71872133，72272111）。

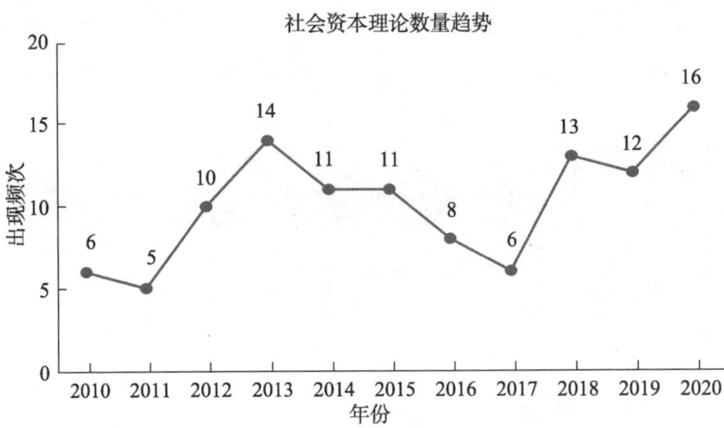

图63-2　六大期刊中社会资本理论的年度频次分布

（二）社会资本理论的核心内容与在营销研究主题中的运用

1. 社会资本理论的核心内容

人与人之间、人与社会之间在经过一定时间的沟通和交流之后，会通过信任、合作、社会规范等方式建立或强或弱的关系网络，网络中的个体可以从关系网络中获取资源和利益。而"社会资本"则强调了这种关系网络对社会发展、经济进步所起到的促进作用。

下表总结了早期部分学者对社会资本以及社会资本相关概念的定义。从已有研究中可以发现，学者们对于社会资本的定义不尽相同，很难通过简单的分类方法汇总不同学者对社会资本的不同定义。但是总体而言，社会资本包含了三个重要的组成要素：①由人与人、公司与公司之间的互动交流构成的关系网络；②通过网络获取的资源；③个人或者公司凭借社会关系获取社会网络中资源的能力。

表社会资本的内涵的汇总

相关学者	社会资本的内涵
布尔迪厄（Bourdieu，1986）	"集体的资本"，个体之间相互认可的持久关系网络，是资源的合集。[1]
科尔曼（Coleman，1988）	由一系列社会结构各个要素的不同实体组成，并能为个体行动者提供便利的资源。[2]
贝克（Baker，1990）	一种可获得的资源，不同的个体通过特定的活动换取特定的社会资本，实现自己的利益。[3]
帕特南等（Putnam et al.，1994）	组织或团体中形成的信任和规范，通过促进沟通与合作提升整体利益。[4]
波茨（Portes，1998）	个体通过网络或其他社会成员身份获取利益的能力。[5]
纳哈皮特和戈沙尔（Nahapiet and Ghoshal，1998）	嵌入在关系网络中的通过网络关系获得的资源。[6]

同时社会资本具有以下特点：

第一，社会资本作为一种长期资产，可以给个人和组织带来收益。[16]个人和组织可以通过投资来建立外部关系网络，增加社会资本，以获取丰富的信息、权力和资金。组织可以通过投资内部关系来增强收益能力。社会资本也可以被"构建"和"获取"，给参与者带来益处。

第二，社会资本既是"可挪用的"，也是"可转换的"。[2]与物质资本一样，社会资本是可挪用的，个体或组织的网络可以用于收集信息或提供建议等目的。此外，个体或组织在社会网络中被赋予的优势可以转化为经济或其他优势。社会资本的流动性较强，"可兑换率"较高，容易转为人力资本、文化资本、经济资本等。

第三，社会资本既可以是其他资源的替代品，也可以是其他资源的补充。[1]作为替代品，个体或组织可以通过优越的"关系"来弥补财务或人力资本的不足。例如，社会资本可以通过降低交易成本来提高经济效率。

第四，与物质资本、金融资本、声誉资本和人力资本一样，社会资本需要维护。[16]社会联系必须定期更新或重新构建，否则就会失去效力。与人力资本不同，社会资本无法预测折旧率，会因不使用或滥用而贬值，而长期的互动会增加价值。像人力资本和某些形式的公共产品（如知识）一样，社会资本通常会随着使用而增加。

2. 社会资本理论在营销研究主题中的运用

社会资本理论在营销研究中得到了广泛的运用，以下重点介绍社会资本理论在营销研究主题中的八个方面的运用。

（1）社会资本理论与客户关系管理（CRM）

在客户关系管理场景中，销售员工与客户的个人网络可以成为企业层面的社会资本，为企业的绩效带来积极影响。在企业对企业（B2B）市场中，关键客户管理（KAM）团队的成功取决于他们的结构以及他们处理客户关系的方式。研究者将销售团队成员之间的关系定义为企业内部网络（intrafirm network），将销售团队成员与买方代表之间的关系定义为企业间网络（interfirm network）。利用这些网络的结构（买方-卖方密度、内部-卖方密度和内部-卖方集中化）和功能（买方-卖方类似功能关系和内部-卖方交叉功能关系）组成属性，学者们研究了这些网络之间的相互作用如何推动卖方账户盈利能力。研究发现了两个网络之间微妙的相互作用模式。这两个网络的密度是相互替代的，但买方-卖方网络的密度和卖方内部网络的集中度是互补的。卖家内部网络中的跨功能纽带也起到了补充作用，但仅与买家-卖家网络中的类似功能纽带相关。[17]

(2) 社会资本理论与消费者自我控制

社会资本理论在个体层面的研究通常是聚焦与个人的社会网络，社交媒体时代表现为个人的社交网络。在社交网络上，用户与朋友在联系的强度方面存在差异，这通常被称为关系强度。更一般地说，关系强度的概念反映了一个人或多或少地参与某一特定社会关系、感觉与该人亲近并重视该关系的程度。强关系（strong ties）通常是与人有私人关系的朋友，而弱关系（weak ties）则是与人关系较远的熟人。因此，强关系比弱关系有更紧密的社会关系。研究发现，与那些没有浏览社交网络的人相比，浏览社交网络所增强的自尊会瞬间降低自控力，导致人们在浏览社交网络后表现出更少的自我控制。然而，由于人们更关心他们呈现给强关系对象的形象，这种影响将主要出现在那些在浏览社交网络时关注强关系的人身上。即在浏览社交网络时，社交网络的使用对那些关注弱联系的人的自我控制几乎没有影响。[18]

(3) 社会资本理论与客户推荐计划（customer referral programs）

客户推荐是企业成本较低且收益较高的一种获取新顾客的方式，值得一提的是，推荐者的社会资本同样会影响最终的推荐效果。研究发现，通过推荐计划获得的客户比通过其他方式获得的客户表现出更高的利润率和更低的流失率。理论提出了这种现象的两种可能机制：①被推荐客户可以与公司更好的匹配（better matching）；②推荐人丰富的社会网络（social enrichment by the referrer）。目前的研究在客户推荐计划中提供了这两种机制的证据。现有研究发现：①推荐人-被推荐人组合在客户贡献边际中表现出共同的不可观察的因素；②经验更丰富的推荐人会带来更高边际的推荐；③推荐人经验和边际差距之间的这种关联在推荐人的生命周期中变得越来越小。同时，学者们还发现，只有在推荐人没有流失的情况下，推荐才会表现出较低的流失。这些发现表明，这两种机制使企业利用客户网络获得具有更高客户终身价值的新客户，并将社会资本转化为经济资本。[19]

(4) 社会资本理论与在线社区中用户购买行为

在线社区中不同用户之间会产生互动，例如游戏对战时可与其他玩家组队，而这种社会互动会对用户的消费行为产生影响，并受到网络特征的调节作用。有研究发现在线社区中的社会互动揭示了“社交货币”的证据，即社区中玩家之间的社交互动会增加他们的游戏内产品购买。有趣的是，研究结果表明，不同类型的产品对社会的影响是不同的。具体而言，焦点用户的网络关系对其在享乐型产品上的消费的影响大于网络关系对焦点用户在功能性产品上消费的影响。此外，密集网络增强了功能性产品购买的传染效应，而削弱了享乐性产品购买的社会影响效应。[20]

（5）社会资本理论与高管移动性网络（mobility network）

在B2B市场中，高层次的营销和销售主管（top marketing and sales executives，TMSE）对其组织的客户战略具有相当大的影响力。当TMSE转换公司时，会产生一种非正式的组织联系模式；这种模式反映了信息和知识在企业之间的流动，并在这一过程中创造了管理社会资本。研究表明：①企业在TMSE移动网络中的中心位置（Centrality）生的信息触达与企业绩效之间存在正相关关系；②企业在TMSE流动网络中的中介位置（brokerage）所产生的信息丰富度与企业绩效呈正相关；③TMSE任期的增加，(a）信息可及性和（b）信息丰富度与企业绩效的正相关关系增强；④随着企业市场导向的增加，(a）信息可及性和（b）信息丰富度与企业绩效的正相关关系增强。[21]

（6）社会资本理论与新产品开发

社会资本作为一种有价值的资源会影响到新产品开发的结果。例如，开源软件（open source software，OSS）领域中的新产品开发的成功受到项目可用的信息和资源的影响，这与项目创始人的社会资本直接相关。研究结果表明，项目创始人的社会资本显著增加产品最终发布的概率。那些以开发者为中心，使用社区论坛，并且由有经验的创始人发起的项目也比那些以用户为中心，不使用论坛，或者由缺乏经验的创始人发起的项目更有可能最终发布产品。[22]

（7）社会资本理论与产品的社会学习

在纷繁变化的产品市场中，消费者通常是需要通过同伴的购买来学习产品知识来减少不确定性，当信息从现有客户转移到潜在客户时，就会发生“社会学习”（social learning）。社会学习对掌握产品的体验属性尤其重要，因为产品的体验属性是在首次购买之前无法完全验证和掌握的产品属性，具有较大的购买和使用风险。研究发现“邻里社会资本”（neighborhood social capital），即邻里之间相互信任和交流的倾向，增强了社会学习过程，提高社会学习过程中传递的信息的质量（quality of information）。当沟通的内容是正面积极的时候，邻里社会资本间接地推动了销售。[23]

（8）社会资本理论与销售人员绩效

营销研究人员一直试图了解销售人员业绩的决定因素，已经开始利用社会交换、社会资本和社会网络来解释其中的逻辑。有学者不同于以往研究销售人员在公司外部的社交网络对绩效的影响，而是创新性地从“内部”审视销售人员的联系。作者分析了销售人员与公司内部的社交网络关系（关系中心性或位置中心性）对业绩的影响。同时考虑了政治技能（political skill）作为公司内部社交网络相关的驱动因素（重要前因）。政治技能是一个多层面的结构（由人际影响力、社交敏锐性、人际关系能力和表面真诚性组成），指个人理解组织环境的社会动态并运用这些知识影响他人以实现个人或组织目标的能力。研究发现：①政治技能对关系中心性有直接和积极的影响；②政治技能和组织任期对关系中心性存在正向且显著的交互作用，例如随着组织任期的增加，政治技能对关系中心性的影响增加；③关系中心性对销售业绩有积极、显著的影响；④位置中心性对销售业绩有显著的正向影响。[24]

（三）理论运用中的研究方法

社会资本的测量具体可以从宏观、中观和微观层面来划分，主要测量指标和维度如下：

1. 宏观层面的社会资本测量

关于宏观层面的社会资本的测量主要体现为地区和国家的社会资本。信任这一要素是很多学者测量宏观社会资本的核心要素。也有学者使用强家庭纽带、弱非正式纽带、非官方组织、政治参与和公民意愿这五个指标对社会资本进行测度。[25]

2. 中观层面的社会资本测量

关于中观层面的社会资本的测量更多的是关注于企业社会资本、社区社会资本、集体社会资本等对提高群体成员的社会福利的研究。其中，社区层面的社会资本是国内外主要研究领域之一，主要指标包括信任、互惠、网络、社会支持、非正式社会控制等。[26]

3. 微观层面的社会资本测量

个体层面的社会资本测量是微观层面的社会资本测量研究的主体，同时个体层面的社会资本测量也是最具理论和实践价值的。纳比特（Nahapiet）和戈沙尔（Ghoshal）将社会资本划分为三个维度：一是关系维度（relational dimension），是指关系本身的性质和根植于关系中的资产；二是结构维度（structure dimension），主要考察社会网络中成员之间的联系对个体行为的影响；三是认知维度（cognitive dimension），是指社会关系中共享的价值观与共同愿景等对集体目标和行为方式的理解。[6]

（四）对该理论的评价

总体而言，社会资本既可以代表自上而下的种族、宗教或国家的诚信、担保与保险机制，也可以代表自下而上的个人、家庭、社区、团体等活动。大部分的研究都关注到了社会资本的积极一面，例如从微观层面来看，社会资本体现了公司内部的凝聚力。公司内部的人员通过彼此信任与尊重，产生对公司的归属感和安全感。公司的所有者、经营者与员工之间彼此信任，发挥彼此在工作中最大的潜能，通过合作运营模式，达到提升公司绩效的目的。与此同时，这种较强的凝聚力有助于缓解竞争压力，弥补不发达的金融市场给公司经营带来的损失。

值得关注的是，社会资本不一定完全有益。例如，在供应链和营销渠道领域，交易关系中的社会资本是对交易关系具有潜在的负面影响。高水平社会资本可能导致交易成员失去判断的客观性，制定非理性决策；缺乏对合作伙伴的监督，助长了机会主义行为；造成对现有合作伙伴的高度依赖，错失来自关系之外的创新和市场机会。尽管有关社会资本积极效应的研究取得了丰硕的成果，但是对社会资本消极作用的研究却相对匮乏。因此，未来需要更多地关注社会资本潜在的消极作用，并探讨其中的作用边界。

（五）对营销实践的启示

社会资本作为一直有价值的资源，关系着消费者的购买和使用行为，也深刻影响着企业内部和外部的绩效。在实践中，不同的网络结构及其所代表的社会资本有着自己独特的价值，群体之间的弱连接可以带来更有价值的信息，而群体内部紧密的强连接可以带来信任和安全感。通过管理自己的社会网络连接，可以充分利用两种连接的价值并有效平衡两者的利弊，营销管理人员和销售人员在完成不同的任务时，可以根据任务的性质来决定如何更好地管理和运用自身的社会网络，以便于塑造更有效和更符合任务需求的人际影响力。在社交媒体环境下，消费者的社会网络是企业在设定目标市场和营销组合策略时需要考虑的重要因素，从了解消费者、获得消费者洞察的角度来看，社会网络结构特征包含着有关消费者个性与偏好的丰富信息，是对营销实践中常用的人口统计学特征和消费行为特征的补充和完善，其价值值得营销实践者深入挖掘。

参考文献

64

社会传染理论

焦媛媛　付轼辉　李智慧①

（一）理论概述与在营销研究中的发展

社会传染（social contagion）是描述个体的态度、信仰、情感和行为如何对他人产生影响，并通过传染级联引发广泛社会趋同的理论。勒庞（Le Bon，1895）首先用“传染”一词描述了群体中思想的感染并使个体不由自主地丧失理性思考的现象[1]，使社会传染开始走入学术视野。最初，该理论主要聚焦于微观尺度，关注个体之间的传染现象。在社会网络领域研究的不断助推下，该理论目前更侧重于研究宏观层面的大规模传染现象（社会尺度）。作为一个重要的社会心理学理论，社会传染理论在理论和实证上都得到了快速发展，并在越来越多的领域得到了应用。

在营销领域中，该理论被广泛运用于产品的病毒式扩散、企业营销策略制定的相关研究中。我们分别展示了该理论在营销领域六大顶级期刊和年度的频率分布趋势（图64-1、图64-2），可以看出该理论在*Marketing Science*中

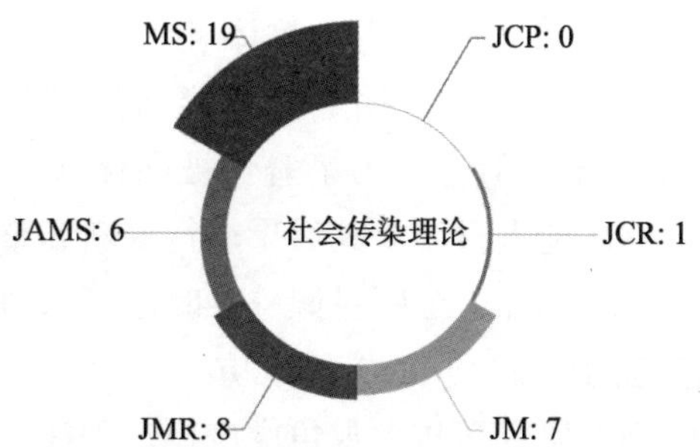

图64-1　六大期刊中社会传染理论频次分布

① 焦媛媛，南开大学商学院教授、博士生导师，主要研究领域为创新管理、网络营销。基金项目：国家自然科学基金面上项目（72172065）。付轼辉，太原理工大学经管学院副教授、硕士生导师，主要研究领域为创新管理。基金项目：国家自然科学基金青年项目（72002146）。李智慧，郑州大学管理学院讲师、硕士生导师，主要研究领域为创新扩散、消费者心理与行为。

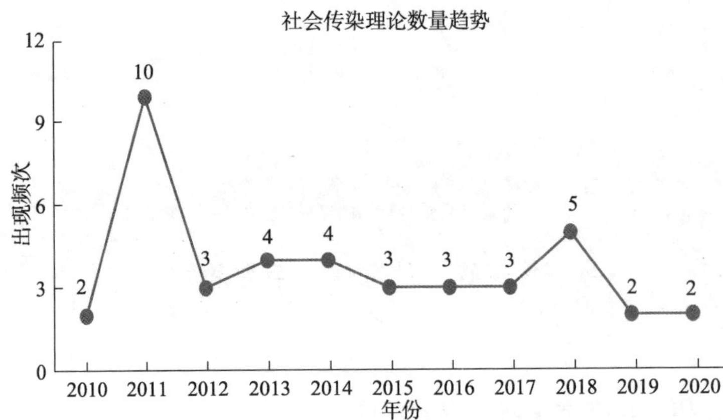

图64-2　六大期刊中社会传染理论的年度频次分布

运用最多。这与*Marketing Science*期刊主要关注使用数学建模、实地试验等方法研究营销问题的文章有关。

（二）理论的核心内容与在营销研究主题中的运用

1. 理论的核心内容

社会传染理论认为人际间存在广泛的社会影响，使得个体的行为、态度、情绪和价值观等可以传播至群体乃至更为广泛的社会网络之中。例如，在音乐会上，前排粉丝们起立鼓掌会影响后面比较冷静的观众，甚至引发全场起立鼓掌。形成社会传染有多方面的原因：①无意识的模仿。人类本身就具有易受暗示性。例如，某个人咳嗽、微笑或打哈欠后，周围的人也会不自主地表现出类似的行为。②群体压力。群体确立的规范行为准则能迫使个体做出与其相一致的行为。例如，当周围同伴都对某人表现出反感时，尽管自己本来对其并无反感，但也会为了避免被同伴孤立而表现出相似的态度。③社会学习。人们从他人行为及其后果进行推断和整合信息，改变自身期望效用，并进行模仿。例如，当明星佩戴某时尚产品时，人们就可能会认为该产品是身份或潮流的象征，从而纷纷效仿。

早期社会传染的相关研究多从微观角度进行，关注个体之间产生社会传染的影响因素等。个体差异对于社会传染具有显著影响。一些重要的个体因素包括：社会地位或影响力（当激活源在群体中享有较高地位时，传染更有可能发生）、人格特质（例如具有较强的自我意识的个体不易被感染）、社会认同（是否认同自己从属于发起传染的群体）等。此外，群体因素对社会传染也有较强的解释力。一般来说，群体规模越大、凝聚力越强、对群体的承诺越高、意见越为一致，越容易发生社会传染。另外，情境或文化因素也会对社会传染产生影响。例如，受集体主义文化影响的人可能比受个人主义文化影响的人更容易从众。[2]一些更加具体的情境因素还包括传染发生的顺序和场合（例如人们在公众场合时比在私底下更易于顺从他人的意见）等。

社会网络是社会传染发生的渠道，是产生社会传染的前提。随着20世纪70年代社会网络研究兴起，社会传染的研究开始从微观尺度转向宏观的社会尺度。在这方面，格兰诺威特（Granovetter）的“弱关系”理论对社会网络研究具有开创意义，也为社会传染提供了基础参考。他的研究表明，偶然认识的人之间的“弱联系”比亲密朋友之间的“强联系”在促进传播方面更有效。这是由于尽管弱关系的关系强度较弱，但它联结了社交距离较远、彼此互不熟悉的个体，因而能够传播更多的非冗余信息。[3]另外，社会网络的拓扑结构也对社会传染有决定性影响。瓦茨（Watts）和斯托加茨（Strogatz）表明，具有“小世界”特征的网络能显著加速传染。“小世界”网络意味着在一个绝大多数节点之间并不直接相邻（平均路径很长）、但任一给定节点的邻居们大部分都彼此相邻（内聚性较高）的网络中，只要在若干远距离节点中建立少量的联系，即加入少量“长连接”，就可以让节点通过非常少的步数访问到其他任意节点（平均路径大为缩短）。[4]换句话说，在“小世界”网络中，少量的“种子”就可以触发连锁反应，导致集体行为传染。例如，只要在若干偏远村庄之间旅行的少数人带有传染性，就会使整个人口受到灾难性疫情的影响。此外，还有一个关键问题是引发社会传染的“阈值”，也就是激活目标所需要接触的传染源的数量。通常，传染病、信息的传播只需要接触一个传染源就足够了。然而，行为、信仰或态度的传染由于成本高昂、困难或有争议，需要与多个传染源的接触才能发生，因而属于复杂传染。[5]例如，仅有一个人乱扔垃圾不足以使该行为在社区内大范围传播，只有周围许多人都乱扔垃圾时，才会影响自己也乱扔垃圾。对于此类复杂传染，很大程度上依赖于群体聚集，以增加与多个传染源接触的机会，而仅有少量的“长连接”可能是不够的。

2. 理论在营销研究主题中的运用

在营销领域，消费者相互影响以采纳产品或传播产品信息的过程被视为典型的社会传染过程。一方面，该理论能用于理解产品或产品信息随着时间在人群中传播的动态规律；另一方面，该理论也可以指导企业的产品营销策略，如口碑营销、“播种”策略（seeding strategy）和产品设计等。以下重点介绍社会传染理论在营销研究主题中的四个方面运用。

（1）社会传染与新产品扩散

新产品扩散是一个典型的社会传染过程。[6]巴斯（Bass）提出的产品扩散模型在营销领域产生了广泛影响。该模型假设扩散是由受大众传媒影响的“创新者”和受他人口碑影响的“模仿者”两类群体推动的。在两者的综合作用下，产品累计采用者数量随时间呈S形曲线增长。[7]该模型还表明在整个过程中模仿者的作用要远大于创新者，也就是说通过社会传染进行新产品扩散的效果优于企业广告宣传。然而，后来的一项研究则发现，消费者间的社会传染和企业营销活动的效果可能与产品扩散的阶段有关。曼彻达（Manchanda et al.，2008）等人利用医生对新药的采用数据，比较了市场营销活动（广告、销售人员的拜访等）和社会传染（医生通过同行了解药物）的效果，结果发现，企业营销活动在新药发行早期阶段扮演着较大的作用，而从第4个月开始，社会传染开始占据主导地位，并随着时间其效应逐渐上升。[8]此外还有很多因素都会影响社会传染引发的新产品扩散效果。例如在文化方面，个人主义文化注重独特性，不强调遵守社会规范，因而社会传染带来的新产品扩散效果较低；而在权力距离较高的文化中，出于权力崇拜人们会试图模仿上级的消费行为，因而社会传染带来的新产品扩散效果更好。[9]

（2）社会传染与口碑营销

当产品让用户感到满意时，他们就可能会将其推荐给其他潜在用户，例如通过网络评论、主动展示或口头推荐等，让更多的人了解该产品，或者改变他人对产品的期望效用，从而形成口碑效应。研究发现，对于一些高科技娱乐产品，口碑效应能激活8%的未订购用户进行购买。[10]有许多方法可以促进口碑效应，例如找“对的人”来宣传。有学者表明，对于一些人们一开始不太熟知的产品，来自一些忠诚度较低的客户的推荐，要比非常忠诚的客户（如品牌粉丝）的推荐更有用。这是由于对于熟知水平较低的产品，口碑宣传的作用主要是传播信息，而非影响或说服（改变规范）。而高忠诚度的粉丝们往往在同一个社交网络中，他们相互推荐的信息往往是冗余信息，因而作用不大。[11]此外，进行推荐时的措辞也很重要。研究发现，与更含蓄的背书（如“我喜欢”）相比，明确的背书（如“我推荐”）更能说服他人购买。这是由于明确的代言人被认为更喜欢该产品，并拥有更多的专业知识，因而有更强的社会传染能力。[12]最后，还要注意口碑营销的双刃剑效应。有研究指出，负面口碑社会传染的效果是正面口碑的两倍以上。[10]

（3）社会传染与意见领袖

意见领袖可以凭借其社交网络地位、个人影响力和广泛的同侪联系来引发产品扩散或信息传播的连锁反应。通过争取意见领袖的支持进行产品病毒式传染在营销中被称为“播种策略”。[13]有研究发现，只要意见领袖在网络中的数量比例达到3%，新产品的最终扩散程度均会超过90%。[14]然而，意见领袖的数量也并非越多越好。意见领袖越多，个体间社会网络的重叠越多，每个意见领袖对传染的价值贡献边际递减。另外，意见领袖也并非影响力越大越好：在社交网络中处于高中心度的意见领袖必须过滤或验证所收到的大量信息，更不容易受到来自信任网络之外的其他人的信息的影响，他们可能更难被“激活”，从而不太可能参与社会传染。鉴于此，最近的研究开始聚焦于使用意见领袖进行病毒式营销的最佳策略，即如何综合考虑利用意见领袖的数量和影响力。此外，也有一些研究对意见领袖的作用提出了质疑，有研究发现，在许多情况下大规模的传染并不是由少数意见领袖的影响驱动的，而是由大量易受感染的人影响其他易受感染的人造成的。[15]换句话说，只有当社会中业已具备大量的易感人群时（先决条件），意见领袖的传播才有可能形成“星火燎原”的效果。

（4）社会传染与产品设计

产品自身特征也会影响社会传染过程，具有某些特定特征的产品设计会比其它产品更具传染性。兰利（Langley）等人把产品的社会传染比作基因复制的过程，一些具有强大复制能力的基因具有普遍特征，如繁殖力高、保真度高和长寿。[16]基于此，可以在产品设计时加入一些易于传染的特征。首先，让产品更多地暴露于公众、被人们所看到，就可以提高产品的繁殖力。例如，索尼随身听的流行很大程度上就是由于其使用时能够被其他消费者观察到，产品的“可见性”刺激了他人购买。其次，保真度意味着他人模仿产品相关行为的准确性。尽可能地使产品足够简单、易于操作，就能使得其在人群中易于传达和模仿。最后，长寿意味着消费者会在很长一段时间内持续使用该产品。具有“自我增强”能力的产品往往更长寿，例如微信、QQ等一些具有社交功能的产品，其价值会随着使用人数的增加而自然增加，因而具有持久生命力。亚拉（Aral）和沃克尔（Walker）通过一项实地研究证明了这一点，他们在一款产品中加入两种社交功能，即主动推荐（主动邀请朋友使用）和被动广播（上线后通知好友），结果发现二者都促进了产品的“病毒式”传播。[17]

（三）理论运用中的研究方法

在营销领域中，社会传染理论目前的相关研究较多运用数学建模、模拟仿真、实地试验和计量模型等方法，来揭示社会传染的动态机制。

数学建模方法较早地被用于刻画社会传染过程。在营销领域，巴斯提出的新产品扩散模型利用了数学建模方法，将社会传染建模为消费者采用概率随着市场中已采用者累积数量的递增函数。[7]后续许多研究延续了这一思路，并从设定加入市场营销组合变量、引入多代新产品、改变产品属性和市场特性、允许消费者重复购买等多种角度不断拓展。这些数学模型被广泛应用于描述新产品扩散过程和预测新产品扩散速度。

借助复杂科学、计算科学等领域的研究成果，模拟仿真方法也被更多地运用到社会传染研究，典型的仿真方法如元胞自动机建模、智能主体仿真建模等。这些方法大多根植于复杂性视角，能够捕捉个体之间的交互作用以及由此“涌现”出的市场宏观的动态现象。仿真方法可以有效地刻画现实世界的网络特性（网络节点特性、网络关系强弱、网络拓扑结构等）和复杂、非线性的互动过程，并且在新能源汽车、时尚、广告、电影行业等多个领域中的社会传染研究中得到了广泛应用。

实地试验同样是社会传染相关研究的重要方法。社交网络平台中的用户行为数据越来越易于收集，为研究大规模的社会传染提供了便利条件。例如，有学者在脸书上开展了一项关于“病毒式”产品设计的实地试验研究，将9687名用户随机分为三组，即对照组、自动广播通知实验组和个人推荐/邀请实验组，分别考察了某应用程序在三组参与者及其好友中的社会传染效果。[17]一般来说，随机现场试验是获得社会传染因果关系无偏估计的最有效方法之一，然而在过程中要特别注意对干扰因素的控制。

此外，风险模型、同侪效应模型、空间自回归模型等计量模型也常被用于捕捉社会传染的动态过程。这类研究大多采用时间序列上的多个截面数据，根据滞后性的同侪用户行为来建模社会传染的过程。例如，有学者利用2001—2011年加州地区住宅太阳能光伏安装的面板数据，来识别太阳能光伏安装中的社会互动和传染，结果发现每增加一个安装，就会使该地区采用太阳能光伏板的概率增加0.78%。[18]计量方法的主要缺陷在于收集数据难度较大，并且难以解决内生性问题。

（四）对该理论的评价

社会传染理论对于人类大多数集体行为的形成都有很强的解释力。从传染病传播、信息扩散、技术创新采用、时尚的流行到社会规范的出现，这些社会现象很大程度上都是社会传染驱动的。正因如此，社会传染理论在许多社会科学研究中已成一个基本假设和前提。目前，物理学、数学、流行病学等为研究疾病或信息传播开发了大量数学工具，这些工具对于营销研究具有重要的价值和启示意义，例如可以将其用于推断新产品、广告、流行时尚在消费者网络中的传播特性。

目前，社会传染的研究正在从简单地记录或证明传染现象的存在，转向寻求更深入地了解传染过程的动态机制。在此过程中非常突出的一个问题是，在当前社会传染宏观动态机制的研究中，一般都未准确地解释传染的具体成因。也就是说，尽管如巴斯扩散模型等能很好地描述社会传染的整体动态模式，但是不能确定这种传染究竟是哪种机制驱动的，例如是社会学习、社会规范压力、竞争压力还是网络效应等。不同机制对于营销的意义是不同的，根据不同的传染机制，才能对症下药地制定营销策略。在未来的研究中，控制干扰因素的影响，厘清各种传染机制的异质性作用会成为一个重要的贡献。实现这一点需要进一步改进观测技术、实验技术和计量工具。

（五）对营销实践的启示

企业的营销活动一直非常关注通过消费者之间的人际影响进行社会传染，达到低成本、高效率的病毒性营销传播。尤其是由于社交网络媒体的发展，社会传染的效果呈现指数级上升，诞生了大量现象级的网红产品和广告等。这对企业的营销实践带来了诸多启示：考虑在产品设计中嵌入具有强大复制能力和传染潜力“病毒性”元素；不仅关注具有高度影响力的意见领袖（如社交平台中的“网红”创作者）的作用，还要重视同侪个体间的口碑效用，充分发动广大一般消费者的“朋友圈”；通过社交网络的特定结构实现高效传播，例如可以通过联结社会距离相对较远的群体，实现产品的跨圈传播。总之，借助社会传染理论，能够为消费者间的人际影响、企业的营销实践活动等方面提供参考。

参考文献

65

社会比较理论

郑晓莹[①]

（一）理论概述及其在营销研究中的发展

社会比较理论（social comparison theory）是由著名社会心理学家利昂·费斯汀格（Leon Festinger）提出。[1]作为人类最基本、最普遍的社会心理现象之一，社会比较在长达半个多世纪的时间里一直吸引着研究者们的兴趣。虽然“社会比较”这一概念是费斯汀格在1954年首次正式提出，但有关社会比较的起源与论述可以追溯到进化学和哲学等这些更为基础性的学科。例如，吉尔伯特（Gilbert）、普莱斯（Price）和艾伦（Allan）指出[2]，包括人类在内的许多物种在进化过程中都发展出将自己与他人进行比较的基本需求。因为了解自己和他人的相对位置可以帮助个体判断和识别竞争者及潜在竞争者，这对个体的生存有着重要的适应意义。一些经典的西方哲学思想也暗含了对社会比较现象的描述。例如，卢梭（Rousseau）在《论人类不平等的起源》一书中便提出[3]，私有制的确立是不平等的关键起源，而以私有制为基础的公民社会使人类从相对隔离的自然状态演化到以相对比较差距为基础的等级结构。

在费斯汀格的开拓性研究《社会比较理论》一文发表之后，许多心理学家和社会学家开始广泛探讨和研究“社会比较”这一基本心理机制。心理学家的研究焦点多集中在个体层面，他们的研究主要围绕以下三个问题展开：人们为什么要进行社会比较？人们和谁比较？社会比较会对个人产生什么影响？[4-5]与心理学家关注个体层面不同的是，社会学家着重从群体和群际关系方面对社会比较进行了相关研究。他们试图用社会比较理论来解释一些更为宏观的社会问题，如人们是如何构建社会身份的[6]，社会结构和社会网络是

---

① 郑晓莹，中山大学商学院副教授、副院长、博士生导师，主要研究领域为消费心理与行为。该成果受到国家自然科学基金项目（71972108,72372166,71832015），深圳市哲学社会科学规划课题重点课题（SZ2023A011），中山大学中央高校基本科研业务费专项资金（72140-31620001）资助。

如何形成的[7]，社会比较是怎样影响群际关系和社会公平的[8]，等等。基于心理学和社会学的研究发现，许多学者开始将社会比较理论应用到不同学科领域，用以解释各个水平层次的现象和问题。

在营销领域中，该理论被广泛运用于消费者心理与行为、企业营销策略制定的相关研究中。我们分别展示了该理论在营销领域六大顶级期刊和年度的频率分布趋势（图 65-1、图 65-2），可以看出该理论在 *Journal of Consumer Research*、*Journal of Consumer Psychology* 中运用最多。

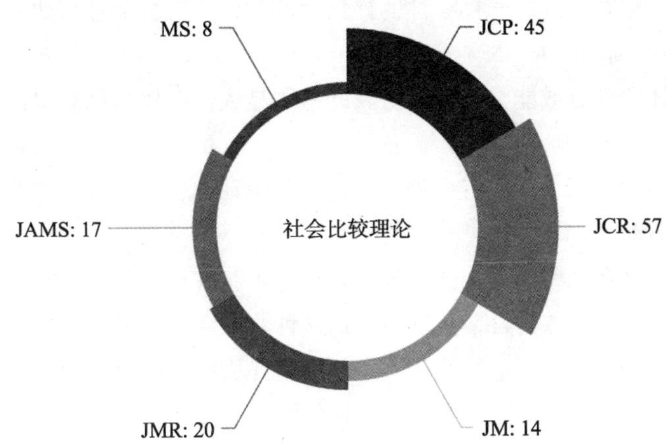

图 65-1 六大期刊中社会比较理论频次分布

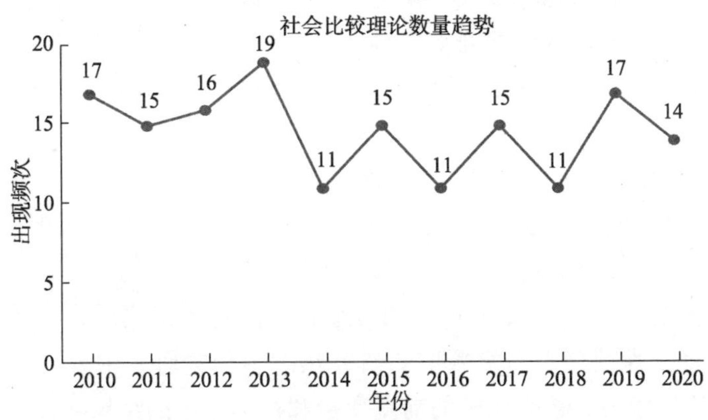

图 65-2 六大期刊中社会比较理论的年度频次分布

（二）理论的核心内容及其在营销研究主题中的运用

1. 理论的核心内容

社会比较是指个体以他人为参照标准认识和评价自己的过程。[1]费斯汀格指出，个体有一种内驱力，希望将自己的观点和能力与他人进行比较，从而获取有关自身观点和能力评价的信息。由于人们对自我在社会群体中所处的位置具有不确定性，因此希望通过比较对自身进行定位，从而社会比较起到一个信息提供和动机的作用，帮助人们更好地评价和提升自我。费斯汀格所提出的社会比较理论被称为“经典社会比较理论”，主要关注能力和观点这两个维度，建立在九个假设之上：

（1）人类有评估自己的观点和能力的内在驱动力。

（2）在没有客观的、非社会性的评估标准时，人们会通过与他人进行比较来评估自己的观点和能力。

（3）个体的观点或能力与特定对象的差距越大，个体与该对象进行比较的倾向越低。

（4）在能力方面，人们有一种向上比较的驱动力，而在观点方面几乎不存在向上比较的驱动力。

（5）由于存在一些非社会性的限制，人们很难甚至几乎不可能改变自己的能力。但是对于改变观点而言，几乎不存在这种非社会性的限制。

（6）人们停止与他人进行比较一定程度上是因为继续比较会带来不愉快的后果，因此停止比较往往伴随敌意或对他人的贬损。

（7）任何因素如果能够提高某个特定群体作为某种观点或能力的比较对象的重要性的话，那么该因素会增加个体在该观点或能力上服从这个群体的压力。

（8）如果一个人的观点或能力与自己大相径庭，并且个体感知这个人在其他属性上也与自己非常不同时，个体会进一步降低自己与他人的可比性。

（9）当一个群体中存在不同的观点或能力时，个体对群体的服从压力取决于他们与群体模式之间的距离。具体而言，相比那些远离群体模式的个体，与群体模式越接近的个体越倾向于改变他人，更不愿意缩小比较范围，以及最不愿意改变自己。

在费斯汀格（Festinger）的经典社会比较理论提出之后，有关社会比较的探讨一直成为社会心理学领域的研究热点。相关研究主要可以分成三部分：社会比较模式，社会比较的前置变量和社会比较的结果。社会比较模式的相关研究探讨“人们为什么要进行社会比较”“与谁比较、比什么、怎么比”等问题。[5]一般可以将社会比较可以分成三种：平行比较、向上比较和向下比较。平行比较（lateral comparison）主要基于相似性假说（similarity hypothesis），是指人们倾向于与那些和自身相似性较高的对象进行比较，这样的比较信息有较强的参考意义，以便于更好地对自身进行定位。因此，平行比较的比较动机主要是自我评价（self-evaluation motive），关注的是社会比较的信息效用（informational utility）。向上比较（upward comparison）是指与那些在特定维度或属性上比自己更好的对象进行比较。向上比较的比较动机是为了自我改进（或自我提高，self-improvement motive），通过将那些更好的对象作为比较标杆促进自己在相关维度上的提升。向下比较（downward comparison）是指个体与那些境况不如自己的人进行比较，从而满足自我美化（或自我增强）的动机（self-enhancement motive）。社会比较的前置变量研究关注哪些个体变量和情境变量会影响人们的社会比较模式。较为常见的前置变量有情绪、自尊、生活满意度、社会比较倾向、控制感等。

社会比较的结果研究探讨人们的认知、情绪和行为如何受到社会比较的影响。总体而言，社会比较既可能产生对比效应（contrast effect），也可能产生同化效应（assimilation effect）。对比效应是指个体的自我评价、情绪体验和行为表现背离比较对象，即向上比较时自我评价降低、情绪体验消极、行为表现更差；而向下比较时自我评价提高、情绪体验积极、行为表现更好，例如，莫尔斯（Morse）和格根（Gergen）的一项经典研究发现[9]，当求职者面对一个衣着整洁、具有胜任力的其他求职者时，其自我评价会降低；而面对一个着装邋遢且胜任力更低的求职者时，其自我评价会提高。相反，同化效应则是指个体的自我评价、情绪体验和行为表现更加靠近比较对象，即向上比较时自我评价提高、情绪体验积极、行为表现更好，而向下比较时自我评价降低、情绪体验消极、行为表现更差。例如，洛克伍德（Lockwood）和昆达（Kunda）研究发现[10]，当教师面对比自己更加优秀的其他教师模范代表时，他们对自己的教学技能和动机水平评价更高。

2. 社会比较理论在营销研究主题中的运用

社会比较理论在营销领域有着广泛的应用。通过对营销顶级期刊的文献梳理，重点介绍社会比较理论在营销研究主题中的五方面运用。

（1）服务与零售

在服务和零售情境下，其他个体的存在（如服务人员、其他消费者等）常常引发消费者的社会比较，并对其偏好与选择产生影响。例如，在餐厅就餐时，面对身材肥胖的服务员，节食型消费者更容易产生认同感和同化效应，从而吃得更多，也更愿意接受服务员推荐的食物；相反，非节食型消费者则更容易在面对身材苗条的服务员时产生同化效应，并吃得更多。[11]其他研究者也探讨了服务员的外表吸引力高低如何通过社会比较影响消费者的购

买意愿。[12-13]

此外，消费者也会和在场的其他消费者进行社会比较。同样是就餐情景，消费者的点餐量会以周围其他人为参考：当旁人点得多，自己往往也点得多；当作为参考的点餐者体型较胖时，这一效应会被削弱。[14]当消费者携带随行人员一起享受VIP贵宾服务时，他们会感到个人地位更高，这一效应被称为“随从效应”（the entourage effect）。[15]达尔（Dhal）、阿戈（Argo）和莫拉尔斯（Morales）研究发现[16]，身材自尊水平较低的消费者在购买产品时，如果有身材姣好的其他消费者在同时购买相同的产品，他们对产品的评价会降低。除了服务人员和其他消费者外，商店中摆设的人体模特（mannequins）甚至也会成为消费者社会比较的对象，并对外貌自尊水平较低的消费者产生负面影响。[17]

（2）广告与说服

广告中展示的模特或代言人是引发消费者社会比较的重要对象。李琴斯指出[18]，广告中展示的理想化人物形象（idealized advertising images）会导致消费者进行向上社会比较，提高外表吸引力的比较标准，降低消费者对自己外表的满意度。迪莫夫特（Dimofte）、古德斯坦（Goodstein）和格拉姆堡（Grumbaugh）也发现了类似的对比效应。[19]虽然理想化的广告形象往往产生对比效应，但也可能导致消费者在比较领域之外的其他方面努力成为更好的自己。例如，索博尔（Sobol）和达克（Darke）发现[20]，与理想化广告形象进行社会比较之后，消费者在后续无关领域的行为决策中会表现出更好的自我控制，做出更优的选择。此外，研究者也基于社会比较理论检验了参照群体对消费者的影响。[21]

（3）动机与目标追求

消费者的动机与目标追求行为也会受到社会比较信息的影响。进行向上社会比较之后，消费者往往受到自我威胁，从而产生补偿性动机和行为，如进行价格欺骗以维持自己作为明智消费者的自我评价[22]；追求象征能力的产品以弥补自我效能感的缺失[23]；展示其他领域的成功以补偿地位上的威胁[24]。而向下社会比较之后，消费者倾向于把帮助他人作为一种利他价值观的表达，从而表现出更高的捐赠意愿。[25]此外，社会比较也会影响消费者的目标追求行为和绩效。例如，一项基于大型减肥项目的二手数据研究发现，来自表现中等的减肥同伴的体重下降会对参与者的减肥造成负面影响；而看到表现优秀的同伴体重下降，则会对参与组合产生正面的激励作用。[26]有研究表明[28]，当消费者处于目标追求的中间阶段时（相较于目标刚开始或快要达成时)，会回避社会比较信息（如其他人的目标进展和表现等）。尤其是当比较对象已经实现目标时，消费者的目标追求动机会被大大削弱，因为此时他们已经失去了超越比较对象的机会。[29]

（4）产品评价与攀比消费

消费者常常有意或无意地与产品使用者或产品拥有者进行社会比较，从而影响其对产品的评价和支付意愿。例如，冯德文（Van de Ven）、齐林伯格（Zeelenberg）和皮特斯（Pieters）提出产品评价的“嫉妒溢价效应”（envy premium）[30]，即某产品的拥有者在某些方面优于自己时，消费者会产生嫉妒情绪，从而对该比较对象所拥有的产品产生更积极的态度，愿意支付更高的溢价。然而，当消费者感知该产品拥有者的优势地位是不应得（undeserved）时，则会产生恶意嫉妒（malicious envy），从而转向购买比较对象未拥有的产品。有趣的是，沙莱夫（Shalev）和莫维茨（Morwitz）发现了相反的效应[31]：当消费者发现比自己社会经济地位更低的消费者拥有自己所渴望的产品时，反而会增加他们对该产品的购买意愿。此外，产品的外形设计[32]、产品设计师的设计[33]、其他消费者的产品使用频率等信息均可能成为消费者社会比较的对象[34]，从而影响其对产品的评价和购买。除产品评价外，在消费支出方面，消费者也常常受到社会比较的影响，从而进行攀比消费（keeping up with the joneses）。[35]

（5）企业营销与渠道管理

除了在消费心理与行为研究中的应用，社会比较理论在企业间营销和渠道管理领域也有诸多应用。例如，李（Lee）和格里菲斯（Griffith）基于社会比较理论探讨零售商与供应商之间的关系。[36]他们发现，同一零售商的不同供应商之间会进行社会比较，从而影响供应商感知的分销公平性（distributive fairness）：向上比较会降低供应商的分销公平性感知，而向下比较则会提高公平性感知。郑等人的研究表明[37]，制造商可以利用社会比较机制设置渠道激励，以提高渠道成员（不同的分销商）对渠道方案的遵从（compliance with the channel program）。具体而言，如果分销商动机不足，渠道激励应以高绩效分销商为标杆，以达到激励目的；如果分销商能力不足，则应奖励中等绩效的普通分销商，激励效果会更好。此外，还有研究者将社会比较理论应用于竞赛机制设计，从而达到更好的激励目标。例如，利姆（Lim）指出，竞赛机制中设定的赢家比例高于输家时，竞赛参与者的努力程度会更高，因为他们在比较中产生了社会损失规避（social loss aversion）。这种机制设计可广泛用于销售员、服务员、产品开发团队、连锁店等的激励计划中。[38]

（三）理论运用中的研究方法

运用社会比较理论的营销研究大多采用实验方法操纵比较对象。社会比较的实验操纵可以分为特定情境（context-specific）的比较和一般性社会比较。前者往往与特定的研究情境相关，如在服务情境中将不同身材的服务员作为启动社会比较的对象[11]；后者常用回忆法要求实验参与者回忆以往的社会比较经历或者通过提供虚假反馈信息操纵社会比较。[23,25]

此外，也有一些研究使用量表测量个体在社会比较倾向方面的差异。其中，较为经典的是吉本斯（Gibbons）和伯恩克（Buunk）开发的爱荷华-尼德兰比较倾向量表（the Iowa-Netherlands comparison orientation measure）。[39]具体题项如“当我想知道自己做得怎么样时，我经常和别人作比较”。其他常用量表还包括社会比较信息敏感性量表（attention to social comparison information）等。[40]也有研究使用改编的罗切斯特社会互动记录表（the Rochester interaction record）要求参与者在一段时间内记录每天经历的社会比较情况。[41-42]

（四）对该理论的评价

社会比较理论作为社会心理学的经典理论，有着广泛而深刻的学术影响。关于社会比较的研究在不同领域都有大量文献。在营销研究中，首先，社会比较理论往往用于解释某些营销现象和消费心理，更偏重理论的应用价值和解释效应。相较而言，针对理论本身的基础研究相对较少。其次，现有营销研究多聚焦社会比较在个体和自我层面产生的影响，而对群体层面，以及人际和群际之间可能带来的影响关注甚少。例如，归属不同国家、不同群体、不同文化的消费群体之间的社会比较是如何发生的、如何对消费者的心理和行为产生影响、又给营销管理实践带来怎样新的启示。最后，现有研究主要还是集中在消费心理与行为领域，在企业营销、国际营销等其他方面的研究相对较少。未来研究可以进一步拓展和丰富社会比较理论在营销研究中的应用场景，并基于营销研究场景的某些特殊性，反向对社会比较理论带来更多基础性的补充和洞见。

（五）对营销实践的启示

社会比较理论对营销实践的最重要启示是，各类营销主体和对象（包括制造商、供应商、分销商、消费者、营销人员等）都不是处于独立的真空环境之中，而是在相互影响的社会环境之中。因此，他们的认知、情绪、判断、动机和行为等不仅受到客观信息和环境的影响，更会受到环境中的其他主体的影响。他人做了什么或没做什么，拥有什么或失去什么，取得什么或错失什么，甚至只是单纯存在都可能成为社会比较的基础。而这些比较的发生既可能是有意识的，也可能是无意识的。因此，作为营销人员要意识到不同场景下社会比较存在的可能性，合理应用其带来的正面影响，同时规避可能的负面影响。

参考文献

66

社会交换理论

李　瑶　刘　婷[①]

（一）社会交换理论概述与在营销研究中的发展

社会交换理论（social exchange theory，SET）最早于20世纪50年代末由美国社会学家霍曼斯（Homans）提出，是社会学领域中十分重要的理论。由于社会交换理论在关注人类行为的过程中也十分关注人类的心理因素，因而也被称为一种行为主义的社会心理学理论。包括霍曼斯、巴甫洛夫（Pavlov）和斯金纳（Skinner）等在内的学者主要从交换的视角分析人的行为，将单个主体作为分析对象，分析其与交换方所进行的交换行为。随着社会交换理论的发展演进，学者古德诺（Gouldner）提出了互惠原则，他认为交换行为之所以发生是基于交换方能够满足自己的利益，这种互惠既包括同质互惠，又包括异质互惠。随后，学者布劳（Blau）对社会交换理论的研究取得了重大的突破。首先，研究对象的扩展，从研究交换中的单一个体扩展为交换双方；其次，研究范围的拓展，将不满足公平原则的交换活动也纳入到研究范围内。社会交换理论发展至今，不断对社会交换的形式、性质、公平性等核心内容进行深挖，丰富其理论内涵，从而不断扩大社会交换理论在各个研究领域的应用，特别是营销领域。

在营销领域中，社会交换理论被广泛应用于消费者心理与行为、企业营销战略制定等研究中。我们分别展示了该理论在营销领域六大顶级期刊和年度的频率分布趋势（图66-1、图66-2），可以看出该理论在*Journal of Academy Marketing Science*期刊中的出现频率最高。

---

① 李瑶，天津理工大学管理学院副教授，主要研究领域为渠道治理、绿色管理、知识管理。刘婷，上海大学管理学院副教授，主要研究领域为营销战略、平台治理、社会化媒体营销。基金项目：国家社会科学基金项目（21BGL044）、教育部人文社科项目（18YJA630065）。

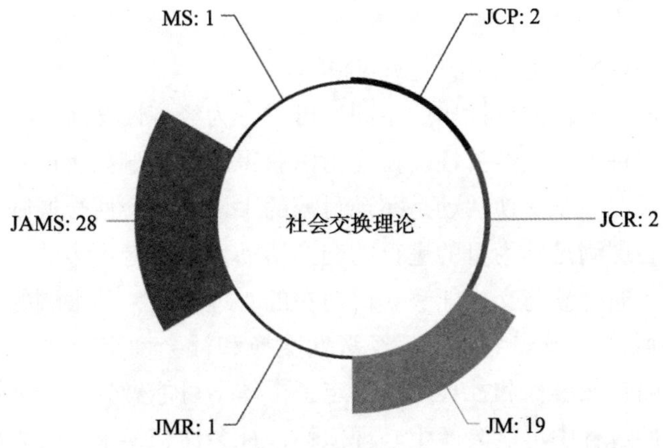

图66-1 六大期刊中社会交换理论频次分布

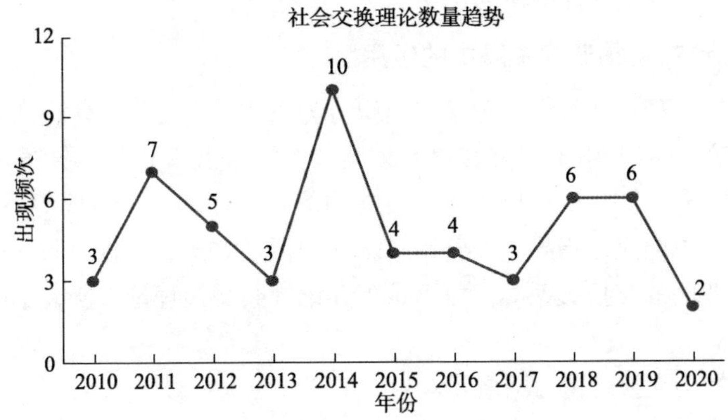

图66-2 六大期刊中社会交换理论的年度频次分布

(二) 社会交换理论的核心内容与在营销研究主题中的运用

1. 理论的核心内容

社会交换理论是组织行为学中最有影响力的理论之一，也是理解职场行为最具影响力的概念范式之一。[1]作为研究人际关系的重要理论，社会交换理论指出人际间的互动行为是一个过程，在这个过程中各方参与者与对方开展相关活动的同时交换有价值的资源。该理论的核心是人与人之间的关系遵循互惠原则，交换报酬既有物质上的，又有心理上的。

社会交换理论指出，交换的内容是可以通过人际行为传递的任何物质、符号等东西。目前最为完整和详细的资源清单将资源归为六大类，从普遍性到排他性依次为金钱、信息、货物、服务、地位、爱。这六类因素完整的涵盖了社会交换双方可能提供的资源与报酬。

此外，根据交换内容性质的不同，可以分为经济性交换、社会性交换和混合性交换三种形式。经济性交换是指以获得外部报酬如货币、物质等实物为目的的交换，主张交换活动是实现目的的手段。社会性交换则是以获得情感、服从等心理满足感为目的进行的交换活动，参与者更多的将交换活动本身作为目的，通过参与交换能够获得内在的心理满足，其报酬的主要形式与需求层次相联系。现实生活中，经济性交换和社会性交换往往不能截然分开，因为人的自然属性和社会属性决定了个体不可能做到完全理性，在长期的经济性交换过程中可能会产生心理依赖，社会性交换很多时候也需要以实物为媒介来进行感情的传递，因此，大部分的交换活动都是经济性交换和社会性交换并存的混合性交换形式。

2. 理论在营销研究主题中的运用

社会交换理论在社会心理学与组织行为学研究中得到了广泛的运用。一方面，该理论能够用于了解客户心理与行为，涉及客户的感知方面（如收益-成本差异、公平等）与态度方面（如信任、依赖、满意度等）；另一方面，该理论也能用于指导企业营销策略（如促销方式、广告说服、产品定价等）与企业间的交换关系等。以下重点介绍社会交换理论在研究中的六方面运用。

（1）社会交换理论与网络嵌入

社会交换理论认为，企业的网络嵌入程度会影响其报酬与相应的代价付出情况。当依赖弱势的企业网络嵌入性高时，依赖优势企业为了获得利益会增加关系专用投资。原因如下：第一，更依赖的公司在商业网络中的嵌入会对其强大的渠道合作伙伴的剥削产生社会制裁。强大的合作伙伴为了维护自己在商业网络中的声誉，会表现出更合作的态度，在关系中投入更多，以避免在未来失去潜在的合作伙伴。[2]第二，一个在商业网络中有着密切联系的依赖劣势的公司可能有或假装有更多的选择来取代当前强大的合作伙伴。在商业网络的嵌入关系中，依赖劣势的渠道成员有更高的机会找到新的供应商/买家，使现有伙伴在关系中感到不安全，从而增加其承诺投资以确保关系安全的意愿。第三，在新兴市场中，企业可以通过与政府机构中的官员保持良好的个人关系来获得政府机构的支持。[3]通过与政府机构的个人关系，依赖弱势的参与者可以获得内部信息、项目批准或有利的资源分配，所有这些对他们强大的合作伙伴来说可能都是稀缺的。更依赖的分销商可以用这些稀缺资源来换取强大制造商的青睐。第四，嵌入政府网络的依赖弱势参与者可以获得政府实体的支持，以增加与强大伙伴打交道时的议价能力。特别是拥有合法权力的政府官员，可以说服有权势的伙伴给予弱势伙伴优惠。[4]

（2）社会交换理论与感知公平

社会交换理论认为，公平可以促进社会交换关系的形成和维持，从而带来更密切的工作关系，建立强大的人际关系，促进合作。企业各部门和组织成员会基于感知公平的三个方面形成有效的关系。感知公平包含分配公平、程序公平和互动公平三个维度。分配公平强调了组织决策结果的公平性，如利益和成本分配的公平性。对不公平分配的评估被认为会产生负面情绪，进而促使各方改变行为或扭曲他们对公平的看法。在资源分配方面受到公平对待可以导致一种长期结果受到保护的感觉，因此会对群体的凝聚力和忠诚度产生强烈的积极影响。此外，当员工受到组织的公平对待时，他们倾向于投入更大的努力来帮助组织实现其目标。程序公平则强调了分配过程公平性的趋势。群体价值或公平关系模型表明，确认人们在群体中的地位的公平决策程序会产生对群体、领导者和组织的积极情感。程序公平判决对组织及其结果的态度具有强烈的积极影响，并可导致团队绩效的提高。互动公平强调了在制定程序过程中从组织中员工那里获得的人际待遇，以及对分配决策的解释。公平的互动对待体现在礼貌、尊重、及时反馈和诚实等方面，与结果是否有利无关。当企业各部门都受到公平对待时，他们将更有可能合作或支持决策，并在需要时提供帮助和协助。[5]

（3）社会交换理论与消费者感知

社会交换理论认为，交换伙伴（例如客户）的态度和行为来自在一段关系中感知到的心理成本和经济成本与利益的比较，也就是客户在交换关系中感知到的收益–成本差异。交换伙伴会根据特定比较水平来评估感知到的收益–成本差异，其感知到的收益-成本差异超过其标准比较水平（CL）的程度越高，交换伙伴对关系的满意度越高。此外，交换伙伴的感知收益-成本差异越高于其备选方案的比较水平（CL_{alt}），交换伙伴就越有可能留在关系中。例如，有研究发现，企业实施产品淘汰会导致客户产生心理成本和经济成本，这些成本通过影响客户对关系中收益-成本差异的感知来影响客户的满意度和忠诚度，即随着客户对实施产品淘汰的过程和结果的感知质量的提高，客户的心理成本和经济成本减少，从而客户的整体满意度得到了提升，忠诚度也相应提升。除此之外，研究还发现，与客户产品淘汰结果的感知相比，过程的感知对客户忠诚的影响更强；与产品淘汰给客户带来的经济成本相比，心理成本对客户满意度和忠诚度的影响更大。[6]

(4) 社会交换理论与领导者授权

社会交换理论主张人的一切活动和社会关系都是以报酬和成本为导向，但这里的报酬与成本并不限于物质财富，也可以是心理财富或社会财富，如奖励、安慰或身份地位、权力、声望等。基于社会交换理论中的互惠规范，当领导者给予一线员工更多权力，给他们提供自主权和决策自由时，会促使员工产生主人翁精神，使得他们实施以服务为导向的公民行为对给予他们更多授权的管理者以实际回报。[7]在这种情况下，这些一线员工会更好地完成工作，以更好地方式服务客户。例如，在奥赫（Auh）等人的研究中发现，基于社会交换理论中的互惠规范原则，领导者能够通过授权来改变一线员工的服务型公民行为，即领导者授权对服务型公民行为有直接且积极的影响。[8]

(5) 社会交换理论与相关广告接受度

根据社会交换理论，人们从成本和回报的角度来评估社会交换，这种主观评估会影响后续的行为，所以人们只有在期望的回报超过或至少补偿了参与成本的情况下才会参与社会交换。[9]在相关广告接受度的研究中发现，当用户贡献个人信息并接受定向广告，而网站提供更相关的广告时，免费网站与用户之间就产生了社会交换。[10]在上述社会交换中，如果消费者认为相关性较强的在线广告所带来的收益大于隐私牺牲所产生的成本，那么他们就会接受广告，相关广告接受度就会提高。例如，"直接邮件"研究显示，消费者在考虑是否提供个人信息时，会进行"隐私考量"。我们将相关广告定义为对用户来说有趣、相关和有用的广告，这样消费者才会认为它值得关注。因此，增加广告相关性的承诺可以增加他们提供个人信息的意愿。米怜（Milne）和高登（Gordon）指出，受访者更喜欢数量少但目标明确的邮件；阿尔莱克（Alreck）和赛特尔（Settle）也强调了目标定位可以作为减少无关广告的一种手段优势。因此，提高广告相关性的承诺有助于网站提高用户对定向网络广告的接受度。

(6) 社会交换理论与顾客忠诚

社会交换理论认为，企业与顾客在长期互惠的基础上，可以将普通顾客逐步转化为忠诚顾客，忠诚顾客会形成对企业的回报预期或奖励期望，而企业则需要用更大的折扣来回报或奖励忠诚顾客，从而使顾客与企业的关系处于动态平衡中。[11]社会交换理论揭示了顾客忠诚度会随着时间的演变来对交换关系中的成本、报酬进行权衡，从而决定是维持还是终止关系。如果交换产生的回报超过其他地方的回报，顾客则会维护关系；反之会选择终止交换关系。例如，简（Jan）等人的研究将价格折扣视为企业的一种奖励，忠诚顾客的奖励期望转化为更大的折扣谈判意愿，忠诚的顾客会期望更多的价格折扣或更好的服务。结果显示，顾客实现的价格折扣越大，其后续的忠诚度越高。另外，该研究还发现，顾客与企业销售人员所建立的交易关系时间越长，顾客的忠诚度对价格折扣谈判意向的影响和对销售人员保留意向的影响越显著。[12]

（三）社会交换理论运用中的研究方法

在营销领域的研究中，采用社会交换理论的论文多为实证研究，多采用定量分析方法，部分文章采用定性分析方法，并多运用扎根理论来进行分析。[13]

具体说来，在应用社会交换理论的大部分研究中，研究学者通常通过问卷调查法进行前期数据采集以获取更为准确的研究数据。社会交换理论研究的问卷中所涉及的常见变量测量见附录。数据的实证分析主要包括利用SPSS进行一般回归[14-17]、多层线性回归[6]、OLS回归[18]，用AMOS进行回归分析[4]，用Stata中提供的最大似然法进行估计分析[19]，以及元分析方法等。[20-22]

（四）对该理论的评价

社会交换理论是社会学和社会心理学领域中一个重要的理论流派，该理论以经济交易作类比将人类的社会互动视为一种包括有形和无形资源的交换过程，对人类社会互动的动因、机制、模式、本质、与宏观社会组织之间的关系等方面进行诠释，具有独到的见解并做出了突破性的贡献。社会交换理论尤为注重对人类行为中心理因素的研究，因此，它也被称为是行为主义社会心理学理论，是研究交换关系中个人或组织的重要理论基石。这一理论能够有效地分析和说明个体或组织在交换中存在的行为差异和心理活动，为研究客户感知、客户态度及选择、企业营销策略等方面提供了分析的理论框架，因而在消费者心理与行为、企业决策等领域有着十分广泛的应用。

尽管社会交换理论的完备性不断得到强化，但是其仍存在一定的局限性。社会交换理论引入“经济人”概念，认为在人际交往时，总是为了获得最大限度的利润，将人的行为始终视为一种精于计算的理性行动。把人们之间的复杂关系简单化，把人际关系看成交换关系，忽视了人们之间的相互帮助、支援、无私奉献的行为，存在着机械主义倾向。在把交换这一行为推广到社会生活的领域中时，把信任、依赖、承诺、忠诚等无条件地看作是与金钱一样的交换物，这与社会生活现实不符。社会交换理论对于个体和组织的某些行为可以作一定的解释，但对于宏观社会中的重大问题仍缺乏解释力，把交换运用到宏观社会中，可能会导致荒谬的结果。例如，按互惠原则，社会的阶级分化是不可避免的，人们只能调整公平感知，把交换关系看作主要关系，忽视社会生活中大量存在的不平等现象。尽管社会交换具有一定的公平性，但不可能做到绝对公平。从付出的代价与得到的利益来说，不可能做到等价交换，生活中有时会出现付出与回报相差很大的现象，由此产生纷争、扰乱社会秩序等问题。

（五）对营销实践的启示

社会交换理论被广泛地应用于营销领域的研究中，用于较为充分地指导分析客户在交换关系中的态度和行为、企业内部交换关系与企业绩效的关系，以及研究企业之间通过交换关系实现双赢等问题。

在研究企业与客户之间的交换关系中，根据社会交换理论，交换一方的行为会对其交换伙伴的心理和行为产生影响。[23]因此，在营销实践中，可以通过改变企业的决策和活动，来影响客户的偏好和选择。例如，在探讨企业淘汰某产品对其与客户间关系的影响研究中指出，与淘汰某一产品的结果相比，淘汰产品的过程会对客户忠诚产生更显著的影响。因此，在营销实践中，当要对产品进行变动时，企业可以通过让客户了解相关的决策制定流程和响应客户需求的方式，来保障客户的感知质量，从而提高客户的满意度和忠诚度。[7]

在研究企业内部的交换关系时，社会交换理论认为，适宜的交换关系能够促进企业绩效的提升。在渠道关系的相关研究中发现，公平对关系有效性的感知有着显著的影响。因此，为了建立更有效的团队关系，管理者应创造公平的环境。在营销-销售间的关系处于有效的状态时，管理者应全面提升部门内三种公平的感知，它们都会影响管理者对关系有效性的感知，如提升市场营销和销售部门之间资源的分配公平以及利益和成本的分配公平能够强化结果公平；构建公平和一致性的程序，使员工都能表达他们的想法并有机会参与决策，能够有效提升程序公平；鼓励及时的反馈和以礼貌、尊重、诚实为原则去处理销售和营销经理间的关系，能够有效提升互动公平。[6]

在研究企业间的交换关系时，社会交换理论能够为处于依赖不对等关系状态下的企业如何通过网络嵌入提升共同绩效提供实践指导。研究指出，依赖较少的企业通常可以从交易关系中获取更多利益。然而，其应当对弱势方保持警惕，特别是非常弱势的企业可能会进行报复，交易关系中发生的报复和冲突可能会导致交易关系的不稳定，最终也会损害依赖较少的企业利益。

因此，更好的关系管理策略是将资源和努力投入到交易中进行价值共创。依赖较多的企业为避免被具有优势的企业所支配，可以积极与其他各方建立关系网络，包括其他的商业参与者和政府当局。与他们能采取的垂直整合和增加关系投资等手段相比，网络嵌入需要较少的内部资源，从而更容易实现。[4]综上，社会交换理论为消费者心理和行为、企业间关系管理以及企业营销策略等实践提供了指导。

参考文献